L'ÉMIGRANT

ILLUSTRÉ

PAR PAUQUET.

TRADUCTION RAOUL BOURDIER.

PRIX : **1** FRANC **10** CENTIMES.

PARIS,

PUBLIÉ PAR GUSTAVE BARBA, LIBRAIRE-ÉDITEUR,

RUE DE SEINE, 31.

66.

CH. ROWCROFT

ILLUSTRÉ

PAR PAUQUET.

TRADUCTION RAOUL BOURDIER.

L'ÉMIGRANT.

CHAPITRE I.

En me rappelant la longue suite d'aventures qui me sont arrivées quand j'étais à la recherche d'une colonie, je me suis souvent dit qu'elles étaient aussi nombreuses que celles de Sinbad le marin, dont on lit l'histoire dans les Mille et une Nuits; seulement les siennes sont une œuvre de pure imagination, et l'on reconnaîtra facilement au contraire que les miennes n'ont point été inventées.

Mais on a dit quelque part que le premier devoir de l'historien était de dire la vérité, c'est pour cela probablement que tant d'histoires sont vraies.

Je ne me souviens plus quel est celui qui a dit aussi qu'une chose résolue était à moitié faite : mais je suppose que quelqu'un l'a dit, autrement je ne pourrais me le rappeler. Cela peut être très-vrai, mais pour ma part je crois que la première moitié est la plus facile, l'autre ressemble à ces bouts de chemin qui n'en finissent jamais. Voilà où j'en suis.

Avant de commencer à écrire, je croyais que rien ne me serait plus facile que

Je m'arrêtai et entrai en conversation avec une jeune femme.

de raconter ce qui m'est arrivé : depuis que j'ai la plume à la main, j'y vois mille difficultés. Il me vient à l'esprit tant d'incidents, d'accidents, d'occurrences et d'aventures de toute sorte, que je ne sais plus qu'en faire, et je suis embarrassé dès le commencement.

Plutarque commence souvent par le milieu de la vie de ses héros, mais je ne peux pas prétendre à l'imiter, et puis je ne suis pas un héros; je crois donc qu'il vaut mieux suivre le précepte de George Hamilton : « Bélier, mon ami, commencez par le commencement. »

Cela me mène tout naturellement à vous donner l'histoire de ma naissance, de ma famille et de mon éducation. Mais ici je me trouve encore arrêté; car, pour que le lecteur sache ce qui me fit aller à la recherche d'une colonie, il faut de toute nécessité que les événements de cette histoire se déroulent dans leur ordre naturel, et se succèdent avec régularité. Le fait est qu'à l'époque où je place le commencement de mon histoire, je ne connaissais encore aucune des cir-

1

constances dans lesquelles je vins au monde, tout était enveloppé de mystère.

J'avais toute espèce de bonnes raisons pour croire que j'avais eu un père et une mère, mais j'ignorais absolument ce qu'étaient ce père et cette mère. Je puis entrer dans beaucoup plus de détails quant à mon éducation. L'arbre croît comme on le plante, dit un proverbe que je cite à cause de sa nouveauté, et parce qu'il s'applique à ma personne plus peut-être qu'à toute autre. Jamais jeune arbre ne fut plus courbé, dressé, tiraillé et redressé que je ne le fus dans les premières années de ma vie; c'est pour cela probablement que mon caractère prit cette allure inquiète et aventureuse qui m'a tant fait parcourir le monde.

La première chose dont j'ai souvenance, c'est d'avoir été porté par une grosse femme à la face enluminée, et cependant je ne me rappelle cela que confusément. J'ai un souvenir beaucoup plus vif d'une vilaine odeur d'étable à vaches, d'où je conclus que j'ai passé ma première enfance à la campagne, et que sans doute j'avais été mis en nourrice chez un fermier. Il m'a toujours semblé que c'était dans un pays montagneux, car la vue des collines et des montagnes me fait reporter encore aujourd'hui mes souvenirs vers un passé qui s'enfuit toujours plus indistinct. Mais je reparlerai plus tard de ces souvenirs; je dois procéder par ordre : sans ordre le monde serait le chaos, et cette histoire inintelligible.

Après cette idée confuse d'une femme avec une grosse figure rouge et d'une étable à vaches, il m'en vient une autre qui a trait à mon séjour à Londres, dans une rue sale et étroite. C'est là que je passai mon enfance : je perdis, sans m'en rendre compte, l'air pur de la campagne et la verdure si fraîche et si douce des champs. Sans aucun doute, j'ai souffert comme beaucoup d'autres de l'absence d'un soleil bienfaisant, que ne remplace jamais le jour clair-obscur dont se contentent les habitants des villes. Et puis, je ne voyais qu'un amas de briques, semblable à un mur sans fin dans lequel on aurait ouvert des trous en guise de portes et de fenêtres. La vue de ces rues sans horizon m'attristait et me refroidissait le cœur. Le dégoût que ce séjour m'inspira doit avoir contribué à me donner cet esprit aventureux qui m'a fait parcourir le globe pour y trouver un lieu de repos. On verra que ce ne fut pas chose facile.

J'avais environ huit ans quand ma nourrice ou ma gardienne mourut. Je ne saurais dire que je la regrettai; elle ne me traitait pas mal, cependant je commençais à comprendre, avant sa mort, qu'elle aurait pu me traiter mieux. Ses infirmités et sa maladie avaient peut-être aigri son caractère; je dois dire à sa louange qu'elle m'avait appris à lire et à écrire quelque peu, il me semble même qu'elle eut beaucoup de peine à me faire entrer l'alphabet dans la tête. Je me rappelle encore combien elle me grondait et me punissait quand je commettais quelque acte d'insubordination. Mais que la terre lui soit légère! J'ai hâte de continuer mon histoire.

Mon nouveau domicile fut de beaucoup préférable à l'ancien. Je me trouvai confié aux soins d'une dame, veuve d'un officier de marine, qui demeurait dans une jolie rue, vers le milieu de Londres. La maison n'était pas grande, mais elle nous convenait parfaitement; quand je dis nous, je parle de la dame, de la petite fille, de moi et d'une domestique qui nous servait. Mon arrivée fut un événement.

Je lui fus amené par un monsieur que je n'avais jamais vu auparavant, mais qui semblait avoir le droit de disposer de ma personne : elle me prit dans ses bras, et me regardant d'un air affectueux, elle m'embrassa. Je crus voir des larmes dans ses yeux, et j'entendis quelques mots, qui, malgré ma grande jeunesse, me firent une profonde impression : elle murmura quelque chose comme « Malheureux enfant, étrange destinée ! » L'homme qui m'avait amené ne voulut pas s'asseoir, quoique je lui eusse avancé un siége; il resta debout, et je crus que c'était par respect; mais je n'avais pas assez d'expérience pour distinguer si c'était pour moi ou pour la vieille dame. Quand il nous quitta, la dame m'embrassa de nouveau; elle releva les cheveux de dessus mon front, et s'écria, peut-être involontairement : « Il lui ressemble beaucoup! et dire qu'une erreur aussi étrange le ruine à tout jamais ! »

Ces paroles me firent songer quelques instants, mais je les oubliai bientôt; ce ne fut que plus tard, comme je le dirai, qu'elles revinrent en ma mémoire. La dame, qui semblait alors disposée à en dire beaucoup plus, fut ensuite extrêmement discrète sur mon histoire et sur mes parents; elle m'assurait que je n'aurais aucun avantage à éclaircir ce mystère, et qu'elle n'était pas sûre de savoir exactement la vérité. Je dis qu'elle semblait alors disposée à être beaucoup plus communicative, mais une jolie enfant tout habillée de rose accourut en ce moment dans la salle où nous étions, et à ma vue s'arrêta court en rougissant.

Ce me fut comme une vision d'en haut. Elle avait la blancheur du lis, ses cheveux étaient blonds, et ses yeux bleus avaient un éclat et une douceur qu'il faut renoncer à peindre. J'étais extrêmement timide, je regardai donc le plancher tout en l'observant sans mot dire. Comme dans le cours de ce récit j'aurai souvent occasion de parler de cette nouvelle connaissance, je dirai tout de suite qu'elle avait un peu plus de cinq ans, de sorte que j'étais son aîné. Sa mère fit cesser l'étude silencieuse que nous faisions l'un de l'autre en l'ap-

pelant Lucie, et lui disant d'être bien bonne pour le petit garçon; je n'avais que huit ans, mais cela me vexa de m'entendre appeler petit garçon devant une jeune demoiselle. La vieille dame me fit avancer, et me dit de prendre la main de ma petite camarade, car nous devions être souvent ensemble. La bonne dame n'y voyait aucun mal, car quel danger y avait-il dans les jeux d'un enfant de huit ans et d'une petite fille de cinq? Il est étrange cependant combien les instincts affectueux des deux sexes se développent de bonne heure. Les philosophes ont fait la remarque... Mais ce n'est pas ici le moment d'étudier ces questions. La vieille dame nous fit donc faire connaissance Lucie et moi : je m'avançai vers la jeune fille et lui donnai un baiser si bien appliqué, que sa mère sourit de l'ardeur que j'y mis; mais, je l'ai déjà dit, j'ai toujours été d'un caractère très-aimant.

Mon premier vrai chagrin fut d'être envoyé à l'école; j'avais bientôt appris à aimer madame Delancey comme une mère, et sa fille comme une sœur. Ces affections entre frère et sœur supposés sont souvent trompeuses; mais je ne dois pas anticiper sur les événements. J'ai une vague idée que l'on m'envoya à l'école plus tôt qu'on ne l'aurait fait si mes jeux ne fussent devenus trop bruyants et trop hardis pour une vie d'intérieur : les robes de Lucie étaient souvent mises par nos jeux dans un état qui menaçait toute l'économie domestique du budget de la veuve. Je me rappelle parfaitement bien cependant, que quand je devins plus grand et plus âgé la jeune fille devint plus timide et plus réservée avec moi, et moi plus respectueux et plus modeste : elle ne me permit plus ces innocentes caresses qui témoignaient de la force et de la sincérité de nos affections quasi-fraternelles.

Ce changement ne fut pas du tout de mon goût. Cependant je suivais régulièrement les classes de ma pension; je revenais à chaque vacance à la maison, où l'on m'accueillait avec toutes les démonstrations d'une sincère amitié. Je ne dirai rien de ma pension, elle était comme tous les autres établissements de ce genre On me fit apprendre la dose ordinaire de latin et de grec, on me bourra de bœuf et de mouton aussi dur que possible, ainsi que d'un certain pudding horriblement pâteux, puis il arriva que j'étais devenu trop grand pour rester là davantage. J'avais alors près de dix-huit ans.

Le lecteur ne doit pas supposer que j'avais atteint cet âge sans témoigner un grand désir de connaître ma naissance et ma parenté; mais madame Delancey répondit à toutes mes questions de manière à me faire supposer que mes parents étaient morts. Cependant plus je grandissais et plus je voulais savoir la vérité.

Une seule fois j'essayai d'obtenir du monsieur qui m'avait amené quelques éclaircissements sur mon état civil; mais prenant un air de sévérité qui m'alarma, il me donna à entendre que le moindre effort que je ferais pour éclaircir ce mystère n'aurait d'autre effet que de me priver de tous moyens d'existence et de me laisser, disait-il, pauvre comme la mendiante des rues. Il ajouta que si je voulais plaire à ceux qui s'intéressaient à moi, je devais suivre aveuglément toutes leurs instructions sans hésiter, sans demander pourquoi.

Ceci me donna beaucoup à penser. J'avais déjà fait la remarque à l'époque où j'avais quitté la pension, qu'il y avait quelqu'un qui secrètement prenait un grand intérêt à mon sort. Le monsieur qui m'avait amené chez madame Delancey venait souvent voir cette dame, et j'étais certain que ses visites me concernaient : je savais aussi que cette bonne dame désirait prudemment que je ne restasse pas plus longtemps dans la maison; je remarquai aussi qu'elle et sa fille furent tristes et sérieuses pendant plusieurs jours et crus même m'apercevoir que Lucie avait pleuré; mais on ne me dit rien.

Il fut décidé cependant que je resterais, mais la mère ne me laissa plus jamais seul avec sa fille, et Lucie, quoique toujours aimable et affectueuse, me montra plus de réserve que jamais. Tout cela m'inquiétait et me vexait.

Le mystérieux interprète des volontés de ceux qui s'occupaient de moi me signifia que j'allais entrer chez un homme de loi pour me préparer à l'étude du droit. On me donnait l'argent dont j'avais besoin, rien ne me manquait, seulement tout était fait sous le sceau du mystère. Ce secret et ce mystère me devinrent intolérables, et je résolus de trouver le mot de cette énigme, coûte que coûte.

Je voudrais abréger ces détails autant que possible, pour arriver à mes aventures dans les colonies; je suis forcé cependant d'expliquer diverses circonstances de mon existence, autrement mon récit ne serait pas intelligible. Je vais donc continuer à narrer aussi brièvement que possible les incidents qui survinrent et me décidèrent à quitter mon pays natal pour aller chercher une colonie et m'y établir.

CHAPITRE II.

Les années se passaient, et ma naissance restait enveloppée de mystère. A mesure que j'avançais en âge et que je commençais à connaître le monde, je comprenais mieux chaque jour les désavantages de ma position. Je ne savais qui j'étais, d'où je venais, comment j'étais apparenté, et si je n'étais pas, comme dit la loi, *nullius filius*. Telle était peut-être légalement ma position, mais la nature au moins m'avait donné un père, et j'étais décidé à savoir à quoi m'en tenir.

Le peu de jurisprudence que j'avais appris m'avait développé l'intelligence, et je comprenais quelle était la marche à suivre. Mon premier soin fut de rechercher l'endroit où j'avais vécu avant de venir demeurer chez madame Delancey ; mais je rencontrai des difficultés insurmontables. Madame Delancey n'avait jamais su quelle rue j'avais habitée. J'étais trop jeune quand je la quittai pour en avoir gardé souvenance, personne ne pouvait me renseigner, et je fus arrêté dès mes premiers efforts.

Je cherchai alors si mon nom ne m'aiderait pas dans mes recherches : Georges Mayford ! Mayford était-il le nom de ma famille ? Cela en avait l'air, mais on donne si souvent ces sortes de noms aux enfants ! Je ne pus découvrir personne de ce nom ; il me fut donc impossible de rien trouver de ce côté.

Je tâchai ensuite de composer des anagrammes avec toutes les lettres de ces noms, je les combinai de mille manières, mais ce fut encore sans aucun résultat.

J'atteignis ainsi ma vingt et unième année. Ce jour-là, l'agent mystérieux qui m'avait amené chez madame Delancey vint me voir de nouveau. Je me préparai à sortir quand il partirait ; je voulais le suivre partout où il irait.

« Voici l'agent, me dit madame Delancey quand il frappa à la porte, c'est bien là la manière dont il s'annonce. Puisqu'il vient aujourd'hui que vous entrez dans votre vingt et unième année, c'est qu'il a quelque chose de bon ou de mauvais à vous annoncer. »

J'avais la même idée, et je me sentais ému. Il entra au même moment ; ses cheveux étaient devenus presque blancs, et il me sembla qu'il avait l'air plus solennel que d'habitude. Je crus lire sur son visage une certaine expression de chagrin et de regret et je m'imaginai qu'il venait remplir une mission qui lui répugnait.

Jusqu'alors il avait toujours désiré être seul avec madame Delancey, quoiqu'il n'eût jamais rien à lui dire et qu'il se bornât toujours à lui payer les trimestres de ma pension, mais cette fois, comme j'allais me retirer, il me pria de rester. Je pris un siège, tout inquiet de savoir ce qu'il avait à me communiquer : madame Delancey était aussi émue que moi.

— Jeune homme, me dit-il, vous avez maintenant vingt et un ans, et comme vous savez le droit, vous n'ignorez pas que vous êtes arrivé à l'âge de majorité ?

Je me contentai de lui faire un signe de tête affirmatif.

— Ceux qui vous portent intérêt...

— Ceux qui me portent intérêt ?

— Ceux qui vous portent intérêt, reprit-il sans s'occuper de mon interruption, ont été d'avis que le moment était venu de vous rendre maître absolu de ce qui vous appartient.

— De ce qui m'appartient ! m'écriai-je la tête pleine tout à coup d'idées de fortune et de grandeur.

— Mais, continua-t-il, c'est à une condition.

— Quelle est-elle ?

— Vous ne chercherez jamais à connaître vos parents.

— Alors, je refuse !

— C'est bien, dit-il en se levant, je n'ai plus rien à faire ici.

— Un moment ! dit madame Delancey ; M. Mayford.... mon cher Georges, ne refusez pas légèrement ce que l'on vous offre. Laissez-moi éclaircir cette affaire. Sa pension...

— Cesse à partir d'aujourd'hui.

Il y eut un moment de silence : madame Delancey était dans la désolation ; j'étais excessivement troublé, l'agent était impassible.

— Quel peut être le montant de sa fortune ? demanda-t-elle d'une voix tremblante.

— J'ai ordre de lui remettre cent cinquante mille francs, répondit l'agent. »

Madame Delancey commença à calculer en silence quel était l'intérêt annuel de cent cinquante mille francs. Pendant ce temps, je songeais à part moi. Je touchais évidemment à une époque importante dans ma vie, et il fallait me soumettre à la volonté de ceux qui tenaient mon sort dans leurs mains, si je voulais m'assurer une existence heureuse et facile. Les habitudes que j'avais prises dans l'étude où j'avais passé quelques années me firent espérer que je pourrais découvrir quelque chose en interrogeant cauteleusement le mystérieux agent. Il fallait agir avec finesse pour le prendre au dépourvu.

— Je sens, lui dis-je, qu'il est de mon devoir de me soumettre aux volontés de mon protecteur.

— Je n'ai pas dit que vous aviez un protecteur.

— De ma protectrice, alors.

— Je n'ai pas parlé de protectrice.

— Mais, lui dis-je en souriant, c'est l'un ou l'autre.

— Je ne sais, dit-il.

Que diable cela veut-il dire ? pensai-je : ni protecteur ni protectrice ! Cependant on ne donne pas cent cinquante mille francs à un inconnu.

— Les personnes, lui dis-je alors, qui vous ont chargé de me remettre cette somme...?

— A condition....

— Doivent me porter un grand intérêt ; continuai-je sans m'arrêter à la condition.

— Elles vous le prouvent, dit-il.

— Elles pourraient à peine, repris-je en notant qu'il acceptait le pluriel, faire davantage si je leur appartenais par les liens les plus proches.

Il hésita un moment avant de me répondre et me dit : — Quand une donation de ce genre est faite, il importe peu d'où elle vient, si elle est faite librement et franchement.

Il est évident, pensai-je, que cet argent vient de deux personnes et qu'elles sont riches : voici deux points éclaircis. Passons à une autre question.

— Monsieur, lui dis-je dans le but de le flatter et de l'air le plus humble possible, j'ai beaucoup d'actions de grâces à vous rendre pour toutes vos bontés pendant une longue suite d'années.

— Vous ne me devez aucune reconnaissance, dit-il sèchement.

— Oh pardon ! repris-je, et je peux à peine vous exprimer toute ma gratitude pour cette nouvelle preuve de votre affection et de votre bonté.

Je n'en pensais pas un mot, mais l'étude des lois m'avait habitué à prendre le masque que je voulais.

— Vous voudrez bien, continuai-je, assurer mes parents....

Il me regarda d'un air tout surpris et me laissa dire.

— Et je vous prie, répétai-je, d'assurer mes parents, quels qu'ils soient, et...

— Jeune homme, dit-il en m'interrompant, brisons là. Je suis chargé de vous remettre de l'argent si vous voulez le recevoir. Est-ce oui ? Est-ce non ?

— Certainement, répondis-je, il est de mon devoir d'obéir aux volontés de ceux qui croient de leur devoir...

— Très-bien, dit-il ; alors je n'ai plus qu'à vous le payer.

— Voulez-vous me donner un bon sur la banque ! demandai-je d'un air insouciant dans l'espoir que la signature m'aiderait dans mes recherches.

— Non, répondit-il avec un sourire diabolique.

— Ce sera donc des billets de banque, pensai-je ; et l'on peut suivre les billets à la trace.

— Non, répéta-t-il comme s'il eût deviné ma pensée ; ni bon sur la banque, ni billets de banque.

— Ce ne sera certainement pas en petits sous ? lui dis-je en riant.

— Non, mon jeune monsieur, répliqua-t-il d'un ton sévère, ce ne sera pas, comme vous le supposez très-judicieusement, en petits sous ; mais vous aurez la meilleure monnaie du monde, de l'or.

— Ce sera lourd, lui dis-je.

— Je n'ai encore vu personne, repartit-il en se levant, refuser de l'or à cause de son poids.

Il sortit et revint bientôt.

— Jeune homme, dit-il en entrant, si vous voulez cet or, il faut m'aider à l'apporter.

— Je descendis avec lui, et je trouvai au pied de l'escalier deux sacs qu'il avait apportés d'une voiture sans armoiries qui l'attendait dans la rue. La porte était fermée.

— J'aurai à vous donner un reçu de cet argent ? lui dis-je.

— C'est indispensable.

— Dans quelle forme le ferai-je ? Le voulez-vous sur papier timbré ?

— Non. Un simple reçu sur un morceau de papier, voilà tout.

— Signerai-je mes deux noms de baptême ?

— Comment vos deux noms ? Vous n'en avez qu'un.

— Ah ! Je pensais que peut-être mes deux noms étaient tous deux des noms de baptême. Alors Mayford est le nom de mon père ?

— Qui peut vous avoir mis dans la tête que votre père s'appelle Mayford ?

— Est-ce que vous ne me l'avez pas dit ? Je croyais, puisque je n'ai qu'un nom de baptême, que Mayford était mon nom de famille, c'est-à-dire celui de mon père, qui...

— Vous n'avez pas pu vous imaginer que je vous aie rien dit de pareil, et je vous assure que vous ne trouverez le nom de Mayford dans aucun... dans aucune liste de noms. Mais je n'ai pas à bavarder sur tout cela avec vous. Si vous n'aimez pas le nom de Mayford, vous pouvez en prendre un autre, personne n'y trouvera jamais rien à redire ; seulement j'étais chargé de vous dire que, quelque part que vous alliez, vous avez à laisser votre adresse chez madame ; que l'on puisse au besoin vous trouver. Mais ne bâtissez aucun château en Espagne là-dessus, c'est une pure affaire de forme. Au surplus, j'en ai dit assez ; si vous voulez l'argent, le voici, il vous appartient.

En même temps il donna un coup de pied dédaigneux à l'un des sacs, comme s'il eût eu hâte d'en finir avec moi. Ne sachant plus que dire ou faire, j'essayai d'emporter les deux sacs ; mais je les trouvai trop lourds ; je fus obligé de m'y prendre à deux fois. Avant d'être arrivé au haut de l'escalier, j'entendis ouvrir et fermer la porte de la rue ; je courus vivement à la croisée du salon, et je vis l'agent monter dans la voiture, qui s'éloigna aussitôt.

Je pris mon chapeau, et j'allais courir après lui, quand la bonne madame Delancey me prenant par le bras, me rappela la promesse que j'avais faite. Je m'efforçai de lui expliquer l'injustice que l'on avait commise en m'extorquant cette parole. Mais pendant cette discussion la voiture s'était enfuie, et ce fut en vain que je cherchai à retrouver ses traces. Après une course de plusieurs heures, je revins à la maison, fatigué, vexé, désappointé. Mais Lucie, qui était allée faire quelques emplettes pour fêter le jour anniversaire de ma naissance, était de retour, et la sympathie affectueuse qu'elle me témoigna chassa les tristes pensées que ma position m'inspirait.

Je n'étais pas encore remis de toutes les émotions qui m'avaient agité, quand madame Delancey commença à s'étonner et à se demander si véritablement il y avait là cent mille francs? C'était la première fois qu'elle voyait tant d'argent. Si le vieil agent, disait-elle, s'était joué de moi, et ne m'avait laissé rien qui vaille? Comme ce devait être beau ces cent cinquante mille francs en or!

J'ouvris un des sacs, dont chaque bout était cousu avec soin. Nous trouvâmes sous la toile un second sac de velours vert d'une fabrique très-ancienne, avec des dessins très-curieux, et qui évidemment avait été coupé sur un morceau beaucoup plus large. Lucie et madame Delancey déclarèrent qu'une femme seule pouvait avoir cousu ces sacs de velours; l'irrégularité des points prouvait cependant que la main qui l'avait fait n'était guère habituée à ce genre de travail. La richesse du velours faisait aussi présumer que ce présent venait d'une grande maison.

Nous supposâmes que l'agent ne connaissait pas le double sac; autrement, il ne m'aurait pas laissé un morceau de velours qui pouvait me conduire à d'autres découvertes. Nous discutâmes longtemps sur tous les détails de cet événement, dont, après tout, je me sentais assez content. Je croyais avoir obtenu un fil qui me conduirait dans le labyrinthe que je voulais explorer, et je me trouvais possesseur d'une forte somme d'argent. L'avenir semblait me sourire, et le soir je m'endormis la tête pleine des chimères qui flattaient le plus mon imagination.

Il s'agit maintenant d'expliquer au lecteur comment il se fit que l'argent qui venait de m'être donné fut cause des voyages que j'entrepris et des nombreuses aventures que j'aurai à raconter.

CHAPITRE III.

Je m'occupai bientôt de chercher le placement de mes cent cinquante mille francs. Un homme de loi de mes amis me trouva un emprunteur qui, sur bonne hypothèque, me donna quatre et demi pour cent de mon argent. Le taux était élevé, mais l'argent était rare à cette époque. J'eus donc un revenu de six mille sept cent cinquante francs; c'était plus qu'il ne me fallait aussi longtemps que je continuerais à étudier le droit, mais ce n'était pas assez pour prendre une femme et tout ce qui s'ensuit.

La ligne de conduite que j'avais à suivre était donc toute tracée; j'avais une petite fortune qui m'aiderait dans mes efforts sans me dispenser de travailler. Si je voulais me marier tout en me décidant à suivre la profession de légiste, il se passerait bien des années avant que ma clientèle me permît de songer à un établissement. Et justement je me sentais entraîné vers le mariage: tous mes rêves, quand je ne songeais ni à ma naissance ni à mes parents, tous mes rêves me représentaient le bonheur du mariage.

Un de mes amis qui demeurait auprès de Londres, et qui goûtait cette félicité domestique objet de mon envie, m'invita un jour à dîner. Il m'avait si souvent vanté avec enthousiasme les avantages d'une union bien assortie, que j'eusse voulu voir par moi-même quel bonheur l'amour pouvait donner, fût-ce même dans une chaumière. Je soupçonnais fort pourtant que la chaumière devait être ornée, et que l'on se faisait beaucoup d'illusions sur la perpétuité de l'amour dans la pauvreté. Je vais essayer de raconter les choses exactement comme je les ai vues, car la visite que je fis à cet ami me décida sur ce que j'avais à faire.

C'était un capitaine en retraite; je lui avais souvent rendu service, et il me montrait beaucoup d'amitié. Je l'avais aidé à surmonter quelques-unes des mille difficultés qui obsèdent toujours les officiers à demi-solde chargés d'une nombreuse famille. Souvent je lui avais indiqué le moyen de se débarrasser des visites de certains individus très-tenaces de leur nature, et toujours porteurs de ces petits billets doux où l'on commence par invoquer le nom de Sa Majesté. Le capitaine me consultait sur toutes ces invitations à comparoir en personne à la cour, invitations qu'il avait le plus grand désir de refuser. Nous étions de la sorte en très-bons termes, quoique je n'eusse jamais été lui rendre visite. Il m'invita donc à dîner, en me priant de venir sans cérémonie, et j'eus le courage d'accepter.

Pour rendre ce qui va suivre plus intelligible, il importe que j'explique au lecteur que le digne et brave capitaine avait eu la faiblesse de contracter une de ces unions bien assorties dont je viens de parler. Il avait épousé une jeune personne qui avait l'honneur d'être alliée à une noble et haute famille, et qui, comme lui, avait cru aux douceurs de l'amour sous le toit le plus humble, dans l'existence la plus gênée. Un profond philosophe l'a dit avant moi, l'amour est un excellent assaisonnement, mais c'est un plat des plus maigres. Malgré toute l'affection qu'ils se portaient, ils reconnurent combien ils s'étaient trompés quand le boucher du voisinage refusa de leur donner une côtelette à crédit. Ce fut alors que les terribles nécessités de la vie leur apparurent dans toute leur réalité.

Le capitaine était un bel homme; sa femme était très-jolie; mais comme elle n'avait jamais éprouvé l'inconvénient de ne pouvoir se procurer une côtelette, et que le capitaine n'avait jamais songé à pareille chose, ils se trouvaient tout à coup dans le plus grand embarras.

Miss Fitz-Gauntlet n'avait eu d'autre fortune que sa beauté. Sa famille s'était opposée à ce mariage, et fut tout aise d'avoir un prétexte de ne lui donner aucune dot. Le capitaine commença par les envoyer tous au diable, puis jura qu'il ne l'épousait pas par intérêt, et que son amour suffirait à tout. La belle Alicia chantait admirablement bien, et jouait divinement de la harpe: elle parlait le français, l'italien et l'allemand; elle avait appris ce que l'on appelle dans les pensions de demoiselles l'usage des globes. Je n'ai jamais pu comprendre la raison mystérieuse qui fait tant vanter cette branche des connaissances féminines, ni savoir en quoi elle peut leur être utile: tout se borne, ce me semble, à faire tourner sous leurs jolis doigts des sphères brillamment vernies, et à songer aux figures cabalistiques tracées sur celles que l'on appelle célestes; après tout, je n'y vois pas grand mal. On lui avait encore enseigné la géologie, la conchyliologie, la phrénologie et diverses autres ologies qu'il serait trop long d'énumérer. Elle savait tricoter et tresser les plus jolies bourses du monde; mais malheureusement celles qu'elle tricotait pour le capitaine O'Sullivan (ces capitaines sont toujours irlandais), étaient constamment à sec. Le capitaine O'Sullivan s'appela simplement Sullivan après son mariage; il avait six pieds de haut, une large encolure, de magnifiques favoris, et descendait, cela va sans dire, d'un des anciens rois d'Irlande.

Sa jeune femme ignorait tout autant que l'enfant au berceau les choses les plus ordinaires de la vie: elle avait une légère idée qu'il fallait de l'argent pour vivre, mais elle ne s'était jamais demandé d'où venait l'argent, comment on l'obtenait et comment on le multipliait. Elle savait aussi que le pain était une des choses les plus nécessaires à la vie: c'était une phrase qu'elle avait souvent copiée en apprenant à écrire; elle savait encore que cela provenait d'un certain travail agricole, mais il ne lui était jamais venu à l'idée qu'il pourrait parfois lui être difficile de se procurer une livre de pain. Le capitaine comprenait tout cela parfaitement, et le contraste de son savoir avec l'ignorance de sa femme donnait souvent lieu à des discussions matrimoniales très-intéressantes.

Tel était donc l'heureux couple chez lequel j'avais accepté une invitation.

Ils habitaient aux environs de Londres une petite maison à laquelle on arrivait par une très-grande grille flanquée de deux piliers qui supportaient chacun un animal d'un genre incompréhensible. Madame Sullivan avait désiré avoir des sphynx, mais le sculpteur, qui n'avait qu'une très-vague idée de ce que cela pouvait être, les avait imaginés de son mieux, et je dois dire qu'il avait parfaitement réussi; car, comme cela ne ressemblait à rien de mort ou de vivant, on avait toute liberté de supposer que c'étaient des sphynx ou toute autre chose.

La porte fut ouverte par quelque chose que, dans l'obscurité où je me trouvais, je crus être un sphinx vivant, mais que je reconnus au grand jour pour un groom en chair et en os. C'était un petit bonhomme très-gros et gras; une forêt de cheveux rouges ombrageait sa tête, ses jambes étaient cachées sous des pantalons bleu clair, avec une bande en galon d'or excessivement fané. Ses mains étaient horriblement sales, et plus sale encore était sa figure: il était difficile de loucher plus que lui. Sa veste, de même couleur que ses pantalons, suivant la constante habitude de son ordre, était ornée d'un nombre infini de boutons coniques en cuivre: circonstance qui prouvait qu'il était réellement le page de la maison, et non le décrotteur du lieu, comme le faisaient d'abord supposer sa figure et ses mains.

Comme je remettais mon chapeau et ma canne au page qui faisait l'empressé auprès de moi, je fus tout étonné d'entendre un bruit extraordinaire dans une chambre à côté; je crus être dans une ménagerie à l'heure où l'on donne la pâture aux bêtes. C'étaient les cris des quatre plus jeunes enfants du capitaine que l'on était obligé de garder sous les verrous pendant tout le temps que duraient les préparatifs du dîner, de peur d'accidents et de déprédations volontaires. Les deux filles aînées, car le capitaine Sullivan avait six enfants, se conduisaient assez bien pour être laissées en liberté et avoir permission d'entrer au salon. Madame Sullivan me reçut avec une grande courtoisie, tempérée pourtant par la dose de dignité qu'exigeait sa noble origine: elle me pria d'excuser l'absence de son mari, qui jetait un dernier coup d'œil sur sa cave, et m'invita à prendre un siége.

Ce n'était pas chose très-facile: je ne me rappelle pas le nombre de chaises qui meublaient l'appartement, mais il n'avait rien d'excessif, et elles étaient si petites, que j'aurais pu ne pas les apercevoir. Elles étaient excessivement élégantes; l'artiste avait cherché à imiter quelque bois exotique; le siége présentait une superficie d'environ quatre pouces carrés, le dos était de la plus grande légèreté; et les quatre pieds étaient aussi menus que les pattes d'une immense araignée. Rien ne pouvait être plus joli, mais rien n'était moins fait pour servir de siége, et l'on ne pouvait s'y hasarder sans craindre de voir tout cet échafaudage s'écrouler. J'en pris une entre l'index et le pouce, et ce ne fut pas sans trembler sur les suites de mon audace que je me posai sur le coussin dans le plus grand équilibre possible.

Tout l'édifice commençait à craquer, quand heureusement pour moi le capitaine entra au salon. Il nous annonça le dîner; je ne l'oublierai jamais, ce dîner, et je veux essayer de le décrire, car les observations que je pus faire ce jour-là me prouvèrent toute l'inanité des efforts que l'on fait pour sauver les apparences, et toutes les difficultés que l'on éprouve pour élever une nombreuse famille, quand on n'a qu'un revenu des plus modestes. Ce fut à la suite de la conversation que nous eûmes dans cette occasion mémorable, que je songeai combien il serait préférable d'aller habiter une colonie.

CHAPITRE IV.

Il n'y avait qu'un pas du salon à la salle à manger : madame Sullivan, née Fit-Gauntlet, me fit l'honneur d'accepter mon bras, et, comme les portes et le corridor ne permettaient de passer qu'un à la fois, il me fallut déployer la plus habile stratégie pour l'accompagner sans lui barrer le chemin. Les deux demoiselles Sullivan suivaient sur une ligne, le capitaine formait l'arrière-garde.

Je ne m'étendrai pas sur les accidents qui survinrent dans le cours du dîner; je ne dirai pas comment la poupée d'Amélie fut pêchée au fond de la soupière; je ne rappellerai pas l'erreur de la cuisinière, qui servit le poisson avec la sauce destinée au pudding, et comment ce dernier vint couvert d'anchois; ni encore comment elle avait oublié de mettre le bœuf dans le pot au feu, et comment Neptune, le chien de la maison, se l'était approprié. Vous dirai-je la rougeur qui monta au front de la noble dame, quand le groom déposa sur la table le pot d'étain dans lequel le tavernier d'à côté envoyait chaque jour une mesure de porter, et l'embarras qu'éprouvèrent le mari et la femme pour trouver au fond de leurs poches les quelques sous qu'il fallait payer? Mais ce ne fut pas tout : dans la hâte qu'il mit à transvaser cette boisson dans un pot plus présentable, le pauvre page versa le tout sur une collection de coléoptères que rassemblait M. Arthur, et tout n'était pas encore repêché quand je voulus me désaltérer.

Ce sont là des mésaventures qu'il faut oublier, ainsi que les cris, les querelles, les pleurs et les trépignements des enfants. Quand le dîner fut fini, on renvoya les quatre plus jeunes; les deux aînées, habillées l'une et l'autre avec robe blanche et ceinture rose restèrent à table avec nous, et le capitaine voyant un peu de calme se disposa à entamer la conversation.

« Vous voyez, monsieur Mayford, commença-t-il, que nous vous traitons sans cérémonie.

— Tout à fait en famille, monsieur Maybred, ajouta la dame.

— M. Mayford, ma chère!

— Nous n'aimons pas à nous séparer de nos chers enfants, monsieur Bayfort, reprit madame Sullivan.

— Il n'y a pas de bonheur comparable au bonheur domestique, dit le capitaine. Où est le whiskey, ma chère?

— Oh! mon ami, veux-tu vraiment boire de cet horrible whiskey? Vous voyez, monsieur Playford, le capitaine est toujours Irlandais, le whiskey est sa boisson favorite, il la préfère à tout.

— Excepté à toi, ma chère!

La dame fit signe à la plus jeune de ses filles d'apporter la bouteille. Nous n'avions eu pendant tout le dîner qu'une bouteille de vin qui me semblait sortir du même caveau que le porter : je crus que c'était du Marsala, mais le capitaine l'appela du Xérès, et je me gardai bien de le contredire.

— Avec une femme aimable, dit le capitaine; comment donc dit Horace?... j'ai oublié mon latin..... et du bon whiskey, un homme peut.....

Un coup qui retentit à la porte de la rue m'empêcha de savoir ce que, d'après le digne capitaine, on pouvait faire avec du whiskey et une femme aimable. La personne qui frappait à la porte avait donné un double coup de connaissance.

— Qui peut être là, demanda madame Sullivan?

— Je voudrais, répondit le capitaine allongeant la tête vers la croisée, que les gens ne se collent pas ainsi contre la porte; on ne peut pas voir qui c'est.

— C'est peut-être mademoiselle Mac Growler, dit l'aînée des jeunes personnes.

— Oh! Et nous à table au milieu du jour, s'écria la dame de la maison, comme c'est désagréable!

— Que l'on dise que nous sommes sortis, dit le capitaine.

Il était trop tard : le page avait déjà ouvert la porte, et comme celle de la salle était entr'ouverte, nous pûmes entendre une voix qui disait : — Le montant de la taxe des eaux, s'il vous plaît?

Le page apporta au capitaine un papier imprimé.

— Ah! oui! j'avais tout à fait oublié; dis-lui de repasser.

Le page disparut pour reparaître aussitôt, disant :

— Pardon, monsieur, mais il dit qu'il ne peut pas repasser, que voilà la cinquième fois qu'il vient.

— Que le diable l'emporte! on ne peut pas toujours penser à ces misères-là. Dis-lui que je l'avais oublié, que je le lui enverrai demain ou après-demain.

— Pardon, monsieur, il dit qu'il ne peut pas attendre davantage, et que s'il n'est pas payé, il va supprimer l'eau.

— Qu'il aille au diable!

— Monsieur, il est parti.

— Que ces gens-là sont ennuyeux! dit madame Sullivan. C'est une infamie de ne pouvoir avoir une goutte d'eau sans que l'on vienne vous en demander le prix! Il y a pourtant bien assez d'eau dans les mares, dans les rivières et partout, pour qu'elle ne coûte rien. Je regrette de ne pas demeurer au bord d'un grand lac, nous pourrions en avoir sans être obligés de la payer.

— Ah! ma chère, ce sont les lacs du Canada qu'il faut voir! C'est là ce qu'on peut appeler des lacs, ceux-là!

— Est-elle bonne à boire l'eau de ces lacs?

— Bonne à boire? Il n'y a pas de meilleure eau au monde, quoique les gens du pays ne semblent pas s'en douter. Imaginez-vous, monsieur, que je les ai vus envoyer des provisions d'eau aux navires qui étaient sur le lac Ontario.

— Mais, mon ami, est-ce que tous les navires n'ont pas une provision d'eau que boivent les marins? Je me rappelle qu'à bord du yacht de mon frère à l'île de Wight...

— Oui, ma chère, mais il ne faut pas oublier que l'eau du lac Ontario est douce; les matelots n'ont qu'à puiser à même quand ils veulent boire. Cependant j'ai vu quelque chose de plus extraordinaire aux Indes occidentales.

— Qu'est-ce que c'était?

— J'ai vu envoyer une cargaison de rasoirs et de bassinoires : ce fut à la suite d'un discours philanthropico-religieux prononcé, je crois, à Exeter-Hall!

— Eh bien, mon ami, on envoyait des rasoirs pour que les naturels pussent se raser, dit madame Sullivan toute fière et joyeuse d'avoir trouvé une aussi bonne raison.

— Oui, ma chère.

— Qu'y avait-il donc d'extraordinaire, mon ami?

— Rien d'extraordinaire, seulement les naturels n'ont pas de barbe. Quant aux bassinoires, il ne faut qu'avoir passé aux Antilles pour savoir que ce sont des ustensiles dont on se prive très-volontiers. Mais tout ne fut pas perdu : les naturels coupèrent leurs patates avec les rasoirs, et se servirent des bassinoires en guise de poêles à frire! Mais j'ai une idée que...

Un nouveau coup de marteau qui retentit à la porte arrêta court l'idée du capitaine : le son courut réveiller tous les échos du corridor. Aussitôt que la porte fut ouverte, nous entendîmes distinctement une voix qui prononça ces tristes mots : — La taxe des pauvres!

Ceux qui venaient demander la taxe des pauvres dans cette maison commettaient une erreur toute pareille à celle qui consistait à envoyer une provision d'eau aux marins naviguant sur le lac Ontario.

— La taxe des pauvres! dit le capitaine en étudiant l'avertissement imprimé de l'air effrayé d'un pilote qui voit son navire s'échouer.

— La taxe des pauvres! répéta la dame, vraiment on ne nous parle que de cela d'un bout du mois à l'autre et du matin jusqu'au soir; on dirait que nous n'avons autre chose à faire qu'à payer cette taxe des pauvres. La taxe des pauvres! la taxe pour ceci et pour cela!

— Ah! dit le capitaine, quand j'étais au Canada, je me rappelle que chacun se félicitait qu'il n'y eût pas de taxe des pauvres.

— Comment, mon ami, il n'y a donc pas de pauvres au Canada?

— Je n'en ai jamais vu : mais nous ne sommes pas au Canada, et ici on dirait qu'il n'y a que des pauvres, et que le reste de la population doit les nourrir.

— Le collecteur dit, monsieur, qu'il ne peut pas attendre.

— Alors qu'il s'en aille.

— Le capitaine vous présente ses respects, monsieur, alla dire le page, et vous pouvez vous en aller.

— Mes respects au capitaine, répéta courtoisement le collecteur; je suis fâché d'en venir là, mais ayez la complaisance de lui donner ce papier.

Le capitaine prenant le papier des mains de son page, y jeta un coup d'œil rapide et le mit vivement dans sa poche; je pus voir cependant que c'était une contrainte.

— J'ai beau chercher, dit-il, je ne peux pas m'expliquer comment il se fait que nous avons tant de pauvres en ce pays, car quand on prend en considération..... Encore quelqu'un! qui diable peut nous venir maintenant?

— La taxe du gaz et des trottoirs! dit une voix qui venait de la rue!

— Dites-lui de revenir un autre jour.

— Pardon, monsieur, mais il prétend être venu si souvent, qu'il ne peut pas attendre plus longtemps.

— Dites-lui que je suis à table, que je lui enverrai l'argent.

Le collecteur de la taxe du gaz et des trottoirs s'éloigna.

— Voyons, reprit le capitaine, n'est-ce pas une injustice que moi, par exemple, qui peux quitter le voisinage au premier moment, la semaine prochaine, demain, je sois obligé de payer pour des trottoirs dont d'autres se serviront?

— C'est une infamie, continua madame Sullivan, que les classes distinguées, qui ne vont pas à pied et qui par conséquent n'ont pas besoin de trottoirs, soient obligées de payer une chose qui ne peut être utile qu'aux petites gens. Voilà encore que l'on frappe! On devrait avoir plus d'égards pour les personnes qui ont de la naissance et des propriétés...

— La taxe sur les propriétés! cria-t-on aussitôt que la porte fut ouverte.

— Que le diable emporte la taxe sur les propriétés! s'écria le capitaine au comble de l'indignation. Je ne connais rien de plus abominable que d'aller rechercher quelles sont les propriétés d'un homme, et ensuite de venir lui demander un impôt! C'est une taxe immorale qui pousse au parjure, et, comme dit ma femme, elle est en outre irréligieuse... Qui est-ce qui frappe encore?

— La taxe de l'église.

— On demande la taxe de l'église, monsieur, dit le page en s'approchant de son maitre.

— Qui demande cette taxe?

— Le monsieur qui est déjà venu si souvent.

— Dites-lui de revenir un autre jour.

— N'est-ce pas abominable, monsieur Fayford! exclama la dame, on nous force à payer une taxe pour l'église, et nous ne pouvons pas y obtenir un banc. Cela nous empêche d'aller à l'église aussi régulièrement que nous le voudrions dans l'intérêt des enfants. Quand j'étais jeune j'allais à l'église tous les dimanches, mais nous avions une voiture, c'était bien différent. On m'a toujours fait comprendre qu'il était de bon ton d'aller à l'église et de répéter les prières avec le prêtre. Puis là on rencontre des connaissances, et cela donne aux enfants de bonnes notions religieuses. On y voit aussi les modes les plus nouvelles. Je ne peux pas comprendre pourquoi nous ne pouvons pas avoir un banc sans le payer, car enfin trois louis par an outre la taxe, c'est de l'argent, et cela empêche beaucoup de personnes, monsieur Rayford, de suivre les offices. Je connais beaucoup de monde qui ne demanderaient pas mieux que d'y aller si cela ne leur coûtait rien : on y irait quand il ferait beau temps; on ne peut pas y aller un jour de pluie, à moins d'avoir une voiture. Cela me rappelle la dernière fois que nous sommes allés à l'Opéra, mon ami. Vous y allez sans doute, monsieur Layforth? Qu'est-ce donc que nous coûtait notre loge? était-ce huit ou dix louis? Grisi chanta délicieusement, et Fanny Elsler, oh!... je ne conçois pas comment elle peut se tenir sur la pointe d'un pied comme elle le fait! Ah! je n'y vais pas souvent à l'Opéra maintenant, monsieur Gayford! les soins de la famille... Eléonore, va donc voir ce que font tes frères, je ne veux pas qu'ils fassent tant de bruit...

Un nouveau bruit à la porte extérieure coupa court à la harangue de madame Sullivan, mais cette fois on l'entendit sans éprouver d'alarme. C'était le coup bien connu du facteur, heureux homme qui est toujours certain d'être le bienvenu aujourd'hui que toutes les lettres sont affranchies.

— C'est peut-être une lettre de mon vieil oncle, dit le capitaine, il ne faut jamais désespérer.

— J'espère bien que c'est une lettre de ma tante, répondit madame Sullivan.

Le page était entré avec un papier à la main, le capitaine et sa femme tendirent le bras en même temps. Mais ce n'était pas une lettre, c'était un papier carré avec des lignes du haut en bas pour aligner les francs et les centimes.

— Les contributions! dit le capitaine; ce mécréant a imité la manière de frapper du facteur, si bien que j'ai vraiment cru que c'était une lettre.

— Et moi aussi, s'écria la dame d'une voix tout indignée. Oh! monsieur Playford, vous ne pouvez pas vous imaginer combien ces collecteurs sont rusés! Ils frappent comme le facteur, et quand on va leur ouvrir, ils vous poussent dans la main leurs méchants petits morceaux de papier.

— Pour la taxe des eaux, s'écria le capitaine, la taxe des pauvres, celle du gaz, du trottoir, des grands chemins, des égouts, de l'église, de la propriété, des portes et fenêtres, ou toute autre abominable taxe, car tout n'est que taxe et qu'impôts dans ce maudit pays... c'est horrible!

— C'est honteux! ajouta madame Sullivan. Ah! voilà enfin la poste; j'en suis certaine, car je vois le collet rouge du facteur. Nous allons avoir une lettre.

— Je parie un louis qu'elle vient de mon oncle.

— Du tout, c'est de ma tante. Donnez-la moi.

— Service de Sa Majesté! dit la dame en lisant l'adresse, service de Sa Majesté! et elle est à ton adresse, mon ami. Qu'est-ce que cela peut être? Je me sens toute nerveuse. Excusez-moi, monsieur Grayford! O mon Dieu! qu'est-ce que cela peut être?

Le capitaine ne souffla mot.

— Je vous demande mille pardons, monsieur Dayboard, mais je vais l'ouvrir, c'est peut-être la nomination de mon mari. Avant de l'ouvrir, mon ami, je dois vous déclarer que si c'est votre nomination de gouverneur général des Indes, je ne veux pas y aller : je ne peux pas supporter la chaleur. On dit qu'il est impossible de faire friser les cheveux : après tout, on ne porte plus de tirebouchons, c'est bien heureux pour les femmes dont les cheveux ne veulent pas friser. Les miens... O mon Dieu! ô ciel! quelle lettre! et mettre sur l'adresse : *Service de Sa Majesté!* O mon ami, cela vient de ces indignes gens de Somerset-House; ils disent que si vous ne payez pas vos contributions, ils vous feront je ne sais pas quoi.

— Je m'en doutais, répondit le capitaine.

— Eh bien, pas moi. N'est-ce pas une chose indigne, monsieur Fayboard! Dire que la reine ordonne à ses commissaires de tourmenter un gentilhomme pour de pareilles misères! Comme si elle ne pouvait pas s'en passer! Je sais bien que ses dépenses doivent être considérables : il est certain que cela coûte fort cher de recevoir, il faut payer tout cela, à moins qu'on ne prenne à crédit, et cela revient au même. Mais je crois que la reine y met un peu de mauvaise volonté, n'est-ce pas aussi votre opinion, monsieur Teaboard?

— Ma chère amie, lui dit le capitaine, je voudrais, avant d'aller plus loin, que tu donnes à mon ami son vrai nom : il s'appelle Mayford. Ma chère amie, ne peux-tu te le rappeler?

— Oh! mon ami, je ne me rappelle rien avec cette avalanche de demandes de taxes. Oh! bon Dieu! voici que l'on frappe encore. Mon ami, il faudrait faire condamner le marteau, on ne pourrait plus frapper. Oh! j'en mourrai.

Le page annonça miss Mac Growler.

— Que le diable l'emporte, dit le capitaine, c'est trop fort.

— Oh! bonté du ciel, s'écria la dame, il ne nous manquait plus que cela!... Ma chère miss Mac Growler, reprit-elle aussitôt que cette dame entra, je suis si heureuse de vous voir! Nous avons eu tant d'ennuis aujourd'hui, que c'est un bonheur de trouver une amie qui vienne vous consoler.

Le capitaine toussa légèrement, et se mêla un autre verre de grog au whiskey, peu de sucre et beaucoup de whiskey; il semblait se préparer au combat.

Miss Gorgona Mac Growler était une jeune personne à laquelle on pouvait donner environ quarante ans : elle portait une énorme paire de conserves à verres bleus, ce qui lui donnait une certaine apparence scientifique. Son nez était fortement accentué et témoignait d'un profond dédain pour toutes personnes d'un esprit vulgaire : le léger duvet qui ombrageait sa lèvre supérieure annonçait la masculinité de son caractère. Il était visible que l'aspect de miss Mac Growler faisait trembler les deux demoiselles Sullivan.

Le capitaine s'occupait héroïquement à vider son verre de grog; sa femme adressait ses plus doux sourires à son amie, comme pour se concilier cet oracle de sagesse et ce puits d'érudition. Miss Gorgona Mac Growler posa devant elle un parasol dont les dimensions rappelaient celles d'un des parapluies de nos pères, et s'étant assise derrière, elle posa son menton sur ses mains, appuyées elles-mêmes sur la pomme de l'ombrelle, puis elle sembla passer la revue de toute la société.

— Oh! ma chère miss Mac Growler, nous avons été si ennuyés! on est venu tout le jour demander des taxes et des impôts. C'est indigne la manière dont nous sommes imposés!

— Indigne! et pourquoi? Vous ne savez ce que vous dites : comment le gouvernement et les communes payeront-ils leurs dépenses si on ne leur donne des taxes et des impôts?

— Mais si on en met plus que nous ne pouvons payer?

— Alors il faut aller dans un pays où il n'y a ni taxes ni impôts.

— C'est ce que je disais, ajouta le capitaine. Les colonies, voilà où devraient aller vivre ceux dont la fortune est limitée.

— Les colonies? Ah!... qu'est-ce que vous y feriez?

— Dans tous les cas nous n'aurions ni taxes ni impôts à payer, et nous tuerions le bétail que nous élèverions.

— Je n'en sais trop rien! voyez-vous, il faut payer partout pour vivre. Quant à tuer votre bétail, c'est une erreur; il vaut mieux manger la viande élevée par les autres, que d'avoir l'embarras de l'élever et de l'engraisser.

— Mais la vie est bien plus facile aux colonies, repartit Sullivan. Il n'y a pas de droits sur l'alcool ni sur le vin, et le gibier y est très-abondant.

— Ah! toujours la vieille histoire; on n'est jamais content où l'on est. Et vous iriez aux colonies pour avoir du vin et de l'eau-de-vie sans droits et tuer du gibier à volonté? Excellentes raisons que celles-là pour quitter son pays! Et vers laquelle comptez-vous diriger vos pas?

— Ah! il y a le Canada : j'ai habité le Canada, les colons semblent ne manquer de rien.

— L'hiver y est un peu long, n'est-ce pas?

— Il dure six mois.

— La glace est assez épaisse sur les lacs? Deux mètres, n'est-ce pas?

— On ne manque pas de bois pour faire du feu.

— Oui, mais il faut l'abattre d'abord.

— Un feu de bois ! Il n'y a rien de meilleur que cela.

— Oui, ce serait quelque chose de bien réjouissant pour ma pauvre amie que voici, que d'aller s'enterrer dans un pays où l'hiver dure six mois et où la glace est épaisse de deux mètres ?

— Mais, il y a le haut Canada, il n'y fait pas aussi froid.

— Non, mais vous avez les Indiens.

— Alors il faut aller aux Etats-Unis.

— Là on vous accable de questions sans fin, on vous goudronne des pieds à la tête et on vous roule dans un lit de plumes, si vous exprimez une opinion autre que celle de la majorité.

— Eh bien, qu'est-ce que vous dites d'un voyage au Cap ; il fait assez chaud dans ce pays là ?

— Et il ne manque pas de lions pour vous dévorer, sans parler des Cafres, qui ne valent pas mieux.

— Par saint Patrick ! nous avons alors les Indes occidentales, où l'on peut s'enrichir en plantant du sucre et du coton.

— Si on ne meurt pas de la fièvre jaune : et puis, voyez-vous, les Indes occidentales sont ruinées, les pays à esclaves leur font une concurrence désastreuse.

— Dans ce cas, on fait le tour du globe, et on va à la Nouvelle-Zélande.

— Pour y être englouti par un tremblement de terre, ou bouilli pour le dîner d'un New-Zélandais.

— Que trouvez-vous à redire à la terre de Van-Diémen.

— Pleine de forçats.

— Mais de l'autre côté du détroit, dans l'Australie du Sud, il n'y a pas de forçats.

— La sécheresse y ruine les colons, elle tue tout le bétail.

— Cependant ils n'en manquent pas, car j'ai lu quelque part que l'on y tue les bœufs et les moutons pour en avoir la graisse, et qu'on laisse la viande pourrir sur la terre pour la fumer.

— Mon Dieu ! dit madame Sullivan, qui jusqu'alors avait écouté dans le plus grand silence les sages observations de miss Mac Growler, mon Dieu ! cela me semble extraordinaire. Dire qu'en Australie on laisse la viande pourrir sur la terre, parce qu'il n'y a personne pour la manger, et qu'ici ce sont les pauvres gens qui pourrissent de misère, parce qu'il n'y a pas de viande ! N'est-ce pas étrange, miss Mac Growler ?

— Ce n'est pas étrange du tout. C'est parce que nos membres du parlement sont des imbéciles. Pourquoi n'envoient-ils pas les pauvres de ce pays dans les contrées où il y a de la place et des aliments en abondance ? Ah ! si j'étais au parlement je leur dirais ce que j'ai sur le cœur.

— Je croyais, dit le capitaine, que vous étiez l'adversaire de toute colonisation ?

— Non pas ! Qui vous a dit que j'étais contre la colonisation ?

— Alors vous êtes favorable au système de colonisation ?

— Non pas ! Je ne suis ni pour ni contre, mais je n'aime pas à voir les gens se conduire comme des imbéciles et essayer de faire ce dont ils ne savent pas le premier mot. Que ferait cette belle dame dans une colonie ? Elle irait là en robe rose avec des falbalas jusqu'à la ceinture pour effrayer les kangourous ! Non, les colonies conviennent aux gens qui peuvent et savent travailler ; à moins que l'on n'ait beaucoup d'argent.... et dans ce cas il vaut mieux rester ici. Mais pour des jeunes gens qui peuvent travailler, s'ils ont de l'argent tant mieux, il est possible qu'ils réussissent, s'ils ne se querellent pas nuit et jour pour revenir en Angleterre. Il faut que je vous quitte, car j'ai une autre visite à faire. Le mari de madame Slatterly vient d'être destitué, et par la faute de sa femme, je veux aller lui parler à ce sujet. Ainsi, c'est entendu, nous ne parlerons plus de nous expatrier ; cela vous ferait du bien cependant, car vous seriez tout aise de revenir ici. Au revoir !... Vous avez probablement reçu un commandement de payer vos impositions : il y aura les frais. Il est même probable que l'on aura pris jugement contre vous, mais ne soyez pas assez simples pour laisser saisir vos lits ; cela ne vaut rien de coucher sur le plancher. Laissez les prendre le piano dont toutes les touches sont brisées, ou bien la harpe, qui n'a pas une corde. Il y a encore le portrait de votre femme sur la cheminée du salon, elle est représentée en bergère conduisant un agneau. Cela probablement a été fait pour vous, capitaine ; ils n'en donneront pas grand'chose, mais le cadre se vendra bien... Ah ! il faut que je vous quitte... j'ai d'autres visites de condoléance à faire. Car je sais qu'il n'y a rien qui console aussi bien que les douces paroles d'une parente, d'une amie. Ah ! à propos, votre cheminée fume, je crois, je vais vous donner le moyen de l'empêcher. Ne faites pas de feu ! N'est-ce pas que mon moyen est infaillible ? Allons, je m'en vais.

Miss Gorgona Mac Growler s'éloigna en effet, au grand contentement de nous tous : elle alla porter ses consolations ailleurs, et je profitai de l'occasion pour prendre congé. Madame Sullivan essaya poliment de me retenir, elle me fit entrevoir le plaisir que j'aurais à entendre les deux demoiselles Sullivan faire de la musique italienne sur le piano, dont les touches étaient brisées. Le capitaine me pria aussi de rester, mais je remarquai que la bouteille de whiskey était au plus bas, et que ni le mari ni la femme n'avaient parlé de la rem-

plir, ce qui eût été, je le crains, très-difficile à faire ; je pensai donc que je rendrais un véritable service en m'en allant.

Nous prîmes congé l'un de l'autre en nous assurant mutuellement du regret que nous avions de nous quitter, et comme je retournais à mon logis, je songeai sérieusement à toutes les difficultés que l'on se préparait en voulant au sein de la pauvreté paraître riche. Ce que l'on avait dit des colonies me trottait par la tête, et je commençais à me demander si je ne devais pas aller m'y établir ? Mais quelle colonie devais-je choisir ? Devais-je aller au nord ou au midi, à l'est ou à l'ouest ?

Miss Mac Growler n'était pas très-encourageante, il est vrai, pour ceux qui voulaient s'expatrier ; mais elle pouvait se tromper, et tout en marchant je pris la résolution d'étudier cette question à fond.

Dans tous les cas, ce que j'avais vu chez le capitaine me prouva plus que jamais combien, avec une petite fortune, il était difficile d'élever convenablement sa famille dans un pays aussi lourdement taxé que l'Angleterre.

CHAPITRE V.

Je commençai donc à comparer les avantages et les inconvénients que présentaient nos diverses colonies. Je lus tant de livres qui traitaient de l'une ou de l'autre, que je fus plus embarrassé que jamais. J'avais à choisir entre le Canada, les Etats-Unis, le cap de Bonne-Espérance, la Nouvelle-Galles du Sud, Sidney, l'Australie, l'Australie du Sud, l'Australie occidentale, la terre de Van-Diemen et la Nouvelle-Zélande. Des auteurs d'une véracité incontestable affirmaient que dans l'une comme dans l'autre on pouvait faire des fortunes incroyables avec une rapidité merveilleuse.

Je communiquai toutes les idées qui me passaient par la tête à la bonne madame Delancey, mais elle hocha la tête en me disant qu'il n'y avait pas de pays qui valût la vieille Angleterre. Je me rappelle aussi qu'un jour que je parlais à Lucie de tous les avantages de la vie de colon et du désir que j'avais d'en essayer, elle sembla faire à peine attention à ce que je lui disais, et se mit à coudre avec plus d'ardeur que jamais, puis bientôt au lieu de partager mon enthousiasme elle se leva et quitta l'appartement. Je trouvai qu'elle n'agissait pas à mon égard avec autant d'affection que d'habitude, car je l'aimais comme une sœur, et je croyais qu'elle aurait partagé cordialement l'espoir qui m'animait.

Le peu d'encouragement que je reçus de ceux qui m'aimaient me fit hésiter longtemps et réfléchir sérieusement sur l'importance de la résolution que j'allais prendre ; mais plus je creusais la question et plus vif était mon désir d'aller chercher fortune aux colonies. Je communiquais les raisons qui me frappaient le plus à madame Delancey et à Lucie : la vieille dame me répondait qu'elle voyait bien que ma détermination était prise, et qu'il était inutile de discuter avec moi : Lucie me disait tristement qu'elle désirait que le bonheur m'accompagnât partout où j'irais.

Mais je ne savais encore de quel côté tourner mes pas, et j'ignore comment je me serais enfin décidé, si le hasard ne fût pas venu faire cesser mon irrésolution.

Un jeune homme de mes amis avait au Canada un cousin qui lui faisait dans ses lettres les descriptions les plus flatteuses du pays, ne tarissait pas d'éloges sur la beauté et la fertilité d'une immense étendue de terres qu'il avait achetées à bon marché. Il était disposé à en céder une partie aux amis de son cousin, et même à tout étranger qui serait désireux de faire une bonne affaire : il allait jusqu'à offrir à son cousin de lui allouer une commission sur les portions qu'il pourrait vendre, tant il avait à cœur de voir des émigrants venir se fixer dans un pays si riche d'avenir.

Les magnifiques descriptions de la fertilité du Canada et de l'abondance qui y régnait partout me frappèrent vivement : j'avais, je ne sais pourquoi, une inclination naturelle à préférer cette colonie à toutes les autres. Je la préférais aux Etats-Unis, parce qu'en allant m'y établir je ne changeais pas de patrie : j'aurais là l'avantage de vivre sous la protection des lois anglaises, et j'y jouirais de toutes les immunités qu'assure cette abstraction mystérieuse que l'on appelle la constitution politique de l'Angleterre. Quoique l'étude des lois m'ait occupé pendant plusieurs années, je ne pourrais, je l'avoue, définir exactement cette fameuse constitution anglaise, et je n'ai jamais vu personne qui pût en donner une analyse complète ; mais je ne doute pas que ce soit quelque chose de merveilleux... et de très-favorable à la multiplication des impôts.

J'avais encore pour préférer le Canada une raison qui avait séduit plus d'un autre avant moi : c'est à une petite distance de l'Angleterre, de sorte que si on ne s'y trouve pas bien, on peut revenir. Il est plus facile aussi de correspondre avec les amis et les parents qu'on laisse en Angleterre : je n'avais cependant aucun parent que je connusse, et je n'avais guère d'autres amis que madame Delancey et sa fille...

En reportant mes souvenirs vers cette époque de ma vie, je suis porté à croire que l'état d'isolement dans lequel je me trouvais fut une des plus puissantes raisons qui me décidèrent à quitter un pays dans lequel j'étais presque étranger. Il me semblait que mon départ du pays qui m'avait vu naître, et je n'étais pas même certain que j'y étais né, serait comme une sorte d'affranchissement du lien mystérieux dont je ne pouvais trouver le nœud. Aussi longtemps que je resterais en Angleterre je serais tourmenté de l'idée de rechercher mes parents et ma naissance : je pouvais, pensais-je, les rencontrer et leur parler sans les connaître ; j'étais sous le poids d'un secret qui m'obsédait et me pesait nuit et jour.

Mais en m'éloignant des lieux où s'était passée mon enfance, je me débarrassais de ce souci perpétuel : j'entrais dans un nouveau monde, je commençais une autre existence. Je me ferais de nouvelles connaissances, je formerais de nouveaux liens, j'élèverais une barrière que ne pourraient franchir ceux qui m'avaient lâchement abandonné, et j'oublierais peut-être un jour le vieux monde et ses pénibles souvenirs. Je ne voulais pas oublier cependant cette bonne dame qui m'avait servi de mère, et Lucie la compagne de mes jeux : malgré les objections que me faisait madame Delancey et le peu de sympathie que Lucie montrait pour nos projets, j'avais quelque vague espoir de les décider plus tard à venir me rejoindre quand je serais établi dans ma nouvelle patrie.

Lucie.

Je me mis donc à étudier soigneusement les cartes du Canada, et je m'informai en même temps de tout ce qu'il était indispensable d'emporter avec moi ; mais comme tout cela a été décrit déjà une centaine de fois, et que j'ai bien autre chose à raconter, je le passerai sous silence. Je rapporterai seulement ce que me conseilla un vieux capitaine de navire que je consultai à ce sujet.

— Mon jeune ami, me dit-il, il n'y a que deux choses qu'un émigrant ne peut pas se dispenser d'emporter : ce sont d'abord des souverains si vous en avez, et des bras pour travailler si vous n'en avez pas. Laquelle de ces deux choses vaut le mieux, c'est ce que je ne saurais vous dire, quoique j'aie fait soixante-dix voyages. J'ai vu des émigrants réussir tantôt avec une chose, tantôt avec l'autre, et c'est là le grand avantage des colonies. Ici, par exemple, vos bras, sans un peu d'or, ne vous sont guère utiles, mais dans une colonie ce sont eux qui vous font avoir de l'or si vous n'en avez pas.

Je trouvai que le vieux capitaine entendait assez bien l'économie politique, et comme non-seulement j'avais deux bras, mais une assez jolie provision de louis, son avis me sembla de bon augure. Il était sur le point de mettre à la voile pour Québec, je me décidai à m'embarquer avec lui ; j'espérais que pendant la traversée je mettrais son expérience à profit ; je devais voir aussi une grande étendue de pays en remontant le Saint-Laurent jusqu'à Québec et je préférai faire ce voyage plutôt que d'aller par New-York.

La partie du Canada que j'avais choisie par avance se trouvait au nord-ouest du lac Ontario, dans la direction du lac Huron. On sait que la frontière des Etats-Unis est déterminée par une ligne imaginaire qui coupe ce dernier lac en deux. Cependant, avant d'arrêter mon

choix d'une manière définitive, je voulais voir le haut et le bas Canada, et quoique je n'eusse pas l'idée d'aller m'établir au milieu des Canadiens Français, je pensais, en traversant leur pays, obtenir beaucoup de renseignements qui pourraient m'être utiles.

Je fus bientôt prêt à m'embarquer ; j'avais très-peu de visites d'adieu à faire. J'allai prendre congé du capitaine O'Sullivan et de sa famille ; j'étais loin de penser alors que nous nous rencontrerions plus tard dans un pays et dans des circonstances que nous ne pouvions certes alors prévoir les uns ou les autres. Mais je raconterai la chose à son lieu et place.

Je pris avec moi deux cents souverains en or et une lettre de crédit de cinquante mille francs. Je laissai le reste de ma fortune, soit environ cent mille francs, en Angleterre ; mais j'eus soin de placer cette somme de manière à pouvoir la réaliser immédiatement si j'en avais besoin.

Je partais, décidé à parcourir le Canada et à revenir en Angleterre avant de m'y fixer tout à fait. Ce qui me décida peut-être à adopter ce plan, c'est que j'éprouvai beaucoup plus de difficulté à me séparer de madame Delancey et de Lucie que je ne m'y attendais. J'avais voulu assurer à madame Delancey une rente viagère, mais elle s'y était résolument opposée. Je cessai donc de la tourmenter à ce sujet ; mais je résolus de revenir en Angleterre avant de m'expatrier pour toujours. Quand je dis adieu à ma jeune compagne, à ma sœur de cœur, je ressentis une douleur que je n'oublierai jamais ; je suis même encore étonné que cela ne m'ait pas indiqué la nature de l'affection que je ressentais pour elle, et que j'avais toujours regardée comme celle d'un frère pour une sœur. Mais l'histoire de notre amour est assez curieuse, elle se développera, et à son temps se trouvera si mêlée à toutes mes aventures que je ne peux pas l'en séparer.

Voici les dernières paroles que m'adressa Lucie : — Mon cher Georges, il faut espérer que ce n'est pas la dernière fois que nous nous voyons : il est facile de revenir du Canada.

— Tu peux être certaine, ma chère Lucie, lui dit-il, que quand je reviendrai, c'est ici que j'accourrai tout d'abord. »

Elle essaya de sourire, mais ce fut en vain. Mon cœur était triste ; une de ses mains couvrait ses yeux, d'où sortaient de grosses larmes qu'elle n'essayait pas de cacher ; n'étions-nous pas frère et sœur ? Elle m'offrit l'autre main ; mais je la pris dans mes bras et je l'embrassai plusieurs fois avec tendresse, avec ardeur. Ses pleurs coulèrent plus abondamment, et je me repentis presque d'avoir voulu quitter ceux qui m'aimaient tant ; mais l'orgueil peut-être me donna du courage, et je partis.

Quand je me trouvai à bord du navire, tout me sembla odieux. Partout où j'allais il me semblait voir la triste Lucie en pleurs, et si cela eût été encore possible, je crois que je serais retourné, car le souvenir de ma jeune compagne me tourmentait à un si haut degré, que je me mis à réfléchir sur une foule de choses qui m'avaient jusqu'alors échappé... Mais il était trop tard, le *Buffalo* fendait les flots, le rivage s'éloignait rapidement, et l'on ne voyait plus que la mer et les cieux. Toute la largeur de l'Atlantique s'étendit bientôt entre moi et les seules personnes au monde qui m'avaient jamais montré de l'affection ; je n'avais plus qu'à me demander si je n'avais pas follement agi ? C'est une question que je débattis longuement, et que je résolus par la négative. Je restai néanmoins tout mélancolique.

Pour la première fois de ma vie je me sentais réellement seul au monde. Je commençais à comprendre que je n'avais pas connu la nature de mon affection pour Lucie et ce ne fut que quand je l'eus quittée que je sentis combien je l'aimais. Je descendis dans ma cabine, et me soutenant d'une main pour suivre le roulis du navire, je laissai tomber ma tête sur l'autre. Je me sentis bientôt inondé de mes pleurs, la nature était plus forte qu'un vain orgueil, je me laissais aller aux regrets les plus amers.

Je restai triste et abattu pendant plusieurs jours, puis l'espoir, la jeunesse et l'absence me rendirent peu à peu ma tranquillité ordinaire. Le vieux capitaine cherchait à me consoler en me disant que mon chagrin était très-naturel et que quand il quittait sa Betty, il ressentait lui-même quelques serrements de cœur dont il ne pouvait se rendre compte, malgré le grand nombre de fois qu'il avait entrepris ce voyage.

— Prenez un verre de rhum, disait-il, c'est un mauvais maître, mais un bon ami. Voici la manière de s'en servir : un petit verre le matin en se levant, et un verre le soir avant de se coucher. Buvez-en un peu au goûter, modérément à dîner, et si vous en prenez à d'autres moments, n'en prenez pas trop, voilà ! C'est très-bon quand on n'en abuse pas. Buvez-en aussi longtemps que cela vous ragaillardit ; mais si vous allez jusqu'à ne plus connaître le nord du sud, il est temps de s'arrêter : voilà mon système.

Le système du vieux capitaine était assez large, on le voit ; mais aussi longtemps qu'il pouvait distinguer les quatre points du compas, je n'avais aucune observation à faire. J'avoue cependant que j'entendis avec bonheur la vigie annoncer la terre ; car à mesure que nous avancions, le système du capitaine Black devenait de plus en plus élastique. C'était une consolation d'être en vue de terre.

Nous traversâmes le golfe Saint-Laurent, et nous entrâmes dans le fleuve du même nom ; son cours majestueux est de plus de deux mille milles, et traverse tout le Canada. Du pont du navire j'étudiais attentivement les rives qui se présentaient en vue; mais je ne vis rien de remarquable jusqu'à notre arrivée à Québec : c'est là seulement que commença la série de mes aventures.

CHAPITRE VI.

Nous arrivâmes à Québec le 29 octobre; on était au plus fort de l'été; c'est la saison la plus agréable dans ces hautes latitudes. L'aspect du pays me frappa d'enchantement. D'immenses montagnes s'élèvent vers le nord, des forêts impénétrables couvrent la campagne, et le fleuve descend majestueusement vers la mer. Les maisons me semblèrent propres et confortables, et la population me parut contente, heureuse et active. Mais je ne me sentais pas disposé

Avant d'arriver au haut de l'escalier, j'entendis ouvrir et fermer la porte de la rue.

à m'établir dans cette province, où la prédominance des Français me faisait toujours penser que j'étais chez des étrangers. Je remarquais à chaque pas mille détails qui m'annonçaient que je n'étais pas dans une ville anglaise. Je ne m'arrêtai donc que peu de temps dans cette ville, que les Canadiens français aiment à regarder comme la capitale du Canada, et je me rendis à Montréal.

Un de ces mille incidents qui semblent insignifiants, mais que je ne dois pas omettre de raconter, vint me causer une certaine émotion quelques jours avant que je quitasse Québec. J'ai déjà dit qu'un des sacs d'or que m'avait apportés mon mystérieux protecteur était fait d'un morceau de brocard de velours; je le conservais précieusement dans l'espoir qu'il pourrait m'aider à découvrir mes parents et ma naissance. J'en avais toujours une moitié sur moi; l'autre était soigneusement empaquetée dans mon portemanteau.

Quoique j'eusse presque perdu tout espoir de jamais deviner le secret qui pesait sur ma destinée, je prenais un soin tout superstitieux de ce morceau de velours: et un jour que j'ouvrais mon portemanteau à Québec en présence d'un négociant français, ce morceau, qu'il prit pour un échantillon, frappa ses regards. Il le prit vivement, l'examina avec attention, en admira le dessin et la façon, et me dit sans hésitation que c'était du velours de Gênes, qui est, après celui de France, le plus beau que l'on fasse.

Je fus excessivement surpris de trouver de l'autre côté de l'Atlantique comme un commencement de preuves dans une affaire que j'avais pour ainsi dire abandonnée, et je pris plus de soin que jamais de mon trésor. D'autres événements étant survenus, j'oubliai presque cette sorte de présage. Cependant on verra par la suite que ce fut ce morceau de velours qui me fit courir dans presque toutes les parties du monde.

Plus préoccupé des avantages que je pourrais rencontrer dans la co-

lonie que des souvenirs que me laissait l'Angleterre, je remontai le Saint-Laurent jusqu'à Montréal, la seconde ville du Canada.

Chacun sait que Montréal est bâtie dans une île longue d'environ trente mille, et large de huit, et que la plus grande partie de cette île forme une riche seigneurie possédée par le clergé catholique. On a souvent décrit ses rues bordées de belles maisons de pierres, et ses magasins, qui ont toute l'élégance française; je ne m'arrêterai donc pas à en faire la description. En ma qualité de jurisconsulte, je m'informai scrupuleusement des lois et coutumes qui régissent la propriété seigneuriale; mais ce n'était pas là le but de mon voyage. Je trouvais là, comme à Québec, une population et des mœurs françaises : je ne songeai donc pas à m'établir dans le voisinage. Je dois ajouter que les hivers excessivement longs et froids de tout le bas Canada me répugnaient au plus haut degré.

Un hiver de six mois avec de la neige qui menace toujours de s'éterniser, de la glace épaisse de deux mètres, tout cela ne m'encourageait guère à choisir ce pays. C'est très-bon pour ceux qui y sont nés, qui sont accoutumés dès leur enfance à toutes les rigueurs du climat et qui ont hérité en outre des coutumes et du langage de leurs ancêtres français; mais ceux qui peuvent choisir le climat qui leur convient le mieux ne s'arrêteront jamais dans le bas Canada. C'est cependant un très-beau pays; sa fertilité est très-grande, et les habitants sont renommés pour leur caractère de franchise et leur hospitalité.

Il me fut facile de remarquer cependant que la population d'origine française ne semble pas se regarder comme partie intégrante de l'empire britannique : elle fait bande à part. Elle se regarde comme dans un état de transition, et un instinct national plutôt qu'une résolution formelle la porte à refuser toute fusion avec la race anglaise. Le Français conserve religieusement ses institutions presque féodales, et il n'oublie jamais son origine et ses tendances.

Il se mit vis-à-vis de moi de l'autre côté.

Cela provient sans doute des sentiments inspirés par la conquête et de l'orgueil avec lequel ils se rappellent que leur province fut habitée avant les autres, et que c'est au courage, à la persévérance et à l'adresse de leurs ancêtres que les Européens sont redevables de la colonisation de tout le pays. Ce sont les gens les plus hospitaliers du monde : les femmes ont conservé la grâce et la politesse de la mère patrie; tout cela modifié sans doute par la sévérité du climat et la nature de leurs occupations; mais elles ont gagné en franchise et en honnêteté ce qu'elles peuvent avoir perdu du côté de l'élégance.

Je n'ai pas l'intention de donner les détails statistiques des colonies que j'ai visitées dans le cours de mes aventures, je veux plutôt soumettre au lecteur les résultats généraux de mes observations, et lui présenter les idées que mon expérience peut me suggérer. Si je voulais montrer ma science historique, je raconterais comment le Vénitien Sébastien Cabot découvrit le Canada en 1497. Il avait quitté l'Angleterre avec un privilége de Henri VII pour faire un voyage de découvertes ; mais les Anglais de ce temps, comme nos ministres du siècle dernier, ne faisaient pas grand cas des possessions en Amérique. Je pourrais dire encore comment le roi de France François Ier mit à profit la découverte de Cabot, comment ses capitaines construisirent un fort dans le golfe de Saint-Laurent, et s'établissant dans le pays bâtirent Québec en 1540. Leurs combats avec les Peaux-Rouges pourraient fournir d'intéressants épisodes.

Que ne dirais-je pas si je voulais vous faire l'histoire du siége de Québec en 1759 et de la prise de cette ville par le général Wolf ? Un seigneur français eut la politesse et la complaisance de m'expliquer très-longuement comment Québec n'aurait jamais été pris si les Français eussent voulu le garder : j'eus soin de ne pas le contredire. J'aurais encore à raconter toute la conquête du bas Canada, qui fut achevée en 1761 : conquête qui causa tant de surprise aux colons français, qu'aujourd'hui même ils ne comprennent pas encore comment cela se fit.

Tout cela est fort curieux sans doute pour les antiquaires canadiens, mais le colon n'y trouve pas grand intérêt. Il y a un point cependant qu'il est bon de noter quant au haut Canada : c'est le progrès extraordinaire de cette colonie depuis qu'elle est habitée par la race anglo-saxonne. On l'a souvent dit : les Français ne savent pas coloniser ; ils font des essais administratifs et scientifiques, mais ils n'y vont pas de tout cœur. Le Français ne regarde jamais la colonie comme sa patrie définitive, il y demeure en passant ; son pays, c'est toujours la France, ou plutôt c'est toujours Paris.

Les Canadiens français me laissèrent cependant une impression des plus favorables : c'est une belle race, ils sont sobres, actifs, honnêtes et d'un commerce agréable. Mais l'hiver approchait, et comme j'avais le plus grand respect pour mon nez, je me hâtai de prendre le chemin du haut Canada, dont le climat est certainement plus sévère que celui d'Angleterre, mais où la mauvaise saison, surtout dans les districts voisins des Etats-Unis, est plus supportable qu'à Québec et à Montréal. Remontant encore le Saint-Laurent, qui est la plus grande artère du Canada, j'arrivai à Kingston, où je me trouvai de nouveau parmi mes compatriotes.

La rapide et surprenante prospérité du haut Canada n'est pas le seul exemple du succès qui a couronné les efforts de la race anglaise quand elle a voulu coloniser. Je citerai plus loin d'autres pays qu'elle a transformés tout aussi vite ; mais puisque je suis au Canada, je dirai en quelques mots ce qu'il était en 1800 et ce qu'il est en 1850.

Il y a cinquante ans le haut Canada était à peine habité, sa population dépasse maintenant six cent cinquante mille âmes ; son sol était à peine cultivé, plus de deux millions d'acres ont été défrichés. Si nous prenons Toronto, qui est aujourd'hui la capitale, car Kingston est déchu de ce rang, la population, qui n'était que de quatre cent quarante-six âmes en 1811, de dix-huit cent dix-sept en 1827, s'élevait au delà de seize mille en 1848. Cette ville possède des écoles, des églises et d'autres établissements publics dont il n'y avait pas trace il y a quelques années. Les environs, qui en 1800 n'étaient qu'un désert aride, sont en pleine culture ; le commerce témoigne de la prospérité des habitants. Tout cela s'est fait en moins de cinquante ans.

Cette prospérité inouïe d'un pays complétement inhabité jusqu'alors pourrait m'entraîner dans des discussions dont il faut me garder ; je me borne donc à la signaler en passant, et je ne m'étendrai pas davantage sur les autres colonies que j'aurai occasion de visiter dans le cours de mes aventures.

Ce fut le 30 novembre que je partis de Toronto pour aller rendre visite au cousin de mon ami le jurisconsulte de Londres dont j'ai déjà parlé. La saison commençait à être froide et humide, il était même déjà tombé de la neige, circonstance qui rendait le voyage moins facile et moins agréable ; mais j'avais hâte d'arriver au but que je m'étais tracé.

Je me dirigeais vers le lac Huron, dans la direction du nord-ouest. Le golfe le plus voisin de ce lac était à ma droite pointant au nord, à environ une distance de cinquante milles : on l'appelle du nom très-peu harmonieux de Natawasauga. Tout droit devant moi, et au delà de la propriété de mon ami, se trouvait le pays qui forme le territoire des Indiens. La frontière était à quatre-vingts milles de Toronto dans la direction que je suivais, et allait atteindre la pointe occidentale du grand lac Huron. Ce territoire s'étend vers le nord-ouest entre les deux golfes du lac, et forme une pointe qui porte le nom menaçant de Dos-de-l'Ours : c'était peu rassurant pour un pauvre voyageur à l'approche de l'hiver. Cependant comme ce Dos-de-l'Ours était à deux cents milles de Toronto, dans le territoire des Indiens, et bien au delà de la propriété de mon ami, je ne ressentis guère d'alarmes, quoique l'on semblât prendre plaisir à me raconter toute sorte d'histoires qui tendaient à prouver la hardiesse et la férocité de ces quadrupèdes indigènes.

J'avais acheté à Londres une excellente carabine ; malheureusement mes habitudes passées m'en avaient rendu le maniement peu familier, et je n'étais pas très-certain d'agir avec prudence en me confiant uniquement à ma propre adresse. L'armurier m'avait cependant affirmé que cette arme était faite avec tant de soin, et les deux points de mire si bien ajustés, que je serais certain de toucher le but si je visais droit. J'avais entendu dire que la seule place

où l'on pouvait blesser mortellement un ours, c'était entre les deux yeux ; mais on m'avait recommandé de ne pas viser trop haut de peur de passer par-dessus sa tête, ni trop bas de peur de le toucher au nez, ce qui exciterait sa furie au plus haut degré, chose complétement inutile vu sa férocité naturelle quand il souffrait de la faim.

Tous ces conseils et toutes ces recommandations ne me tranquillisèrent qu'à demi, mais j'aurais eu honte de montrer de l'hésitation. Et quoique de respectables vieillards et entre autres mon maître de l'hôtel, cherchassent à me persuader de passer l'hiver dans la ville, je persistai dans ma résolution. J'achetai donc un cheval, et mettant ma carabine sur mon épaule et une valise derrière moi, je partis plein de confiance. Le maître d'hôtel eut soin de m'avertir avant que je le quittasse que si j'avais l'adresse de tuer un de ces ours, je ne devais pas oublier que les pattes faisaient un plat délicieux : — Vous le verrez, ajouta-t-il en souriant, car il aimait assez à plaisanter, vous le verrez, si ce n'est pas l'ours qui vous mange !

Je tâchai de répondre en souriant à cette facétie qui me sembla hors de saison, et songeant sérieusement à l'alternative dont il me menaçait, je piquai des deux et partis au grand galop pour atteindre avant la nuit une hôtellerie que l'on m'avait enseignée. La route était belle, et il me parut impossible de m'égarer, car à peu de distance de la ville elle traversait un bois épais et fourré. La terre était couverte de neige, mais il n'y en avait pas assez pour embarrasser mon cheval ; la vivacité de l'air me rendait alerte et dispos plus que d'habitude, car je suis d'un tempérament mélancolique ; je me sentais plein de courage et disposé à accomplir jusqu'au bout la tâche que je m'étais imposée.

D'après la description que l'on m'avait faite du pays où se trouvaient les propriétés de mon ami, elles étaient situées à cinquante milles de Toronto, tout auprès du territoire des Indiens. C'était donc un voyage de deux jours, car vu la neige je ne pouvais songer à le faire en une journée, c'eût été tuer mon cheval. Je me disais donc qu'en passant la nuit à l'hôtellerie dont on m'avait parlé, je pourrais arriver le lendemain de bonne heure chez le cousin de mon ami.

Je continuai mon chemin gaiement, échangeant poliment des coups de chapeau avec les voyageurs que je rencontrais, et dont le nombre diminuait à mesure que j'avançais. J'ai déjà dit que la route était belle, meilleure que je ne m'y attendais, et de temps en temps il se trouvait dans le bois une éclaircie qui réjouissait la vue et jetait de la variété dans un paysage quelque peu monotone. J'arrivai à un endroit très-agréablement situé où s'élevait une petite cabane. Comme je voulais laisser reposer mon cheval un instant, je m'arrêtai, et entrai en conversation avec une jeune femme qui se tenait sur la porte un enfant dans ses bras et un autre debout auprès d'elle.

CHAPITRE VII.

Il paraît que tout nouveau venu a un certain air d'étrangeté qui frappe instantanément l'œil du vieux colon, car elle m'adressa tout aussitôt cette question, que l'on me fit ensuite bien souvent :

— Vous arrivez dans la colonie, ce me semble ?

— Comment voyez-vous cela ?

— C'est facile à voir. Il y a quelque chose dans le regard des nouveaux venus, ils portent l'œil à droite et à gauche comme s'ils n'avaient jamais vu le pays, et puis vos habits !

— Eh bien, qu'est-ce qu'ils ont d'extraordinaire ?

— Rien d'extraordinaire, seulement les nouveaux venus ont toujours de meilleurs habits que les anciens. L'habillement ne nous occupe pas, voyez-vous, ici ; nous avons du rude ouvrage à faire, il ne faut pas de beaux habits pour abattre du bois et travailler la terre. Est-ce que vous venez au pays pour vous y établir ?

— Je ne sais trop, lui répondis-je, où je m'établirai ; je vais à la crique du Daim. Je lui dis en même temps le nom du cousin de mon ami, qui y demeurait.

— Ah ! c'est bien loin ; j'en ai entendu parler, de la crique du Daim ; mais je ne connais pas votre ami : c'est tout auprès du territoire des Indiens, n'est-ce pas ? On dit qu'il n'y manque pas d'Indiens, ni d'ours non plus.

— Est-ce que vous connaissez ce pays-là ?

— Je sais seulement que ce n'est pas loin des Indiens ; mais mon mari pourra peut-être vous en dire davantage.

Je regardai du côté vers lequel elle dirigeait sa vue, et j'essayai de distinguer l'objet qu'elle m'indiquait ; mais je n'étais pas habitué à sonder les bois aussi profondément, et je ne pus voir que de grands arbres noirs ; il avait une hache à la main, et il hâta le pas aussitôt qu'il vit qu'un voyageur était arrêté à la porte de la chaumière. En quelques minutes il fut auprès de nous. C'était un des pionniers du Canada.

Autant que je pouvais en juger, il avait une quarantaine d'années : il était vigoureusement constitué. Sa figure, brunie par le hâle et les intempéries de l'air, avait une expression de calme, de placidité, de contentement, de réflexion et de prévoyance que l'on acquiert invariablement après un long séjour dans la solitude : sa démarche et ses manières offraient une certaine dignité procédant du sentiment d'indépendance que donne l'habitude de ne compter que sur la loi, et je me sentis immédiatement porté à l'admirer et à le respecter.

— Alice, dit-il aussitôt qu'il fut à portée de voix, pourquoi ne priez-vous pas ce voyageur d'entrer?

— Il ne fait que d'arriver, répondit la femme, et je regardais si vous veniez.

— Vous êtes étranger, je vois, dit le mari, comme je mettais pied à terre; laissez votre cheval, monsieur, je vais en prendre soin; entrez dans la maison, ma femme va voir ce qu'elle peut vous donner pour dîner. Dieu merci! je suis toujours sûr de mon dîner ici, ce n'est pas comme dans le vieux pays!

Sans cérémonie il me donna l'enfant, qu'il avait embrassé, et baissant la tête pour caresser le plus jeune, il me dit de le mener à sa maman pendant qu'il mettrait mon cheval à l'écurie. Cela me donna quelques instants pour examiner cette habitation dans les bois.

Il y avait environ dix acres de terre, enclose de pieux de sapin comme toutes les terres défrichées nouvellement: dans un angle s'élevait une meule de blé, et tout auprès une meule de foin, ou plutôt de cette herbe sèche que les colons ramassent en été pour donner à leurs bestiaux en hiver. La volaille abondait dans la basse-cour.

Le colon vint bientôt me rejoindre, et vit avec plaisir que j'avais examiné son habitation.

— C'est assez bien, n'est-ce pas?

— Ce n'est pas très-grand, lui dis-je, mais cela a l'air confortable.

— Nous ne construisons que de petites maisons, parce qu'en hiver il serait trop difficile de les chauffer. Vous ne vous douteriez pas, ajouta-t-il, des matériaux dont est mur est construit?

— Ce n'est pas de la pierre, répondis-je, est-ce de la brique?

— Non, dit-il en souriant d'un air de satisfaction, ce n'est pas de la pierre, elle serait trop difficile à tailler; ce n'est pas de la brique, car on n'en fait pas encore dans notre voisinage: ce sont des poutres de bois: c'est aussi solide que de la brique ou de la pierre, et c'est plus chaud pour l'hiver.

— Avez-vous bâti vous-même cette maison?

— Oui, avec l'aide d'un ou deux de mes voisins: on est voisin à douze milles à la ronde dans ce pays-ci, et nous sommes toujours prêts à nous aider les uns les autres; ce n'est pas comme dans le vieux pays. Mais entrez et voyez l'intérieur; il ne fait pas chaud au grand air dans cette saison, et un étranger ressent le froid plus que ceux qui y sont habitués.

L'intérieur de la chaumière répondait à l'extérieur: tout semblait à sa place et bien conditionné. Il y avait quatre chambres qui avaient chacune à peu près seize pieds de long sur douze de large. Sur le côté opposé à la route on avait élevé un petit bâtiment contigu, appelé *skillion*; c'était là que se faisait la cuisine et que l'on déposait tous les ustensiles et instruments qui auraient déparé le reste de la maison. Le colon couchait dans une des chambres avec sa femme et ses enfants; l'homme qui l'aidait, car il ne l'appelait pas son domestique, en avait une autre, la troisième servait de magasin, et la quatrième était la salle à manger, où le dîner nous attendait. J'avais remarqué que n'ayant ni tuiles ni ardoises, il avait couvert le toit avec des bardeaux, ou petites planchettes de bois taillées dans un arbre d'une certaine espèce en morceaux d'environ neuf pouces de long sur une largeur de cinq et une épaisseur de trois à quatre lignes.

Mon hôte interrompit mes observations en me pressant de me mettre à table: l'homme qui l'aidait était venu prendre sa part du dîner, et s'assit sans cérémonie avec nous. C'était un grand et fort jeune homme d'environ vingt-cinq ans, qui était arrivé dans la colonie depuis cinq à six mois. Ses manières avaient toute la franchise et l'aisance des anciens habitants du pays; il montrait cependant au vieux colon tout le respect que méritait sa plus longue expérience et le succès qui avait justifié ses efforts.

Un grand plat de pommes de terre occupait le centre de la table: elles avaient encore leur pelure, afin, dit mon hôte, qu'elles se conservassent chaudes plus longtemps.

La femme, qui avait pris le haut bout de la table et qui servait tout le monde, avait devant elle un morceau de bœuf bouilli flanqué de bons légumes: les carottes dominaient, et, quoique j'en eusse vu de très-grosses en Angleterre, elles me parurent phénoménales. Au bas de table se trouvait un immense pudding, et à côté un pain de froment qui s'élevait comme une haute montagne et semblait défier les efforts réunis des deux colons.

Nous n'avions que de l'eau à boire, et en guise de verres nous nous servions de gobelets en corne: on pouvait les laisser tomber, dit la ménagère, sans crainte de les briser.

Quand notre appétit fut à peu près calmé, j'engageai la conversation de manière à fournir à mon hôte l'occasion de me raconter son histoire, et de comparer sa condition de colon avec celle qu'il avait laissée en Angleterre. Il amoncela d'abord quelques gros morceaux de bois sur le feu en disant que l'hiver était rude dans la contrée où nous nous trouvions, et, m'engageant à prendre un siége auprès de la cheminée, il se mit vis-à-vis de moi de l'autre côté; sa femme se retira avec les enfants pour vaquer aux soins domestiques, et le jeune homme retourna à son ouvrage.

— Vous paraissez avoir assez bien réussi, lui dis-je. Pourrais-je vous demander ce qui vous a décidé à vous expatrier et à venir vous établir dans le haut Canada?

— Ah! monsieur, ce n'est pas moi qui ai abandonné mon pays, c'est mon pays qui m'a abandonné: je ne pouvais pas trouver d'ouvrage, et je ne savais où trouver à manger, excepté à l'hôpital, et ce n'est pas là que je serais allé en chercher. Il n'y avait donc pas à hésiter. Je vins au Canada parce que c'est le voyage le plus facile: je n'aurais même pas pu y venir si le curé de notre paroisse n'avait pas eu l'idée de faire faire une souscription parmi les propriétaires de notre voisinage pour payer le passage d'un certain nombre de malheureux comme moi, qui, pour tout dire, ne se souciaient pas trop quitter le vieux pays.

— Quelle objection aviez-vous donc à quitter un pays où vous ne trouviez rien à faire et rien à manger, pour un autre où vous deviez avoir tout en abondance?

— Ce n'était pas là qu'était l'objection; mais personne n'aime à s'expatrier, nous avons en nous une sorte d'instinct qui nous dit de mourir là où nous sommes nés. Il y a là le chaume sous lequel nos parents ont vécu, les champs dans lesquels nous avons joué, le vieux clocher de la paroisse, les camarades de notre enfance; c'est dur de quitter tout cela. Quant à moi j'étais comme une plante que l'on arrache du sol; mais quand on ne peut pas faire autrement il faut bien se résigner.

— Vous n'aviez pas de capital alors quand vous avez commencé?

— Du capital? Pas un sou. Mais non, je me trompe, j'avais ce que Dieu m'a donné, ces deux bras, et la ferme volonté de travailler. Un homme peut toujours produire plus qu'il ne peut consommer, s'il a seulement l'occasion de se mettre à l'œuvre: il ne faut que cela; quand on travaille on n'a pas lieu de craindre la faim. On ne peut pas dire que celui qui nous a faits et nous a mis sur la terre ne nous ait pas donné en même temps les moyens d'y vivre; mais, vous le savez, il faut travailler, on ne peut rien sans le travail.

— Alors vous vous trouvez très-heureux ici?

— Sans doute, comment pourrait-il en être autrement? Je peux maintenant travailler tout autant que je le veux, sans être obligé d'aller demander de l'ouvrage à celui-ci ou à celui-là. Je n'ai jamais eu une idée du bonheur que cela procure avant de l'avoir éprouvé. Et puis si je travaille c'est pour moi ou pour mes enfants; si je mets un grain en terre, c'est moi qui le récolterai; si je plante un arbre, moi ou mes enfants nous en cueillerons les fruits. Je sens que je suis indépendant, monsieur, et c'est là une grande source de bonheur. Ce n'est pas que j'aie jamais regretté de travailler pour un autre qui me payait, je pourrais encore le faire au besoin; l'important, c'est de prendre le temps comme il vient et de faire de notre mieux.

— Combien y a-t-il de temps que vous êtes dans la colonie? lui demandai-je.

— Quinze ans, monsieur. Pendant les dix premières années j'ai travaillé pour les autres au meilleur salaire que je pouvais trouver, et cependant, plutôt que de rester à rien faire, je prenais ce qui se présentait. Les salaires sont plus élevés ici qu'en Angleterre, et si on ne les dépense pas aussi vite qu'on les reçoit, on se trouve bientôt à la tête d'une somme assez ronde.

— Sans doute vous étiez sobre et prévoyant.

— J'ai toujours eu assez pour boire et manger; et je n'ai jamais dépensé mon argent en boisson: c'est ce que l'on est entraîné à faire dans le vieux pays, parce que l'on n'a pas toujours de quoi manger, on est triste et on cherche à s'étourdir en buvant; c'est le moyen de se perdre tout à fait.

— Ah! c'est vrai, c'est le cabaret qui ruine les travailleurs.

— Oh! monsieur, c'est ce que l'on répète dans le vieux pays: tous les beaux messieurs n'ont que ce reproche à faire aux ouvriers; mais ils oublient quelle triste vie est celle du pauvre travailleur, qui souvent ne sait pas où il trouvera son dîner du lendemain. Eh bien! monsieur, quand cet homme est abattu, quand il est sur le point de s'abandonner au désespoir, on ne devrait pas lui reprocher le verre de liqueur qui vient le réconforter, lui rendre le courage, ou lui faire oublier la misère. Je n'avais pas cette habitude, mais je sais excuser ceux qui s'y laissent aller dans le vieux pays; car ici, où l'on trouve toujours de quoi manger, on n'a pas besoin de ces stimulants, et il n'y a pas grand mérite à s'abstenir.

— Enfin, repris-je, vous savez combien les classes ouvrières sont imprévoyantes.

— Oui! c'est encore là une de ces accusations banales que les riches nous jettent à la tête dans le vieux pays: nous sommes atteints et convaincus d'imprévoyance. On nous reproche toujours de ne rien économiser pour les mauvais jours. Mais comment peut-on économiser quand on ne gagne pas assez pour les besoins de chaque jour? Pour faire des économies, il faut avoir plus que le nécessaire, et quant à mettre de côté pour les mauvais jours, est-ce que tous les jours de l'ouvrier ne sont pas des jours de besoins et d'abstinence?

— Je dois avouer, lui dis-je, que les ouvriers travaillent rudement dans le vieux pays, comme vous l'appelez.

— Oh ! les malheureux, ce n'est pas de l'ouvrage ni de la fatigue qu'ils se plaignent, c'est d'être si peu et si mal payés ! Mais il y avait encore autre chose que les riches nous reprochaient toujours ; c'était de ne pas cultiver notre intelligence en lisant de bons livres ! On eût dit qu'après notre journée nous devions aller à l'école pour y apprendre une foule de choses, je ne sais pas trop ce que c'était ; mais cela finissait en ologie ou onomie ! Comme si cela nous aurait donné du pain et des vêtements !

— Mais vous ne pouvez pas ne pas vouloir développer vos connaissances, lui répondis-je.

— Etendre nos connaissances ! Comment croyez-vous donc qu'un ouvrier, homme, femme ou enfant, car les enfants travaillent autant que les hommes dans le vieux pays, comment croyez-vous donc qu'ils sont faits ? Quelle énergie peut-il leur rester après douze heures de travail et des repas qui n'ont pas rassasié leur faim ? Vous voulez qu'ils étudient ? ce n'est pas possible. Ici ce n'est pas la même chose : l'ouvrier travaille avec ardeur, il est bien payé, il est bien nourri ; et quand son ouvrage est fini, il prend volontiers un livre, car il est content du présent et il a foi dans l'avenir.

— Vous avez donc des livres dans cette solitude ?

— Nous n'en avons pas beaucoup, aussi nous n'en lisons guère ; mais dans nos longues soirées d'hiver nous aimons à lire et à nous trouver en communion d'idées avec d'autres hommes.

— Quels livres lisez-vous ?

— Voici le livre que je lis le plus, car c'est le seul que j'aie, excepté la Bible que nous lisons en commun le dimanche.

Il prit sur une planche un livre dont les feuillets avaient été souvent tournés, et me le présenta ; c'était le *Guide de l'émigrant*.

— Mon histoire ressemble quelque peu à celle de ce pèlerin, ajouta-t-il, seulement je n'ai pas suivi le même chemin, et je vais vous dire celui que j'ai pris.

— Oui, je serais curieux de vous entendre raconter votre histoire.

— Oh ! elle n'est pas longue. Quand j'étais dans le vieux pays, j'étais dans une vallée de misère, cela ne fait pas le moindre doute. Je commençai à travailler que je n'avais pas encore dix ans ; je travaillais quand je trouvais de l'ouvrage, et à vingt-cinq ans je n'étais pas plus riche que le jour où j'avais commencé. Je n'avais pas d'autre avenir devant moi que de travailler et toujours travailler aussi longtemps que mes forces me le permettraient, puis après cela, jusqu'au jour où je dois mourir, je ne voyais d'autre ressource que l'hôpital. Mais le pire de tout cela, c'est qu'il n'y avait plus d'ouvrage du tout quand je me décidai à quitter le pays.

— C'était terrible, lui dis-je, vouloir travailler et ne pas trouver d'ouvrage ; n'avoir que la faim en perspective, c'est le comble de la misère !

— Oui, monsieur, et je vous assure que cette idée me fit cruellement souffrir. Je me dis enfin : Cela ne peut pas durer comme cela, le monde est assez grand pour que je trouve quelque part un bout de terre que je pourrai bêcher.

— Vous avez été élevé à la campagne, je présume ?

— J'ai toujours travaillé à la terre, monsieur. Pendant que je songeais à tout cela, les propriétaires firent une souscription pour envoyer aux colonies ceux d'entre nous qui étaient de trop. Il aurait fallu qu'ils nous nourrissent à l'hôpital, et ce qu'ils firent leur coûtait encore moins cher : comme le voyage du Canada n'était pas d'un grand prix, on offrit de nous y transporter.

— C'est un hasard qui vous a servi.

— Un heureux hasard, monsieur ! Mais il m'importait peu d'aller ici ou là, pourvu que je quittasse l'Angleterre : tout ce que je voulais, c'était de l'ouvrage. Il y en avait parmi nous qui murmuraient entre eux et disaient que les propriétaires n'avaient pas le droit de nous faire expatrier comme cela, que c'était nous déporter comme des forçats ! Mais je leur disais : Voyez donc ce que font les abeilles quand la ruche est trop pleine ; elles émigrent, elles vont en chercher une autre.

— Vous comprirent-ils ?

— Quelques-uns, monsieur. Quant à moi j'étais tout réconcilié avec mon expatriation, malgré une traversée qui ne fut pas des plus agréables, car nous étions trop nombreux à bord du navire. On m'envoya à Kingston, qui était alors la capitale, et là on me dit en me donnant deux dollars, de chercher de l'ouvrage. Que croyez-vous que j'aie fait avec mes deux dollars ?

— Vous les avez dépensés en choses utiles.

— Non, je les ai gardés ; je me dis en les tenant dans ma main et les regardant : Je vous ferai croître et multiplier, et j'ai tenu parole.

— Vous trouvâtes de l'ouvrage immédiatement ?

— Oh ! tout de suite, car j'étais décidé à prendre ce qui s'offrirait d'abord, sauf à choisir après. Il y en eut d'autres qui voulaient de gros gages, ils perdirent du temps et de l'argent, et après tout ils furent obligés de prendre ce qu'on leur offrait. Enfin je travaillai, j'économisai, je ne perdis pas un jour, je fis tout ce que l'on me donnait à faire ; quand l'ouvrage ne venait pas, j'allais en chercher, et un jour il se trouva que j'avais mis de côté cent cinquante livres (2,500 fr.). Cela m'avait pris dix ans : aussitôt que j'avais un peu d'argent, je le portais à la banque de Toronto, où il était en sûreté.

— Et que fîtes-vous avec cet argent ?

— Ah ! c'était de l'argent, n'est-ce pas ? Eh bien, j'aurais pu travailler dans le vieux pays pendant cent cinquante ans, je n'aurais jamais économisé pareille somme. Quand j'eus cela, je me dis : Maintenant je vais avoir un peu de terre à moi, et j'aurai du malheur si je n'en tire pas quelque chose.

— Vous achetâtes la terre que vous cultivez ?

— Oui, mais pas tout d'une fois : j'en ai maintenant pour cent livres, et j'ai acheté cela par morceaux. J'en achetai d'abord vingt acres ; et comme la situation ne plaisait pas à tout le monde, j'obtins les vingt acres pour vingt livres. Mes outils et mes instruments avec une paire de bœufs et d'autres choses encore dont j'avais besoin me prirent quarante livres, j'en ai encore près de quatre-vingt-dix que je laisse à la banque. Je construisis cette maison, que je fis solide et assez grande pour nous tous : dans ce pays-ci il faut être bien à couvert dans la mauvaise saison. Les voisins m'ont aidé à faire le plus gros de l'ouvrage, de sorte que cela ne m'a guère coûté que dix livres. Quand j'eus de la terre et une maison, je voulus avoir une femme ; on ne peut pas tenir une maison sans une femme : et puis au milieu des bois la vie est triste quand on est seul.

— Vous vous êtes marié ?

— Marié à la meilleure femme qu'on puisse avoir ! Et maintenant, monsieur, avec de la terre, une maison, une femme et des enfants, avec l'abondance toujours en perspective, avec un toit pour nous abriter, n'ai-je pas raison de me trouver heureux d'avoir quitté le vieux pays où j'étais misérable et mécontent, pour devenir à mon aise et tranquille ? Mais, tenez, voilà ma femme qui vient voir de quoi nous avons pu parler aussi longtemps. Alice ! je finis de raconter à monsieur toute mon histoire ; dis-lui donc lequel tu préfères du vieux pays ou de celui-ci.

— Oh ! il y a certaines choses qui me feraient préférer le vieux pays ; mais il y en a d'autres qui font que j'aime mieux celui-ci. Quand je suis toute seule, quelquefois je me mets à penser à mes anciens amis et au village ; mais quand je vois mes enfants, je me félicite d'être dans un pays où on peut toujours utiliser ses bras si on le veut.

Je remerciai ces braves gens de leur hospitalité ; je ne voulus pas leur faire l'affront de leur offrir de l'argent. Je pris la main de mon hôte et la serrai cordialement ; il sembla tout fier de cette preuve d'estime ; j'embrassai les deux enfants, et la mère se mit à sourire de bonheur.

Je montai à cheval, et je continuai ma route vers l'hôtellerie où je voulais passer la nuit. Mais avant de l'atteindre il m'arriva une aventure des plus étranges, qui me montra sous un nouveau jour quelle sorte de gens pouvaient espérer réussir dans une colonie.

CHAPITRE VIII.

Le jour tirait vers son déclin, et j'avais encore, m'avait-on dit, dix ou douze milles à faire avant d'arriver à l'hôtellerie. Le sol était toujours couvert d'une légère couche de neige, et pendant une heure ou deux mon cheval alla assez bien ; cependant je trouvais le chemin plus long que je ne l'avais pensé, car il devenait de plus en plus désert.

Je regardais toujours au loin pour tâcher de découvrir l'hôtellerie ; mais c'était en vain, je n'apercevais rien. Bientôt je craignis de m'être trompé de chemin, et cela m'inquiétait assez, car il commençait à faire nuit, et je ne me sentais pas disposé à passer la nuit sur la route. Je ne voulais pas demander l'hospitalité dans une chaumière de colon ; elles étaient d'ailleurs des plus rares, et il y avait plusieurs milles que je n'en avais vu. Je m'arrêtai pour étudier le pays autour de moi ; mais, aussi loin que la vue pouvait porter, ce n'était qu'un fourré des plus inextricable.

Comme j'étais à considérer ce que j'avais à faire, il me sembla que mon cheval était disposé à marcher de l'avant. Supposant qu'il connaissait peut-être le pays, je lui lâchai la bride, et il se mit à trotter aussi vite que la neige le lui permettait. Je reconnus plus tard qu'il avait été élevé dans le voisinage, et qu'il se trouvait en pays de connaissances.

Je découvris bientôt sur le bord de la route une petite hutte élevée auprès de deux ou trois arbres récemment abattus. Quand nous y arrivâmes, mon cheval semblait vouloir continuer sans s'arrêter ; mais, quoique l'extérieur de cette chaumière fût des plus misérables et ne promît rien de bien dans l'intérieur, je me sentis heureux de voir une habitation humaine. Il sortait un peu de fumée d'une ouverture pratiquée au haut du toit ; cela me fit penser que je trouverais quelqu'un qui pourrait m'indiquer si j'étais toujours sur le chemin de l'hôtellerie.

Je fis approcher mon cheval, et frappant à la porte j'appelai une ou deux fois en expliquant ce que je voulais. On ne me répondit pas, et je commençai à craindre qu'il n'y eût personne : le fait est que ce n'était pas un séjour très-enchanteur, car on aurait pu croire que c'était un poulailler ou une loge à cochons.

Cependant, puisqu'il y avait de la fumée, il devait y avoir du feu.

Curieux de voir une habitation aussi misérable, je mis pied à terre, et, poussant la partie supérieure de la porte qui était coupée par le milieu, je passai la tête pour regarder à l'intérieur.

Il y avait un peu de feu à moitié éteint dans le coin qui se trouvait à ma droite; mais je me sentis trembler des pieds à la tête en voyant le corps d'un homme qui pendait au bout d'une corde attachée au plus haut chevron du toit. J'appelai encore une fois, mais personne ne me répondit. Je regardai encore, je croyais m'être trompé, car c'était à peine si l'on voyait à travers la fumée et l'obscurité; mais j'avais bien vu, c'était un homme qui était là pendu.

Ce spectacle inattendu me remplit d'horreur, et je restai pendant quelques secondes immobile, atterré, comme si toute volonté et toute force m'eussent abandonné. Mais, revenant bientôt à moi, j'accrochai la bride de mon cheval à l'un des pieux qui supportaient le toit de cette hutte, et, ouvrant la partie inférieure de la porte, je me hâtai d'entrer.

Ma première idée fut de couper la corde. Je montai sur une sorte d'escabeau qui se trouvait dans un coin, et, élevant la main au-dessus de la tête du pendu, je coupai la lanière de cuir, et l'homme tomba lourdement sur le sol. Je voulus desserrer le nœud qui l'étouffait; mais il me fut impossible de faire glisser la lanière. Je la coupai avec mon couteau, et je crus avoir blessé le malheureux pendu, car je me sentis la main tout humide. On ne pouvait rien voir; mais j'espérai qu'il n'était pas encore mort, puisque son sang coulait aussi facilement.

J'avoue que je tremblais de tous mes membres, car je ne pouvais que supposer que ce malheureux était victime d'un crime. Il ne me vint aucunement à l'idée qu'un homme était assez misérable, dans une colonie où tout était en abondance, pour chercher à se détruire. Je craignais que ses assassins ne fussent encore dans le voisinage tout prêts à m'assassiner aussi. Cependant cela ne m'empêcha pas de faire tous mes efforts pour rappeler le moribond à la vie; je ranimai le feu, car je pensai que la chaleur l'aiderait à revenir à lui, et je fis flamber les tisons pour jeter plus de clarté autour de moi. Je tirai ce malheureux vers le feu; son corps était encore chaud. Je cherchai partout dans l'espoir que je trouverais quelque chose à lui faire prendre; mais je ne découvris rien, pas même une goutte d'eau. Il y avait bien un petit pot de fer-blanc, qui semblait avoir été une cafetière; il y avait encore un pot de terre vernissée, qui avait une forte odeur de whiskey; mais rien à manger, rien à boire, ni une croûte de pain ni un verre d'eau.

Pendant tout ce temps, qui me sembla fort long, et qui probablement pourtant ne dépassa pas quelques minutes, le malheureux pendu resta immobile couché auprès du feu; je ne savais ce que je devais faire; puis il me vint à l'esprit que si je pouvais le saigner la circulation se rétablirait. Je lui avais déjà tiré un peu de sang sans le vouloir en coupant la lanière qui l'étranglait; mais il me sembla que ce n'était pas suffisant.

Un de mes amis, qui suivait les cours de médecine pratique dans les hôpitaux de Londres, m'avait persuadé d'apprendre à saigner, disant que c'était chose très-facile et que cela pouvait en certaines occasions m'aider à sauver un homme. Je n'étais pas de première force, je l'avoue, mais je me trouvais dans une situation exceptionnelle, et je crus être parfaitement dans mon droit en courant le risque de l'achever ou de le sauver. Je coupai d'abord la manche de son habit, car il me fut impossible de le déshabiller, et prenant ma lancette, que je portais toujours sur moi, je lui saisis le bras, et tâchant d'éviter l'artère, j'enfonçai la pointe de mon instrument dans la veine; j'eus la satisfaction de voir le sang couler aussitôt que je l'enlevai. Le sang vint d'abord goutte à goutte, puis il se mit à couler assez rapidement.

Je ne saurais dire si ce fut mon acte chirurgical, l'absence du nœud coulant autour de son cou, ou bien la chaleur du feu qui le firent revenir à lui, mais j'avoue que j'étais tout fier de mon succès et de l'adresse que j'avais montrée.

Quoi qu'il en soit, mon pendu commença à donner quelques légers signes de vie: ses paupières tremblèrent convulsivement, et j'éprouvai tout le bonheur que l'on ressent quand on a arraché un être humain à la mort. Je me rappelle que je me dis alors que les médecins et les chirurgiens doivent être constamment au comble du bonheur, car ils ont la satisfaction de savoir qu'ils ont allégé des peines ou rendu la vie à un moribond. J'ajouterai que sans aucun doute cette satisfaction s'accroît en raison directe du montant des émoluments qu'ils touchent, que leur patient soit mort ou guéri.

Dans les circonstances où je venais d'exercer sans avoir pris un diplôme, je ne pouvais espérer de rémunération; du moins ce fut ma première idée. Cependant la bonne action que je venais d'accomplir ne resta pas sans récompense, et encore aujourd'hui cette aventure me semble l'une des plus extraordinaires qui me soient arrivées.

J'avais donc saigné ce malheureux avec succès: quelques minutes après il fit un mouvement comme pour se lever. Je l'aidai, en ayant soin d'abord de lui ligaturer le bras *secundum artem;* je le pris par les épaules et le hissai le long du mur de la hutte et l'y appuyai de manière qu'il ne tombât pas. Je pus alors l'examiner plus à mon aise. Il pouvait avoir trente-cinq ans; son visage était pâle mais fatigué, ses traits avaient quelque chose de sinistre et de menaçant. Il portait une sorte de veste de molleton qui lui donnait l'air d'un marin ou d'un brigand. Ses yeux étaient petits et gris, son regard était fauve, ses sourcils surplombaient ses paupières, et même à ce moment il semblait m'examiner de l'air d'un homme qui est habitué à étudier ses voisins pour mettre ses observations à profit. Tout son ensemble me rappelait ces misérables que j'avais souvent vus amenés devant le jury pour répondre à une accusation de vol de grand chemin.

Bientôt il regarda tout autour de lui: je ne sais s'il s'attendait à se trouver dans un autre monde meilleur, mais ses traits exprimèrent très-certainement le désappointement le plus prononcé quand il eut reconnu les murs de la hutte, qu'il était impossible de prendre pour un paradis. Il tourna la tête vers la lanière qui pendait encore au chevron, et portant la main à son cou, il se rendit compte du service que je lui avais rendu. Se tournant de mon côté il murmura d'une voix qui n'avait rien de reconnaissant : « Que le diable vous emporte! Pourquoi ne m'avez-vous pas laissé pendu? »

J'avoue que cette exclamation, faite d'une voix peu aimable, fut loin de me flatter, et je lui répondis d'un ton de mauvaise humeur que justifiait, je crois, son ingratitude :

—Si j'eusse su que vous étiez pendu là par votre fait, je vous assure que je vous y aurais laissé; mais je croyais que c'était un tour qu'on vous avait joué. Je ne pouvais pas supposer que vous vous étiez accroché là vous-même, car il me semblait que c'était ce que ne faisait jamais l'habitant d'une colonie.

— Que le tonnerre écrase la colonie! Je voudrais n'y avoir jamais mis le pied. On n'y trouve rien que de l'eau et du bois, du bois et de l'eau, du bois et de l'eau !

— Votre émigration ne paraît pas vous avoir porté bonheur.

— Du bonheur! Je n'en ai jamais eu. Avez-vous du whiskey?

Je lui exprimai mon regret d'être dépourvu de cette commodité, mais cette sorte de révélation involontaire de sa passion dominante m'expliqua tout à coup l'insuccès de ses efforts et l'horreur qu'il venait de témoigner à l'encontre de l'eau.

— Qui êtes-vous? Qu'est-ce que vous faites ici? lui demandai-je. Qu'est-ce qui vous a poussé au désespoir?

— Ce que je suis? Je suis un colon, un colon du Canada : je suis un gratteur de terre, un bûcheron; je suis encore charpentier, menuisier; tout à l'heure j'étais un croque-mort. Vous avez vu que je m'étais préparé de l'ouvrage. C'est la seule fois que j'ai trouvé quelque chose à faire dans ce maudit pays, et je n'ai pas même réussi. Mais j'ai toujours eu du malheur depuis le jour où j'ai mis le pied dans l'étude d'un procureur.

— Vous avez fait des études de droit?

— Mes études de droit? Oui, j'ai étudié le droit, comme le recors ou le bourreau; tous ces gens-là savent le droit. J'étais clerc dans une étude, voilà ce que j'étais, et maintenant quel grand bien cela vous fait-il de le savoir ?

Pendant que cet homme me révélait ainsi une partie de son passé, j'éprouvais un sentiment tout étrange. Je ne suis certainement pas de ceux qui parlent constamment de leur conscience, mais quand j'appris qu'il avait été clerc chez un jurisconsulte, j'eus un certain remords d'avoir coupé la lanière, et je fus tout près de m'écrier comme lui : « Que diable avais-je besoin de le ressusciter ? »

—Et maintenant, reprit-il, que vous m'avez rappelé à la vie, ce dont je ne vous avais pas prié, qu'est-ce que vous allez faire de moi?

— C'est à moi de vous demander, je crois, ce que vous allez faire? Quant à moi je vais à une hôtellerie qui ne peut pas être loin d'ici, je crois; la connaissez-vous?

— Si je la connais? C'est là où l'on boit le meilleur whiskey de toute la colonie! Ah! si le lac Huron eût été un lac de whiskey au lieu d'un lac d'eau, quel magnifique pays que celui-ci!

— Vous me semblez passablement enclin au whiskey, mon ami.

— Oh! si le whiskey était toujours aussi fort que le désir que j'ai de le boire! Mais vous me disiez que vous vouliez aller à l'hôtellerie? eh bien, une bonne action mérite toujours récompense, comme on dit; ce n'est pas que je vous sois bien reconnaissant de m'avoir descendu quand je m'étais hissé là aussi confortablement, mais vous l'avez fait pour m'être agréable probablement, et je vais vous montrer votre chemin. Ce n'est pas à plus d'un demi-mille : *Aux Trois joyeux musiciens.* C'est la seule chose un peu joviale qu'on trouve dans tout le Canada.

Il allongea en même temps les jambes, et sembla trébucher un pas ou deux, puis il pencha la tête à droite et à gauche, comme pour être certain qu'elle était encore bien plantée sur ses épaules. Ce mouvement lui fit sentir la blessure que je lui avais faite au cou en coupant la lanière, il y porta la main, et voyant le sang qui couvrait ses doigts, il parut chercher dans sa mémoire à quel moment il s'était ouvert la gorge. Je ne crus pas devoir lui donner aucune explication à ce sujet, car je ne savais trop comment il l'accepterait : sans faire d'autres observations, l'ex-pendu prit un bonnet de fourrure accroché à une cheville sortant du mur, puis l'enfonçant sur sa tête il me fit signe de le suivre. Je lui offris de monter à cheval, je craignais que l'essai de suspension qu'il venait de faire ne l'eût rendu trop faible;

mais il refusa, et comme je ne voulais pas le laisser à pied tout seul, je pris la bride de mon cheval, et nous nous acheminâmes ensemble vers les *Trois joyeux musiciens.*

J'appris en chemin qu'il était dans la colonie depuis environ six mois : il avait apporté un capital d'environ deux cents dollars, qu'il avait trouvé moyen de perdre et de dépenser, si bien que, poussé par le désespoir et la faim, après avoir bu la dernière goutte de whiskey qu'il avait pu se procurer, il s'était décidé à voir la fin de toutes ses misères. Plus tard, il me raconta son histoire plus en détail, et ses explications me révélèrent suffisamment les raisons qui empêchent quelques colons de réussir, tandis que le plus grand nombre prospèrent dans des circonstances quelquefois moins favorables. Je compris alors comment il se fait que nous recevons en Europe des détails si contradictoires sur les avantages et les ressources qu'offrent les colonies : cela provient de la différence des caractères et des aptitudes des colons.

Après quelques minutes de chemin, nous arrivâmes à l'hôtellerie, que mon compagnon semblait connaître parfaitement. C'était un édifice assez long et très-étroit, construit en poutres comme toutes les maisons champêtres du Canada, mais je ne m'arrêtai guère à étudier ce genre de construction, car j'avais hâte de trouver un souper et un lit. Un valet de ferme prit soin de mon cheval, et j'entrai dans une assez grande pièce où brûlait un excellent feu de bois qui me sembla une des meilleures choses du monde.

Mon premier soin fut de demander à souper, et comme mon compagnon paraissait tout aussi affamé que moi, je commandai de mettre deux couverts, ce qui sembla lui faire un sensible plaisir. La maîtresse de la maison s'occupa elle-même de tous les préparatifs nécessaires avec une promptitude et une politesse assez rares dans cette partie du monde : on nous servit bientôt deux plats dont l'un contenait une volaille rôtie, et l'autre des grillades de daim cuites à point sur un brasier de charbon de bois.

Mon ami le ressuscité attaqua la volaille sans cérémonie, tandis que je dépeçais avec ardeur les grillades de gibier ; je ne sais si le daim qui bondit en toute liberté dans les bois a la chair plus délicate que celui que l'on parque dans les propriétés seigneuriales, ou bien si ce fut l'extrême appétit que je ressentais qui me fit trouver ces grillades délicieuses, mais elles étaient infiniment supérieures à tout ce que j'avais mangé à Londres en fait de gibier.

La maison ne possédait ni bière ni vin ; il n'y avait que du whiskey indigène. Quoique je ne fusse pas accoutumé à cette boisson, et que j'eusse devant moi un exemple frappant de ses terribles effets, je la bus avec plaisir, et je commençai à penser qu'avec du gibier de cette qualité et du whiskey aussi potable, on pouvait vivre assez joyeusement au Canada. Mon compagnon semblait être du même avis, car à chaque bouchée, la sinistre expression de son visage s'adoucissait, et le whiskey le réconfortant, il devint plus sociable et plus communicatif. Il sembla même disposé à me prendre pour confident, et à me raconter toute son histoire.

Je n'en fus pas fâché, car je voulais entendre le pour et le contre ; je n'avais jusqu'alors rencontré que des gens qui m'avaient vanté la colonie dans les termes les plus chauds, et j'étais curieux de savoir ce que pouvait en dire un homme qui avait mieux aimé se pendre que d'y rester. Je l'encourageai donc à s'ouvrir à moi, et pour nous mettre sur un pied de plus grande intimité, je demandai des cigares. Ce fut donc un cigare à la bouche et un verre de whiskey à la main qu'il me raconta ce qui suit :

CHAPITRE IX.

—J'ai toujours eu du malheur, me dit-il en commençant. Mon premier malheur fut de venir au monde, mon second, d'entrer clerc chez un homme de loi : c'était un avocat. Je commençai par balayer l'étude, m'asseoir devant un pupitre, porter des lettres, servir de témoin, affirmer le vrai ou le faux suivant les besoins de la cause. Mon maître n'avait guère d'autres clients que des voleurs, des escrocs et autres gibiers de la cour d'assises. Il n'était pas probable que je pusse jamais apprendre rien de bon en fréquentant ces messieurs. Quand nous avions la chance de les faire acquitter, nous étions bien payés ; mais il n'y avait rien à espérer si nous les laissions condamner aux galères ou à la pendaison. Je restai là jusqu'à ma vingtième année, puis j'entrai chez un autre homme de loi, où mon occupation fut d'aller à la chasse aux dossiers. Si je réussissais, j'étais assez bien payé ; si je ne trouvais rien, je ne recevais pas une obole.

— C'était un métier de chien, lui dis-je ?

— C'est bien le mot : vous pouvez être certain que je n'avais jamais la part du lion. Quelquefois cependant un vrai brigand qui avait une mauvaise affaire se montrait assez généreux, et alors j'en avais ma part.

— Cela va sans dire.

— Oui, cela va sans dire. Cependant je vous assure que l'affaire ne me convenait pas : ma conscience se révoltait.

— Votre conscience !

— Oui, ma conscience. Oh ! vous ne m'insultez pas, allez : j'y suis accoutumé. Mais si vous croyez qu'un homme de loi n'a pas une con-

science comme un autre, vous vous trompez, voilà tout ce que j'ai à vous dire.

— Quelle sorte de conscience aviez-vous donc ?

— Mon Dieu, comme tout le monde. Mon maître remplissait scrupuleusement ses devoirs envers ses clients ; il faisait des discours dans lesquels il n'est sorte de louanges qu'il ne leur donnât.

— C'est-à-dire qu'il débitait des mensonges en leur faveur ?

— Nous ne leur donnions pas ce nom-là. Vous savez qu'un grand jurisconsulte a dit que le devoir d'un avocat était de se mettre à la place de son client, et, quelque coupable qu'il soit, de le représenter sous les meilleures couleurs.

— De cette manière, l'avocat devient aussi profond scélérat que l'individu dont il prend la place, n'est-ce pas ?

— Peut-être ; mais qu'importe après tout ? Tout ce que je sais, c'est que mon maître agissait consciencieusement, qu'il mesurait toujours ses discours sur les émoluments qu'on lui donnait, si bien qu'il acquit une certaine réputation parmi les voleurs, et sa clientèle s'accrut considérablement.

— C'est bien : mais c'est votre histoire et non celle de votre maître que je voulais connaître.

— J'y viens ; mais causer sans boire, voyez-vous, cela vous altère en diable.

— Ah ! c'est vrai, il n'y a plus de whiskey : vous suivez l'exemple que vous donnait votre maître, vous ne pouvez causer longtemps sans que l'on vous stimule dans une certaine proportion.

— L'effet de l'habitude, monsieur, l'effet de l'habitude : nous sommes tous menés par l'habitude, comme dit le juge dans le résumé d'une affaire relative à un individu qui ne pouvait se défaire de l'habitude qu'il avait de mettre ses mains dans les poches de ses voisins. Je disais donc que ma place ne me convenait pas, parce que je n'avais jamais que le petit-lait, la crème allait ailleurs : je me décidai à donner ma démission, et comme j'avais souvent entendu dire qu'on vivait facilement dans les colonies, je résolus un jour d'émigrer.

— Et c'est ce qui vous a amené ici !

— C'est ce qui m'a amené ici, comme vous le dites. Je crus qu'avec deux cents livres sterlings et l'expérience que j'avais je pourrais me tirer d'affaire.

— Vous aviez donc quelques connaissances en agriculture ?

— Non, car de ma vie je n'avais vu une ferme ; mais on me disait que l'agriculture des colonies était des plus faciles, que tout le monde en savait assez.

— Et vous avez bientôt reconnu votre erreur ?

— Oui, et que le diable emporte l'agriculture ! Je suis là comme serait un laboureur à la barre. Je croyais qu'il suffisait d'avoir un capital.

— A propos, comment aviez-vous fait pour économiser deux cents livres ?

— Je ne les ai pas économisés du tout. J'étais si souvent forcé de boire avec les pratiques, qu'il n'était pas possible de faire d'économies.

— C'est un héritage alors ?

— Un héritage ? et de qui aurais-je pu hériter ?

— Mais enfin comment les avez-vous eus ?

— Ah ! j'avais trouvé le moyen de les avoir. Et quand j'y pense, oui, c'est un héritage que je fis : une vieille tante qui demeurait à la campagne eut la bonté de se souvenir de moi et de me léguer deux cents livres. Aussitôt que je les eus, je crus que la meilleure chose que je pusse faire était de passer aux colonies. Je me rendis à Liverpool, je trouvai un navire tout prêt à mettre à la voile, et le legs de mon oncle dans ma poche....

— Votre oncle ? mais vous me disiez tout à l'heure que c'était une tante ?

— Une tante ? ah ! oui, c'était une tante ; mais, oncle ou tante, c'est toujours bien la même chose. Je partis donc avec mes deux cents livres dans ma poche.

— Vous prîtes congé de votre vieux patron, sans doute ?

—Ah !... J'étais un peu pressé de partir. Laissez-moi remplir votre verre : excellent whiskey, n'est-ce pas ? Où en étais-je ? Ah ! eh bien, quand j'arrivai ici, j'allai de ville en ville cherchant quelque chose à faire, et petit à petit mon argent s'épanouit comme la plupart des alibis aux cours d'assises. Comme j'avais vécu toute ma vie dans les tavernes, c'est là que j'allai m'établir de préférence. Mais il m'arriva une certaine aventure qui me fit juger à propos d'aller chercher fortune dans l'intérieur du pays. Pourriez-vous me donner un petit morceau de papier ? Je n'aime pas à allumer mon cigare à la chandelle, cela lui donne un goût de graisse, particulièrement quand vous en avez déjà fumé plusieurs et que vous ne touchez pas la flamme du premier coup. Merci, monsieur. Comme je vous le disais donc, ce genre de vie commençait à m'ennuyer, je ne pouvais trouver rien à manger ni rien à boire, on ne voulait plus me faire crédit ; je me trouvais seul au monde, j'avais quelques petites choses qui me tourmentaient, certains secrets... et ne sachant que faire, je me suis pendu. Voudriez-vous avoir la complaisance de m'allumer ce morceau de papier ? Je ne peux pas attraper la flamme : j'ai tant souffert que cela m'a abîmé la vue, et cela me fait trembler comme le bourreau qui pend son premier homme. Qu'est-ce que c'est que cela ? dit-il tout à coup en regardant le papier : Delancey ! j'ai souvent vu ce nom-là.

C'était un morceau d'une vieille lettre que j'avais dans ma poche et que j'avais déchirée, car elle ne contenait rien d'important. Je lui en avait donné une partie pour allumer son cigare : c'est ainsi que les conséquences les plus sérieuses résultent souvent des causes les plus triviales.

— C'est un nom, reprit-il, que j'ai souvent vu. Excusez-moi, monsieur, mais les hommes de loi, voyez-vous, cela regarde tout : j'ai souvent vu qu'il suffisait d'un mot ou deux, d'un nom pour faire acquitter ou condamner un homme. Oui ! c'est bien Delancey.

— Vous connaissez donc ce nom ? lui dis-je tout surpris de cet incident.

— Si je le connais ? certainement que je le connais ! C'est une veuve qui a une jolie fille. Je l'ai vue une fois, la fille ; elle est vraiment très-bien, juste ce qui me conviendrait.

Je fus sur le point de l'étrangler.

— Il y avait un individu qui demeurait chez elle, qui portait le nom de Mayford.

— Qui portait le nom de Mayford ! Est-ce que ce n'était pas son vrai nom ? demandai-je vivement.

— Qu'est-ce que cela peut vous faire que cela fût son vrai nom ou un nom d'emprunt ?

— Mais je suis ce George Mayford qui demeurait chez madame Delancey.

— O...o...h !

— Oui, je suis le George Mayford qui demeurait chez madame Delancey, rue ***.

— C'est bien cela.

— Vous semblez dire que ce n'est pas là mon vrai nom ?

— Avez-vous dit de faire venir encore du whiskey ?

Il était déjà plus qu'à moitié ivre ; mais craignant de le mettre de mauvaise humeur, je demandai encore du whiskey. Il remplit son verre presque jusqu'au bord, et y ajouta juste assez d'eau pour avoir le droit de dire que c'était du whiskey et de l'eau. Il en but une énorme gorgée, puis, allongeant les deux jambes, il mit les mains dans ses poches et prit l'air d'un homme qui possède un secret important et ne veut le communiquer que moyennant une certaine considération.

— Si vous savez quelque chose, lui dis-je, sur moi ou ma famille, j'espère que le service que je vous ai rendu...

— Quel service ?

— Mais n'est-ce pas un service que de vous avoir rappelé à la vie ?

— Je ne sais pas. Je ne vous ai pas prié de le faire, je ne vous ai pas requis à cet effet, montrez-moi vos instructions.

— Oh ! je l'ai fait par pure compassion, c'est vrai. Cependant...

— Je ne sais pas si vous avez eu raison. Si vous m'aviez laissé m'étrangler, je n'avais plus besoin de rien, voyez-vous : mais comme il vous a plu de me rappeler à la vie, il y a un axiome de droit, comme dit le juge au prisonnier... Où en étais-je ? Oui, comme il vous a plu de me rappeler à la vie, vous êtes, en droit, obligé de me la conserver.

Il me serait impossible de rapporter les diverses émotions qui m'agitèrent pendant que ce vaurien me débitait aussi insolemment des maximes qu'il torturait à son plus grand avantage. Etonné de cette effronterie, et en croyant à peine mes oreilles, je regardai ce nouveau Frankenstein que j'avais arraché à la mort pour en faire mon persécuteur, et je me demandai si c'était bien une créature humaine que j'avais devant moi. Il affectait une attitude des plus impertinentes et l'air le plus impassible, son cigare fumait entre ses lèvres, un verre de whiskey tremblait dans sa main, et il semblait se dire qu'il venait de poser un argument dont l'évidence était incontestable. J'étais en même temps tourmenté de l'idée de savoir que le secret qu'il m'importait tant de connaître était à la disposition d'une espèce de brute qui ne pouvait qu'inspirer le dégoût.

Mais j'avais tant d'intérêt à connaître le mot de l'énigme qui me concernait, que je ne pouvais rejeter aucun moyen de découvrir la vérité. Aussi me voyais-je forcé de me plier aux exigences de cette brute avinée et d'employer toute sorte de ruses pour lui arracher son secret. Mais ivre comme il était, il possédait encore assez de présence d'esprit pour me rendre la tâche difficile. Une espèce d'instinct le rendait impitoyablement muet quand l'interrogatoire que je lui faisais subir touchait à des points de quelque importance.

— Avez-vous quelques raisons de supposer, lui dis-je, que mon vrai nom n'est pas Mayford ?

— Et si j'en avais, quelles conclusions en tireriez-vous ?

— Cela ne vous causerait aucun préjudice de me les communiquer.

— Quel avantage en retirerais-je ?

— Si vous me disiez quelque chose qui pût m'être utile, vous pourriez compter sur ma reconnaissance.

— Reconnaissance ! Je vous demande bien pardon, mais j'ai toujours trouvé que la reconnaissance était la plus mauvaise hypothèque que l'on pût prendre. Si à la cour d'assises nous avions voulu nous contenter de reconnaissance, oh ! que nous aurions été riches ! Mais le diable m'emporte s'il nous fût venu un penny en espèces. Vous ne doutez pas de la dose de gratitude qu'il faut pour peser autant qu'un souverain.

— J'espère que vous ne doutez pas de ma parole ?

— Je n'ai ni doute ni confiance, alors je ne peux pas me tromper. La confiance, voyez-vous, c'est un mauvais système, elle mène au crédit, et le crédit à la ruine. Si vous ne faites pas crédit, vous n'avez jamais de mauvaises créances : si bien que je ne fais jamais crédit ; il n'y a rien de tel que l'argent comptant.

— Vous êtes dans une triste position, lui dis-je, et s'il ne fallait que quelques livres pour...

Il ne me laissa pas achever, et sans rien dire il tendit la main de l'air d'un homme parfaitement accoutumé à ce mouvement machinal.

Cependant je craignis tout à coup qu'il ne voulût me jouer un tour de sa façon, ou que peut-être il avait été envoyé sur mon chemin pour me fourvoyer dans mes recherches : il connaissait mon nom, il savait que j'avais demeuré chez madame Delancey, je voulus le sonder encore davantage avant de lui donner de l'argent.

— Vous dites que vous connaissez madame Delancey, je ne vous ai cependant jamais vu chez elle.

— Je n'y ai jamais été.

— Ah ! Comment alors savez-vous mon nom ?

Sa seule réponse fut de porter un doigt à son nez et de cligner vivement de l'œil gauche : ce devait être un de ces signes de convention au moyen desquels il indiquait à ses complices qu'il possédait un secret qu'il ne communiquerait que moyennant une rémunération suffisante.

— Après tout, lui dis-je d'un air insouciant, je ne vois pas qu'il m'importe beaucoup de porter un nom plutôt qu'un autre, je crois qu'ils se valent bien tous.

J'allumai en même temps un nouveau cigare, et je remplis un autre verre de whiskey : mon homme m'imita de tout point, et à vrai dire c'était ce que je voulais, car j'espérais l'enivrer assez pour obtenir de lui tous les détails qu'il m'importait de connaître. Je n'entendais pas cependant lui arracher son secret sans le récompenser en proportion du service qu'il m'aurait rendu, mais je craignais de le payer d'avance, de peur qu'il ne gardât le secret et l'argent dans le but de m'extorquer constamment quelques louis en me faisant espérer d'importantes révélations.

Il sembla deviner les doutes qui m'agitaient, car posant tout à coup son cigare sur la table, il me dit de l'air le plus sérieux du monde :

— Vous dites que vous êtes George Mayford, mais qu'en sais-je, moi ?

— Je n'ai aucune raison, lui dis-je, d'assumer ce nom, je le porte parce qu'on me l'a donné.

Je pris en même temps une des cartes que j'avais dans mon portefeuille, et lui montrai mon nom avec l'adresse de madame Delancey.

— Vous rappelez-vous un vieux qui allait vous voir une fois par an chez madame Delancey ?

— Oui, très-bien.

— Des cheveux blancs, des sourcils gris qui tombaient sur ses yeux, une figure ratatinée comme un vieux morceau de parchemin séché au soleil.

— Vous le chargez un peu, répondis-je, mais je sais qui vous voulez dire.

— Et moi, aussi : il connaît un peu vos affaires aussi, lui.

— Voyons donc, lui dis-je, il s'appelait... il s'appelait... Je ne peux pas me souvenir de son nom... Aidez-moi donc.

Mais sans mot dire il porta de nouveau un doigt à son nez, et cligna une seconde fois de l'œil gauche en tendant l'autre main. J'avais envie de lui briser les côtes ; mais un moment de colère aurait pu tout gâter, et je me contins. Je cherchai donc à l'enivrer autant que possible, et il me secondait bravement de ce côté ; l'affaire était déjà plus d'à moitié faite. Je crus un moment que j'allais triompher de son entêtement, car il commençait à bredouiller, et deux fois mit entre ses lèvres le bout enflammé de son cigare : j'étais obligé aussi de lui mettre son verre à la main ; il m'était impossible cependant d'en tirer un mot.

Enfin je lui donnai un billet de banque de cinq livres. Il essaya de déchiffrer ce billet pour en connaître la valeur, mais c'était au-dessus de ses forces, il fallut que j'allasse à son secours.

— Cinq livres ! ce n'est guère, et en papier encore ! Je n'aime pas le papier, mon vieux, on le suit à la trace. Le diable emporte le papier ! De l'or, vieille pratique, de l'or, rien ne vaut l'or.

Il me rendit le billet de banque d'une main qui ne pouvait le tenir sans trembler. Je crus que le moment était arrivé, et que le son de l'argent le déciderait à parler : j'avais sur moi une douzaine de dollars, je les mis dans la main qu'il me tendait toujours, et ses doigts se refermèrent avec rapidité sur cet argent, qu'il mit aussitôt dans sa poche.

— Voilà ce qui ressemble à quelque chose. Maintenant nous allons nous occuper de votre affaire. Seulement je n'ai reçu que des arrhes, vous savez ; ce ne sont pas là des honoraires. Une provision nous engage seulement à accepter les honoraires quand vous nous les apporterez. Les honoraires, voyez-vous, il n'y a que cela de vrai, comme dit Shakspeare.

— Alors, mon vrai nom n'est pas Mayford ?

— Non, c'est vrai, vous avez raison : du moins autant que je puis le savoir ; mais le vieux Boucle-d'Argent sait toute l'affaire. Nous l'appelions Boucle-d'Argent parce qu'il en portait quand personne n'en avait plus. C'est lui qui était un profond coquin, et si hypocrite ! Oh ! il allait à l'église tous les dimanches ; il y avait des assemblées de piété chez lui. Oh ! quand on pense comment ce monde est exploité par des... des... des tartufes !...

— Qu'est-ce que vous aviez à me dire sur mon nom ?

— Oh ! je n'en doute pas, une pratique comme vous en a cinquante de rechange. Qu'importe un nom ? comme dit Shakspeare. Quand on est fatigué d'un nom, on en prend un autre, voilà. Des noms ! il y en a autant que de mûres le long des haies, comme dit Shakspeare, et on n'est pas pendu pour prendre celui qui semble le meilleur.

J'espérai qu'il n'était pas encore mort, puisque son sang coulait si facilement.

— Mais vous ne me dites pas, m'écriai-je un peu impatient de voir qu'il avait tant bu, qu'il ne savait plus ce qu'il me disait, et me prenait évidemment pour un de ses clients de la cour d'assises, vous ne me dites pas ce que je voudrais savoir !

— Ah ! voilà comme vous êtes tous : vous avez le diable au corps pour savoir si vous vous en tirerez : mais les honoraires... vous ne m'avez pas donné les honoraires, mon vieux. Peut-être qu'un alibi... seulement c'est coûteux parce qu'il faut faire jurer... si c'est là votre jeu, il faut abouler... cela coûte des témoins... cela coûte cher... très-cher.

— Comment appeliez-vous ce vieux monsieur qui venait une fois par an chez madame Delancey ?

— De... De... Delancey ? Ah ! oui, je me le rappelle... Jo... jolie fille... ferait mon... affaire.

— Mais son nom ? m'écriai-je plus impatient que jamais, car je craignais qu'il ne fût bientôt incapable d'ouvrir la bouche...

— Ne nous fâchons pas... Mais nous... nous n'avons pas l'ha... l'habitude de dire... les noms. C'est... mauvais. Moins on parle, mieux cela vaut, comme... disait le juge. Non, non... non, il ne faut jamais dire... les noms... des clients. A votre santé, monsieur... enchanté de vous voir ici. On s'y accoutume... voyez-vous à Newgate, et si on vous pend, eh bien, ce n'est que l'affaire d'un moment. Mourir, c'est cesser d'exister, comme dit Shaks... Shaks... Shakspeare. On ne meurt qu'une fois, et qu'importe comment... comment on s'en va... Que vous pendiez... quelqu'un ou que... quelqu'un... quelqu'un vous pende... ou que vous vous... vous pendiez... c'est toujours la même chose... car c'est là... c'est là le point... de la... de la... de la question, comme dit... Hamlet. Ces cigares... sont... sont bien mau... mauvais ; ils m'ont... rendu... rendu tout... tout drôle... comme si... comme... si j'avais... j'avais bu... bu !... et je... je n'ai... n'ai pas... **pas bu !**

Il essaya en même temps d'avancer le bras pour atteindre son verre ; mais poussant le coude au delà du bord de la table, il perdit son point d'appui, et roula comme une boule sur le plancher. Il était évident que tout effort que je pourrais faire pour obtenir de nouveaux éclaircissements serait complétement inutile : je ne voulus pas cependant le perdre de vue, et je le fis mettre au lit, en priant l'hôtelier de porter le coût de la chambre à mon compte. Je pris la précaution de fermer la porte et de mettre la clef dans ma poche. Je ne pensais pas qu'il eût aucunement l'intention de m'échapper, j'étais une rencontre dont il pouvait espérer trop d'avantages pour qu'il cherchât à s'enfuir ; mais, comme dit Shakspeare, qu'il citait si volontiers, enfermez bien, et vous retrouverez. Je crus que c'était là une maxime bonne à suivre.

J'étais excessivement fatigué, et je me mis avec plaisir au lit : mes réflexions n'étaient pas des plus gaies, car je n'avais pu obtenir rien de satisfaisant de cette brute avinée. Mais je restai longtemps éveillé en songeant qu'il y avait un secret de la plus haute importance pour moi, un secret qui couvrait mon origine d'un voile impénétrable. J'étais tout bouleversé en pensant que ce secret était en possession d'un homme qui dormait à deux pas de moi. Perplexe, agité, inquiet, je me laissais aller au gré des plus folles idées. Mais je pris la résolution bien arrêtée d'obtenir, coûte que coûte, le mot de l'énigme qu'il m'importait tant de savoir.

Je songeai que j'avais mon homme sous clef, que le jour viendrait bientôt ; cette idée me calma et je m'endormis.

Le jour cependant amena de nouvelles complications, et la longue suite d'aventures qui m'entraîna de pays en pays commença à s'enchaîner et à se dérouler sans que je pusse faire autre chose que de suivre le cours du torrent.

J'avais sur moi une douzaine de dollars, je les mis dans la main qu'il me tendait toujours.

CHAPITRE X.

Un grand bruit qui s'éleva le lendemain matin dans l'hôtellerie m'éveilla de bonne heure : j'entendis plusieurs personnes aller et venir ; l'on parlait très-haut dans les corridors. On frappa bientôt à ma porte, et on entra sans attendre ma réponse ; voyant que j'étais éveillé, l'inconnu qui se présenta me demanda la clef de l'appartement dans lequel j'avais enfermé mon compagnon le soir précédent.

Elle était sur la table, je la lui montrai du doigt, il la prit sans rien dire, et sortit promptement de ma chambre. Je me hâtai de sortir du lit et de m'habiller, car tout cela m'inquiétait et il me semblait que cet étranger agissait comme s'il eût été chargé d'une mission officielle.

Les premières paroles que j'entendis en entrant dans la salle commune de l'hôtellerie furent celles-ci :

Paris. Typographie Henri Plon, rue Garancière, 8.

— Par le ciel ! il s'est échappé.

— Qui donc s'est échappé ? demandai-je ; qu'y a-t-il ?

— Ce qu'il y a, me répondit l'hôtelier ; il y a que votre ami, cet homme avec lequel vous avez soupé hier au soir, s'est enfui par la croisée.

— Il avait tant bu, lui dis-je, que j'aurais cru qu'il lui aurait fallu trois jours pour se remettre.

— Oh ! quant à boire, cela lui arrive assez souvent ; il est même difficile de le rencontrer à jeun. Il n'avait pas tant bu cependant qu'il n'ait deviné que la police le cherchait, et comme il a trouvé la porte fermée, il s'est envolé par la croisée ; c'est ce qu'il avait de mieux à faire.

J'appris bientôt que la police désirait faire sa connaissance à cause de quelque petite affaire à laquelle il s'était trouvé mêlé à Kingston ; on l'avait suivi dans l'intérieur du pays, et au moment où on allait mettre la main sur lui, il avait disparu sans laisser de traces.

Le pire de l'affaire, c'est que l'on me signalait comme ayant passé la soirée avec lui, et que la police commençait à supposer que je pouvais être un de ses complices ; ce fut en vain que je protestai de mon innocence et que j'affirmai que je l'avais rencontré la veille pour la première fois par un hasard des plus extraordinaires. Comme j'avais montré tout le chagrin et la déception que je ressentais de son évasion, on supposa que j'avais quelque commerce secret avec lui, et on m'intima d'avoir à rendre compte de ma conduite et d'expliquer qui j'étais aux autorités compétentes.

Une autre circonstance vint encore accroître les soupçons que toute cette aventure inspirait contre moi. Le soir précédent, quand on avait porté le malheureux ivrogne au lit qui lui était destiné, les dollars que je lui avais donnés étaient tombés de sa poche, et l'hôtelier qui savait que le matin même il ne possédait pas un penny, avait exprimé son étonnement de le voir aussi riche. On en concluait que je lui avais donné cet argent ; c'était un fait que je ne voulus pas nier, et j'entendis un des constables dire à l'autre que c'était probablement sa part du butin.

La police me demanda pourquoi j'avais donné de l'argent à un homme que je prétendais n'avoir jamais vu auparavant ?

Puis ils s'assirent tous les trois en rond autour du feu...

avait soin de ne pas me perdre de vue. Son appétit était des plus féroces et le mien des plus médiocres : c'est ce qui arrivait toujours, dit-il en souriant, aux personnes qui se trouvaient dans la même situation que moi.

Pendant ce temps, son collègue fouillait le pays à la ronde, sans trouver aucune trace du fugitif : il me ramena mon cheval harassé de fatigue et déferré d'un pied. Mais il ne crut pas devoir s'en inquiéter le moins du monde, toute son attention se concentra sur moi, et il commença par demander à son compagnon s'il n'était pas nécessaire de procéder à l'inspection de mes papiers, chose que dans sa hâte il avait négligé de faire jusqu'alors.

Je protestai de toutes mes forces contre cette indignité ; mais plus je protestais et plus il montrait d'empressement à remplir cette formalité, supposant que j'avais intérêt à lui cacher quelques documents qui pourraient me compromettre. L'arrivée d'un des magistrats du comté, que l'on avait envoyé prévenir, m'épargna cet affront : la cuisine de l'hôtellerie fut transformée en prétoire, et mon interrogatoire en forme commença.

Je racontai à ce digne magistrat l'histoire que j'avais déjà communiquée à ses deux agents : il m'écouta tranquillement et envoya aussitôt un de ses hommes chercher la lanière avec laquelle le malheureux fugitif avait voulu se pendre, et que j'avais laissée dans la cabane. Je me rappelai en même temps que j'avais sur moi une lettre d'introduction pour M. Forrester de la Crique du Daim : je la lui montrai pour prouver dans quelle intention j'étais venu dans la colonie. Quelques autres lettres et papiers que je trouvai dans mon portefeuille confirmèrent aussi mes assertions, et le constable qui avait été envoyé à la hutte étant revenu avec la lanière telle que je l'avais décrite, le magistrat ne douta plus de la vérité de mon histoire, et ordonna de me mettre immédiatement en liberté, en me priant d'excuser une détention que les circonstances avaient tout d'abord semblé justifier. J'eus donc la satisfaction de me voir de nouveau maître de disposer de ma personne.

Le magistrat me pressa cordialement la main, m'invita à aller le voir à sa propriété, qui n'était qu'à quelques milles de distance, et prit le chemin de Toronto, où il avait affaire. J'étais donc libre de continuer mon voyage : mais mon cheval était déferré, le maréchal le plus voisin était à une distance de quatre milles, et je me décidai à remettre mon départ au lendemain. Je n'avais rien qui me pressât de partir, l'hôtellerie était assez bien tenue, et me semblait un lieu favorable pour étudier de près les mœurs et coutumes de la colonie.

Pour montrer aux constables que je ne leur gardais pas rancune, je leur payai un bon dîner ; je voulais en outre obtenir quelques renseignements sur le malheureux que j'avais tant fait boire la veille. Tout ce que je pus savoir, c'est qu'il était arrivé tout récemment dans la colonie, sous le nom de John Stubbs, et qu'on le soupçonnait d'être le complice de quelques misérables faussaires qu'un prisonnier avait dénoncés.

Je leur demandai s'ils espéraient le prendre. Oui, dirent-ils, s'il reste dans la colonie, mais il est probable qu'il trouvera le moyen de passer aux Etats-Unis, et alors autant vaudrait chercher une aiguille dans une botte de foin. Au surplus, si la colonie en était débarrassée, c'était tout ce qu'ils voulaient.

Cela ne faisait pas mon affaire, car j'avais le plus grand désir de le rencontrer de nouveau. Je résolus, à part moi, de le suivre aux Etats-Unis, de l'y chercher et de le trouver, quand même je devrais y dépenser la moitié de ma fortune. Je me gardai de rien communiquer

J'hésitai à répondre, car il eût fallu non-seulement que je racontasse toute mon histoire, mais que j'expliquasse comment la rencontre de cet homme m'avait donné l'espoir de découvrir tout le mystère de ma naissance, et je pensai que ces détails seraient loin de m'aider à sortir de ce mauvais pas. Je résolus de réserver cette explication pour le magistrat devant lequel les constables disaient qu'ils allaient me conduire.

J'étais donc exposé à être emmené à travers le pays comme un malfaiteur, mais je ne doutais pas que je ne fusse bientôt mis en liberté quand j'aurais prouvé la vérité de mes allégations. J'eus la présence d'esprit de prier les constables de m'accompagner jusqu'à la hutte où j'avais trouvé cet homme : je voulais leur montrer le bout de lanière avec laquelle il s'était pendu, et leur prouver ainsi que cette partie de mon histoire était parfaitement véridique.

Ils me promirent de s'y rendre, mais leur premier soin, dirent-ils, était de chercher à rattraper le fugitif, qui ne pouvait pas être loin. Un d'eux prit sur lui d'emprunter mon cheval, et partit au galop ; son compagnon resta pour me garder jusqu'à son retour. Il eût été inutile de vouloir m'y opposer ; aussi faisant donc contre fortune bon cœur, je commandai à déjeuner pour moi et mon gardien, qui accepta volontiers mon invitation. Nous devînmes bientôt bons amis ; je remarquai cependant qu'il me surveillait très-attentivement et de ce projet à mes convives, dans la crainte de voir leurs soupçons se réveiller, il était évident d'ailleurs qu'ils ne pouvaient m'être d'aucune utilité.

Nous nous séparâmes enfin. Ils partirent très-contents de mon hospitalité, et je restai fort contrarié d'avoir laissé échapper l'occasion qui s'était présentée d'apprendre quelque chose de mon histoire. Je ne savais si le nom que cet homme avait pris était réellement le sien; il y a tant de Stubbs dans le vieux monde, que je désespérai presque de le retrouver, présumant avec raison qu'ils étaient tout aussi nombreux dans le nouveau. J'avais lieu de craindre d'ailleurs qu'il en eût pris un autre depuis que la police était à sa recherche.

Néanmoins j'étais plein de confiance dans ma persévérance: j'avais de l'argent, de l'énergie, et j'étais décidé à retrouver mon drôle, coûte que coûte. Il y avait dans la rencontre que j'avais faite de cet individu qui savait mon histoire, quelque chose de si étrange et de si mystérieux, que je me sentis enflammé d'un nouvel espoir: j'avais devant moi le fil du labyrinthe, je voyais la voie que je devais suivre. L'idée qui m'avait porté à quitter l'Angleterre pour les colonies sembla s'effacer peu à peu, et le désir que j'avais si longtemps éprouvé de connaître ma famille et ma naissance revint plus ardeut que jamais. Je me jurai mentalement que cette recherche serait maintenant le but de tous mes efforts, et que j'y emploierais, s'il le fallait, ma vie entière.

Un des constables avait dit dans le cours de la conversation que le fugitif s'était probablement dirigé vers le territoire indien, avant d'aller chercher un refuge aux États-Unis: je me rappelai cette observation, et cela me décida à continuer mon voyage jusque chez le cousin de mon ami de Londres à la Crique du Daim. Il demeurait sur la frontière du territoire indien, et j'espérais qu'il pourrait me donner quelques informations à cet égard. Je pensai aussi que si j'étais encore surveillé, on trouverait étrange de me voir suivre un chemin tout différent de celui que je m'étais tracé à l'avance.

Mon cheval n'était pas revenu de la forge, il était trop tard pour que je songeasse à me mettre en route, je passai donc la soirée en tête-à-tête avec l'hôtelier, qui me donna une foule de détails sur la colonie, en m'engageant fortement à ne défier des loups cerviers.

Je dormis bien cette nuit-là, car l'espérance me berçait. Le lendemain je fis honneur à un excellent déjeuner: on me servit des œufs, du jambon, du canard sauvage et du chevreuil, j'avais un appétit de colon. Je montai à cheval, mon hôte me disant en examinant ma monture, qu'il la connaissait de vieille date, et qu'il était certain qu'elle avait été élevée dans le pays de l'Ouest. Je ne fis guère attention à cette dernière remarque, car il me semblait qu'il importait peu que la bête eût été élevée à l'est ou à l'ouest, on verra bientôt cependant que c'était là une profonde erreur.

— Adieu, monsieur, me dit-il en m'offrant le coup de l'étrier, adieu, vous n'allez pas avoir à suivre une route bien fréquentée, et vous allez approcher du territoire des Indiens. Mais ils ne vous toucheront pas si vous les laissez tranquilles; tâchez de ne pas vous trouver dans la direction de leur chasse.

— Comment, est-ce qu'ils sont aussi jaloux de leur gibier que nos propriétaires du vieux pays?

— Oh! ce n'est pas cela: mais ils croient que nous avons pris assez de leurs terres comme cela, et quelquefois quand ils ne sont pas de bonne humeur, surtout s'ils ont pris une goutte de wiskey... Ce ne sont pas des chrétiens, voyez-vous bien! Les pauvres gens ne peuvent pas se comporter comme d'honnêtes créatures quand ils ont de la liqueur en tête: ils sont alors tout prêts à vous chercher querelle, et il vaut mieux que les blancs ne les approchent pas quand ils sont dans cet état.

— Quelle espèce de gibier rencontre-t-on par ici?

— Oh! on en trouve de toute espèce: il y a beaucoup de pigeons sauvages, mais ce n'est pas la saison pour les tirer, ni les cailles non plus: les perdrix sont toujours de saison, ainsi que les coqs de bruyère; mais il n'y en a guère. Tout cela, voyez-vous, ne vaut pas la poudre que l'on brûle: mais ce qui vaut la peine d'être tiré, ce sont les chevreuils, qui sont dans le meilleur état possible en ce moment, et les élans, voilà ce qui s'appelle du gibier. Et les canards... j'oubliais les canards... on ne voit que cela; mais ils ne sont pas faciles à tirer, il faut en faire son métier. Le canard sauvage, voyez-vous, est sauvage partout.

— Mais vous n'avez pas dans vos forêts d'animaux féroces à craindre.

— Non: il n'y a pas de danger de ce côté-là. Quand il gèle fort on rencontre quelquefois des loups, mais c'est rare: les chats sauvages ne sont pas commodes si vous les irritez, les ours se montrent aussi quelquefois, mais il est rare qu'ils fassent du mal. Il y a bien Jim Brown... l'homme qui travaillait pour Joe Smilt... que l'on a trouvé l'autre jour dans le bois à demi dévoré, mais son fusil, sa poire à poudre, son plomb, tout cela était en ordre; c'est fort heureux pour Joe, qui aime à ne rien perdre.

Cette intéressante anecdote sur Jim Brown et Joe Smilt, la fin terrible du premier, et le bonheur que le second avait eu de retrouver le fusil, la poudre et le plomb de son bûcheron, tout cela n'était guère de nature à me rassurer sur les éventualités possibles de mon

voyage. Il paraît même que cela me donna une contenance assez embarrassée et piteuse, car l'hôtelier, sous prétexte que l'air était frais et qu'il n'y avait rien de comparable au wiskey en pareille occasion, m'offrit un second verre que je pris et bus sans trop songer à ce que je faisais.

Je me mis donc en route, réconforté et réchauffé par la généreuse liqueur de mon hôte: j'avais environ trente milles à faire, ce qui n'est qu'une promenade au Canada; mais il avait de nouveau neigé pendant la nuit, et la route était fatigante. J'allai au grand trot pendant une douzaine de milles, puis peu à peu je fus forcé de laisser ma monture prendre le pas. Mon cheval était bon et vigoureux, et semblait assez disposé à aller de l'avant; mais la neige s'attachait à ses pieds, et de temps en temps il me fallait mettre pied à terre pour l'en débarrasser. Je pus heureusement le laisser reposer quelques instants, après avoir fait une vingtaine de milles: je trouvai une chaumière de pauvres colons qui n'avaient que de l'orge à lui donner; il parut toutefois s'en accommoder assez bien.

Je me remis en route après m'être reposé environ une heure, je voulais me hâter avant la nuit, car la crique du Daim se trouvait à environ deux milles du chemin battu; on m'assurait cependant que les ornières des chariots et d'autres indices que je ne pouvais manquer de voir me montreraient clairement la route. Je ne doutais donc pas d'arriver avant la nuit à l'établissement de mon ami, et je repris mon chemin par le plus brillant soleil du monde; l'atmosphère était de la plus grande transparence, et pas un souffle de brise n'agitait les arbres des bois.

Jeune, ardent, plein d'espoir, et la poche bien garnie, je me sentais riche de courage, et ne pensais plus aux embarras que je pourrais rencontrer en route. Mes idées me portèrent bientôt hors du Canada; mon imagination retourna en Angleterre, et je vis Lucie assise à sa place accoutumée avec son panier à ouvrage qui m'avait toujours paru le chaos le plus complet, le mélange le plus inextricable de fils, de cordons, de soies, de lacets, de bobines de toutes sortes, de toutes grandeurs et de toutes couleurs, amoncelés de la manière la plus confuse. Puis, je me transportai en idée dans l'établissement de la crique du Daim, où j'étais certain de trouver un bon feu, un excellent dîner et une réception des plus cordiales. J'étais curieux d'étudier en détail l'agencement intérieur d'une ferme canadienne, et le genre de vie que menait un colon dans les conditions d'aisance et de richesse comme celles où se trouvait le cousin de mon ami.

L'appétit me revenait, et je songeais avec délices à la succulente saveur des canards sauvages et du chevreuil qui forment la base de tout dîner dans les forêts canadiennes, et j'aspirais au bonheur de voir une table bien garnie, avec une ardeur que peuvent seuls comprendre ceux qui se sont trouvés dans des circonstances semblables à celles que je viens d'exposer.

Je n'étais guère à plus d'un mille et demi du but de mon voyage, autant que je pouvais en juger: mon cheval, qui montrait une nouvelle ardeur et semblait sentir l'approche de l'écurie, me confirmait par son air plus dispos et son allure plus joyeuse tous les calculs que j'avais faits. Mais l'homme propose et Dieu dispose, comme disent les Canadiens français, quand ils voyagent sur des traîneaux; genre de locomotion qui m'a toujours paru devoir compter au nombre des expériences scientifiques les plus dangereuses. Ce proverbe, que les Anglais semblent avoir voulu imiter sans doute en conseillant au voyageur de ne pas se croire arrivé avant d'être sorti du bois, ce proverbe, dis-je, fut pour moi d'une rare et triste vérité.

CHAPITRE XI.

Mon cheval commençait à montrer une certaine gaillardise; il relevait les oreilles et tournait la tête à droite et à gauche comme s'il se fût trouvé en pays de connaissance et entouré d'objets dont la vue lui avait été familière. Je ne voyais rien cependant qu'un amas inextricable de grands arbres, que l'on pouvait à peine distinguer entre eux; mais comme mon cheval semblait suivre un chemin auquel il était accoutumé, je lui mis la bride sur le cou.

Je cheminais donc tranquillement, en me confiant à la sagacité de ma monture, quand nous arrivâmes tout à coup au bord d'un ravin profond, dont l'approche me surprit grandement, car le pays tout à l'entour était tout à fait plat. Ce ravin me fit craindre d'être sorti du chemin battu; car il me semblait impossible que les voitures et les chariots pussent suivre, pour aller à la ferme de mon ami, une route aussi accidentée. J'arrêtai mon cheval pour étudier un peu les alentours et mettre pied à terre, car c'eût été le comble de l'imprudence que de me risquer à rester en selle pendant la descente de cette ravine. Je pris l'animal par la bride pour le conduire jusqu'au fond et remonter sur l'autre bord, après quoi je voulus de nouveau le laisser me conduire. Mais le terrain était très-glissant, et je n'avais pas fait cinq ou six pas que je roulai sur la neige en laissant échapper la bride que je tenais à la main: le cheval continua à descendre; je me levai vivement pour courir après et le rattraper, mais il partit d'un pas plus rapide, et monta sur l'autre bord de la ravine avant que je pusse le rejoindre. Arrivé sur la hauteur, il releva les oreilles et

la queue, se mit à hennir de plaisir, et partit au grand trot en me laissant *planté là*, comme disent les Canadiens.

Je courus de toutes mes forces après lui, et je fus deux ou trois fois
sur le point de le rattraper ; mais ce fut en vain que je l'appelai et
que je tâchai de le faire arrêter un moment : il ralentissait le pas de
temps en temps comme pour me laisser approcher, et au moment où
j'allais saisir la bride il s'élançait de nouveau au grand trot. Ce jeu-là
ne me plaisait guère : le terrain était très-inégal et jonché de bois
mort, je fus bientôt excessivement fatigué, et ma bête continuant à
trotter devant moi, je finis par la perdre de vue, et je restai seul
dans la forêt. Je tâchai de suivre sa trace aussi longtemps que je le
pus, et de me diriger du côté vers lequel elle s'éloignait.

Cette mésaventure me contrariait outre mesure ; je ne crus pas cependant tout d'abord que l'affaire fût bien sérieuse, et m'imaginai que je
trouverais facilement mon chemin jusqu'à la crique du Daim ; seulement j'aurais à le parcourir à pied au lieu de le faire à cheval. Je ne
pensais pas être à plus d'un ou deux milles de la ferme, et j'espérais
trouver bientôt quelques marques de civilisation, quelques traces du
voisinage de l'homme ; je fis contre fortune bon cœur, et je m'amusai
même à l'avance des plaisanteries que mon ami ne manquerait pas de
faire en apprenant mon aventure. Mais l'affaire devint bientôt moins
risible.

Je n'avais plus que mes jambes pour me porter, et je ne fus pas
longtemps avant de reconnaître ce que d'autres ont reconnu avant moi,
à savoir qu'il est beaucoup plus facile de voyager sur quatre pattes
que sur deux jambes, surtout quand vous n'êtes pas chargé de fournir
vous-même les quatre pattes. Mais la chose était sans remède : je marchai donc aussi vite que me le permettraient la neige, les aspérités du
terrain et les bois morts, puis je pensai que j'avais parcouru un grand
bout de chemin, et que je devais apercevoir quelques traces d'habitation. Je m'arrêtai pour regarder autour de moi.

Je me tournai de tous côtés, sondant la forêt à droite et à gauche,
essayant de distinguer quelque filet de fumée entre les arbres, mais
je ne voyais que des chênes et des sapins, et partout où je portais les
yeux, c'étaient des chênes et des sapins, des sapins et des chênes à
l'infini. Comme je ne pus rien trouver qui m'indiquât le vrai chemin, je résolus de continuer droit devant moi.

Mais il arriva que cela même m'embarrassa extrêmement. Je me
tournai à droite et je me tournai à gauche, je regardai devant moi et
je regardai derrière, mais les arbres se ressemblaient tellement qu'il
me fut impossible de retrouver la direction que je suivais en venant.
Je m'approchai de plusieurs arbres pour voir si je ne reconnaîtrais
pas quelque marque sur leur écorce : il y en avait de gros et de
grands, mais c'était partout le même assemblage de gros et de grands
arbres. L'idée me vint tout à coup que je pourrais retrouver sur la
neige les traces des pas de mon cheval : je souris d'un air de pitié en
songeant combien j'étais oublieux de n'y avoir pas pensé plus tôt. Je
sentis ma confiance renaître, et, convaincu que je connaissais la direction qu'il avait prise, je marchai hardiment en avant, regardant
attentivement le sol pour retrouver ses traces.

Elles furent plus difficiles à trouver que je ne le pensais. Je supposai que j'avais pris trop à droite et j'inclinai un peu vers la gauche, puis je craignis d'avoir trop tourné à gauche et je me dirigeai
vers la droite. Je retournai ensuite en arrière, puis je repris ma
course en avant, et tout cela finit par se brouiller tellement dans ma
cervelle, que je ne savais plus de quel côté je me dirigeais. Je m'arrêtai, ne sachant plus que faire et commençai à être effrayé.

Le silence absolu qui régnait dans cette immense forêt m'attrista
profondément et me refroidit le cœur. On n'entendait ni le bêlement
des brebis, ni le chant des oiseaux, ni aucun bruit de vie : tout était
tranquille, immobile, sans haleine, sans vie ; la végétation des arbres
elle-même était suspendue, et la légère couche de neige qui s'étendait sur la terre ressemblait, à s'y méprendre, à un immense lin-
ceul. J'avais souvent dans mon enfance lu et relu *la Solitude* de
Zimmermann ; mais quand je me trouvai seul au milieu de ce désert
sans fin, je reconnus qu'il n'avait aucune idée de ce qu'est la vraie
solitude.

Je voulus discuter ma position froidement et d'une manière sérieuse. La première chose que j'avais à faire, c'était de reconnaître
les points cardinaux : la Crique du Daim se trouvait à l'ouest, et je
me rappelais que le soleil s'était couché devant moi avant que j'eusse
quitté le grand chemin ; je devais donc aller à l'ouest, mais... où se
trouvait maintenant le soleil ?

Le jour était devenu de plus en plus sombre, quoique d'après ma
montre il ne fût que quatre heures. Il devait se trouver quelque part
assez de lumière au ciel pour m'indiquer l'ouest. Le fourré où je me
trouvais était si épais, que je ne pouvais apercevoir aucun coin de
l'horizon ; je me tournai de tous côtés, mais il était de toute impossibilité de dire vers quel point était le soleil. Cependant, en examinant l'ombre avec soin, je crus voir une plus grande clarté d'un
certain côté : cela provenait peut-être d'une éclaircie dans le bois,
et pouvait me conduire à l'inverse de ce que je voulais ; mais dans
l'embarras où j'étais de découvrir aucun signe ou aucune marque qui
pût me diriger, je me tournai résolûment de ce côté.

Je n'avais fait que quelques pas encore, quand j'eus le bonheur de
voir une personne habillée de la grosse étoffe à longs poils en usage
dans le Canada, appuyée contre un arbre à une petite distance devant moi. J'avais donc trouvé un colon qui me dirait de quel côté je
devais me diriger. On va voir que cette rencontre était tout autre
que ce que j'espérais.

Je criai de toutes mes forces pour lui annoncer ma présence, afin
que mon approche inattendue ne lui causât aucun effroi, car je tenais
ma carabine, et il eût pu supposer que je venais dans de mauvaises
intentions. Au son de ma voix, l'individu tourna la tête de mon côté :
je trouvai qu'il portait un étrange chapeau, mais je continuai à
avancer, et bientôt je reconnus que ce que j'avais pris pour un colon
canadien, je leur en demande à tous mille pardons, était un ours gigantesque qui en tournant la tête de mon côté se laissa tomber sur
ses pattes de devant, et m'examina avec attention, comme pour me
demander si je désirais faire plus ample connaissance.

J'avoue que je n'avais aucun désir de le connaître plus intimement ;
je m'arrêtai. Nous restâmes là une minute ou deux à nous surveiller
mutuellement ; l'ours, en bête bien apprise, crut de son devoir de
s'approcher, probablement pour me faire les honneurs de son pays.
Je me souvins que mon hôtelier m'avait dit que si on laissait les
ours tranquilles, ils étaient tout à fait inoffensifs ; je tournai donc
sur ma droite, et tâchant de paraître aussi peu préoccupé de lui que
possible, je marchai d'un pas modéré pour ne pas montrer de frayeur.
Il me sembla que l'ours tourna autour de son arbre de manière à me
présenter toujours le bout de son museau.

Quand je me fus éloigné de quelques pas, je marchai plus vivement dans le but d'augmenter autant que possible la distance qui me
séparait de mon inconnu, mais en tournant la tête pour reconnaître sa
position, je fus terrifié de voir qu'il me suivait ! Comme je n'avais
pas grande confiance dans la justesse de mon tir, particulièrement à
de longues distances, et qu'il me répugnait d'en venir aux mains avec
cet indigène, je crus que le plus prudent était de décamper au plus
vite. Je fus tout surpris de voir avec quelle rapidité je pouvais courir : l'ours cependant courait encore plus vite.

Je fus forcé de m'arrêter un moment pour reprendre haleine, et
je vis cette maudite bête arriver sur moi avec une vitesse qui me
prouva que je n'avais aucune chance de gagner le prix de la course.
Je n'avais donc autre chose à faire que d'avoir recours à ma carabine.
Malheureusement je me rappelai qu'elle n'était pas chargée ! Il semblait donc que j'étais à la merci de l'ours, car je ne pouvais essayer
d'une lutte corps à corps, et je n'avais pas le temps de charger mon
arme.

L'animal ouvrit la gueule en approchant, soit par anticipation
ou le résultat de l'habitude ; la vue de ses dents blanches et aiguës
me causa tant de frayeur que je perdis presque toute présence d'esprit, et que je fus sur le point de me laisser dévorer sans résistance !

Levant au ciel des yeux qui n'exprimaient plus que le désespoir, je
vis au-dessus de ma tête une branche à laquelle je pouvais juste atteindre. Je passai vivement ma carabine en bandoulière, et je m'élevai dans l'arbre à l'aide de la branche, précisément au moment où
l'ours arrivait à l'endroit que je quittais.

Cette vilaine bête éleva son museau vers moi, en me regardant
d'un air qui semblait me dire : Je te tiens ; puis se redressant sur ses
pattes de derrière il essaya de me saisir avec ses griffes. Il atteignait
juste au-dessous de la branche, et s'il eût sauté le moins du monde
il m'aurait inévitablement saisi ; mais cet acte de gymnastique n'entrant pas dans ses habitudes, je lui échappai pour cette fois ; je me
hâtai de monter plus haut, car je ne me croyais pas en sûreté.
Hélas ! je découvris bientôt que l'ours grimpait aussi bien que moi.

Il s'approcha du pied de l'arbre, et commença à y grimper tout
tranquillement, comme s'il n'avait eu aucune raison de se hâter :
il avait toujours soin de bien affermir une patte avant de lever
l'autre, sa méthode était lente et mesurée, mais pleine de réserve et
de prudence. Je surveillais son ascension d'un œil plein d'inquiétude, et
plus il grimpait plus je montais vers la cime de l'arbre. Je l'entendis
pousser un léger grognement : ce n'était pas un cri sauvage, c'était
plutôt une sorte de monosyllabe ronflant, qui semblait me dire :
« Monte, monte toujours, mais cela ne te servira guère ! »

Je commençais, en effet, à craindre sérieusement de tomber entre
ses pattes, et je regardais en haut pour voir jusqu'où je pouvais monter : au delà de la cime il n'y avait plus rien qu'à faire un saut périlleux et probablement me casser le cou.

Comme je levais la tête pour regarder en haut, j'entendis au-dessus
de moi une sorte de sifflement : je crus au premier abord que c'était
un serpent. La position dans laquelle je me trouvais n'était pas des
plus agréables : un serpent sur ma tête et un ours sous mes pieds !
Mais je reconnus bientôt que ce sifflement ne provenait pas d'un
serpent, mais d'un chat sauvage, vilaines bêtes qui ne sont pas des
plus commodes dans les forêts d'Amérique. Ces chats ne sont pas
beaucoup plus gros que les nôtres, mais leur fourrure est plus
épaisse, et quand leur poil est rebroussé ils semblent être de plus
forte taille ; leurs yeux brillent d'un éclat féroce, leurs dents et leurs
griffes leur donnent une expression des plus menaçantes.

Je ne sus vraiment au premier moment lequel de mes deux anta-
gonistes était le plus à craindre. L'ours ouvrait de temps en temps

une gueule effrayante et continuait à grimper, le chat sauvage me guettait d'un œil enflammé, tout prêt à s'élancer sur moi. Je commençais à croire que le moment était venu où il me fallait sauter à terre, en me laissant glisser autant que possible par l'extrémité des branches. Je cherchais des yeux de quel côté je devais me laisser tomber, quand je vis d'un côté où le fourré était moins épais une espèce de hutte, qui s'élevait à environ cent pas de l'arbre sur lequel j'étais grimpé.

Il n'y avait pas de temps à perdre, je jouais ma vie à pile ou à face. Je descendis une branche ou deux pour atteindre celle qui m'avait semblé la plus favorable à ma retraite, et m'approchai ainsi de l'ours, qui, à ce mouvement offensif, s'arrêta tout court et ouvrit la gueule comme pour me montrer quelle sorte de réception il me préparait. Je n'avais ni le temps ni le désir de le remercier de ses intentions malhonnêtes, je continuai à descendre sur une branche qui s'étendait au loin. Mais j'étais encore à une hauteur de trente-cinq à quarante pieds, et je me glissai aussi loin que je crus que la branche pouvait me porter. En tournant l'œil de nouveau du côté de l'ours, je le vis qui mettait une patte sur la même branche, et je me dis que le moment était venu de sauter à terre.

En faisant à part moi ce raisonnement *in extremis*, je m'avançais toujours vers la partie la plus flexible de la branche, qui cédait sous mon poids et me rapprochait du sol. L'ours qui s'avançait à quelques pas de moi s'arrêta, comme s'il eût craint de la voir se briser sous lui ; quoique ces animaux soient peu soigneux du bien-être de ceux qu'ils attaquent, ils prennent toutes sortes d'égards pour eux-mêmes. L'élasticité de la branche sur laquelle j'étais me donna l'idée d'atteindre, si je le pouvais, celle qui se trouvait au-dessous : j'y descendis en moins de temps que je n'en mets à le raconter, et cette branche beaucoup plus faible se brisa assez doucement pour me déposer à terre sans grande secousse. Je ne fus pas plutôt sur mes pieds, que je courus de toutes mes forces vers la hutte que j'avais aperçue.

Un sentiment de curiosité que je ne pus maîtriser me fit arrêter à mi-chemin pour regarder ce que l'ours allait faire. Il poussait au même instant un grognement de colère qui fut répété par tous les échos du bois, et je le vis qui descendait à reculons avec l'intention, sans doute, de me poursuivre.

Je ressentais alors en moi une nouvelle énergie, et j'en conclus que rien n'était plus propre à développer les facultés de locomotion que possède l'homme, que la conviction intime qu'il peut éprouver d'être poursuivi par un ours blanc ou noir. La hutte ne semblait pas devoir me protéger longtemps contre les efforts de mon ennemi, je me hâtai cependant de la mettre en état de défense. Quand je vins à examiner mon château fort, je reconnus que ce n'était pas précisément une hutte, mais un petit édifice bâti évidemment pour offrir quelques moyens de défense, contre les hommes aussi bien que contre les bêtes sauvages, il avait environ dix pieds carrés sur douze de haut : les murs étaient formés de pieux très-forts et reliés ensemble.

Mon premier soin fut de fermer la porte, qui était faite de planches très-épaisses, équarries à la hache, que des barres transversales retenaient ensemble : de grosses lanières servaient de gonds et de pentures.

Une forte cheville de bois remplaçait les verroux ; je me hâtai de la mettre en place ; je craignis cependant que cela ne fût pas suffisant, et je cherchai les moyens de fermer cette porte plus solidement. Mais je me trouvais dans l'obscurité la plus complète ; il ne venait du dehors qu'un faible rayon de lumière, qui descendait par une ouverture pratiquée dans le haut probablement pour servir de cheminée. Cette ouverture me menaçait d'un nouveau danger, car il était très-possible que mon ours, fatigué de frapper à la porte, songeât à s'introduire par le toit.

La porte elle-même ne me semblait pas solidement verrouillée, et je n'étais pas certain qu'il n'y eût pas quelque part d'autre ouverture moins bien close. Pendant que je songeais à toutes ces éventualités, j'entendis gratter et souffler au dehors, je me doutai immédiatement de ce que cela pouvait être. C'était du côté de la porte, que l'ours avait reconnue comme la partie faible de l'édifice qu'il grattait avec le plus d'ardeur ; il était clair qu'il réussirait à la pousser en dedans si je ne trouvais aucun moyen de la rendre plus solide.

Il s'était levé sur ses pattes de derrière, et il secouait les planches avec force, décidé à s'ouvrir un passage. Je me tournai le dos contre la porte, et je me plantai les pieds contre terre pour former un arc-boutant, tout en me hâtant de charger ma carabine pour en faire usage au dernier moment.

CHAPITRE XII.

L'étude de l'histoire naturelle, celle du règne animal particulièrement, est une occupation très-intéressante. On y trouve des observations très-curieuses sur la manière dont les bêtes féroces chassent leur proie, l'avidité avec laquelle elles la dévorent, on s'amuse à compter leurs griffes et leurs longues dents blanches, et on admire toute l'économie anatomique de leur système.

Quant à l'ours, *genus ursus*, je me rappelais avoir lu quelque part qu'il a six dents incisives à la mâchoire supérieure, et six pareillement incisives à la mâchoire inférieure ; que ses dents canines sont isolées et de forme conique, ce qui dénote une grande disposition à la voracité. J'entendais mon aimable persécuteur aiguiser ses douze dents à l'extérieur de la hutte, et le souvenir des canines à la forme conique n'ajoutait aucun agrément à l'idée que je me faisais de sa gueule béante et affamée.

Toutes ces études d'anatomie et d'ostéologie sont, comme je le disais, très-curieuses et très-intéressantes dans une bonne bibliothèque, au coin du feu, avec une bouteille de vin sur la table ; mais quand on les fait sur place, et pour ainsi dire en tête-à-tête avec la bête, c'est tout autre chose.

Le specimen du *genus ursus* qui me poursuivait cessa bientôt ses efforts contre la porte, et désireux probablement de me disséquer anatomiquement, se mit à examiner l'état des défenses de la place. Autant que je pus en juger par le bruit qu'il faisait, il secoua chaque pièce l'une après l'autre ; on eût dit un chat qui va furetant tout autour d'une trappe dans laquelle une souris s'est laissé prendre. Il soufflait, il grattait et grognait de temps en temps comme s'il se fût impatienté d'être consigné à la porte aussi longtemps.

Cela me donna le temps de continuer mes préparatifs à l'intérieur. J'étais loin d'être tranquille, je tremblais qu'il ne trouvât quelque ouverture par laquelle il pût s'introduire. J'étais toujours dans l'obscurité ; je me souvins heureusement que j'avais sur moi une de ces petites boîtes de fer-blanc qui contiennent des allumettes et une petite bougie. J'eus bientôt de la lumière, et ma frayeur se dissipa avec l'obscurité. Ma bougie cependant n'éclairait guère ; car si je peux me permettre de hasarder une évaluation, je ne pense pas qu'il en fallût moins de trente-six pour peser une livre ; mais enfin elle me permit de voir tout l'intérieur de ma citadelle.

Il y avait réellement une ouverture qui servait de croisée, mais elle était close par un contrevent bien verrouillé. La porte aussi était faite de manière à recevoir deux barres transversales ; j'eus beau chercher, il me fut impossible de les trouver. J'eus le bonheur toutefois de découvrir dans un coin un amas de petit bois sec, que je rassemblai sur la place qui servait de foyer, et j'y mis le feu.

La chaleur de la flamme me fit grand bien, car le froid était excessif, et depuis que je ne marchais plus je ressentais vivement ses effets. Le toit, dont je pus enfin étudier le mode de construction, était fait de grosses poutrelles, sa forme présentait celle d'un cône très-élevé ; des barres intérieures reliaient toutes ses parties.

Je supposai que j'étais dans un blockhaus qui avait été construit pour résister aux Peaux-Rouges, et la découverte que je fis de petites meurtrières pratiquées çà et là pour tirer sur un ennemi extérieur me confirma dans cette opinion. Pendant que j'examinais ainsi l'intérieur de ma forteresse, mon ennemi, qui avait achevé sa perambulation extérieure, retourna près de la porte, et se mit de nouveau à la secouer avec fureur. Je craignis qu'elle ne cédât sous ses efforts, quoique je me fusse de nouveau placé en dedans de manière à la soutenir avec mon dos.

Irrité des obstacles qu'il rencontrait, l'ours devint réellement furieux, et poussa un rugissement qui fit trembler tout le frêle édifice. A ma grande terreur, un second rugissement lui répondit à une petite distance. Mon ours rugit de nouveau, on lui répondit encore ; ces deux voix continuèrent cette espèce de conversation pendant à peu près une minute, après quoi les explications qui avaient été échangées s'étant trouvées probablement satisfaisantes, on se tut de part et d'autre.

J'entendis bientôt l'ours n° 2 qui s'approchait de ma cabane : je ne saurais dire si c'était un ami que le premier avait invité à souper, ou un associé qu'il avait accepté pour mener à bonne fin son entreprise, mais ils semblèrent se comprendre parfaitement, et ils agirent en conséquence. Ils firent ensemble une attaque combinée contre ma porte, et il fallut toute la vigueur que me donnait le sentiment du danger où je me trouvais pour les empêcher de se précipiter à l'intérieur. Mais je sentais que cette lutte ne pouvait pas durer longtemps, car mes forces commençaient à s'épuiser.

Les deux ours se mirent à grogner et à rugir d'une manière horrible ; ces menaces qui retentissaient à mes oreilles m'ôtaient presque tout pouvoir de résistance. J'allais me considérer comme perdu, quand un bruit sec retentit à peu de pas de la cabane ; il n'y avait pas à s'y tromper, c'était une détonation de carabine, et un grognement sourd bien différent des précédents m'annonça qu'une des bêtes était blessée. Une seconde détonation suivit bientôt la première, et un second grognement me fit supposer que le second ours était blessé comme le premier.

Il y eut alors un bruit de pieds de gens qui couraient, puis encore un coup de feu, puis j'entendis prononcer des mots d'une langue étrangère que je ne compris pas, seulement il me sembla que les chasseurs se félicitaient de leur succès.

Bientôt après on frappa à la porte avec la crosse d'un fusil et on appela. Je ne comprenais pas ce que l'on disait, mais je supposai que l'on voulait entrer : j'hésitai d'abord à ouvrir, je craignais que les chasseurs ne fussent des Peaux-Rouges, car j'étais tout près du territoire indien, et je me disais que je n'avais peut-être échappé aux ours que pour tomber dans les mains d'ennemis plus cruels encore.

J'avais eu occasion de voir quelques indigènes depuis mon arrivée dans la colonie, et je dois dire que je n'avais remarqué rien de bien sauvage dans leur apparence. Ils m'avaient semblé lourds, stupides et abrutis ; les colons d'ailleurs ne montraient aucune alarme en leur présence. Mais il pouvait en être tout autrement sur leur propre territoire. Il était très-possible qu'ils se montrassent doux et inoffensifs chez les blancs, aux lieux où ils avaient sous les yeux mille preuves de leur puissance, mais je ne savais pas ce qu'ils étaient une fois rentrés dans les terres dont ils étaient encore en possession.

J'avais entendu dire qu'en retournant dans leur pays ils se débarrassent des habits de l'homme blanc, qu'ils portent par déférence pour la civilisation quand ils viennent chez les colons; il me vint à l'idée qu'en retournant à leurs habitudes traditionnelles de costumes, ils pouvaient revenir aussi à leur antique coutume de collectionneurs de chevelures, ne fût-ce que pour se tenir toujours en haleine.

Pendant que ces pensées me trottaient par la tête, mes Indiens, car j'étais convaincu que c'étaient des Indiens, continuaient à proférer une foule de sons gutturaux qui ressemblaient tantôt au hennissement d'un cheval tempéré du braiement de l'âne, tantôt au grognement du cochon édulcoré des miaulements du chat. Ne sachant ce qu'ils feraient de moi, j'hésitais toujours à leur ouvrir; ils semblèrent se consulter à voix basse, puis je les entendis recharger leurs carabines. L'un d'eux frappa de nouveau.

J'avais eu le temps de me décider sur ce que j'avais à faire, et la nouvelle demande d'admission était assez urgente pour me prouver qu'ils voulaient entrer à tout prix. C'était la paix ou la guerre : je résolus donc de me concilier leur bienveillance en ne montrant ni peur ni soupçon, et leur offrant mon amitié.

Je posai ma carabine contre le mur, et, prétendant éprouver une grande difficulté à retirer la cheville de bois pour leur laisser supposer que c'était de là que provenait le retard que j'avais mis, j'ouvris enfin la porte.

Trois Peaux-Rouges se tenaient devant moi, la carabine en joue et le doigt sur la détente.

CHAPITRE XIII.

Voilà qui est pire que les ours, pensai-je; mais je ne dis rien, pour deux excellentes raisons : la première, c'est que je supposais que les Indiens ne me comprendraient pas; la seconde, c'est que les trois carabines qui me menaçaient et les trois visages horribles des Peaux-Rouges me rendirent complétement muet.

Nous restâmes tous dans la même position pendant une demi-minute, nous regardant les uns les autres; les Indiens tout prêts à faire feu au moindre mouvement que je ferais, et moi m'attendant à chaque instant à recevoir trois balles dans la poitrine. Ces trente secondes d'agonie me semblèrent trente siècles.

L'un d'eux enfin, voyant que je ne faisais aucun mouvement et que j'étais sans armes, releva sa carabine : son voisin fit de même et le troisième les imita : ils se tinrent cependant tout prêts à agir comme s'ils n'eussent pas été encore certains que rien ne les menaçait. Le retard que j'avais mis à ouvrir la porte avait excité leurs soupçons.

Le plus âgé des trois dit quelque chose que je ne pus comprendre, et je répondis dans ma langue maternelle qu'il ne comprenait pas davantage. Nous criions l'un et l'autre aussi fort que possible; c'est assez l'habitude en pareille occasion, comme si le bruit pouvait vaincre ou chasser l'ignorance.

Cette conversation en *soprano* n'eut aucun résultat. L'Indien me fit signe de sortir de la cabane, je le fis sans hésitation en leur montrant ma carabine, qui reposait le long du mur. La preuve que je leur donnais de mes intentions pacifiques sembla les apaiser, et comme ils étaient certains que j'étais seul, ils entrèrent sans cérémonie : l'un se mit à amonceler du bois sur le feu, le plus jeune prit ma carabine et l'examina avec admiration; le plus âgé parut prendre sur lui de me surveiller, sans cependant montrer de défiance.

Ils étaient vêtus de fourrure; leur tête était couverte d'un bonnet, mais leurs jambes étaient nues, leurs pieds étaient chaussés des mocassins habituels aux Indiens du Nord. Ils avaient des carabines de forme un peu ancienne, mais cependant propres et en bon état; leurs poires à poudre étaient faites de peau de bison et s'attachaient avec des ceintures artistement ornées de broderies. Ils portaient chacun un sac de soldat, et ils ne furent pas plutôt entrés qu'ils se hâtèrent de les mettre à terre, comme s'ils eussent été heureux de s'en débarrasser. Somme toute, leur aspect ne présentait pas un air aussi féroce que je l'aurais pensé, et le premier moment d'effroi passé, je les examinai avec le plus grand intérêt.

La première chose qu'ils firent fut de couper les pattes de devant des deux ours, pendant que le vieillard préparait un lit de cendres chaudes pour les faire rôtir. Il mit sur ce foyer les quatre grosses pattes sans les dépouiller, puis les couvrant d'une couche épaisse de cendres, il amoncela tous les charbons par-dessus, et les laissa cuire dans leur jus. Je me rappelai alors que l'hôte des *Trois joyeux musiciens* m'avait dit que les pattes de l'ours sont le morceau le plus délicat, et je me sentis saisi d'une sorte de respect pour ces rudes enfants de la forêt, dont la science culinaire dépassait celle de Kitchener, de Vatel, de Ude et de Soyer.

Les deux jeunes Indiens se mirent alors à dépouiller les ours : ils s'acquittèrent de cette tâche avec beaucoup de dextérité, causant entre eux, et me regardant de temps en temps, puis se livrant à des accès de rire fou. Je m'imaginai qu'ils s'amusaient de la peur que les deux ours avaient dû me faire.

Quand ils eurent fini, ils pendirent les deux peaux le long du mur et invitèrent le vieillard à les admirer. Il leva la tête et grogna quelques mots d'approbation, puis ils s'assirent tous les trois en rond autour du feu, d'où ils retirèrent une patte; après s'être assurés qu'elle était cuite, ils se mirent en mesure de souper.

Ils avaient chacun un couteau, qu'ils tirèrent de quelque poche secrète qui se trouvait dans les fourrures dont ils étaient couverts; la lame avait environ six pouces de long; elle était pointue et en forme de poignard. J'ai souvent vu depuis de ces sortes de couteaux dans les Etats-Unis : on les trouve en effet dans toute l'Amérique du Nord.

Un des jeunes gens offrit d'abord une patte au vieillard, qui me semblait être le père des deux autres, car je croyais leur trouver à tous un certain air de famille. Autant que je pus comprendre l'expression de leurs regards et de leurs gestes, le vieillard leur reprocha d'oublier les lois de l'hospitalité, et me présenta la patte de l'ours en prononçant très-sérieusement quelques graves paroles auxquelles je ne compris rien, mais auxquelles je répondis avec un sérieux imperturbable.

Je me trouvai quelque peu embarrassé : la grosse patte noire que j'avais entre les mains n'avait rien de bien appétissant, et malgré la recommandation de l'hôte des *Trois joyeux musiciens*, je ne pouvais me résoudre à y mordre, car ma faim n'était pas encore armée d'assez de hardiesse gastronomique pour que j'osasse m'aventurer à porter la dent sur une patte d'ours. Cependant je vis que les Indiens attendaient que je commençasse; c'était encore une des lois de leur hospitalité de ne pas manger avant que leur hôte leur eût donné l'exemple.

Je ne sais combien cela aurait pu durer de temps, car il me semblait impossible de surmonter ma répugnance; mais le plus jeune des trois Indiens, qui dévorait déjà des yeux sa portion en montrant quelque impatience, mit tout à coup la pointe de son couteau dans le gras de la patte qu'il tenait, et coupant un petit morceau de la viande, il l'approcha de mes lèvres.

Il n'y avait pas moyen de refuser; je me trouvais obligé de répondre à cette politesse en goûtant le morceau qui m'était offert. Mais, ô Jupiter, comme mes yeux s'ouvrirent alors à la lumière! Jamais je n'avais rien goûté d'aussi délicieux! Je n'eus pas besoin de nouvelles invitations; je pris immédiatement mon couteau, et l'enfonçant dans toutes les cavités du morceau succulent, je montrai bientôt à mes nouveaux amis que je n'étais pas plus indifférent qu'eux au plaisir que donne un mets exquis.

L'ardeur que je montrai amusa beaucoup les Indiens, qui me demandèrent par signes si je n'avais jamais goûté de pattes d'ours auparavant. J'essayai de leur faire comprendre que j'en mangeais pour la première fois, et que le dégoût que j'avais montré provenait de l'apparence carbonifiée de cette grosse patte au sortir du feu. Cependant ce morceau ne parut pas les rassasier complétement : les deux jeunes gens ouvrirent leurs sacs, et en sortirent des tranches de chevreuil qu'ils étendirent sur les charbons brûlants. Un d'eux prit ensuite une bouteille de terre qui pouvait contenir à peu près un gallon, et sembla demander au vieillard s'il serait convenable d'en ajouter le contenu aux splendeurs du festin.

Le vieillard fit un signe de tête négatif, puis voyant que j'avais aperçu la bouteille, et craignant sans doute de manquer aux devoirs de l'hospitalité en la faisant rentrer intacte dans le sac, il revint sur la réponse qu'il avait donnée, et la bouteille fut placée devant nous. Le jeune Indien la coiffa d'une petite tasse de fer-blanc, qui devait nous servir de coupe à boire. Nous attaquâmes bientôt les tranches de chevreuil : on me présenta le premier morceau, que je trouvai excellent, quoiqu'il fût loin de valoir les pattes d'ours, qui, dans mon humble opinion, sont le *nec plus ultra* de tous les mets.

Je fus étonné de la quantité de viandes que les Indiens peuvent absorber. Peut-être furent-ils tout aussi étonnés de ma réserve sur ce point. Ils cessèrent enfin, par la seule raison qu'ils ne pouvaient manger davantage, et il y eut comme un intermède.

Bientôt le vieillard dit quelques mots au jeune homme, qui se leva, et ouvrant de nouveau son sac, en retira une pipe dont le bassin était d'argile rouge et le tuyau de bois, couvert de petits rubans de toutes couleurs : c'était, sans aucun doute, le calumet de cérémonie.

Le vieil Indien l'emplit lentement de tabac, et l'allumant avec un charbon qu'il retira du feu, il fuma deux ou trois bouffées et la passa à celui de ses fils qui était à sa droite, qui, après avoir aussi fumé deux ou trois fois, la donna à son frère, et elle m'arriva enfin après que la série des préliminaires fut achevée. Je la mis à mes lèvres, et je fumai gravement sans dire un seul mot.

La glace était brisée : chacun des Indiens tira de dessous ses vêtements une petite pipe qui fut bientôt remplie de tabac, et se mit à fumer joyeusement : le calumet d'honneur me resta. On n'avait encore rien bu, et vraiment je n'avais pas autant de soif que je l'avais craint tout d'abord; mais il paraît que le moment de fouiller aux flancs de la bouteille de terre était arrivé. C'était du wiskey qu'ils avaient obtenu à l'un des comptoirs en échange de leurs fourrures. Ce fut cette fois le vieillard qui se chargea de distribuer à chacun sa part. On me fit encore l'honneur de m'offrir la première tasse; j'y goûtai légèrement : la liqueur était très-forte, et j'en laissai la moitié.

Le jeune Indien auquel je passai la tasse de fer-blanc regarda dedans, et, voyant que je n'avais pas tout bu, il témoigna la plus grande surprise : il me montra du bout du doigt, en souriant d'étonnement, qu'il en restait encore, et que par un oubli des plus inconcevables, je lui avais passé la tasse avant de la vider. Je pensai que j'avais peut-être commis une infraction aux lois de la politesse, et je me hâtai de réparer mon erreur en buvant le reste sans reprendre haleine.

Les deux jeunes Indiens se mirent à rire, et échangèrent quelques paroles que je ne pus comprendre, mais leurs yeux et le mouvement de leurs lèvres me firent supposer qu'ils se disaient qu'après tout je n'étais pas aussi simple que j'en avais l'air. Car c'était pour eux le comble de l'imbécillité que de laisser au fond du verre une goutte de l'eau de feu.

Ni le vieillard ni ses fils ne se montrèrent aussi modérés que moi à l'endroit du wiskey : la tasse n'était pas plutôt à proximité de leurs lèvres, que le dessous devenait le dessus, et le contenu disparaissait en un clin d'œil. D'abord les rasades se suivirent lentement et se succédèrent en silence : je refusai au second tour, sans que cela semblât les offenser aucunement. Bientôt la tasse circula plus rapidement; les deux jeunes gens commencèrent à parler vite et haut.

Je devins inquiet de ce changement dans les habitudes des Indiens, qui d'ordinaire fument en silence : c'était l'effet du wiskey, et je pensai que les Peaux-Rouges, qui sont bons et honnêtes quand ils sont sobres, deviennent querelleurs et sauvages quand ils ont trop bu.

La circulation de plus en plus rapide de la tasse me fit craindre d'être bientôt témoin d'une transformation du caractère indien, et malheureusement mes prévisions se vérifièrent.

Le démon de la discorde, dont les blancs ont fait présent aux Indiens sous forme d'alcool, était déchaîné; les deux frères avaient commencé une discussion, qui, devenant bientôt une querelle, surexcita leur fureur mutuelle. Je ne pouvais dire quelle était la cause de leur dispute, mais à la manière dont ils montraient l'un et l'autre du doigt les deux peaux d'ours, je jugeai qu'ils s'attribuaient tous les deux l'honneur de les avoir abattus.

Le plus jeune des deux frères, qui était auprès de moi, tira son long couteau, et fit la pantomime d'un homme qui se bat avec un ours ou un autre animal. Dans le but de représenter de la manière la plus exacte toutes les péripéties du combat, il eut l'idée de me prendre pour son ours et de me menacer çà et là de la pointe de son couteau. J'avoue que je ne me sentais pas tranquille. Le vieillard, auquel les deux jeunes gens en appelèrent, sembla donner gain de cause à celui qui s'escrimait sur ma personne.

Pendant tout ce temps, la tasse de fer-blanc continuait sa course effrénée ; elle semblait n'avoir d'autre effet sur le vieillard que de l'alourdir et de l'endormir, mais elle faisait élever la voix des deux jeunes gens, elle mettait du feu dans leurs gestes et des rayons de colère dans leurs yeux. Le plus jeune des deux Indiens fit tournoyer son couteau au-dessus de sa tête, comme s'il eût chanté victoire, et, les traits pleins d'ironie, il sembla accuser son frère de manque de courage. Celui-ci tira aussi son couteau et le fit tournoyer de la même manière. Puis en proie tous deux à la fureur la plus passionnée, ils se levèrent ensemble, proférèrent une sorte de chant de défi, dansant d'un pied mal assuré, et semblèrent se provoquer l'un l'autre.

Ce n'étaient plus des frères, c'étaient des démons : avant d'avoir bu, ils se seraient sacrifiés l'un pour l'autre, et maintenant ils se menaçaient de la pointe de leur couteau. Ils étaient redevenus sauvages, mais plus sauvages que l'enfant de la nature : c'était le sauvage artificiel, celui que les blancs ont créé en lui donnant de l'alcool pour rendre sa férocité plus féroce, sa brutalité plus brutale, sa cruauté plus sanguinaire.

Ce fut en vain que je tâchai de les apaiser. Le vieillard lui-même essaya de son autorité pour les calmer, mais il était aussi sous la morbide influence de l'alcool, et il se laissa choir d'impuissance auprès du foyer. Un moment après la lutte fratricide était close, l'aîné des deux Indiens avait frappé le plus jeune au cœur, et le malheureux était tombé sans jeter un cri.

Cette terrible catastrophe rappela les deux autres à la raison. Le frère s'agenouilla auprès du cadavre de son frère, il le souleva en tremblant et l'examina à la lueur des flammes : les yeux étaient fixes et ternes, les signes de la mort étaient trop visibles : frappé de remords, le meurtrier, comme un autre Caïn, ouvrit violemment la porte et s'enfuit dans la forêt.

Mais qui pourrait raconter la douleur du vieillard ? Il prit dans ses bras le cadavre de son fils, il regarda la plaie béante, et poussa un cri de deuil, dont je ressentis toute l'amertume. Alors, reposant doucement le corps de son fils sur le sol, il s'assit à côté, et, couvrant son visage de ses deux mains, il pleura en silence.

Puis tout à coup il se leva en fureur, et saisissant le vase qui contenait le wi-key, il le brisa en le jetant violemment à terre, et l'esprit se répandant jusqu'au foyer, des flammes bleuâtres s'élevèrent en holocauste. La vue de ce poison brûlant sembla donner un nouveau cours aux pensées du vieillard, il me regarda d'un air de courroux et commença une harangue passionnée, qu'il ne me fut pas difficile de comprendre. Il accusait les hommes blancs d'avoir donné à sa race cette cause maudite de discorde, et il me regardait comme le représentant de la coupable convoitise qui les avait amenés dans son pays.

Il saisit sa carabine et sembla me dire qu'il allait me tuer en expiation de la mort de son fils bien-aimé. Mais toute l'horreur que j'avais ressentie à la vue du drame terrible qui venait de se passer ne m'avait pas fait perdre toute présence d'esprit, et je résolus de ne pas me laisser sacrifier sans combat. Je me jetai sur le vieux sauvage, je saisis la carabine pour en diriger le canon d'un autre côté : dans les efforts que nous fîmes, lui pour en retenir la possession, moi pour le désarmer, le coup partit. L'Indien tira alors son fatal couteau, résolu de finir le combat en m'égorgeant. Je lui saisis le poignet d'une main dont le désespoir décuplait la force, et je réussis à éloigner de ma poitrine la pointe acérée. Mais malgré toute mon énergie, je n'étais pas de force à lutter contre l'Indien. Trapu, nerveux, agile, il glissa entre mes mains avec la flexibilité d'un serpent, et avant que j'aie pu le saisir de nouveau, il m'avait enfoncé son couteau dans le côté. La blessure n'était pas mortelle, cependant, sans lui laisser le temps de recommencer, je m'élançai dans la forêt. Il s'arrêta un instant sur le seuil, ne sachant s'il devait me suivre ou rester auprès du corps de son fils, ce moment d'arrêt me sauva.

On entendait un grand bruit sous les arbres, des hommes criaient, des chiens aboyaient, et bientôt je vis la lueur de branches de pin enflammées que l'on portait en guise de torches. J'appelai aussi de toutes mes forces, mais je n'avais presque plus de voix, je perdais beaucoup de sang. Je pus cependant me traîner vers ceux qui s'approchaient, et je leur expliquai en quelques mots ce qui venait de se passer, puis, épuisé de douleur et de fatigue, je tombai évanoui sur le sol.

CHAPITRE XIV.

Quand je revins à moi, j'eus quelque difficulté à comprendre ce qui m'était arrivé, et ce que l'on voulait faire de moi. J'avais une idée confuse d'Indiens, de carnage et d'ours féroces. Puis je commençai à sentir une grande douleur au côté; peu à peu le souvenir de ce qui s'était passé se réveilla dans mon esprit, et je me rappelai la scène terrible dont j'avais été témoin.

On m'avait couché sur un brancard fait à la hâte avec des branches d'arbre, et l'on avait lavé et bandé ma blessure. En portant la main à l'endroit où je souffrais, je trouvai une épaisse compresse toute saturée de sang.

Le léger mouvement que je fis attira l'attention de quelqu'un qui marchait à côté de moi.

— Ah ! il remue ! Comment vous trouvez-vous, mon ami ? Par saint Patrice ! je craignais que vous ne fussiez tout à fait trépassé! Allons, ne vous découvrez pas. Dites un mot seulement, êtes-vous mort ou vivant ?

— Vivant ! répondis-je d'une voix très-faible.

— Bien !... c'est assez. Nous n'avons pas loin à aller, nous serons tout à l'heure à la maison.

Je me trouvais évidemment avec des amis, je gardai le silence. Je n'avais aucun désir de parler, je cherchais seulement à presser les linges qui couvraient ma blessure, car il me semblait que le seul mot que j'avais prononcé et le mouvement que j'avais fait avaient rouvert ma plaie, d'où le sang sortait avec abondance. Ceux qui me portaient marchaient lentement, et prenaient soin de m'éviter toute secousse. Nous arrivâmes bientôt à une maison, où l'on déposa le brancard sur le plancher. On enleva les couvertures dont j'étais enveloppé, et je vis que nous étions entrés dans une vaste salle où flambait un grand feu de bois. J'étais transi de froid en arrivant, mais la chaleur de l'appartement eut bientôt rappelé la circulation dans mes membres engourdis.

Voyant que j'avais les yeux ouverts et que je regardais autour de moi, la même voix qui m'avait déjà parlé me dit :

— Eh bien, mon ami, vous voilà enfin arrivé, mais pas tout à fait comme nous l'aurions désiré.

— Où suis-je ? demandai-je.

— Chez moi, sous le toit de M. Forrester pour lequel vous aviez une lettre d'introduction que vous a donnée mon cousin de Londres.

— Mais je ne vous ai pas donné de lettre, lui dis-je.

— Non, mais votre cheval l'a apportée pour vous, vous pouvez lui rendre grâces de ce service. Nous avons supposé que vous l'aviez perdu dans la forêt, et que tout naturellement il était venu ici, où il a été élevé.

M. Forrester m'expliqua que ses domestiques avaient vu le cheval entrer tout sellé et bridé dans la cour de la ferme. Ils ouvrirent la valise, et en sa qualité de magistrat le cousin de mon ami procéda à l'inventaire des papiers pour savoir à qui ils appartenaient. La première chose qui le frappa fut la lettre qui lui était adressée pour lui recommander M. Mayford.

— C'est-à-dire si vous êtes M. Mayford, ajouta-t-il, car vous êtes peut-être une autre personne?

Je lui affirmai que Mayford était bien mon nom, et il continua :

— L'arrivée du cheval sans son cavalier et la lettre d'introduction lui apprirent que le propriétaire de la bête était étranger au pays; il avait craint que je ne me fusse égaré dans les bois. Son premier soin avait été d'envoyer à la découverte de tous côtés, mais on était revenu sans avoir trouvé aucune trace du cavalier. Alors une de ses filles avait pensé à envoyer un Indien qui était à son service sur le chemin que le cheval avait suivi en venant, dans l'espoir qu'il retrouverait l'empreinte de ses pas jusqu'à l'endroit où nous nous étions séparés ma monture et moi. Cette idée avait été mise à exécution, et il n'avait plus, me dit-il, qu'à me féliciter d'avoir échappé aux dangers auxquels je venais d'être exposé, ajoutant qu'il espérait que ma blessure n'aurait pas la gravité qu'il avait redoutée d'abord.

Pendant qu'il m'expliquait ainsi ma venue dans sa maison, j'avais eu le temps de l'examiner des pieds jusqu'à la tête. C'était un très-bel homme, bâti comme un Hercule; ses longs cheveux noirs commençaient à grisonner, et sa figure pleine de vigueur et de santé semblait mettre au défi la sévérité d'un demi-siècle d'hivers à venir. Ses manières franches et polies contrastaient assez étrangement avec la rude simplicité de son costume, qui se composait principalement d'une immense veste de velours dans laquelle s'ouvrait un nombre infini de poches. Je demeurai convaincu, en le voyant, que j'avais devant moi un de ces hommes qui ont assez d'énergie pour triompher de toutes les difficultés inhérentes à la vie de colon, et arracher à la forêt des terres arables et des prairies.

— Oh ! il en réchappera, dit-il à une dame qui entra sur la pointe des pieds; il a perdu un peu de sang, mais voilà tout. Un jeune homme qui vient chercher fortune au fond des forêts d'Amérique ne fait pas attention à une égratignure de ce genre.

La dame, qui était grande et d'un aspect agréable, sembla traiter la chose plus gravement que son mari. Elle s'avança vers moi, et me demanda d'une voix douce et compatissante comment je me trouvais et si je souffrais beaucoup. Avais-je perdu beaucoup de sang? Puis elle m'assura qu'elle prendrait aussi grand soin de moi que si j'étais un de ses enfants.

— J'ai dit à Otty de venir le voir, ajouta-t-elle; ces Indiens prétendent être très-adroits à guérir ces sortes de plaies, et elle m'assure qu'elle peut arrêter le sang immédiatement. Peut-être M. Mayford consentira-t-il à la voir en attendant que le médecin soit ici. Kate a eu le bon esprit de l'envoyer chercher aussitôt qu'elle a appris l'accident, et nous l'attendons à chaque minute.

En attendant le médecin, Otty s'approcha de mon brancard de feuillages, et se mettant à genoux auprès de moi, elle étudia attentivement ma plaie. L'aspect de la vieille Indienne n'avait rien de bien engageant; son visage portait de nombreuses cicatrices, et sa peau ressemblait au cuir desséché d'un buffalo dont on aurait enlevé le poil. Quand elle me prit la main ses phalanges osseuses me firent songer involontairement aux pattes de l'ours qui m'avait poursuivi.

Elle commença par me tâter par tout le corps pour voir dans quelle partie je souffrais ; mais quand j'assurai mes amis que ma seule blessure était celle que m'avait faite le couteau de l'Indien, elle se borna à l'examiner. La plaie était toujours saignante, et je devenais de plus en plus faible : elle s'en aperçut bientôt et courut me chercher une certaine liqueur qu'elle m'invita à boire.

Je jetai un regard du côté de mon hôtesse, elle y répondit en m'assurant que je pouvais prendre sans danger tout ce qu'elle m'offrirait : j'eus assez de confiance pour obéir, et l'empressement que je mis à boire donna à la vieille Indienne une haute opinion de mon courage; elle m'honora d'un sourire d'approbation, et prit aussitôt ses mesures pour arrêter le sang.

— Vous pouvez avoir toute confiance, me dit mon hôte, Otty est très-adroite à guérir toutes sortes de maux. Dans les premiers temps que nous étions ici, c'était notre unique médecin : il n'y eut que le pauvre Rory Monaghan, un de mes compatriotes, qu'elle ne put guérir ; il s'était coupé la tête d'un coup de faux. Elle peut tout faire : laissez-la s'arranger comme elle l'entend. Otty a un certain orgueil, car dans sa tribu elle jouissait d'une haute considération.

— Ottawa, dit l'Indienne, est mère d'un grand chef !

— Sans doute, reprit mon hôte. Vous voyez, ajouta-t-il, Ottawa est son vrai nom indien.

— Ottawa Carrawallynagara, dit la vieille.

— C'est cela. Mais comme l'énonciation continuelle de cette respectable appellation patronymique prendrait une portion considé-rable du temps dont un homme peut disposer, nous avons adopté l'abréviation d'Otty.

— Je m'appelle encore Lysabeth, dit madame Ottawa Carrawallynagara.

— Quand le prêtre l'a admise dans la communion chrétienne, reprit mon hôte, elle voulut qu'on lui donnât le nom d'un grand chef anglais ; nous l'appelâmes Élisabeth, puisque les Anglais ont l'idée que cette femme, qu'ils appellent la bonne reine Bess, et qui fit couper la tête de la reine d'Ecosse, est ce qu'ils ont eu de meilleur et de plus grand.

— Chef anglais, Lysabeth, grand chef ! dit Otty, qui prenait cet acte de cruauté pour une preuve irréfutable de puissance royale.

— Nous avons pourtant eu assez de mal tout d'abord avec notre bonne Otty, dit la femme de mon hôte : il fallait à toute force qu'elle tatouât les enfants à mesure qu'ils venaient au monde. Car je dois vous dire, monsieur Mayford, que voilà plus de vingt-cinq ans que notre bonne nourrice demeure avec nous, et qu'elle s'est toujours montrée aussi fidèle qu'affectionnée. Vous pouvez être tranquille, monsieur, d'ailleurs elle ne laissera personne vous approcher : elle regarde cela comme son privilège, et elle en est très-jalouse.

Cependant Otty avait soigneusement retiré l'appareil qui couvrait ma blessure, elle la lava avec un liquide qu'elle avait préparé à l'avance, puis la couvrant d'un onguent de sa composition, elle rapprocha les chairs avec du taffetas gommé, et admira pendant un instant l'adresse dont elle venait de faire preuve.

— Vous, rester tranquille, bien tranquille; vous, pas remuer, et vous voir !

La liqueur que l'Indienne m'avait donnée à boire commençait à faire son effet, je me sentais plus fort et plus calme. Ma figure exprima sans doute le mieux que j'éprouvais, car mon hôte s'écria bientôt :

— Vous avez mille fois meilleure mine, mon cher ami, que quand vous êtes arrivé.

— Médecine d'Ottawa faire cela, dit l'Indienne toute fière de son succès, et puis, ajouta-t-elle en découvrant ma plaie, vous voir ! plus de sang là ! c'est le secret d'Ottawa.

— Comment avez-vous fait pour obtenir ce secret de l'esclave, Otty ? lui demanda mon hôte ; je vous l'ai déjà demandé souvent et vous ne me l'avez jamais dit.

— Ottawa pas pouvoir dire : grand secret cela. Grand Esprit dire à bien vieux chef, vieux chef dire à autre vieux chef, bien, bien longtemps ; vieux chef dire encore à vieux chef, et vieux chef à moi, mais moi pas dire à blanc.

— Mais, voyons, Otty, vous parlez du Grand Esprit, vous oubliez que vous êtes chrétienne maintenant.

— Ottawa chrétienne comme blanc, mais Ottawa prier toujours Grand Esprit comme Indien.

— Ah! je crois bien, Otty, que vous êtes aussi bonne chrétienne que qui que ce soit, et le Grand Esprit que vous priez est le même partout. Autant que je peux en juger, l'important c'est d'être sincère. Mais voyez donc comme les couleurs reviennent aux joues de notre jeune ami ! Tout ce qu'il lui faudrait maintenant, ce serait un morceau du pâté de chevreuil que nous avions à dîner.

— Qui parle de pâté de chevreuil ? demanda un gros homme à face joyeuse qui entrait au même instant. Qui donc ose parler de pâtés, de ceci ou de cela sans la permission du docteur ? Ah ! c'est là le jeune homme ? Qu'est-ce qui lui est arrivé ? Otty, Otty, ajouta-t-il en montrant le doigt à la vieille Indienne, si vous m'avez volé cette cure-là, je vous enverrai une provision de rhumatismes.

— Ottawa a pas peur du docteur; Indien bon docteur, blanc pas bon : blanc rien savoir, blanc pas pouvoir arrêter sang; Ottawa arrêter tout de suite.

Je fus visité une seconde fois, mais ce fut bientôt fait. Le médecin ne voulut pas lever l'appareil, il avait toute confiance dans le savoir-faire d'Otty. Il ordonna que l'on me mît immédiatement au lit et que je fusse laissé tranquille, il recommanda à Ottawa de ne pas me laisser parler et de ne pas souffrir qu'on me parlât, et promit de venir voir de nouveau le lendemain matin.

Je fus porté avec beaucoup de précaution sur un lit disposé dans une chambre où flambait un bon feu : l'Indienne se coucha sur le plancher auprès de mon lit, et commença à chanter à demi-voix une romance canadienne : le bruit de sa voix monotone me fit bientôt dormir.

CHAPITRE XV.

Environ un mois après les événements que je viens de raconter, j'étais un soir assis avec toute la famille de mon hôte autour d'un bon feu qui brûlait dans l'âtre de la grande salle de la ferme. Le docteur Mac Phleme passait la soirée avec nous, et jouait aux échecs avec le fils aîné de M. Forrester. Ma blessure, grâce aux bons soins de l'excellent docteur, était complètement cicatrisée, et je n'éprouvais d'autre inconvénient que de ne pouvoir partager les plaisirs de la chasse dans les bois, et prendre ma part des joies de toutes sortes qu'amène toujours la saison d'hiver au Canada.

L'hiver est beaucoup moins sévère dans le haut que dans le bas Canada : il est rare de le voir commencer avant la fin de novembre et durer plus longtemps que le commencement d'avril. Il est vrai que c'est déjà passablement long; mais le froid, quoique intense, n'est pas aussi rude à supporter qu'en Europe à cause de l'extrême séche-resse de l'atmosphère. Cette sécheresse se fait remarquer jusque dans les provinces françaises, et c'est là sans doute la raison qui rend le climat aussi sain.

Mon hôte avait à la maison quatre fils et quatre filles : les garçons étaient de hardis forestiers, les filles étaient jolies et gracieuses; leurs manières étaient aimables, et leurs formes avaient toute l'élégance particulière à la race irlandaise. Leurs occupations journalières et le grand air leur avaient donné à toutes une excellente santé. Deux filles plus âgées étaient mariées depuis plusieurs années, et leurs ma-ris occupaient des fermes sur les bords du lac Huron; j'appris bientôt que parmi celles qui étaient encore à la maison il y en avait une de dix-huit ans et une autre de dix-neuf ans, et qu'elles devaient

Puis se redressant sur ses pattes de derriere, il essaya de me saisir avec ses griffes.

toutes les deux se marier très-prochainement. Les deux dernières, qui n'avaient que huit et douze ans, étaient encore trop jeunes pour que l'on songeât à leur établissement.

L'avenir ne causait que peu d'anxiété à leurs parents : le système social et les mœurs des colons encouragent le mariage dès la pre-mière jeunesse; il est si facile de s'occuper avantageusement à la culture des terres, que l'établissement des enfants est la chose du monde la plus simple.

Mon hôte se trouvait dans la situation d'un homme dont les entre-prises ont merveilleusement prospéré. Il possédait, disait-il, quatre mille acres de terres, dont quatre cents étaient en plein rapport; il avait un nombre considérable de bœufs, de beaux troupeaux de mou-tons, avec des chevaux de selle et de trait. Sa ferme semblait le sé-jour de l'abondance et de la tranquillité; il y avait de quoi faire cesser toutes les irrésolutions de ceux qui, comme moi, cherchaient un endroit pour planter leur tente.

La sévérité du climat et la longue durée de l'hiver m'avaient dans le principe fait rejeter toute idée d'établissement dans un pays où j'avais déjà éprouvé tant d'aventures. Mais, à mesure que je recouvrais mes forces, le froid et la gelée me semblaient plus supportables, et je trou-vais un plaisir singulier au contraste de l'extrême froidure de l'atmo-sphère extérieure avec la douce chaleur des appartements d'une bonne maison de colon.

On trouvait dans la maison de mon ami plusieurs choses qui rap-pelaient l'élégance et la civilisation européennes. Les jeunes filles avaient des harpes et des pianos, et, ainsi que leurs frères, parais-saient beaucoup plus instruites que l'on n'eût pu le supposer en les

voyant séparés de la capitale par une étendue aussi considérable de forêts.

L'exemple du succès qui avait couronné les efforts de M. Forrester, la vue du bonheur dont il jouissait au milieu de sa famille firent une grande impression sur moi, et je me mis de nouveau à rêver du bon-heur domestique qui avait toujours été mon désir et mon but.

L'idée qui m'avait si fortement saisi de vouer ma vie à la recherche de mes parents s'affaiblit et s'effaça par degrés; je commençai à croire que ce serait commettre un acte de folie que de courir après l'ombre d'un avantage problématique au lieu de jouir immédiatement du bonheur véritable qui m'attendait dans un établissement comme ce-lui de mon hôte. La douce image de Lucie, de la jeune compagne de mes premiers jeux, venait en même temps se mêler à tous ces rê-ves de félicité future !

J'avais écrit plusieurs lettres à madame Delancey, et je lui avais raconté les diverses aventures qui m'étaient arrivées. J'avais tou-jours soin d'écrire aussi à sa fille, que je traitais avec la même fami-liarité affectueuse qu'aux jours où nous nous étions accoutumés à nous regarder comme frère et sœur. Depuis quelques semaines ce-pendant j'introduisais involontairement dans mes lettres des expres-sions plus tendres et plus aimantes; et, maintenant que les circon-stances m'engageaient à étudier sous toutes leurs faces les sentiments que j'éprouvais pour elle, je découvrais, non sans alarmes, que je lui étais attaché par un autre lien que l'amour fraternel; cette révéla-tion subite me remplit le cœur de doutes et de craintes.

Entraîné par une impulsion que je ne peux définir, je me mis immédiatement à écrire à madame Delancey et à Lucie pour leur annoncer mon retour très-prochain en Angleterre. Je disais à Lucie que cette résolution m'était venue à la suite de quelques doutes que j'avais éprouvés sur la nature de mes sentiments pour elle, et, sans lui faire une déclaration en forme, je lui donnais à entendre que mon bonheur à venir dépendait entièrement de la résolution qu'elle prendrait.

Mes traits exprimaient sans doute toute l'intensité des sentiments qui m'agitaient; car l'un des enfants, me voyant plus sérieux qu'à l'ordinaire, s'écria tout à coup :

— Comme M. Mayford est sérieux ce soir ! Il pense probablement à son tête-à-tête avec l'ours au haut de l'arbre. J'aurais bien voulu vous voir, vous, à l'extrémité de la branche, et l'ours au gros bout! Comment vous trouviez-vous de ce voisinage?... Pas trop à votre aise?...

— M. Mayford aura une bien mauvaise opinion de notre colonie si vous lui parlez toujours de son aventure avec l'ours, dit M. For-rester; c'était un accident, voilà tout.

— Un accident qui aurait eu les conséquences les plus funestes pour moi, répondis-je, si au lieu de manger ses pattes j'eusse servi de sou-per à votre compatriote.

— Oh ! il ne faut pas penser à ces choses-là dans ce pays-ci. Je vous assure, reprit le colon, que c'était un simple accident, car ces sortes d'ours sont très-rares dans notre voisinage. Les ours que nous avons ici sont très-petits et la plupart herbivores.

— Celui dont j'ai fait la connaissance était bien certainement car-nivore.

— Oui, les deux que les Indiens ont tués étaient des exceptions; je n'ai jamais vu plus belle fourrure; une des peaux vous fera un excellent manteau.

— Voyez-vous souvent les Peaux-Rouges, demandai-je, et se montrent-ils aussi dangereux que ceux que j'ai rencontrés ?

— Oh ! nous les voyons souvent; mais nous les trouvons toujours très-tranquilles. Ce sont les êtres les plus inoffensifs du monde.

— Excepté quand ils enlèvent la chevelure des blancs, papa !

— Ah ! il faut que les blancs ne les tourmentent pas; qu'ils les laissent tranquilles ! Nous ne devrions jamais oublier que nous leur avons pris leur pays, que nous les avons privés des terres sur lesquelles ils chassaient et où ils trouvaient leur nourriture.

— Y en a-t-il encore beaucoup ?

— Non, ils sont très-peu nombreux, du moins dans notre voisi-nage; la petite vérole les a emportés par milliers, et l'eau de feu, comme ils appellent notre whiskey, fait disparaître ceux que la petite vérole a épargnés.

— Ils n'ont pas grande raison alors de bénir le jour qui leur a amené les blancs, lui dis-je.

— Ah ! c'est là une question un peu difficile à traiter.

— Il y a quelque chose de triste, dit madame Forrester, à voir toute une nation disparaître parce qu'elle a été mise en contact avec les Européens; car ils ont formé une grande nation dans leur temps.

— Mais non, ma chère, c'étaient des sauvages, ni plus ni moins. Aimeriez-vous mieux voir des sauvages que des chrétiens dans un pays aussi beau ?

— Je crois, repartit la femme en secouant la tête, je crois que ceux qui sont si fiers de leur christianisme ne se sont pas conduits à leur égard d'une manière bien chrétienne. Ils leur ont donné des maladies qui leur étaient inconnues, ils leur ont appris à boire nos liqueurs fortes et à accroître ainsi ce que nous appelons leur barbarie... je ne vois pas trop ce qu'ils leur ont donné outre cela.

— Par saint Patrice, ma chère, je vais commencer à croire que tu n'es pas une vraie Irlandaise, si tu dis encore un mot à l'encontre du wiskey ! Mais en parlant de wiskey, si on nous apportait la bouteille ? Puisque notre jeune ami est un peu mélancolique ce soir, cela le consolera ; ce n'est pas l'abus, c'est l'usage, si je me trompe, ce n'est pas cela. Ah ! n'importe ! ce que je veux dire, c'est qu'une tranche de citron, avec un ou deux morceaux de sucre dans un verre de vieux wiskey... deux verres même, si l'on veut, sont un remède excellent pour toutes sortes de maladies. Vous n'avez jamais été en Irlande, monsieur Mayford ?

Je lui exprimai mon regret de n'avoir jamais mis le pied sur la verte Erin.

— Ah ! c'est un beau pays, cette île d'émeraudes ! Si ce n'était que les habitants y sont continuellement occupés à s'entre-assommer ou à se révolter, et que... et que quand la pomme de terre ne donne pas, il y a une famine, il n'y aurait pas de pays au monde qui valût celui-là.

Je réussis à éloigner de ma poitrine la pointe acérée.

— Et cependant vous avez préféré le Canada ?

— Ah ! cela, c'est la faute de madame Forrester.

— Ma faute, mon ami ; et comment cela donc ?

— Comment cela ! Mais, voyons : est-ce que tu ne te mourais pas d'amour pour moi ?

— Non, papa, ce n'est pas cela ; c'est vous qui mouriez d'amour pour maman.

— Allons, tais-toi, toi, Kathleen ! Et quand nous vînmes à compter ce que nous avions, pour voir s'il y avait de quoi bercer un enfant, est-ce que ce n'est pas toi qui me dis que si la terre était chère en Irlande, on l'avait à bon marché aux colonies ? Est-ce que tu ne m'as pas ensorcelé avec toutes tes caresses ? Voyons, est-ce vrai ? Tu me fis vendre la vache, et puis le cochon, tout enfin, excepté la patte de homard que tu voulus garder pour donner au petit quand il ferait ses dents, et nous vînmes à ce Canada où la terre est pour rien, et où les arbres poussent si dru qu'une vache irlandaise y laisserait ses cornes !

— Bien, mon ami, je ne veux pas te contredire ; mais si je t'ai ensorcelé pour émigrer, comme tu le dis, je crois que nous n'avons pas trop mal réussi.

Et elle jeta un coup d'œil d'orgueilleuse satisfaction sur sa nombreuse famille et sa maison.

— C'est bien vrai, ma chère amie. Mais comment aurais-je pu ne pas réussir avec une femme aussi bonne, aussi dévouée ?

— Kathleen, mon enfant, fais un autre verre de punch pour ton père ; une petite tranche de citron et pas trop de sucre.

— J'espère, monsieur Mayford, reprit le colon en portant son verre à ses lèvres, j'espère que vous aurez le courage et le bon esprit de suivre mon exemple. Il faut que nous vous trouvions une femme. Voyons donc ! Mes filles sont toutes Irlandaises, vous le savez.

— Non, papa, nous ne sommes pas Irlandaises, nous sommes Canadiennes.

— Canadiennes, vraiment ! Et si vous étiez nées dans une écurie, est-ce que vous seriez pour cela de la race chevaline ? Tout le monde sait que vous êtes Irlandaises, rien qu'à vous voir. Quant à ces deux-là, elles se valent l'une et l'autre ; mais il n'y a plus à en parler, elles ont trouvé des amateurs, auxquels je désire plus de bonheur que par le passé.

— Papa ! papa ! Kate aura fait votre punch trop fort !

— Mais voici là ma jolie petite Marie, reprit le colon en dirigeant sa cuiller vers son enfant favorite.

Marie, qui était une jolie enfant de huit ans, aux yeux bleus et aux cheveux blonds, se cacha derrière sa maman.

— Et puis Kate, qui se croit une femme ; Kate... la plus sage de toute la famille...

— Ce fut Kate, ajouta la mère en souriant, qui eut l'idée d'envoyer chercher M. Mac Phleme quand on apporta M. Mayford sur un brancard.

Mademoiselle Kate, qui avait presque douze ans, des cheveux noirs et une tête de madone pensive, prit un petit air boudeur quand son père parla d'elle, comme si elle eût été encore une enfant. Elle quitta la chaise qu'elle occupait auprès de moi, et alla à l'autre bout de l'appartement, où elle prit un livre qu'elle lut avec beaucoup d'attention pendant quelques minutes, sans s'apercevoir qu'elle le tenait à rebours.

— Comme je vous le disais donc, mon jeune ami, quand nous vîmes que nous n'étions pas assez riches pour vivre dans le vieux pays, qu'est-ce que nous fîmes ? Est-ce que vous supposez que nous restâmes là à nous attrister et à nous ruiner en essayant de mener le même train de maison que nos riches connaissances ? Non pas, voyez-vous.

Otty.

— Ce fut l'espoir d'établir nos enfants d'une manière confortable, dit la mère, dont les yeux étaient gonflés de pleurs, qui nous décida à quitter notre patrie, notre maison, nos amis, nos parents ; mais, en vérité, nous avons trouvé notre récompense.

Tous ses enfants, les fils comme les filles, les grands comme les petits, s'approchèrent ensemble et l'embrassèrent avec amour. J'avais sous les yeux un tableau vivant du bonheur domestique. Je pensai de nouveau à Lucie, et je me décidai, si son cœur répondait au mien, à ne pas perdre un seul instant pour réaliser le rêve de bonheur dont je voyais un exemple aussi frappant.

— J'ai écrit ce soir à la maison, dis-je tout à coup, pour annoncer mon prochain retour en Angleterre.

— Et sans doute vous reviendrez ici ?

— Comment pouvez-vous en douter, quand j'ai votre exemple sous les yeux ?

— Allons... à la bonne heure ! Mais il faut que je vous dise toute mon histoire : ce n'est pas un secret pour mes enfants ; nous n'avons pas de mystères dans notre famille. Je vais vous dire ce que nous avions pour commencer, cela peut vous être utile, ne fût-ce que pour vous décider tout à fait. Tout le capital que j'avais en venant ici ne s'élevait pas à plus de cinquante mille francs. Voyons : j'avais vingt-huit ans, ma femme en avait vingt-quatre...

— Vingt-deux seulement, mon ami, il est inutile de me faire plus vieille que je ne suis !

— Ma chère amie, tu ne seras jamais vieille pour moi.

— Kate, mon enfant, va voir si ces canards sauvages que ton papa voulait pour son souper seront bientôt prêts.

— Ah ! à propos de canards sauvages, dit un des garçons, avez-vous jamais entendu dire combien ils sont nombreux sur le lac Scincoe ? Les colons du Scincoe disent qu'ils interceptent la chaleur et la lumière assez pour retarder leur moisson de quinze jours : quand ils prennent leur vol, on ne voit plus le soleil !

— Celui qui t'a conté cela est une oie, mon garçon : mais quel est l'étranger qui nous arrive ?

Un étranger entrait en effet dans l'appartement : il était boutonné jusqu'au menton, couvert de fourrures et avait l'air d'avoir été pendant une longue route exposé à toutes les rigueurs d'une nuit d'hiver au Canada.

Toute la famille se leva à son arrivée ; M. Forrester l'accueillit avec bonté et l'invita à prendre un siége, en lui recommandant de ne pas trop s'approcher du feu, de peur que la transition trop rapide du froid au chaud ne lui fît du mal. Les jeunes gens l'aidèrent à se débarrasser de ses nombreux paletots, et madame Forrester nous quitta pour aller faire préparer quelques rafraîchissements.

Tous ces préliminaires étant accomplis avec la régularité que donne l'habitude, notre hôte, sans montrer la moindre surprise, attendit que l'étranger voulût bien indiquer son nom et la cause de son arrivée chez lui.

Je m'étais, pendant tout ce temps, occupé à observer le nouveau venu : il était grand, maigre, osseux, et pouvait avoir soixante ans ; ses yeux gris avaient une expression de curiosité inquiète, comme s'il eût eu pour habitude de se mêler continuellement des affaires des autres. Il avait l'air d'un homme qui a toujours mille questions à faire. Mais reposons-nous un instant avant de raconter quelle fut l'influence fatale que cet homme prit sur moi, et comment son arrivée renversa tous les projets que je venais de former.

CHAPITRE XVI.

L'étranger nous fit bientôt part de la cause de son voyage au Canada, et nous dit le nom de la ville qu'il habitait. Notre hôte n'avait pas été longtemps à deviner d'où il venait, car dès les premiers mots il avait compris que le nouveau venu était Américain. Quant à la cause de son voyage au Canada, j'avais certains soupçons qui me faisaient supposer que sous un prétexte ou un autre il était venu relativement à quelque intrigue politique secrètement nouée entre les deux pays. C'était à l'époque où l'esprit d'insubordination qui avait agité le Canada, et particulièrement la partie française, avait commencé à se manifester ouvertement, et à produire çà et là des actes de violence qui allaient presque jusqu'à l'insurrection. Mais je n'ai aucune intention de traiter ce sujet, et les détails dans lesquels je pourrai entrer me seront indispensables pour éclaircir quelque partie de ma narration, car je veux être très sobre sur cette question.

— Vous arrivez des Etats-Unis ? demanda notre hôte à l'étranger.

— Tout droit ; j'ai sauté la frontière, des routes immensément mauvaises par ici ! Pourquoi votre gouvernement ne vous fait-il pas de meilleurs chemins ? Mais que peut-on espérer d'un gouvernement qui est de l'autre côté de l'Atlantique ? Comment peuvent-ils connaître vos besoins ? Qu'est-ce que cela leur fait ? Pourvu qu'ils vous envoient des gouverneurs, qu'ils mettent les fils et les neveux de leurs lords à votre tête, et dans toutes les places où l'on est bien payé, c'est tout ce qu'il leur faut ! Mais vous autres Anglais, vous êtes la race la plus aplatie devant les rois, vous êtes les animaux les plus patients qu'il y ait sur la face du globe, apprenez-le si cela peut vous contenter de le savoir.

Personne ne crut nécessaire de faire aucune réponse à ces généreux sentiments de commisération que le citoyen des Etats-Unis avait la bonté d'exprimer, mais je remarquai que le docteur jeta un coup d'œil scrutateur vers l'étranger, qui sembla vouloir l'éviter et se hâta de changer de conversation.

— Je viens de Détroit, dit-il, et je vais à Toronto.

— Je suis d'autant plus flatté, dit tranquillement M. Forrester, que vous soyez autant détourné de votre chemin pour me faire l'honneur de votre visite.

— Ah ! reprit l'Américain, qui parut ne pas comprendre toute la surprise qu'exprimait l'observation de notre hôte, je voulais voir quelle sorte de pays est votre Canada. Nous n'en avons pas une grande opinion, et cela ne peut pas vous étonner, puisque nous avons tout ce qu'il y a de bon dans le continent, nous n'avons pas voulu prendre ce que vous avez ; mais, quant aux Canadiens, nous les regardons comme des frères, monsieur. C'est le premier peuple du monde, après les Américains, bien entendu ; ils n'ont besoin que d'un bon gouvernement pour devenir presque aussi grands et aussi prospères que nous.

Notre hôte n'était évidemment pas disposé à mordre à l'hameçon que lui tendait l'Américain, mais le docteur lui répondit vertement :

— Nous sommes parfaitement contents du gouvernement que nous avons ; je veux dire que nous acceptons volontiers la suprématie de la Grande-Bretagne. Quant aux détails de l'administration, c'est une autre affaire : il y a certaines choses qui pourraient être mieux agencées.

— Ah ! dit notre hôte, c'est justement cela : nous ne faisons pas d'opposition au gouvernement ni au peuple anglais, c'est l'administration dont nous sommes mécontents. Les Anglais s'imaginent trop que ce pays est bon pour donner des emplois, ils ne s'inquiètent guère de savoir si les fonctionnaires qu'ils nous envoient sont des hommes capables. Je suis de l'avis du docteur, il y a certaines choses auxquelles on devrait remédier.

— Vous avez raison, M. Forrester, et je suis enchanté de faire la connaissance d'une personne aussi distinguée, je regrette seulement de ne pouvoir dire d'un citoyen distingué... Mais qui sait ce qui peut arriver ?

— Je ne sais pas, répliqua le docteur, quelle sera la condition du Canada dans quelques années, tout ce que je puis dire, c'est que je suis satisfait d'être sous le gouvernement constitutionnel de la Grande-Bretagne, et la grande majorité des habitants du haut Canada sont, je crois, de mon opinion. Tout ce que nous voulons, c'est une bonne administration, car nous préférons notre forme de gouvernement, y compris notre connexité avec l'Angleterre, à toute autre que je connaisse.

— Quoi ! s'écria l'Américain, vous aimez mieux être gouvernés par des gens qui sont de l'autre côté de l'Atlantique que de vous gouverner vous-mêmes ?

— A vous dire vrai, repartit le docteur, chacun de nous a assez à faire de s'occuper de ce qui le regarde personnellement, surtout ceux qui n'ont pas encore surmonté les premières difficultés que l'on rencontre en s'établissant dans un pays neuf ; et si l'Angleterre veut prendre la peine de nous gouverner, nous devons lui en savoir beaucoup de gré, pourvu toutefois qu'elle nous gouverne bien, et que son administration cherche nos intérêts autant que les siens.

— Eh bien ! il ne faut pas grand'chose pour vous contenter, dit l'Américain ; voilà tout !

— Nous sommes contents, répliqua le docteur en accentuant fortement ses paroles, nous sommes contents d'être Canadiens et sujets de la Grande-Bretagne.

Cette franche déclaration du colon sembla surprendre l'Américain, qui se contenta de hocher la tête, tant il avait pitié de l'aveuglement du Canadien. Il avait aperçu quelque chose en moi qui lui avait révélé que j'étais étranger ; il se tourna de mon côté en me disant :

— Et vous, monsieur, je ne crois pas que vous soyez de ce pays ?

Je lui répondis que j'étais venu voir la colonie dans le but de connaître par moi-même quelles ressources elle pouvait offrir à un émigrant possesseur d'un petit capital.

— Si vous pensez à vous établir quelque part sur le continent américain, dit-il, vous devriez venir aux Etats-Unis ; là tout citoyen est libre, nous sommes tous sur un pied d'égalité, nous n'avons ni roi, ni reine, ni lords, ni toute une bande d'aristocrates, qui se donnent des airs ou veulent nous molester. Les Etats-Unis sont le seul pays du monde où règne la liberté. Dans votre pays, à vous autres Anglais, c'est la minorité qui tyrannise la majorité ; mais chez nous c'est la majorité qui fait la loi, qui doit la faire, et qui la fera.

— J'ai cependant entendu parler, dit notre hôte, d'une tyrannie dont on souffre dans votre pays si libre : c'est la tyrannie de la majorité :

— Tenez, monsieur, reprit l'Américain, venez voir notre pays et jugez-en par vous-même. Je parie mille dollars contre une peau de lapin, que quand vous aurez vu notre joli pays vous ne le quitterez jamais pour le Canada ni pour aucun autre pays du monde, monsieur... monsieur...

— Mayford, lui dis-je.

— Comment ?

— Mayford, Georges Mayford.

— Georges Mayford ? répéta l'Américain en consultant les notes de son memorandum, c'est bien cela ! J'ai vu un de vos amis, ajouta-t-il en clignant de l'œil d'une manière mystérieuse, j'ai vu un de vos amis de l'autre côté de la frontière.

— Vraiment ! lui dis-je tout surpris.

— Il est un peu dans l'embarras en ce moment, continua-t-il d'un air de secret.

— Je ne connais personne qui...

— Je vais vous dire qui c'est. Vous rappelez-vous un digne et honnête homme que vous avez rencontré à un certain endroit dans ce voisinage ? Attendez ! je vais vous dire le nom de l'endroit... Ah ! les *Trois joyeux musiciens* : voilà le nom de l'hôtellerie.

— Je me rappelle très-bien l'hôtellerie, mais...

— Et il connaît certaines choses que vous ne seriez pas fâché de savoir aussi bien que lui.

— Oui, c'est vrai.

— Eh bien, comme je vous le disais, votre ami se trouve dans l'embarras. Le gouvernement de ce pays-ci a jugé à propos de l'accuser de complicité dans un vol ou un faux commis à Toronto : c'est une fausse accusation, sans aucun doute ; mais ils ont envoyé de l'autre côté de la frontière pour le faire arrêter s'il osait se montrer. Alors il est arrivé ceci, que le pauvre diable étant épuisé de fatigue et mourant de faim, s'est laissé entraîner à boire un verre ou deux de liqueur à Buffalo ; cela lui a porté à la tête d'une manière extraordinaire, et c'est là qu'il a été dénoncé comme l'accusé du Canada que nos hommes de loi étaient priés d'arrêter.

— Et l'a-t-on remis aux mains des Canadiens ? demandai-je vivement.

— Non pas, non pas ! s'écria l'Américain d'un air de triomphe. Les États-Unis permettent l'extradition des voleurs et autres gens de cet acabit, et c'est justice ; mais quand il s'agit de politique c'est autre chose.

— Quand il s'agit de politique ?

— Votre ami, M. John Stubbs... c'est là son nom, n'est-ce pas ?

— Oui ; du moins il me l'a dit.

— Ce digne patriote, M. John Stubbs, qui a, je crois, pratiqué comme jurisconsulte devant les cours et tribunaux d'Angleterre, et qui connaît parfaitement les principes des lois internationales, particulièrement dans leurs dispositions relatives à l'extradition, M. John Stubbs a fait appel à la protection de ce qu'il nomme avec vérité la plus grande nation du monde.

— Alors il est encore à Buffalo ?

— Oui, monsieur.

— Eh bien, qu'est-ce que tout cela fait à mon jeune ami ? demanda M. Forrester.

— Voici, monsieur : M. Stubbs a déclaré de la manière la plus solennelle qu'il s'est enfui du Canada pour certaines raisons politiques ; qu'il avait lieu de craindre d'être incarcéré par un gouvernement tyrannique, qui lui reprochait d'avoir librement exprimé son opinion sur les besoins et les vrais intérêts du pays : sa conviction est en un mot que le Canada devrait être annexé aux États-Unis, que les habitants le désirent, et qu'inévitablement, incontestablement, et irrésistiblement, ils deviendront citoyens du grand pays.

— Mais, encore une fois, qu'est-ce que tout cela fait à mon jeune ami ?

— Je vais vous le dire, ayez seulement la patience d'attendre une minute. Ce digne patriote, et déjà cent trente-sept journaux honnêtes et indépendants ont embrassé sa défense, ce digne patriote a fait appel à un homme généralement honoré et respecté, à M. Georges Mayford, ici présent, qui témoignera de sa respectabilité, et déclarera qu'il n'est venu au Canada qu'avec les intentions les plus pures et les plus consciencieuses. Le digne M. John Stubbs se déclare donc prêt à jurer toutefois et quantes il sera nécessaire, que M. Georges Mayford connaît dans les plus grands détails, sa naissance, sa famille, son éducation et sa vie, comme lui, John Stubbs, connaît la naissance, la famille, l'éducation et la vie de M. Georges Mayford.

— Eh bien, après ? dit le docteur impatienté.

— Après ? Eh bien, voilà. Les autorités de Buffalo ont cru nécessaire de m'envoyer m'informer de la vérité des assertions de M. Stubbs, quoiqu'il ne soit pas possible de douter de la parole d'un gentilhomme qui s'exprime aussi bien sur les droits incontestables des États-Unis à l'empire de tout le continent américain.

— Et que demandez-vous à M. Mayford ? reprit le docteur.

— Qu'il déclare seulement que M. Stubbs est un digne et respectable patriote ; qu'il sait qu'il a été obligé de quitter le Canada à cause de ses opinions politiques. Dans ce cas, son ami sera en sûreté sous la protection du pavillon étoilé ; car jamais la nation la plus libre et la plus puissante de la terre n'abandonnera le patriote que persécutent les oppresseurs du reste du genre humain.

— Et qu'avez-vous à dire à tout cela ? dit le docteur en se tournant vers moi, et laissant percer les doutes que lui avait inspirés l'étrange histoire racontée par l'Américain.

— M. Mayford aura la bonté de remettre son explication jusqu'après le souper, dit madame Forrester, qui rentrait dans la salle en ce moment. Les canards sauvages vont brûler si nous attendons davantage. Allons, monsieur Mayford, entrons dans la salle à manger. Mais pourquoi avez-vous donc un air aussi sérieux ? Est-ce que cet Américain vous aurait apporté de mauvaises nouvelles ?

— Je ne sais si elles sont bonnes ou mauvaises, madame ; mais...

— Dans tous les cas, que cela ne vous empêche pas de souper. Voici Kate qui vous a mis un siége à côté du sien.

— Dans tous les cas, répétai-je en songeant tout haut, il sera temps de décider demain ce qu'il convient de faire.

— Nous autres habitants des colonies, dit madame Forrester en entrant dans la salle à manger, nous aimons à mettre en pratique la vieille maxime qui dit : « Ne remets jamais au lendemain ce que tu peux faire aujourd'hui. » Mais est-ce que nous ne pouvons pas vous être utile dans cette affaire ?

— Je n'en sais rien ; peut-être vous demanderai-je votre avis demain, ainsi que celui de M. Forrester. Je suis très-embarrassé.

— S'il n'y a rien de pressant à faire aujourd'hui, vous avez raison, n'y pensez plus pour le moment, et demain, si vous le désirez, nous discuterons la chose ensemble.

Ce lendemain forma une des époques les plus intéressantes de ma vie.

CHAPITRE XVII.

Je passai une nuit inquiète et agitée. Les nouvelles que l'Américain avait apportées bouillonnaient dans mon cerveau comme les flots d'une mer en furie. L'idée qui m'avait tant poursuivi, l'idée de retrouver la trace de mon origine vint derechef m'exciter à de nouveaux efforts. Il me fut impossible de résister à la tentation qui s'offrait d'interroger encore une fois l'homme qui possédait le secret de ma naissance.

Mais il me répugnait étrangement d'avoir aucun rapport avec l'incomparable vagabond qui se prétendait mon ami. Il était évident qu'il connaissait toute la puissance de la tentation qu'il m'offrait afin de me faire témoigner en sa faveur. Cette confiance extrême qu'il montrait me semblait une preuve irrécusable de l'importance du secret qu'il avait à me communiquer, et le désir que je ressentais de le posséder s'accroissait en proportion.

Il me semblait en outre extrêmement difficile d'avoir aucune communication avec John Stubbs sans participer aux soupçons qu'il avait su répandre sur ses prétendues manœuvres politiques. Plus j'y pensais cependant, et plus je voulais obtenir à tout prix le secret qu'il connaissait et que j'avais tant voulu découvrir.

Je me trouvais dans une position des plus difficiles, car j'avais une certaine honte secrète à révéler à qui que ce fût le mystère dont ma naissance était enveloppée. J'étais mortifié d'avoir à déclarer que je ne connaissais pas mes parents, et que mon plus grand désir était de découvrir ceux qui m'avaient si lâchement abandonné. Je ne pouvais me décider à consulter l'excellent M. Forrester ni le bon et honnête docteur ; mais enfin, à force d'y penser, je trouvai le moyen de sortir d'embarras, et je m'étonnai qu'il ne me fût pas venu plus tôt à l'esprit.

Il me sembla tout naturel d'aller voir ce prétendu patriote, ce digne John Stubbs, victime d'un gouvernement despotique, avant de pouvoir me porter caution de son identité. Il me semblait encore assez plausible de voir par moi-même, et ayant de me décider sur le point où je m'établirais, le pays où tant d'Anglais vont chaque année chercher de l'occupation et la fortune.

Je me disais encore qu'ayant l'intention de faire une courte visite en Angleterre avant de me fixer pour toujours au Canada ou ailleurs, la ville de Buffalo se trouvait sur le chemin que je devais suivre pour me rendre à New-York, où je pouvais trouver les moyens les plus rapides de retourner en Europe.

Ce fut donc armé de tous ces arguments que je rappelai à mes amis l'intention où j'étais, et que je leur avais déjà communiquée la veille, de partir immédiatement pour l'Angleterre, pour revenir bientôt m'établir au Canada. Nous étions à déjeuner au moment où je révélai ainsi la détermination que j'avais prise. Il me fut facile de voir que l'Américain n'en croyait pas un mot ; mais il me sembla qu'il avait été saisi tout à coup du plus profond respect pour moi. Il admirait la hardiesse et l'effronterie dont je faisais preuve ; car il était secrètement convaincu que ce n'était qu'une excuse pour me rapprocher de l'honnête patriote John Stubbs mon confédéré, sans m'exposer aux soupçons de notre hôte.

Il fut donc convenu entre M. Quincey Whittle, c'était le nom de ma nouvelle connaissance, et moi que nous partirions ensemble pour Buffalo, bâtie sur la frontière des États-Unis, sur le bord oriental du lac Ontario. Mais, comme j'avais besoin de retourner à Montréal pour préparer les moyens de subvenir à mes dépenses de voyage jusqu'à New-York, je proposai à M. Whittle de faire ce détour avec moi.

Il y consentit volontiers, car il avait quelques raisons secrètes pour visiter cette partie de la colonie, et il supposait que j'avais aussi certaines choses en vue que ma prudence et ma discrétion naturelle m'empêchaient de lui communiquer. Mais c'était là une des choses pour lesquelles il m'admirait le plus ; je savais garder un secret, c'était une qualité inappréciable, surtout en pays ennemi.

Je lui avouai que je préférais ne pas ébruiter l'intention où j'étais d'aller de l'autre côté de la frontière pour tirer M. Stubbs d'embarras. Il loua hautement ma prudente réserve, et me déclara digne d'être chargé du soin important de conduire les affaires du Canada à l'encontre de ses oppresseurs anglais. Tel était, il n'en doutait pas, l'objet de ma visite à la colonie.

Je n'ai jamais su et je n'ai jamais cherché à savoir ce que mon compagnon de voyage fit à Montréal pendant tout le temps que nous y restâmes ; seulement je vis qu'il était excessivement affairé. Il se rendit à Québec, où il passa quelques jours, j'ignorai le but de cette excursion, seulement j'observai qu'il revint plein d'espoir et d'enthousiasme : il s'était occupé à sonder les sentiments des Canadiens, disait-il, et à envenimer toutes les causes de mécontentement et de querelle qu'il avait pu découvrir entre la colonie et la mère patrie ; il assurait en même temps les patriotes qu'ils pouvaient compter sur l'appui et les sympathies des Américains. Il essaya de deviner quelle pouvait être l'étendue de ma mission, et à cet effet il engagea plusieurs fois la conversation sur les avantages ou les inconvénients qu'un émigrant pouvait trouver dans le haut ou le bas Canada.

— C'est un beau pays que celui-ci, dit-il.

— Oui, et plus je prends d'informations, plus je suis étonné de toutes les ressources qu'il offre aux émigrants.

— Oh ! plus vous prendrez d'informations et plus vous reconnaîtrez la vérité de ce que vous êtes venu chercher, ou bien je me tromperais étrangement. Son commerce d'exportation est considérable ?

— Très-considérable, si on tient compte de toutes les circonstances de sa position.

— Oui : en tenant compte des circonstances de sa position : sa connexion avec le vieux pays : on n'exporte guère de ce que vous appelez loyauté, vous autres Anglais ; marchandise de mauvaise défaite, cela !

— Il paraît qu'il n'en manque pas, cependant.

— Non : il n'en manque pas, comme vous le dites : c'est-à-dire que j'ai rencontré peu de personnes qui en aient besoin. On commence à s'habituer à s'en passer.

— Je ne peux pas dire, répliquai-je, que je n'ai pas vu beaucoup de symptômes de mécontentement dans la colonie : les habitants ont cependant un certain fonds de loyauté.

— Oui, mais au fond seulement, et je vous assure que ce n'est guère visible à l'œil nu.

La conversation continua longtemps sur ce ton : l'Américain essayait de me persuader que les Canadiens étaient prêts à secouer le joug de l'Angleterre, et à se jeter dans les bras de leurs voisins des Etats-Unis. Quand les arrangements que j'avais à prendre furent achevés, je proposai de partir sans plus de délai pour Buffalo ; mon compagnon y consentit volontiers, dans l'espoir que je serais plus communicatif de l'autre côté de la frontière.

Notre voyage ne présenta rien qui soit digne d'être raconté : nous arrivâmes sans encombre à Buffalo, où j'espérais trouver enfin la solution de l'énigme dont je cherchais le mot depuis si longtemps.

CHAPITRE XVIII.

— Que dites-vous de notre ville, me demanda l'Américain en s'arrêtant au milieu d'une rue que nous traversions en ce moment, avez-vous rien vu de semblable au Canada ?

— C'est une assez jolie petite ville, répondis-je, je ne vois rien cependant de bien remarquable.

— Petite ville ! monsieur ! petite ! Il y a trente ans, monsieur, Buffalo n'était qu'un village, et maintenant on y compte quarante mille habitants. Aux Etats-Unis, monsieur, il n'y a rien de petit, tout y est sur une grande échelle. Tenez, nous pourrions mettre vos îles, toute la Grande-Bretagne dans un de nos lacs, sans nous gêner le moins du monde.

— A vous dire vrai, lui repartis-je, je ne suis guère d'humeur en ce moment d'admirer quoi que ce soit. Tout ce que je veux voir, c'est ce digne patriote John Stubbs.

— Où est M. Stubbs ? demanda-t-il à une personne qui se tenait sur la porte d'un grand bâtiment de briques rouges que nous venions d'atteindre, où est M. Stubbs ?

— Où est M. Stubbs ? répéta l'individu sans cesser de fumer sa pipe et sans retirer ses mains de ses poches, où est M. Stubbs ? Oui, voilà trois jours que l'on se fait la même demande sans trouver de réponse.

— Comment ! m'écriai-je d'un ton de colère et de désappointement, est-ce qu'il serait parti ?

— Disparu, monsieur, comme cette bouffée de fumée.

— Mais où est-il allé ?

— Ah ! c'est là ce que nous ne savons pas : j'entends dire qu'il est allé vers l'ouest, d'autres prétendent qu'il a pris la route de l'est, ou bien qu'il a descendu vers le midi. On m'a assuré même qu'il était parti pour New-York, et depuis on affirme qu'il se rend à Philadelphie pour voir le président. Mais on ne sait rien de certain : tout ce que l'on sait, c'est qu'on ne sait rien.

— Comment avez-vous pu être assez maladroits pour le laisser échapper ? demanda M. Whittle.

— S'échapper ! Mais qui pouvait supposer qu'il chercherait à s'échapper d'une maison où il était si bien ? Est-ce que tous les métiers ne lui ont pas envoyé députation sur députation pour le complimenter ? Est-ce que l'on n'a pas publié vingt éditions des discours qu'il a faits sur l'importance de la république américaine, qui peut fouetter le monde entier, et d'une seule main encore... et tous les gamins de Buffalo n'ont plus que ce mot-là à la bouche. Oh ! d'une seule main, c'est beau cela ! Voyez-vous, les Etats-Unis, c'est un colosse.

— Mais, repris-je, pourquoi lui avez-vous permis de vous quitter ?

— Qu'est-ce qui pouvait supposer qu'il voulait nous quitter ? Est-ce qu'il n'était pas trop heureux, comme il le disait lui-même, de se

trouver sous la protection de la république américaine, et loin d'un gouvernement despotique et tyrannique ? Est-ce qu'il ne buvait pas constamment de grands verres de wiskey à notre santé et à la prospérité des Etats-Unis, jusqu'à ce qu'il devint, je ne dirai pas ivre, mais ému par la force de son enthousiasme ? Il fut trois jours sans pouvoir remuer ni parler ; il était ému, monsieur, jusqu'au fond du cœur, de se voir universellement respecté et honoré comme un vrai patriote, par les honnêtes et libres citoyens de Buffalo.

— Et il n'en reste pas de traces ?

— Pas le moins du monde, excepté les bouteilles qu'il avait l'habitude de jeter à la tête de Jim Sligh qui restait avec lui, non pas pour le surveiller, mais pour ne pas le perdre de vue, en ami. Si bien qu'il paria avec Jim, je ne sais combien de dollars, qu'il boirait plus de wiskey que lui : ils se mirent à boire, et commencèrent à se quereller, et l'Anglais chargea votre carabine.

— Mais pourquoi lui donnâtes-vous ma carabine ?

— C'était Jim qui l'avait, mais il était aussi ivre que l'autre : ils tirèrent à croix ou à pile à qui commencerait le feu, mais ils ne purent pas voir si c'était croix ou pile, parce qu'il faisait trop noir.

— Eh bien ! après ? la fin, dites-nous la fin.

— La fin, mais il n'y en a pas ; seulement le lendemain matin on trouva Jim encore presque aussi ivre que la veille, et il n'y avait plus de M. Stubbs. Mais voilà votre carabine, exactement comme il l'a laissée.

— Est-elle chargée ? demanda M. Whittle.

— Chargée ? oui, juste comme il l'a laissée ; elle est restée là accrochée au manteau de la cheminée.

— Donnez-la moi : puisqu'elle est chargée tant mieux. Monsieur Mayford, voulez-vous me faire le plaisir de venir avec moi sous ces arbres, où personne ne viendra nous déranger ?

— Mais, John Stubbs ? lui dis-je.

— John Stubbs ! que le diable l'emporte ! Nous aurons le temps de nous occuper de lui plus tard, si c'est nécessaire. En attendant, monsieur Mayford, je désirerais vous entretenir de quelque chose qui vous intéresse particulièrement.

— Monsieur Mayford, reprit-il quand nous fûmes assez éloignés de la ville pour ne plus craindre les importuns, ne pensez-vous pas que je suis l'un des hommes les plus patients, les plus faciles, les plus accommodants et les moins curieux qu'il y ait au monde ?

— En vérité, lui répondis-je sans trop savoir où il voulait en venir avec cet exorde solennel, mais supposant qu'il se croyait offensé, et voulant réellement me concilier son bon vouloir, en vérité, lui dis-je, je n'ai aucune raison de me plaindre de vous, je vous crois un excellent homme.

— Ah ! oui, c'est comme cela ? monsieur Mayford, vous êtes trop discret maintenant, plus discret qu'il ne convient entre deux amis engagés dans la même entreprise. Mais je désirerais savoir pourquoi vous désirez aussi vivement rencontrer ce M. Stubbs ?

— Pourquoi ? répliquai-je ; j'ai des raisons très-pressantes, mais je préférerais ne les communiquer à personne.

— C'est bien ! vous êtes discret ; mais nous voici maintenant sur le territoire américain ; nous n'avons pas ici de gouvernement tyrannique qui puisse nous accuser de haute trahison, parce que nous avons l'idée de le renverser et de le rétablir à notre guise. Ainsi donc causons librement, et n'ayons plus de ces réticences qui ne conviennent pas à des citoyens libres.

— Mais, lui dis-je, je ne peux révéler mes raisons à qui que ce soit.

— Eh bien, monsieur Mayford, je dois vous le dire, vous ne me traitez pas en galant homme. J'ai trotté à vos côtés comme un véritable laquais pendant je ne sais combien de milles, parce que vous me donniez à supposer que vous vous occupiez, comme moi et d'autres *sympathiseurs* américains, d'une grande et belle cause, et maintenant vous prétendez que vous ne pouvez me donner aucune explication ! On ne traite pas ainsi, monsieur Mayford, un citoyen d'un Etat libre, et je vous prie de croire que Quincey Whittle n'est pas homme à se laisser insulter par qui que soit au monde, pas même par un insulaire !

— Vraiment, lui dis-je, je ne croyais pas vous avoir jamais donné raison de croire que je fisse partie d'un complot canadien.

— Alors, monsieur, quelle est la raison de cet empressement que vous avez montré pour voir cet ami, que la tyrannie d'un gouvernement oppresseur avait forcé à chercher un refuge de ce côté-ci de la frontière ?

— La politique n'a rien à voir à cela ; si je veux voir ce Stubbs, repris-je, c'est pour obtenir certains détails sur un sujet tout à fait étranger au Canada ou à la politique.

— Il y a une chose sur laquelle je peux vous éclairer, monsieur Mayford, s'écria-t-il plein de fureur, sans vous donner la peine d'aller la chercher bien loin, c'est que vous êtes un sot et impertinent fanfaron ; et comme vous ne voulez pas vous confier à l'honneur d'un citoyen américain, plein de sympathie pour les pauvres Canadiens opprimés, il vaut mieux vider notre querelle sans plus tarder.

— Que voulez-vous dire ? m'écriai-je tout surpris.

— Je veux dire que vous savez garder un secret mieux que moi ;

c'est incontestable ; mais nous allons voir qui de nous deux manie le mieux une carabine.

— Ah ! c'est un duel à la carabine que vous me proposez ? lui dis-je d'un air plein d'insouciance, car je pensais encore au secret que j'avais cru pouvoir découvrir. Très-bien, monsieur, nous réglerons cette affaire-là quand j'aurai retrouvé mon homme.

— Quoi ! s'écria l'Américain tout étonné à son tour. On m'avait dit que les insulaires étaient assez calmes et froids, mais cela passe toute mesure ! Nous réglerons cette affaire-là quand j'aurai retrouvé mon homme, répéta-t-il en m'imitant. Le diable m'emporte, il me prend pour un laquais, je crois !

J'étais resté si absorbé par toutes les pensées qui m'assiégeaient depuis que j'avais appris le départ de John Stubbs, que je n'avais pas montré à M. Whittle ni à son invitation si polie tout le respect que l'un et l'autre méritaient. Mais réveillé tout à coup par cette explosion d'indignation, je compris que la chose était sérieuse, et qu'il fallait à tout prix montrer à l'Américain que je n'hésitais pas à me mesurer avec lui dans une lutte qui menaçait d'être fatale à l'un de nous deux.

Je ne crois pas être plus lâche qu'un autre : cependant je ne pouvais m'arrêter tranquillement à l'idée de me trouver au bout de la carabine d'un homme qui semblait avoir l'habitude de manier ces sortes d'armes. M. Whittle croyant apercevoir quelques symptômes d'irrésolution, devint plus impertinent que jamais ; son courage s'élevait à mesure qu'il supposait que le mien baissait.

— Il ne fait pas chaud ici, monsieur, reprit-il, mettons-nous à l'œuvre. Je ne suppose pas qu'un insulaire comme vous, monsieur, voulût voir son nom affiché comme celui d'un poltron ; réglons donc cette petite affaire avant que nos doigts soient gelés.

— Je ne suis pas poltron, lui dis-je, mais je ne vous cacherai pas que j'ai une assez grande répugnance à me battre en ce moment. Je suis prêt cependant à faire ce que vous voudrez : mais comment ferons-nous, nous n'avons à nous deux qu'une carabine ?

— C'est joli, en vérité ! comment ferons-nous ? Rien de plus facile, monsieur : nous allons tirer à qui fera feu le premier ; si l'un de nous n'est pas tué, il tirera à son tour.

— Comme vous voudrez, répondis-je.

— Voici deux pailles, reprit l'Américain, coupez-en une plus courte que l'autre, celui qui tirera la plus longue fera feu le premier : on ne dira pas qu'un insulaire n'a pas eu autant de chances que moi.

Je ne pus m'empêcher de remarquer tout bas qu'il semblait certain de pouvoir me compter au nombre des morts dans quelques minutes ; ce n'était pas très-rassurant. Je lui offris les pailles, il prit la plus longue.

— C'est à vous à tirer le premier.

— Oui, reprit tranquillement M. Whittle. Vous n'avez pas d'objection à une distance de cinquante pas ?

— Non.

— Préféreriez-vous une plus grande distance ?

— Comme vous voudrez.

— Faut-il que je m'approche davantage ?

— A votre choix.

— Eh bien ! à cinquante pas. Faites de votre côté vingt-cinq pas, j'en ferai autant du mien ; quand nous serons arrivés à la limite, nous nous tournerons, ce sera le moment de faire feu.

— C'est bien.

Je tournai, et je comptai vingt-cinq pas en marchant vivement. J'avoue que je ne pus résister à un mouvement inexplicable qui me porta à faire mes enjambées plus longues que d'habitude ; et comme mes jambes sont de respectable taille, je traversai un espace assez considérable. Quand je me retournai, cependant, il me sembla que mon adversaire était à une très-petite distance de moi.

— Etes-vous prêt ? me dit-il avec plus de courtoisie que je ne l'espérais.

— Quand vous voudrez.

— Alors faites-moi le plaisir de vous tenir tranquille, que je puisse viser : si je vous manque, je ferai de même pour vous.

— Je vous suis très-obligé, lui dis-je.

Il porta la crosse de sa carabine à son épaule, et il abaissa le canon lentement pour bien viser. Cela ne demanda que quelques secondes, mais quelle foule de pensées m'assiégèrent dans ce peu d'instants ! Il me sembla que je passais rapidement en revue toute mon histoire : je revis les scènes de mon enfance, je me rappelai tous mes jeux, les bontés de madame Delancey, et l'image de Lucie se présenta frappante de vérité ! Je ne pus m'empêcher de regretter amèrement la malheureuse aventure qui m'avait jeté dans ce guêpier, et de maudire l'excessive vanité d'un homme qui, malgré toutes ses protestations de sympathie, ne pensait en ce moment qu'à s'assurer toutes les chances de tuer un sujet anglais.

— Etes-vous prêt ? répéta-t-il encore comme pour accroître l'étrange sensation que me causait sa politesse intempestive.

— Je suis prêt !

Je le vis poser son doigt sur la détente, car l'arme fatale me fascinait, et je ne pouvais en détourner les yeux : je sentis un froid inconnu se glisser autour de mon cœur ; mais je ne bougeai pas.

Le chien s'abattit, la capsule éclata ; j'attendis la balle, mais elle ne vint pas. Le coup avait raté.

Il attendit un instant, et relevant son arme, il me cria :

— Vous n'allez pas compter cela comme un coup ?

J'en avais grande envie ; cependant je lui répondis :

— Essayez encore !

— Tout à l'heure, dit-il.

Il prit une nouvelle capsule, la plaça sur la cheminée, et relevant le canon de sa carabine, il cria de nouveau :

— Attention !

— Attention ! pensai-je.

Il pressa la détente de nouveau, et de nouveau le coup rata.

— Attendez un moment, reprit-il, je vais nettoyer la lumière.

— Merci ! lui dis-je.

Prenant alors l'épingle qui ornait les plis de la chemise, il l'enfonça à plusieurs reprises dans la lumière, et il la remit à sa place tranquillement après l'avoir essuyée.

— Je suis fâché de vous faire attendre, dit-il.

— Oh ! ne vous inquiétez pas de cela.

— Me voici en mesure.

Je ne répondis rien. Il recommença toutes ses manœuvres, et la pièce ne partit pas !

— Le diable emporte la carabine ! s'écria-t-il en la regardant d'un œil de colère ; il n'est pas possible qu'elle soit chargée !

Il passa la baguette dans le canon.

— Mais oui, elle est chargée. Il y a quelque chose d'étrange cependant.

C'était ce que j'espérais ; mais j'attendis patiemment qu'il eût dévissé le tire-bourre de la baguette, et je le regardai retirer la charge.

— Voilà la balle ! dit-il en l'élevant vers moi et me la montrant.

J'étais enchanté de la voir entre ses doigts au lieu de la savoir entre mes côtes.

— Ah ! voici la poudre. La poudre ? mais c'est de la poudre à canon ! Voyez, voyez donc ! Oh ! venez voir !

Je m'approchai pour savoir ce qu'il y avait d'étrange dans cette poudre.

— Voyez, me dit-il, voilà des grains de poudre, touchez-les, écrasez-les, pas d'odeur ! Aussi sûr qu'il y a un président à Washington, votre soifard d'ami a chargé mon excellente carabine avec de la graine d'oignon ! Ce n'est pas étonnant qu'elle ne parte pas, la pauvre pièce ! Vous n'auriez pas par hasard une poire à poudre ? La mienne, vous le voyez, est toute pleine de graine d'oignon. Je ne savais d'où provenait cette infernale odeur d'oignon, qui me suivait partout ; mais je vois ce que c'est. Qu'allons-nous faire maintenant ? Nous ne pouvons pas nous amuser sans poudre.

— Ce n'est guère facile, lui répondis-je enchanté de voir la poudre métamorphosée en graine d'oignon.

— Il fait un froid d'enfer ! s'écria bientôt l'Américain. Si nous retournions à la ville boire quelque chose de chaud ?

— Je le veux bien, lui dis-je.

— Il est bien à regretter, continua-t-il comme nous retournions ensemble vers la ville, que votre ami, cet infernal soifard, nous ait joué ce tour-là ! Je vous avais visé avec soin, et je n'ai jamais manqué mon coup ! Mais nous réussirons mieux une autre fois.

Nous arrivâmes bientôt à la ville, où nous allions prendre quelque chose qui pût nous réchauffer. Comme j'étais étranger, il voulut me faire les honneurs de sa ville, et j'insistai à mon tour pour lui offrir un verre de punch, de sorte que de verre en verre nous devînmes bientôt les meilleurs amis du monde, et nous oubliâmes que nous venions d'être ennemis à mort. Les cigares disparaissaient rapidement en nuages de fumée, et les verres se vidaient les uns après les autres.

— En vérité, me dit l'Américain en allumant un cigare avec le mien, en vérité, je crois que nous nous sommes conduits comme deux imbéciles, car enfin vous auriez pu avoir la chance de tirer le premier !

— Je n'aurais pas tiré, lui dis-je.

— Non ! et pourquoi pas ?

— Parce que je n'avais aucun désir de vous tuer.

— Par les étoiles de l'Union ! j'étais le plus imbécile des deux, j'ai agi comme un vrai cannibale ! Mais voyons, qu'en dites-vous, si vous ne m'en voulez pas, laissons cette affaire où elle en est, qu'il n'en soit plus question.

— J'y consens volontiers, répliquai-je, car de pareilles rencontres prouvent ordinairement peu de chose en faveur de ceux qui s'y trouvent engagés.

— Oui, vous avez peut-être raison, quand on les examine à fond ; mais quand on est échauffé, voyez-vous, c'est une autre affaire. Chaque pays a ses habitudes, vous savez, et c'est comme cela que nous réglons nos différends aux Etats-Unis.

— Maintenant que cette affaire est finie, lui dis-je, je voudrais que vous me disiez comment je dois m'y prendre pour retrouver cet odieux vagabond John Stubbs.

Je lui expliquai alors l'erreur qu'il avait commise en supposant que j'étais venu au Canada avec d'autres intentions que celle de visiter la colonie pour y trouver un endroit où je pourrais m'établir. Je lui dis que mon seul but, en voulant me rapprocher de John Stubbs, était de chercher à obtenir de lui quelques détails sur des affaires de famille qui m'importaient excessivement, et dont il avait eu connaissance en sa qualité de clerc d'homme de loi ; que j'avais quelques raisons de supposer qu'au lieu d'être un honnête patriote persécuté, ce n'était qu'un gredin consommé. M. Whittle me répondit que le territoire des Etats-Unis était si grand, qu'il serait à peu près impossible d'y retrouver un coquin qui chercherait à se cacher. Mais comme il était à supposer que mon homme essayerait de retourner en Angleterre, la meilleure chose que j'avais à faire était de me rendre à New-York, comme j'en avais l'intention, et en m'informant tout le long du chemin des ivrognes qui pouvaient s'y trouver, je rencontrerais peut-être John Stubbs ivre-mort dans un coin.

Pendant que nous étions encore à discuter sur ce que j'avais à faire, le monsieur qui avait la bonté de remplir l'office de garçon dans l'hôtel où nous étions nous apporta une nouvelle provision de cigares, et prit la liberté de nous informer qu'un des honnêtes et indépendants citoyens de la ville de Buffalo s'était aperçu que l'on avait forcé son secrétaire, et qu'on lui avait pris une forte somme d'argent. Il ajouta que tous les *sympathiseurs* étaient scandalisés de voir que les soupçons les mieux fondés se dirigeaient sur ce patriote distingué, le respectable M. John Stubbs, qui venait de disparaître si mystérieusement de la ville, où on lui avait témoigné tant de respect et de sympathie.

— S'il a fait le coup, reprit M. Whittle, vous pouvez être certain qu'il a pris le chemin de New-York. Quand un voleur réussit à s'emparer d'une forte somme, vous devez toujours le chercher là où il peut la dépenser. Il y a là une attraction à laquelle ils obéissent, comme l'aiguille au pôle nord.

Je crus que M. Quincey avait raison, et que je n'avais rien de mieux à faire que d'aller à New-York, où, au besoin, je pourrais m'embarquer pour l'Angleterre. Je pris donc congé de mon ami l'Américain, et je quittai Buffalo, cette ville que ses habitants proclament la plus belle des Etats-Unis, c'est-à-dire du monde entier. Mais il était dit que je rencontrerais encore une fois cet homme dont la destinée semblait si étrangement liée à la mienne, et que cette rencontre m'entraînerait dans une longue suite d'aventures aussi extraordinaires que dangereuses.

CHAPITRE XIX.

Je n'ai pas l'intention d'entrer dans des détails de statistique ou de géographie sur les divers pays que j'ai eu l'occasion de visiter ; mon but est simplement de raconter toutes les péripéties d'une vie aussi agitée que l'a été la mienne. Je ne dirai donc rien de New-York, quoique ce soit une ville qui mérite être vue, étudiée et décrite. Chacun sait que cette magnifique cité contient plus de cinq cent mille habitants, et que l'on y trouve tout ce que le luxe a inventé de plus recherché depuis le punch au champagne jusqu'au genièvre économique ; depuis le recueil de haute philosophie jusqu'à la feuille quotidienne la plus éphémère. Des centaines de voyageurs ont raconté tout cela : il est donc inutile que je le répète ici.

Je ne pus obtenir à New-York aucune nouvelle du fugitif de Buffalo, et les difficultés que je rencontrais dans la recherche de cet homme refroidissant l'ardeur qui m'avait saisi de connaître le secret de mon origine, je recommençai à me demander si je ne devais pas abandonner cette course au clocher pour songer sérieusement à m'établir quelque part. J'avais été frappé de la supériorité du climat des Etats-Unis sur celui du Canada, et en dépit de tous mes préjugés nationaux, je fus obligé de convenir que la grande république offrait infiniment plus d'avantages à l'émigrant que les colonies anglaises des bords du Saint-Laurent.

Je me décidai à aller visiter l'Etat de la Caroline du Sud, et je traversai à cet effet la Pensylvanie, la Virginie et la Caroline du Nord, étudiant avec soin le pays, et m'informant partout du nom et de l'apparence extérieure des ivrognes qui se trouvaient dans les localités où je passais. Mais je ne pus rien apprendre ; je vis le pays, et je puis juger des avantages qu'il offrait à l'émigration. J'arrivai bientôt à Charleston, capitale de la Caroline du Sud, qui, on le sait, est un pays à esclaves. La ville est bâtie au confluent des rivières Cooper et Ashley, et se trouve à environ six milles de l'Atlantique.

Etant encore à Charleston, je me décidai à prolonger mon voyage jusqu'à la Nouvelle-Orléans, et ce fut dans le voisinage de cette dernière ville que m'arriva l'aventure suivante :

— Etranger, me dit un Yankee à l'air rébarbatif, à la peau jaunie, et dont la tête était couverte d'un immense chapeau de paille, étranger ! dit-il en fumant son cigare, si vous laissez votre langue marcher avec tant de liberté sur les abominations de l'esclavage, vous courez grand risque de vous la voir couper avant de sortir de cet Etat !

— Comment peut-on, répliquai-je, voir les horreurs de l'esclavage chez un peuple qui se vante d'être le plus libre de la terre, et ne pas s'élever contre une pareille anomalie ?

— Anomalie ou non, tout ce que je puis vous dire, et prenez-le comme une preuve d'amitié, parce que vous êtes étranger, c'est que nous n'aimons pas qu'on dise rien par ici qui puisse exciter les nègres à se révolter.

— Mais est-ce que vous nierez, lui dis-je, que l'esclavage est un crime contre toutes les lois divines et humaines ?

— Ici, répondit l'Américain, nous ne connaissons que la loi de Lynch.

— Ce qui veut dire la loi de la multitude ?

— Cela veut dire que nous ne voulons pas permettre que l'on propage parmi nos noirs des notions de liberté et de christianisme qui ne sont pas faites pour leurs têtes laineuses. Quant au christianisme, nous n'y faisons pas d'objection absolue, car il leur apprend à être content de leur sort, c'est-à-dire être esclaves des blancs ; à remplir leurs devoirs dans cette vie, c'est-à-dire travailler pour les planteurs. Mais si vous parlez de fraternité et d'égalité, et de toutes ces niaiseries, je vous demanderai si vous voudriez comparer un nègre à un blanc ?

— Il y a des gens qui croient...

— Qu'ils croient ce qu'ils voudront, mais qu'ils gardent leurs croyances pour eux-mêmes aussi longtemps qu'ils seront dans la Louisiane, car ici nous sommes tous du même avis. Il y a une espèce d'hypocrite mi-partie prédicant et mi-partie avocat qui a voulu taire de la propagande parmi nos esclaves, et qui se trouvera exalté d'une drôle de façon l'un de ces matins s'il n'y prend garde. Nous sommes sûrs de le trouver quand nous en aurons besoin, car il ne peut pas se tenir à distance d'une bouteille de rhum : nous n'avons qu'à en mettre à sa portée, il le sentira comme un rat sent le fromage.

La description de cet individu mi-partie avocat, mi-partie prédicant, et qui aimait le rhum d'une manière aussi remarquable, me frappa fortement. Je n'avais pu retrouver aucune trace du digne patriote qui s'était enfui si secrètement de l'hôtellerie des Trois joyeux Musiciens, et qui avait disparu si mystérieusement du milieu de la ville de Buffalo ; il me sembla tout à coup que l'amateur de rhum dont on me parlait devait être selon toute probabilité l'honorable M. Stubbs. Il pouvait sembler extraordinaire tout d'abord qu'il eût eu l'effronterie d'assumer le rôle d'un ministre de la religion ; mais quand on se rappelait qu'il avait suivi les séances des cours d'assises, on comprenait qu'il pouvait parfaitement prendre tel ou tel caractère sans hésitation.

— Connaissez-vous cet individu dont vous parlez ? dis-je à l'Américain ; ne serait-ce pas un homme d'environ quarante ans, une figure pâle, ornée d'excroissances vineuses, de petits yeux gris enfoncés sous d'épais sourcils ?

— Je ne le connais pas ; mais vous devez le connaître, vous : dans tous les cas, on m'a fait un portrait de ce gibier de potence qui ressemble à la description que vous venez d'en faire, malgré ses lunettes bleues et l'air de sanctification répandu sur sa longue figure de melon. Mais il se vante d'être Anglais, et il peut parler pendant des heures entières sur les droits de la nature et l'injustice que l'on commet en privant un homme de sa liberté : tout cela glisse entre ses lèvres comme si elles avaient été frottées de lard.

— Pourrait-on le voir ? demandai-je.

— On dit qu'il n'est pas très-facile de mettre la main dessus, il glisse entre les doigts comme une anguille. Mais, à propos, si vos compatriotes tiennent à nous envoyer des missionnaires, dites-leur donc d'en choisir qui enseignent à nos nègres à ne pas nous voler, car depuis que ce révérend Simon-Jérémie Don-de-Grâce...

— Le révérend Simon-Jérémie Don-de-Grâce ?

— Oui, c'est le nom de cet avocat-prédicant..... Depuis qu'il est venu par ici on a commis plus de vols que jamais dans tout le pays.

— Monsieur, lui dis-je aussitôt, j'ai certaines raisons particulières pour voir le révérend dont vous me parlez : si vous pouviez me procurer les moyens de le rencontrer, vous me rendriez un service dont je vous serais très-reconnaissant.

— Quoi ! est-ce que vous seriez du même acabit ? Ecoutez-moi, jeune homme, il y a quelque chose en vous qui me fait croire que ce métier-là ne vous va pas. Vous n'avez pas le ton nasillard qui convient, vous ne montrez pas le blanc des yeux comme une morue au court bouillon, vous ne louchez pas d'une manière assez évangélique. Si vous voulez en croire un vieux planteur, vous ne vous occuperez pas de cela, cela ne vous regarde pas ; et si vous ne suivez pas mes avis, rappelez-vous bien ce que je vous dis, il pourra vous arriver malheur.

Le vieux planteur jeta son reste de cigare, paya sa dépense et s'en alla. Ce qu'il venait de me dire me frappa, et je restai à songer sérieusement aux risques que je courais en me laissant aller à mon enthousiasme pour la liberté et la justice. Une sorte de crainte me saisit, car j'étais au milieu d'un Etat où les propriétaires d'esclaves étaient exaspérés par les efforts que quelques missionnaires avaient tentés à l'encontre de l'esclavage. Les planteurs étaient décidés à empêcher de pareilles prédications, et il y avait comme une résolution tacite et unanime de faire un exemple qui fît taire toute voix assez hardie pour rappeler aux maîtres les droits des esclaves.

Cependant j'avais le plus grand désir de rencontrer le révérend M. Don-de-Grâce, qui, je n'en doutais pas, était le misérable que j'avais rencontré au Canada, et qui s'était enfui de Buffalo. Il était à craindre toutefois que mes recherches ne me fissent passer pour un de ses confédérés, et il me répugnait d'être regardé comme une de ses connaissances ; mais un désir irrésistible me tourmentait, il me fallait connaître le secret qu'il possédait.

J'avais déjà écrit une longue lettre à madame Delancey pour lui annoncer mon voyage de New-York à la Nouvelle-Orléans, et l'assurer que ce ne serait pas dans les Etats à esclaves que je voudrais jamais m'établir. Ces Etats, je le savais, offraient d'immenses avantages aux capitalistes, et il était facile de s'y enrichir promptement ; mais, sans parler du climat, qui en général ne convient pas aux constitutions anglaises, l'idée de devenir propriétaire d'esclaves me causait un dégoût inconcevable, et je l'informais que mon intention était de m'embarquer prochainement pour l'Angleterre, pour retourner ensuite dans le haut Canada, où j'avais l'intention de me fixer.

J'écrivis aussi à mademoiselle Delancey, et je lui exprimai tous les sentiments que je ressentais et les espérances dont je me berçais.

Il y avait déjà quelques jours que j'avais écrit et envoyé ces lettres quand j'eus avec le planteur la conversation que je viens de rapporter ; et ce ne fut que la veille du jour où j'avais l'intention de quitter la Nouvelle-Orléans, que j'appris que le digne M. Stubbs était probablement dans le voisinage de cette cité. Cela ne changea rien au plan que je m'étais tracé, car c'était dans la campagne que je pouvais avoir la chance de rencontrer le révérend Don-de-Grâce. J'avais envoyé mes effets par la route que je me proposais de suivre pour retourner à New-York, et je me préparai à faire le voyage à cheval, ce qui devait me permettre de voir le pays dans tous ses détails et de m'arrêter où je voudrais.

En arrangeant mon portemanteau à la Nouvelle-Orléans, il m'était venu une idée que je ne dois pas oublier de rapporter : le morceau de velours dont j'ai eu occasion de parler se trouva sous ma main, et je sentis une sorte de mystérieuse intuition qui me persuada que je possédais là le talisman au moyen duquel j'obtiendrais le mot de l'énigme que je cherchais. Je résolus donc de ne pas m'en séparer, et l'enveloppant avec soin je le mis dans une poche de côté de mon habit, puis, empruntant une aiguille et du fil à une négresse de l'hôtel où j'étais descendu, je faufilai toute l'ouverture de cette poche.

Quand tous ces préparatifs furent achevés, je me mis en route, n'ayant d'autre compagnon que mon cheval et ma carabine, car je voulais à l'occasion pouvoir m'éloigner sans danger des grandes routes. Je chevauchais donc tranquillement, pensant sans cesse au révérend Don-de-Grâce, et bien décidé à ne pas quitter le pays sans avoir trouvé mon homme.

Il faisait chaud, l'air était tranquille, mais il y avait une certaine pesanteur dans l'atmosphère qui semblait indiquer l'approche d'un orage. Un orage s'approchait en effet ; mais au lieu de provenir du tumulte des éléments, il n'avait d'autre cause que le choc des passions des hommes.

Il y avait déjà quelques instants que j'observais çà et là, dans les plantations, des groupes d'hommes qui semblaient me regarder d'un œil soupçonneux, et suivre avec attention tous les mouvements que je faisais. De temps en temps je les entendais pousser des exclamations menaçantes, et je les voyais gesticuler avec furie : je compris qu'il se préparait quelque catastrophe ; mais je ne savais encore ce que ce pouvait être.

Je remarquai en même temps que la plupart des gens que je rencontrais sur la route étaient armés de gros bâtons ou de carabines ; c'était une circonstance assez peu commune dans le voisinage, et qui semblait indiquer une intention d'émeute ou d'attaque violente contre quelqu'un.

En ma qualité d'étranger j'aurais dû évidemment ne pas me mêler de choses qui ne me concernaient nullement ; mais l'habitude de m'enquérir de tout ce que je voyais me porta à vouloir m'informer de la cause de ces rassemblements armés. Au lieu donc de continuer mon chemin, je m'avançai dans la direction que prenaient les divers groupes que j'avais rencontrés.

Je ne tardai pas à reconnaître que j'aurais agi plus prudemment en continuant mon chemin, car je me trouvai bientôt au milieu de trois hommes armés, dont deux étaient porteurs de carabines, et l'un d'eux m'adressa la question habituelle :

— Vous n'êtes pas de ce pays, monsieur ?

— Non, j'y suis arrivé tout dernièrement.

— Et quelle peut être la raison de votre présence ici ?

Je répondis que je n'avais pas de raisons particulières pour suivre le chemin que j'avais pris, que je voulais seulement voir le pays et m'informer des coutumes et des mœurs des habitants. Ils s'arrêtèrent en me regardant d'un œil qui me sembla plein de soupçons, et se retirant un peu de côté ils semblèrent se consulter.

J'étais trop loin d'eux pour entendre ce qu'ils disaient ; cependant les mots « Anglais » et « espion » prononcés d'une voix fortement accentuée, m'arrivaient très-distinctement. Je ne pouvais comprendre comment j'avais pu leur donner occasion de me soupçonner, car jusqu'alors j'avais été accueilli avec la plus franche hospitalité, même dans les Etats à esclaves, et je ne pensais pas que les opinions que j'avais exprimées à l'hôtel que je venais de quitter avaient pu s'être ébruitées de manière à attirer l'attention des planteurs de la Louisiane.

— Vous êtes Anglais ? me dit un des trois Américains d'un ton de voix qui annonçait clairement que ma qualité d'Anglais était une cause suffisante de suspicion.

— Je n'ai pas l'habitude, répliquai-je, de renier ma nationalité.

— Voyez-vous ce grand arbre que voilà là-bas, sur votre droite ?

— Oui.

— Eh bien, la Nouvelle-Orléans se trouve exactement sur la même ligne que cet arbre : maintenant, faites attention à ce que je vous dis, ne demandez ni pourquoi ni comment, mais retournez aussi vite que vous le pourrez à la Nouvelle-Orléans, et ne vous mêlez pas de ce qui ne vous regarde pas.

Il étendait en même temps le bras vers l'arbre dont il parlait, et me tournant le dos après m'avoir fait cette invitation, il alla rejoindre ses compagnons.

L'air menaçant qu'il avait assumé, le ton de commandement avec lequel il m'avait parlé, piquèrent ma vanité et blessèrent mon orgueil : au lieu donc de suivre le conseil qu'il m'avait donné, je crus qu'il était de ma dignité de chercher à savoir ce qui pouvait causer l'agitation extraordinaire que je voyais.

Je m'arrêtai un instant pour laisser mes trois individus prendre quelque avance, puis je continuai mon chemin.

A peu de distance de là j'arrivai tout à coup à une éclaircie, où deux ou trois cents hommes étaient rassemblés, et discutaient vivement quelque question de haute importance.

Ma curiosité l'emporta, et je voulus savoir quel était l'objet de la réunion : j'attachai la bride de mon cheval à une branche d'arbre, comme d'autres cavaliers avaient fait avant moi, et j'allai me mêler à la foule. Les premières paroles que j'entendis m'apprirent bientôt le terrible sujet de discussion, et plus que jamais une sorte de fascination me força à rester témoin de ce qui allait se passer.

CHAPITRE XX.

— Les noirauds sont assez disposés à se révolter, dit l'un, sans que l'on vienne encore les exciter.

— Nous aurons une insurrection, ajouta un autre, si nous n'adoptons pas de grands moyens.

— J'ai été obligé de faire fouetter six de mes nègres aujourd'hui, dit un troisième, tant ils se montraient insolents. Le croiriez-vous ? Ils ont eu l'impertinence de me dire qu'un noir avait autant de droits à être libre qu'un blanc !

— J'en ai un qui m'a dit l'autre jour que d'après la Bible nous étions tous frères !

— C'est ce que ces hypocrites de missionnaires leur apprennent.

— De quel droit les Anglais interviennent-ils entre nous et nos esclaves ? Nous ne nous mêlons pas de leurs affaires : qu'ils nous laissent tranquilles !

— C'est pour créer des dissensions parmi nous qu'ils nous envoient des missionnaires et des espions : ils sont jaloux de nous maintenant qu'ils ont ruiné leurs colonies en émancipant leurs noirs.

— Oui, ils nous envoient des espions, mais il n'y a qu'une chose à faire, c'est de les pendre !

— Oh ! il faut avoir recours aux grands moyens ou nous aurons une insurrection, et alors gare à nous.

— C'est une question de droit et de propriété : les nègres sont notre propriété. De quel droit les missionnaires anglais veulent-ils nous dépouiller de notre propriété ?

— C'est une question de vie ou de mort : en excitant nos noirs à la rébellion ils les poussent à nous assassiner tous !

— Il faut en finir. Il faut pendre tous ces hypocrites les uns après les autres !

— Mes amis, s'écria celui auquel on semblait montrer le plus de respect probablement parce qu'il était le plus riche et le plus fort propriétaire d'esclaves, mes amis, il faut faire un exemple : c'est dans l'intérêt des nègres, c'est dans l'intérêt même de ceux qui viennent les pousser à la rébellion, et pour que l'exemple porte fruit il doit être terrible.

La foule tout entière faisait silence, et on se pressait autour de l'orateur avec cette déférence instinctive que la multitude montre toujours à celui qui a le courage d'exprimer tout haut ce que les autres pensent tout bas.

— Oui, continua-t-il, l'exemple doit être terrible. Ecoutez ! je vais dire à ceux qui ne le savent pas ce qui s'est passé aujourd'hui. Un digne planteur que vous connaissez tous, le propriétaire de la plantation du Mont-Blanc, eut occasion de faire fouetter un de ses esclaves hier au soir. Je n'ai pas besoin de dire quelle faute le noir avait commise, son maître avait le droit de le condamner au fouet...

— Oui ! oui ! s'écrièrent plusieurs voix.

— Eh bien, au lieu de se montrer humble et repentant, comme les noirs doivent le faire en pareille occasion, celui-ci a eu l'audace de déclarer qu'il se vengerait !

— On aurait dû le faire fouetter encore une fois !

— C'est ce que fit le planteur, c'était un devoir qu'il avait à remplir envers lui-même et envers les autres planteurs. Mais ce n'est pas tout : je vais vous dire la suite de tout cela, vous verrez jusqu'où va l'intervention des missionnaires anglais. Le nègre fut mis aux fers ; mais il paraît qu'il y avait quelque part un de ces audacieux hypocrites qui avait été témoin caché de ce qui venait de se passer. Il trouva le moyen pendant la nuit de s'approcher du nègre, d'ouvrir le cadenas qui retenait ses chaînes, et de le mettre en liberté !

— C'est abominable ! s'écrièrent plusieurs voix, il faut le pendre !

En attendant le médecin, Otty s'approcha de mon brancard de feuillages.

— Mais ce n'est pas tout. D'après ce que le nègre a avoué avant de mourir, le missionnaire lui avait solennellement déclaré qu'il avait le droit de tout faire pour regagner sa liberté, et comme il avait besoin d'argent pour se sauver aux Etats du Nord, ce ne serait pas un péché, lui a-t-il dit, de voler son maître pour s'en procurer. Comme il avait l'habitude de servir dans la maison, et qu'il connaissait tous les appartements, il a pu exécuter ce vol facilement ; le missionnaire avait promis de l'aider à s'échapper en l'accompagnant et en le faisant passer pour son esclave.

Un long murmure d'indignation interrompit l'orateur.

— Je ne vous ai pas encore dit le pire de l'affaire. Un des conducteurs des nègres de notre ami, qui ne pouvait dormir et qui se doutait de quelque chose, crut devoir visiter le cachot dans lequel le nègre avait été enfermé : l'esclave s'était enfui, la porte était ouverte, il courut vers la maison pour donner l'alarme. Il arriva juste à temps, car un grand danger menaçait notre ami ; la maison était en feu ! Mais que trouva-t-il, croyez-vous, sur le plancher de la salle ? Le missionnaire, tout habillé de noir et cravaté de blanc, étendu tout de son long ivre-mort ! Il y avait auprès de lui un paquet de choses précieuses prêt à être emporté ! Et voilà quels vagabonds les Anglais nous envoient pour soulever nos nègres contre nous !

L'assemblée fit entendre de longues imprécations : on demandait vengeance, la colère était à son comble.

— Où est-il ? s'écria-t-on. Où est ce mécréant ? Où est le chien d'ivrogne ? La loi de Lynch ! la loi de Lynch pour le voleur de nègres !

— Et maintenant, mes amis, reprit l'orateur en résumant habilement la narration qui avait excité au plus haut degré la fureur de ses auditeurs, vous avez un exemple de l'intervention des Anglais dans nos affaires. D'abord notre ami a perdu un nègre d'une grande valeur ; car j'oubliais de vous dire que l'intendant avait rattrapé le fugitif, qui a été assez hardi pour se défendre, le croiriez-vous ? De

sorte que l'intendant a été obligé de le tuer. En second lieu la maison de notre ami est brûlée, et sans aucun doute le nègre et le missionnaire y ont mis le feu pour faciliter leur fuite. Cela ne peut pas continuer comme cela, autrement aucun de nous ne pourra être certain d'avoir encore un nègre demain matin, ou que sa maison ne sera pas brûlée pendant la nuit. Tout cela vient de la présence des prédicateurs anglais parmi nos nègres.

— Il faut pendre les prédicateurs ! il faut les pendre ! La loi de Lynch ! la loi de Lynch !

— Où est le missionnaire qui a mis le feu à la maison ?

— Et mis le nègre en liberté ? Pendons-le !

— Je l'ai envoyé chercher, répondit l'orateur, et le voici qui vient.

— Vous voulez dire qu'on l'apporte, dirent ceux qui l'amenaient, car il est ivre à ne pas se tenir debout.

— Montrez-nous-le ! montrez-nous-le ! s'écrièrent plusieurs voix. Voyons un peu ce qu'il est !

— La loi de Lynch ! la loi de Lynch pour l'hypocrite !

— Mes amis, reprit le meneur de l'affaire, vous avez raison, c'est là une de ces occasions où nous avons le droit de nous faire justice nous-mêmes.

— Il faut le pendre à l'arbre le plus prochain ! voilà la loi de Lynch !

— Mes... mes... messieurs ! balbutia l'accusé, que je reconnus aussitôt pour le clerc de procureur que je cherchais, mes... messieurs, vous ne pou... pouvez pas me... me pendre sans... sans jugement.

— Pendons-le d'abord, nous le jugerons après ! voilà l'affaire.

— La loi de Lynch ! la loi de Lynch !

— Mes... messieurs les jurés...

— Faites-le taire !

— Un pris... prisonnier a toujours... toujours le droit de... de se défendre... aux assises !

Je me trouvai bientôt au milieu de trois hommes armés.

— Il n'y a pas d'assises ici ! Rien que la loi de Lynch !

— Tenez, voici une corde.

— Mettez-la autour de son cou.

— Voilà un arbre là-bas.

— Hissez-le.

— Demandez-lui s'il n'est pas missionnaire ?

— Je... je... je... ne suis pas mis... missionnaire !

— Que diable êtes-vous donc ?

— C'est un espion !

— L'a-t-on trouvé dans la maison, oui ou non ? Voilà la question.

— Oui, on l'a trouvé là ; tenez, voici l'intendant.

— Qui l'a trouvé ?

— Oh ! pas tant de paroles ! Pendez-le, pendez-le, et que cela soit fini.

Il fut au même moment empoigné par une demi-douzaine des plus enragés qui l'entraînèrent vers l'arbre fatal, dont une des branches s'avançait en forme de potence. Comme il passait auprès de l'endroit où je me trouvais, ses yeux tout abrutis par la boisson tombèrent sur moi, il me reconnut et s'écria aussitôt :

— Monsieur Mayford, monsieur Mayford, sauvez-moi, sauvez-moi !

Ses bourreaux s'arrêtèrent à cet appel, et entraîné par un sentiment irrésistible je m'élançai vers le groupe au milieu duquel il se trouvait.

— Sauvez-moi, sauvez-moi ! répétait-il. C'est mon ami, M. Mayford me connaît, il vous dira que je ne suis pas missionnaire, mais un pauvre clerc d'homme de loi qui est venu du Canada aux États Unis pour gagner sa vie honnêtement.

— Un clerc d'homme de loi gagner sa vie honnêtement ? à d'autres !

— S'il est homme de loi, dit un de ses bourreaux, cela suffit, il mérite d'être pendu : nous n'avons pas besoin de missionnaires, ni d'hommes de loi non plus.

— N'êtes-vous pas l'homme que j'ai rencontré sur la route ? me dit un planteur d'une voix colère.

— C'est lui, s'écria un autre, je le reconnais.

— Qu'est-ce que vous êtes ? que venez-vous faire parmi nous ? me demanda un troisième.

— C'est mon ami, mon ami intime ! s'écria le digne John Stubbs. Il vous dira que je ne suis pas missionnaire.

— Ce sont deux oiseaux du même nid, dit une autre voix : il n'y aura pas grand mal à les pendre tous les deux.

— Vous êtes étranger parmi nous, et vous avez l'air d'un Anglais, me dit le planteur qui semblait diriger toute l'affaire, votre présence ici est suspecte, pour ne rien dire de plus. Vous appelez-vous Mayford, comme le dit cet homme ?

— Je m'appelle Mayford, répliquai-je ; mais quant à cet homme, tout ce que je sais de lui, c'est que je l'ai rencontré à une hôtellerie ; et que j'ai appris qu'il connaissait quelques secrets qu'il m'importe beaucoup de savoir.

— Mais comment se fait-il, reprit le planteur, que que nous vous trouvons ici, avec ce misérable pouvons-nous dire, que nous avons pris au moment où il excitait nos esclaves à s'enfuir en mettant le feu à nos maisons ?

— Oui, comment cela se fait-il ? s'écrièrent une foule de voix.

— Je vous assure, répondis-je en hésitant quelque peu, car je commençais à me croire dans une position périlleuse, je vous assure que je suis venu ici par simple curiosité.

— Curiosité ?

— Oui, il était curieux de voir ce que nous allions faire ! C'est un espion ! Il ne vaut pas mieux que l'autre ! Pendons-les tous les deux !

Quelques mains s'étendirent pour me saisir, et je me crus en grand danger : j'avais cependant le plus grand désir de sauver le malheureux Stubbs, non pas tant à cause de lui-même, je dois l'avouer, que parce que je craignais de le voir emporter mon secret dans la tombe. Il était dangereux d'avouer que je connaissais ce misérable, qui certes méritait bien le sort dont on le menaçait ; mais j'éprouvais une horreur instinctive pour cette exécution sans jugement, et je me voyais sur le point de perdre à toujours la chance de connaître le secret de mon origine. Mais il fallait prendre une résolution immédiate ; j'étais entouré d'une foule furieuse, j'étais à chaque instant poussé vers l'arbre qui devait servir de potence, je cédai à l'idée dominante qui m'obsédait :

— Arrêtez, leur dis-je, vous vous trompez en supposant que cet homme est un missionnaire.

— Vous le connaissez, alors ?

— Oui, répondis-je, forcé de l'avouer. Laissez-moi lui dire un mot.

Je m'élançai en même temps jusqu'auprès de lui, et approchant mes lèvres de son oreille, je le conjurai de me dire le secret de mon nom et de mon origine. Mais, ivre comme il était, paralysé par la terreur, il lui fut impossible de prononcer un seul mot. Peut-être même, en ce moment, calculait-il combien je lui achèterais ce secret.

— Voyons, lui dis-je en le secouant par le bras, vous m'avez appelé à votre aide, votre vie dépend peut-être de moi. Qu'est-ce que vous savez de ma famille ?

Il semblait être retombé dans la stupide indifférence de l'ivrogne, il ne répondit pas un mot.

— Emmenez-le, emmenez-le ! s'écria la foule : ils conspirent ensemble à notre barbe !

— Parlez, je vous en supplie ! lui dis-je de nouveau à l'oreille ; un mot, un seul mot !

Il parut se recueillir un instant, mais avant qu'il eût pu parler, j'étais séparé de lui, et je ne pus entendre que le mot : « le Rossignol » pendant qu'on l'emmenait.

— Je vous en prie, dis-je à ceux qui m'entouraient, donnez-moi encore quelques instants ; j'ai les raisons les plus pressantes de vous supplier de ne pas le tuer.

— Quelles sont ces raisons, voyons, dites-nous-les ! s'écria un des planteurs.

— Ce sont des choses qui n'intéressent que moi, répliquai-je.

— Oh ! sans doute, dit une voix de la foule.

— Et puis, leur dis-je, rappelez-vous que vous n'avez pas le droit de mettre cet homme à mort sans le juger d'abord.

— Il a été jugé : on l'a pris sur le fait.

— Croyez-vous qu'il ait eu le droit, lui, de mettre le feu à une maison ? me dit ironiquement un des planteurs.

— Ce serait m'insulter que de me faire une pareille question, lui répondis-je vivement.

— Au risque de vous insulter encore une fois, reprit l'Américain, je dois vous en faire une autre. Croyez-vous qu'il ait le droit d'exciter nos nègres à recouvrer leur liberté ?

La question était insidieuse, j'hésitai à répondre.

— Pedro, dit le capitaine, à boire.

— Il n'ose pas répondre ! s'écrièrent plusieurs voix.

— Vous savez, répliquai-je enfin, que les Anglais sont opposés au système de l'esclavage.

— Oui, maintenant qu'ils n'ont plus d'esclaves ; mais ce n'est pas là répondre à ma question.

— Répondez, répondez ! Il faut qu'il réponde !

— Une réponse catégorique !

— Pas d'équivoque !

— Pas de réticence !

— Croit-il que l'on ait le droit d'exciter les nègres à se révolter ? Voilà la question.

— Il hésite.

— Voyons, répondez.

— Croyez-vous, répliquai-je, qu'un homme réduit en esclavage n'ait pas le droit de désirer la liberté ?

— Pas d'équivoque !

— Nous ne parlons pas d'un homme, nous parlons d'un nègre.

— Il se condamne lui-même.

— A l'arbre ! Pendons-les ensemble !

Je me trouvai aussitôt saisi par ceux qui m'entouraient et emmené vivement vers l'arbre fatal. Quelques planteurs plus empressés que les autres avaient préparé une corde, qu'ils me passèrent autour du cou, et je fus entraîné à demi étranglé. Toute résistance était inutile ; il était impossible de m'opposer à cette foule exaspérée.

Je vis le malheureux John Stubbs hissé déjà à moitié mort à l'une des branches de l'arbre : son corps se balança dans le vide.

Il y eut un moment de silence et d'hésitation : le meurtre qu'ils venaient de commettre fit taire toutes les langues. Puis une voix s'écria :

— Au tour de l'autre !

— A l'autre, à l'autre ! répétèrent plusieurs voix ; qu'on le pende, et que cela finisse !

On me plaça sous l'arbre où pendait le cadavre de Stubbs : mais la vue de la mort répugne à l'homme, et personne ne s'empressa de grimper à l'arbre pour attacher la corde : ce moment d'hésitation me sauva.

— Mes amis, dit un homme déjà âgé qui n'avait pas encore parlé, je crois qu'en voilà assez pour aujourd'hui.

Tout le monde se tourna vers ce vieillard, et sembla l'écouter avec intérêt.

— Après tout, continua-t-il, nous n'avons rien qui prouve que celui-ci est aussi coupable que l'autre.

— Il est coupable, il est coupable ! Il a avoué qu'il connaissait l'autre, et ils avaient des secrets ensemble.

— Ils étaient complices.

— Oui, mais si je vous propose quelque chose de mieux que de le pendre ?

— Quoi? la carabine?

— Non, pas la carabine. Ne nous emportons pas, et sachons rendre justice. Que cet homme aille dire partout comment nous savons punir en ce pays, comment la loi de Lynch atteint ceux qui font le mal.

— Comment ! vous voudriez le mettre en liberté ?

— Non, mon ami : ce n'est pas tout à fait cela. Mais sachons être modérés, et ne pendons qu'un homme à la fois. Que celui-ci soit le rat porteur du grelot qui effrayera tous ceux qui seraient tentés de venir nous ennuyer de leurs prédications. Je propose de le couvrir de poix de la tête aux pieds et de le rouler dans un amas de plumes.

— Bravo, voilà notre affaire ! Emplumons-le, emplumons-le ! Une excellente idée ! Où trouver de la poix et des plumes ?

— Oh ! ce ne sera pas difficile. En attendant enfermons-le dans un cachot à nègre, il y en a là tout près, et nous nous occuperons de trouver ce qu'il nous faut.

— C'est cela, c'est cela ! Il faut l'emplumer, c'est comme cela qu'il faut les traiter ces hypocrites ! Vive la plume et la poix !

Je fus alors emmené, la corde au cou, vers un bâtiment où l'on renfermait d'ordinaire les nègres récalcitrants. Nous n'en étions qu'à une centaine de pas. On me poussa dedans la tête la première. On referma la porte, et je restai seul à réfléchir sur cette étrange aventure.

CHAPITRE XXI.

Les réflexions que je dus faire furent loin d'être agréables. J'avais la vie sauve, c'est vrai : mais c'était pour être couvert de poix et roulé dans un monceau de plumes. Etait-il certain d'ailleurs que la multitude ne changerait pas d'idée ? Je ne fus pas longtemps avant de savoir à quoi m'en tenir sur ce sujet.

Il n'y avait pas plus de dix minutes que j'étais là enfermé dans l'obscurité, quand j'entendis quelques voix à la porte de ma prison. Les murs étaient de pierre, mais la porte était de bois, et en prêtant l'oreille je pouvais entendre ce que l'on disait au dehors.

— Je ne peux pas vous laisser entrer, disait une voix que je pris pour celle d'une sentinelle qui devait être mise à ma porte, je connais mon devoir, attendez que le conseil ait décidé.

— Nous ne voulons pas attendre. Les nègres viennent de couper la corde de ce scélérat que nous avons pendu ; cela ne fait pas grand'chose, car il est mort comme un goujon frit ; mais c'est pour nous braver qu'ils l'ont fait, et si nous ne les frappons pas de terreur, nous aurons une insurrection.

— Je ne peux pas vous laisser entrer. J'ai ma consigne, je dois garder la porte jusqu'à ce qu'on le sorte pour l'emplumer. N'allez pas plus vite que les violons.

— Nous voulons le pendre, nous sommes décidés à le pendre. Nous voulons faire un exemple de tous ceux qui viendront exciter nos nègres à se révolter, autrement nous ne serons jamais en paix.

— Je le veux bien, pendez-le, si vous voulez, je ne m'y oppose pas ; mais laissez-nous avoir le plaisir de l'emplumer auparavant, vous le pendrez après. Il faut que tout cela se passe d'une manière régulière. Apportez-moi un ordre du conseil, et faites-en ce que vous voudrez.

— Retournons au conseil dire aux autres ce que nous voulons faire, dit une autre voix.

— Oui, retournez au conseil, et dites que vous voulez qu'il soit pendu ; mais, si vous m'en croyez, nous l'emplumerons tout d'abord, et nous le pendrons après. Dans tous les cas, je ne le laisserai pas sortir sans un ordre du conseil, vous pouvez y compter.

J'entendis des pas s'éloigner ; c'était évidemment la troupe venue pour me pendre qui retournait vers l'assemblée pour lui exposer ses désirs ! Il ne se faisait plus aucun bruit tout à l'entour ; seulement les pas réguliers de la sentinelle se succédaient sans interruption.

J'essayai de préparer froidement une foule d'arguments pour convaincre ceux qui me tenaient en leur pouvoir qu'ils devaient me laisser aller en liberté, car je comprenais que dans quelques minutes mon sort allait être décidé. Les apparences étaient certainement contre moi : j'avais malheureusement avoué que je connaissais le misérable prétendu missionnaire qu'ils avaient pris en flagrant délit, et les efforts que j'avais faits pour lui sauver la vie pouvaient paraître une preuve probante de complicité.

J'avais les moyens de me sauver à prix d'argent ; mais il n'y avait pas à supposer que mes offres seraient acceptées. Quelle chance me restait-il donc ? Il était inutile d'en appeler à la justice régulière du pays, car mes bourreaux ne reconnaissaient d'autre loi que celle de Lynch.

Je résolus d'essayer à corrompre la sentinelle qui me gardait, et j'approchai de la porte pour lui parler ; mais le bruit de ses pas ne se faisait plus entendre : je supposai qu'elle s'était approchée de l'endroit où se tenait le conseil pour connaître plus tôt sa décision.

J'essayai de forcer la porte, mais elle était massive, les verrous étaient solides, et la fuite était impossible de ce côté.

Je fus pris de désespoir, et je passai les mains sur tout le mur, aussi haut que je pus atteindre ; j'aurais voulu pouvoir le démolir avec mes ongles, mais tout était inutile !

Je pensai à grimper jusqu'au toit ; mais les pierres étaient lisses, et je ne rencontrai pas la moindre inégalité sur laquelle je pusse poser la pointe du pied. Découragé complétement, je me regardai comme perdu : je ne pouvais espérer que la multitude serait prise de pitié, car une multitude, qu'elle soit composée de gens riches ou de pauvres diables, est toujours la multitude et n'a que de mauvaises passions.

Je restai tranquille, cherchant à rappeler mon courage pour subir mon sort sans faiblesse. Oh! être traité d'une manière si ignominieuse, être bafoué, insulté et mis à mort comme un chien ! Il y avait de quoi devenir fou ; et dans le délire que cette idée me causa, je fus presque tenté de me tuer moi-même pour m'épargner l'agonie d'une mort aussi honteuse et aussi prolongée.

Pendant que j'étais ainsi absorbé, écoutant si le bruit de la foule ne s'approchait pas, mon attention fut tout à coup réveillée par quelque chose qui semblait gratter le toit de mon cachot. Je crus d'abord que c'était un rongeur, peut-être un rat ; cependant ce bruit inattendu me rendit une lueur d'espoir.

Puis le même bruit s'accrut comme si l'animal cherchait à s'introduire auprès de moi ; l'idée me vint alors que si l'on pouvait venir du dehors à l'intérieur, on pouvait pareillement aller de l'intérieur au dehors. Mais comment ? Le toit se trouvait à une hauteur inaccessible.

J'entendis ensuite un bruit, comme si l'on retirait une partie de la toiture avec de grandes précautions pour ne pas être entendu. On arracha quelque chose, puis le silence recommença. Je tournai les yeux du côté d'où venait le bruit, et il me sembla que je voyais un léger rayon de lumière : peut-être était-ce une étoile, car la nuit était venue depuis que j'étais prisonnier. Etonné d'entendre ce bruit sur le toit, et n'osant me laisser aller à l'espérance, j'attendais sans voix et sans haleine, incertain de ce qui allait arriver.

Je restai immobile environ une minute, qui me parut aussi longue qu'un siècle, puis une voix descendit d'en haut qui disait tout bas :

— Holà !

— Holà ! répétai-je.

— Holà ! vous parler tout bas, massa missionnaire, moi venir vous aider.

Je regardai vers l'ouverture d'où venait la voix, et je ne vis qu'une masse sombre et informe ; mais bientôt le blanc des yeux d'un nègre se détacha sur l'obscurité et me fit comprendre le secours qui me venait.

— Qui êtes-vous ? demandai-je tout bas.

— N'importe ; moi venir vous aider.

— Comment cela ?

— Moi pas savoir.

Cette réponse n'avait rien de bien encourageant, et il me vint un soupçon de trahison. Etait-ce une manœuvre pour m'entraîner à commettre quelque imprudence dont on s'autoriserait pour me condamner ? Je résolus de me tenir sur la réserve ; je ne pouvais guère me trouver dans une pire situation, ma mort semblait résolue. Puis il me sembla que la voix qui venait de l'ouverture méritait toute confiance.

— Le trou est-il assez grand pour que je puisse sortir ?

— Non.

— Pouvez vous l'élargir ?

— Pas facile, moi essayer.

— Dépêchez-vous, alors.

Le nègre, car c'était bien la voix d'un nègre, se mit à l'œuvre de nouveau, et retira encore quelques tuiles du toit.

— Massa, dit-il, vous chanter chanson.

— Chanter ! et pourquoi ?

— Parce que eux pas entendre moi faire trou plus grand. Massa, essayer chanter grande chanson, chanson missionnaire, chanter dans son livre psaumes. Massa faire grand bruit, faire boucher oreilles à tout le monde.

— Je ne peux pas chanter ; mais continuez la même chose.

— Massa chanter chanson pour rire, Cadet Rousselle, lui bon enfant ! Planteur penser vous pas peur.

— Où est-il ?

— Bien loin : moi le voir, lui tourner tête souvent pour lui voir porte.

— Continuez, alors, continuez : dépêchez-vous, et faites le trou assez grand.

— Moi avoir fait : trou être assez grand.

Il laissa tomber par hasard, en même temps, quelques-unes des tuiles qu'il avait retirées, et le bruit éveilla l'attention de la sentinelle. Je l'entendis qui accourait vers la porte : pour apaiser ses soupçons, je me mis à frapper de toutes mes forces ; il vint me demander ce que je voulais, et pourquoi je faisais tout ce bruit ?

— Je voudrais savoir, lui dis-je, combien vous allez me garder de temps ici ?

— Oh ! que cela ne vous inquiète pas, vous n'aurez pas longtemps à attendre. Mais savez-vous que vous êtes bien pressé d'être pendu. Ceux qui se trouvent dans votre position sont ordinairement enchantés d'attendre le plus longtemps possible.

— Qu'est-ce donc que l'on veut faire de moi ?

— Vous appliquer la loi de Lynch. Il y en a qui veulent vous emplumer, d'autres qui préfèrent vous pendre, de sorte que pour mettre tout le monde d'accord, on va faire l'un et l'autre. Mais voyons, restez tranquille, et ne recommencez pas ce tintamarre. Cela ne peut vous être utile à rien. Dites vos prières, si vous en savez, et souvenez-vous que je ne vais pas être loin : dans tous les cas, la porte est assez forte pour que vous ne la brisiez pas ; si vous pouvez passer à travers, je vous le permets ; seulement, ne faites pas de bruit, cela ne pourrait que vous faire donner une double dose de goudron.

Il me tourna le dos, et je l'entendis qui s'éloignait lentement de la porte.

— Massa, reprit bientôt le nègre à voix basse, planteur parti.

— Comment pourrai-je sortir ? demandai-je ; avez-vous une corde ou une échelle ?

Je me rappelai fort heureusement que j'avais encore autour du cou la corde avec laquelle on voulait me pendre, quand on m'avait jeté dans ce cachot. Je l'avais retirée et jetée dans un coin, je la cherchai à tâtons, et j'eus le bonheur de la retrouver : elle avait presque vingt pieds de long.

— Allongez le bras, dis-je au nègre.

— Oui, massa missionnaire, moi allonger bras.

— Attrapez la corde quand je vais la jeter.

— Oui, massa, moi attraper, moi tenir corde.

— Attachez-la au toit.

— Moi attacher, vite ; massa, moi entendre venir.

— Le trou est-il assez grand pour que je puisse y passer.

— Trou pas très-grand ; mais massa presser un peu. Oh ! massa, vite, vite ! moi entendre venir beaucoup.

J'avais fort heureusement appris la gymnastique dans ma jeunesse, et je montai facilement le long de la corde ; mais le trou était très-étroit, et je ne savais comment y passer.

— Oh ! vite, massa, passer tête, passer ventre : moi entendre venir !

Je ne pus me glisser entre les chevrons du toit qu'en y laissant une partie de mes vêtements ; mais il n'y avait pas à hésiter, j'entendais distinctement la foule qui s'approchait.

— Vite, massa, descendre par là, moi monter par ici. Oh ! vite, vite, massa ; si eux prendre moi, eux fouetter moi, et moi mourir.

Il descendit le long du mur, en s'aidant de toutes les inégalités de la maçonnerie, je le suivis en m'écorchant les mains et m'arrachant les ongles.

— Maintenant, massa, vous suivre moi.

J'eus la présence d'esprit de retirer la corde qui pendait du toit, afin que mes ennemis ne pussent découvrir immédiatement par quel moyen je m'étais enfui : je pensai que les minutes qu'ils perdraient à discuter sur ma disparition seraient de la plus haute importance pour le succès de mon évasion. Je roulai la corde autour de mon bras et je suivis sans mot dire mon libérateur, qui marchait à grands pas.

CHAPITRE XXII.

Le nègre se dirigea pendant quelque temps du côté opposé à celui par lequel j'étais venu ; il allait vers le sud. Comme ce n'était pas la direction que je voulais suivre, car cela m'éloignait de l'endroit où j'avais laissé mon cheval, je m'arrêtai et lui fis comprendre que je voulais aller tout à l'opposé. Il ne me répondit rien, mais il étendit le bras vers la plantation que nous venions de quitter, et sembla m'inviter à prêter l'oreille.

Un murmure de voix que j'entendis aussitôt me fit comprendre tout le danger que j'aurais couru si mon guide m'eût fait prendre la route du nord. Comme je ne doutai plus qu'il avait de bonnes raisons pour continuer le chemin qu'il avait pris, sans tourner à droite ou à gauche, je le suivis sans plus faire d'objection ; les cris que j'avais entendus me faisant allonger le pas.

Nous continuâmes ainsi pendant plusieurs milles : de temps en temps le nègre s'arrêtait et mettait l'oreille contre terre.

— Entendez-vous un bruit de pas ? lui demandai-je.

— Bruit de pas d'hommes, rien faire, massa, nous aller plus vite, nous aller où chevaux pas pouvoir.

— Qu'est-ce que vous écoutez donc ?

— Moi écouter chien aboyer. Quand nègre s'enfuir, planteur dire à chien : Toi prendre lui ! Alors chien sentir terre, et puis japper et sentir, et massa venir après et chien sentir, toujours sentir, et comme ça planteur attraper pauvre noir quand lui veut sauver.

— Ce sont les chiens chasseurs de sang, je présume ?

— Oui, massa, lui appelé chasseur sang, parce que lui sentir sang nègre et prendre lui, bien canaille lui chien !

Je n'avais pas pensé à ce danger-là. Je me rappelai qu'autrefois les Espagnols avaient chassé les indigènes de Cuba avec des chiens de cette race, mais je ne savais pas que les planteurs de la Louisiane eussent recours à ce moyen infâme et barbare pour retrouver leurs esclaves. Il n'y avait guère, à vrai dire, que deux ou trois planteurs de la Louisiane qui s'étaient procuré cette sorte de chiens, et c'était plutôt dans le but de faire comprendre aux nègres combien tout essai de fuite serait inutile que dans l'intention d'en faire usage.

La terreur du nègre était à son comble, il s'arrêtait à tout instant et écoutait en donnant les signes de la plus profonde anxiété. Mais il connaissait évidemment quelques moyens de mettre la sagacité des chiens en défaut.

— Moi croire, massa, nous avoir temps d'arriver à eau avant chien vienne à nous.

— Vous ne l'entendez pas alors ?

— Non, moi pas l'entendre. Mais quelquefois lui pas japper, parce que lui savoir que nègre entend. Oh ! chien malin comme diable !

— Et où avez-vous l'intention de me conduire ?

— Moi, conduire massa à rivière, chien pas sentir. Mais, massa, pas parler, nous pas avoir temps ; nous courir, parler tantôt.

Je n'avais rien à objecter à une observation aussi raisonnable ; l'idée des chiens m'avait rendu excessivement désireux de mettre la plus grande distance possible entre nous et ceux qui nous poursuivaient. Nous continuâmes donc à nous avancer vers le sud aussi rapidement que je le pouvais : le nègre courait beaucoup plus vite que moi ; il était plus légèrement vêtu et ses pieds n'étaient pas embarrassés de souliers. Je n'aurais jamais cru cependant que je possédasse autant d'agilité que m'en donnait l'idée d'être pourchassé par des chiens, et je réussis à tenir compagnie à mon guide jusqu'au bord d'une petite rivière qui se trouva droit sur notre chemin.

Le nègre se jeta à l'eau sans hésiter ; je le suivis : l'eau ne nous venait que jusqu'au genou. Quand nous arrivâmes sur l'autre bord, le terrain était boueux, j'y enfonçais jusqu'aux chevilles.

— Massa, me dit le nègre, vous frapper pied fort comme moi.

Je ne compris pas la raison de cette recommandation ; je fis cependant ce qu'il désirait jusqu'à ce que nous eûmes atteint le bord d'un autre ruisseau qui se trouvait à une centaine de pas. Il me semblait que ce piétinage n'était pas le meilleur moyen de faire perdre nos traces, mais je supposai que le nègre avait quelque raison d'en agir ainsi, et en effet je ne tardai pas à la connaître.

— Vous suivre moi, massa.

Le nègre, en même temps, descendit dans le ruisseau ; mais au lieu de le traverser comme le premier, il en sortit immédiatement et retourna en arrière en marchant à reculons. Je me demandai ce que signifiait cette manœuvre, que j'imitai de mon mieux. Nous retournâmes donc au premier ruisseau, dans le lit duquel nous rentrâmes, puis nous nous mîmes à suivre le courant en agitant l'eau de toutes nos forces.

Je compris alors quelle avait été son intention en laissant de profondes et visibles traces entre les deux rivières : il avait voulu faire prendre à ceux qui nous poursuivaient une direction opposée à celle que nous allions suivre, car les deux cours d'eau se dirigeaient un peu plus loin l'un vers l'est et l'autre vers l'ouest. Il était à supposer que si nos ennemis ne se trompaient pas complètement de chemin, ils resteraient quelque temps à discuter et à reconnaître les traces que nous laissions ; c'était nous permettre d'accroître la distance qui nous séparait d'eux.

Quand nous eûmes marché environ un mille dans le lit de la rivière, je me sentis si fatigué que je pouvais à peine me tenir debout : l'eau cependant n'était guère profonde, et n'atteignait qu'un peu au-dessus de nos chevilles. Le nègre saisit la branche d'un arbre qui s'étendait au-dessus de l'eau, et m'invitant à faire comme lui, il s'élança hors de la rivière. Ce n'était pas chose facile à faire que de l'imiter ; je réussis cependant à sauter dans l'arbre, sans toucher le bord de la rive. Pendant que j'étais assis auprès de lui dans les branches de l'arbre, je voulus savoir pourquoi il avait couru le risque d'être cruellement fouetté, et peut-être d'être tué, pour me sauver ; mais il m'arrêta court.

— Pas parler, massa, encore danger! Après, César dire tout.

— Vous vous appelez César alors ?

— Oui, massa, mais pas parler. La nuit, quand oiseaux pas chanter, quand pas bruit, parole entendue bien loin. Massa partir encore?

— Oh ! je suis bien fatigué, lui dis-je, mais je vais essayer.

Je rassemblai le peu de forces qui me restaient et je suivis César, qui marcha moins vite qu'auparavant, parce que je lui avais avoué combien j'étais fatigué. Nous continuâmes à marcher pendant la plus grande partie de la nuit, mais je ne savais plus quelle direction nous suivions, car le ciel était couvert, et l'on ne voyait pas une seule étoile. Les tours et les détours que nous fîmes devinrent si nombreux, que je cessai complétement de pouvoir m'orienter. Nous atteignîmes enfin un fourré assez épais dans lequel se trouvait une sorte de hutte faite de branches entrelacées; mais ce ne fut qu'au retour du matin que je reconnus que nous étions à couvert, car il faisait si noir dans le bois qu'il était impossible de rien voir.

— Massa, vous coucher sur bonnes feuilles : demain, massa encore marcher, César veiller massa quand massa dormir.

J'avais le plus grand désir de connaître la raison de l'intérêt si extraordinaire que me montrait ce pauvre nègre, mais j'étais si accablé de fatigue que je ne pus le lui demander. Je me sentis à peine la force suffisante pour chercher avec mes mains où le lit de feuilles pouvait se trouver, et me jetant dessus je m'endormis aussitôt.

Quand César me réveilla, je me sentais encore tout assoupi, et il me répugnait excessivement de me lever: mes membres étaient encore fatigués; mais il me secoua jusqu'à ce que je fusse éveillé. Une faible lueur qui descendait à travers le feuillage indiquait l'approche du jour; me rappelant alors à quel danger je venais d'échapper, et que selon toute probabilité nous étions poursuivis, je me mis en mesure de suivre mon guide avec une nouvelle ardeur. Nous reprîmes la route que nous avions commencée la veille, et comme nous laissions sur la gauche la partie du ciel où l'aurore se levait, nous allions évidemment au midi.

Il me sembla nécessaire de savoir d'une manière précise vers quel endroit mon guide me conduisait : il me fit comprendre que nous allions chercher la côte en descendant presque parallèlement à un des bras du Mississipi. Mais je voulais me rendre à la Nouvelle-Orléans, il me semblait que je serais en sûreté si je pouvais me mettre sous la protection des magistrats de la cité.

— Où est la Nouvelle-Orléans ? lui demandai-je.

— Par là, répliqua-t-il en m'indiquant un endroit au-dessus de son épaule gauche.

— C'est là que je veux aller, lui dis-je.

— Pas possible, massa, grand fleuve là. Puis, à Nouvelle-Orléans eux pendre missionnaire comme dans plantation, et puis là, derrière, peut-être gros chiens!

— Mais qu'allez-vous devenir, vous? demandai-je.

— Moi pas savoir, répondit-il en secouant la tête, moi croire massa prendre moi et lui à son pays, où personne esclave.

— Voyons : dites-moi pourquoi vous m'avez aidé à m'échapper de prison ?

— Moi, vous dire, massa : esclave toujours aider missionnaire; missionnaire bon pour esclave, dire à lui bonnes choses. Puis massa connaître missionnaire pendu?

— Pourquoi me demandez-vous cela?

— Lui vouloir sauver frère à moi : intendant tuer frère à moi, et frère à moi dire avant mourir : César, missionnaire vouloir sauver moi, toi essayer sauver missionnaire si lui besoin!

— Je comprends : et c'est pour cela que vous m'avez aidé ?

— Oui : massa frère à missionnaire, eux pendre missionnaire, mais moi dire eux pas pendre vous.

Cette preuve d'attachement fraternel et du respect que les pauvres noirs éprouvent pour ceux qui cherchent à améliorer leur sort me frappa profondément : je regrettais seulement qu'un misérable comme celui que j'avais vu pendre eût osé personnifier un membre d'une association qui ne devrait se recruter que parmi les hommes possesseurs de toutes les vertus évangéliques.

— Mais l'homme qu'ils ont pendu n'était pas un missionnaire, lui dis-je.

— Lui pas missionnaire ! Quoi être alors? Lui dire prières, chanter psaumes, et toujours lui manger bons dîners.

— Et il avait coutume de boire aussi, n'est-ce pas?

— Oui, massa, lui boire beaucoup. Lui dire pas pouvoir supporter vue de pauvre nègre fouetté, lui avoir cœur bien tendre, lui avoir besoin boire beaucoup rhum pour faire bien à lui.

— A quelle distance croyez-vous que nous soyons de la côte?

— Massa marcher une, deux, trois, quatre heures, et massa voir l'eau.

— Que ferons-nous quand nous y serons?

— Nous aller là, massa, et nous voir.

Je ne comprenais pas trop comment nous avions avantage à nous rapprocher de la côte, à moins que ce ne fût dans l'espoir de trouver quelque bateau qui nous porterait à la Nouvelle-Orléans; car malgré les doutes que César avait émis, j'avais le plus grand désir de me mettre sous la protection de l'autorité. Quant à César lui-même, c'était une autre affaire. Si je l'emmenais avec moi à la Nouvelle-Orléans, je pouvais être accusé d'avoir contribué à l'évasion d'un esclave, et sans parler de la loi de Lynch, la législation de l'État est assez sévère à l'encontre de ceux qui commettent un délit aussi contraire à l'ordre public.

Je ne voulais pas exposer mon libérateur à la vengeance de ses maîtres, et je ne pouvais me séparer de lui, car il me fallait un guide dans ce pays, qui m'était tout à fait inconnu. Je résolus donc d'accepter le plan qu'il avait combiné, d'aller aussi vite que possible vers l'Océan, et de courir la chance que le bord de la mer pourrait nous offrir.

Je l'invitai donc à me montrer le chemin, et nous marchâmes près de trois heures, apercevant de temps en temps un des bras du Mississipi, qui coulait sur notre droite. Je me sentais aussi accablé de faim que de fatigue, car je n'avais mangé que quelques grains de maïs écrasé, que César avait dans un sac, et que je mêlais avec un peu d'eau. Mais la fraîcheur de la mer que nous commencions à ressentir me rendit des forces, et je me félicitais déjà d'être arrivé à la côte et d'être hors de danger, quand César, qui venait d'écouter l'oreille contre terre, se releva en s'écriant :

— Massa ! massa ! moi entendre gros chien aboyer.

Il partit au même instant en courant, et je le suivis aussi vite que je pus, mais sans espoir d'échapper; car nous étions pris entre la mer qui se trouvait devant nous et nos ennemis qui nous suivaient. Cependant César continuait à courir, et je le suivais jusqu'à ce qu'enfin, perdant haleine, je fus forcé de m'arrêter. César s'arrêta en même temps, mais il continuait à m'engager à faire un nouvel effort pour arriver jusqu'à l'eau que nous voyions à un demi-mille devant nous : le Mississipi était à un jet de pierre sur notre droite.

— Massa, massa, s'écria César, vous courir petit peu encore. Moi voir, moi voir!

J'ignorais ce qu'il voyait, car il ne s'arrêta pas pour me le dire; mais s'élançant aussi vite que ses jambes pouvaient le porter, il me laissa le suivre comme je le pourrais. Je courais de toutes mes forces, puis je m'arrêtais pour reprendre haleine, et je me remettais à courir : bientôt je pus voir sur le bord de l'eau un bateau, le long duquel se trouvait déjà César. Il l'avait poussé à la mer, et sans nous inquiéter de la permission du propriétaire, nous nous jetâmes à bord tous les deux, et prenant chacun un aviron nous poussâmes au large.

Nous n'étions pas à plus de trois cents mètres de la côte, que nous vîmes paraître trois hommes à cheval, puis un instant après deux hommes à pied tenant deux chiens en laisse; c'étaient ceux qui nous suivaient à la piste. Ils vinrent jusqu'au bord de l'eau, et là les chiens perdant la trace, jetèrent un long hurlement comme pour témoigner de leur impuissance. Les cinq hommes criaient et gesticulaient en donnant toutes les marques de la plus vive colère.

Tout à coup un des cavaliers fit sentir l'éperon à son cheval, et prit en galopant le chemin de la rivière. Nous faisions pendant tout ce temps force de rames, et sans savoir où nous allions, nous nous éloignions rapidement du rivage : nous n'avions pas échangé un mot, et cependant nous étions tous deux tourmentés de la même pensée, c'était que le cavalier était allé à la recherche d'un bateau pour continuer la poursuite sur mer.

Bientôt après, en effet, nous pûmes voir un bateau qui s'éloignait du rivage, mais nous avions une si grande avance, que je pensai qu'ils ne pourraient pas nous rattraper à moins qu'il ne survînt quelque accident extraordinaire. Notre canot était aussi léger qu'une plume, et autant que nous pouvions en juger, celui qui nous donnait la chasse était grand et lourd.

En mauvais temps il aurait pu nous battre à la course, mais la mer était unie comme une glace, il n'y avait pas le moindre souffle de vent, et nous nous flattâmes que nous pourrions toujours nous tenir à distance. Chaque coup d'aviron nous éloignait de nos ennemis, et nous nous encouragions l'un et l'autre à ramer avec vigueur; le canot volait avec rapidité sur l'eau, nous oubliions que nous nous dirigions imprudemment vers les courants si trompeurs du golfe du Mexique.

CHAPITRE XXIII.

Je ne connais rien de plus agréable peut-être qu'une partie de plaisir en bateau, surtout pour celui qui tient le gouvernail; mais notre course en mer était bien différente. Nous ne voyions plus le rivage, et la terre ne nous paraissait plus que comme une masse informe et indistincte : nous avions franchi un espace considérable, et je commençai à penser que nous courions d'un danger dans un autre. La mer était calme et unie comme la surface d'un miroir, et aussi longtemps que le vent ne s'élèverait pas il n'y aurait guère de danger; mais si les flots se soulevaient, notre bateau était si petit et si léger que nous n'aurions aucune chance de le voir résister à l'effort des vagues : car ses bords ne dépassaient pas l'eau de plus de six à sept pouces.

Le bateau qui nous poursuivait était presque hors de vue, et ne paraissait plus que comme un point à l'horizon, mais comme il continuait à nous donner la chasse, nous crûmes nécessaire de faire de nouveaux efforts : nous ramâmes encore pendant près d'une heure, après quoi je fus obligé de m'arrêter pour prendre quelque repos. Le nègre prit mon aviron et maintint le sillage du bateau pendant assez longtemps, mais il fut enfin obligé de s'arrêter à son tour.

Nous tînmes alors conseil, je pris la présidence et César forma l'auditoire.

Il résulta des questions que je lui fis qu'il ne connaissait pas le moins du monde la côte que nous venions de quitter, et qu'il n'avait pas la plus légère idée de navigation. Je n'étais pas beaucoup plus savant que lui ; tout ce que je savais, c'est que pour nous éloigner de la terre nous avions à tenir la proue du bateau vers la mer, mais c'était aller un peu à l'aventure.

César me prouva bientôt cependant que ses connaissances étaient plus variées que je ne le supposais ; car, me montrant du doigt une masse noirâtre qui sortait de l'eau, il s'écria :

— Massa, vous voir !

— Qu'est-ce que c'est, un poisson ?

— Bien gros poisson, lui être un requin !

J'avais souvent lu des descriptions de requin. J'avais aussi entendu parler de cet intéressant poisson, mais je n'en avais jamais vu : l'aspect de sa nageoire dorsale me satisfit complétement ; je n'eus aucun désir de faire sa connaissance d'une manière plus intime, je trouvai que j'en savais bien assez dans cette branche particulière de l'ichthyologie. Peut-être eussé-je changé d'avis, si je me fusse trouvé sur le pont d'un bon navire ; mais je n'avais aucun désir de l'approcher dans notre frêle canot, qu'il aurait brisé du moindre coup de sa queue.

Je priai le nègre de faire avancer un peu notre bateau. Nous nous éloignâmes d'une centaine de pas ; mais la nageoire dorsale nous suivit à pareille distance, et cette persistance à ne pas nous perdre de vue nous sembla indiquer une intention de faire notre connaissance qui nous parut plus flatteuse qu'agréable. Le monstre se jouait derrière nous comme pour nous dire qu'il savait attendre, et que l'expérience lui avait appris qu'il avait infiniment de chances de nous mettre bientôt sous sa dent.

La vue de l'immensité des mers est sans aucun doute un spectacle sublime ; mais j'aurais en ce moment préféré à toute cette magnificence le moindre coin de terre ferme, ou le plus misérable navire capable de nous offrir un abri. Rien ! Nous ne voyions rien que la mer s'enfuyant sous l'horizon, excepté cependant le bateau qui nous donnait toujours la chasse. Je fus frappé néanmoins de la glorieuse magnificence du soleil couchant ; ses longs rayons d'or glissaient au loin sur la surface rougie des eaux. Mais j'aurais admiré avec plus d'enthousiasme les richesses infinies de cette scène, si les rayons qui tombaient sur la nageoire dorsale du requin ne m'eussent incessamment rappelé la présence de cet habitant des mers, qui semblait vouloir nous faire les honneurs de son élément en passant la soirée avec nous.

Cependant on s'habitue à tout, même à une femme grondeuse ; et, fatigué de regarder constamment cette noire épine, je me mis à penser à autre chose.

Il y avait sur l'arrière de notre bateau un petit coffret dont le couvercle s'ouvrait au moyen de deux pentures en peau de poisson. Je n'avais pas encore songé à voir ce que ce buffet pouvait contenir ; mais commençant à être stimulé par certaines sensations qui m'auraient fait mordre avec plaisir même à un morceau de requin bouilli ou grillé, je voulus faire plus ample connaissance avec les provisions de l'armateur, et, ouvrant la petite trappe, j'introduisis ma main à l'intérieur.

Ce fut avec un bonheur inexprimable que je sentis au bout de mes doigts la rotondité d'une bouteille ; j'espérais qu'elle contiendrait de l'eau, car j'étais consumé de soif, mais elle était pleine de rhum. Ce me fut un grand désappointement, et je la passai à César, qui en but à longs traits en donnant toutes les preuves de la plus intime satisfaction.

J'avais de nouveau passé la main dans la cachette, et cette fois j'en retirai un pain de maïs, que je crus un vrai trésor ; je le brisai en deux, je remis une moitié dans le coffret, et partageai avec mon compagnon le morceau que j'avais brisé. Cette trouvaille m'avait encouragé, et je plongeai de nouveau le bras dans les profondeurs du buffet, mais je n'y trouvai plus rien que quelques hameçons et deux paquets de ficelle. Le moindre comestible eût bien mieux fait mon affaire ; mais à défaut de provisions, la meilleure chose que nous ayons pu trouver était évidemment une ligne et des hameçons. César me dit qu'il savait s'en servir et promit de les utiliser. Je me sentis tout joyeux de penser que nous pourrions pêcher ; je ne pensai pas tout d'abord que nous n'aurions pas de feu pour faire cuire notre pêche, et que si à la rigueur le poisson peut être mangé sans sauce, il n'est guère possible de le digérer cru.

Le jour disparut bientôt, mais la nuit ne fut pas noire ; les étoiles nous envoyaient encore une douteuse clarté ; le sommet des eaux brillait de lueurs phosphorescentes, parmi lesquelles la nageoire dorsale de notre fâcheux voisin jetait son ombre sinistre. Fatigué enfin de regarder ces merveilles, je m'étendis au fond du bateau, et m'endormis au milieu des dangers. Le nègre fit comme moi, et je l'entendis bientôt ronfler à mes côtés, quand un bruit étrange m'éveilla au beau milieu du rêve le plus intéressant.

Il me semblait que j'étais encore au milieu de la mer, dans le même petit bateau ; mais au lieu de l'obscurité, une lumière pâle et douce régnait sur la surface des eaux ; des sons harmonieux s'élevaient des profondeurs de la mer, semblables aux voix mélodieuses des anciennes sirènes. Des créatures mystérieuses apparaissaient au-dessus des eaux, ce n'étaient ni des sirènes ni des tritons, mais des êtres étranges, aux formes impossibles, portant des têtes d'une angélique beauté. Je voulais leur parler, car je ne ressentais aucune crainte, mais ma langue restait sans voix. Une de ces formes, plus belle que les autres et toute ruisselante de gouttelettes d'eau qui resplendissaient comme des diamants, s'approcha de moi, et se penchant vers mon oreille, elle prononça quelques mots en une langue inconnue que je ne pus comprendre ; puis, peu à peu, les traits enchanteurs de cette nymphe des mers assumèrent le rude et sinistre aspect du clerc d'avocat que j'avais vu pendre, et qui me répéta le mot qu'il m'avait dit sous l'arbre fatal : « Le rossignol ! »

La forme reprit bientôt la douce contenance des anges, et son doigt me montrait dans le lointain une terre étrange où je voyais des animaux d'espèce extraordinaire et une végétation différente de celle de mon pays. La nymphe sembla me dire que c'était là que je devais aller ; puis, jetant tout à coup un cri sauvage, elle s'élança dans les flots, où elle se mêla aux jeux folâtres de ses compagnes.

Le clapotement des eaux qu'elles s'entre-jetaient finit par me réveiller, et je restai quelques instants dans l'immobilité la plus complète, écoutant encore le frémissement inusité des vagues. Je ne voyais rien au-dessus de ma tête que la voûte obscure parsemée de blanches étoiles, et je n'entendais rien que le bruit des eaux qui se jouaient autour de notre bateau ; je crus un instant à la réalité de la scène trompeuse que j'avais vue.

Mais le bruit des vagues devint plus violent et plus menaçant. Le nègre s'éveilla. Elevant la tête au-dessus du sabord, il regarda du côté d'où venait le bruit, et me montra de la main une demi-douzaine d'immenses requins qui se jouaient en attendant l'heure du souper, et qui montraient dans leurs soubresauts tantôt leur queue gigantesque et tantôt leur horrible gueule.

Mon rêve était irrévocablement passé, le sommeil même s'était enfui. L'impatience de nos voisins devenait trop visible pour que je pusse de nouveau fermer les yeux. J'avais lu autrefois l'histoire d'un soldat qui, s'étant avancé sur l'extrémité d'un roc situé presque de niveau avec la mer, avait été enlevé d'un coup de queue de requin, et ce souvenir me faisait craindre un sort tout semblable.

Mais, soit que l'espèce qui nous entourait ne possédât pas les mêmes connaissances stratégiques, soit que le nègre ou moi leur en eussions imposé, ils n'essayèrent aucune attaque, et se bornèrent à gambader autour de nous sans doute pour égayer notre solitude.

Je désirais ardemment que le jour revînt, il me semblait que ces horribles monstres seraient moins effrayants le jour que la nuit. Longues et ennuyeuses furent les minutes qui se succédèrent lentement jusqu'au jour. Mais enfin une teinte rosée vint éclairer l'orient, et bientôt les nuages, qui se rougirent à l'horizon, nous annoncèrent l'approche du soleil. Le lever de l'astre du jour fut splendide. Seul comme je l'étais sur l'immensité des mers dans un frêle canot, je fus pénétré d'un sentiment de bien-être que les rayons du soleil semblaient étendre sur la surface des eaux. Saisi d'une émotion profonde et d'un élan intime de dévotion, je remuai les lèvres en actions de grâces au Créateur de toutes choses, dont j'implorai humblement la protection. Le nègre pria à haute voix.

L'accomplissement de ce devoir et le retour du jour me rendirent du courage, et ce fut d'un œil plein de confiance que j'étudiai tout le pourtour de l'horizon. Les requins avaient disparu ; il n'en restait plus qu'un, probablement celui que nous avions vu d'abord, et qui semblait avoir juré de nous croquer, car il se tenait immobile à notre poupe. Sa présence ne m'intimidait plus autant, car l'air était calme et la mer tranquille ; cependant je n'aurais pas été fâché de le voir s'éloigner aussi.

César me fit bientôt remarquer un point noir qu'il distinguait à l'horizon, je supposai aussitôt que ce ne pouvait être qu'un navire.

— C'est un navire, lui dis-je.

Il regarda longtemps et secoua la tête.

— Non, massa, non ; lui pas navire, lui bateau.

— Mais croyez-vous que ce soit le bateau qui nous a poursuivis ?

— Moi pas savoir, mais lui venir, massa attendre, massa bientôt voir.

Comme dans les circonstances où nous nous trouvions il était difficile de dire de quel côté la prudence nous conseillait de nous diriger, nous crûmes qu'il valait mieux ne pas épuiser nos forces en nous éloignant de ce bateau. Nous attendîmes donc dans la plus grande anxiété jusqu'à ce qu'il fût assez près pour que nous pussions juger de ses intentions.

Mais bientôt César appela mon attention vers un autre côté de l'horizon où l'on voyait quelques lignes légères apparaître au-dessus de l'eau.

— Là navire , massa, moi voir mâts, moi voir voiles !

Je regardai du côté qu'il m'indiquait, et je vis effectivement droit derrière nous la blanche voile d'un navire que l'on venait d'ouvrir au vent. Une légère brise s'éleva en même temps de l'ouest et commença à rider la surface de l'eau. L'approche de ce navire vint donner un nouveau cours à nos pensées. Était-ce un ami ou un ennemi? Si ce n'était pas un ennemi, ce ne pouvait être qu'un ami, car quel homme aurait la barbarie de passer auprès de deux pauvres êtres en dérive en pleine mer sans leur porter secours ?

— Massa , s'écria César, bateau avoir voile aussi.

— Est-ce le même bateau?

— Moi croire lui être même bateau : lui avoir large pont, moi le connaître. Oui, massa, lui même bateau. Nous prendre aviron vite, massa, et courir devant lui.

Nous reprîmes nos avirons, et nous ramâmes pendant environ un mille : je m'arrêtai pour regarder en arrière.

— Le bateau nous gagne, dis-je presque désespéré, il est inutile de résister à notre destinée.

— La destinée, massa? Non! résister, résister, massa! Si bateau vient, lui tuer vous, fouetter moi !

— C'est inutile , répétai-je, le bateau vient plus vite à la voile que nous ne pouvons aller à la rame ; le vent fraîchit, nous serons bientôt pris.

— Oui, bateau venir vite, massa ; mais lui navire venir plus vite. Si lui vient premier... Ah !

— Qu'y a-t-il donc?

Le noir avait laissé tomber son aviron , et il était resté frappé de terreur à la vue du navire qui s'approchait.

— Qu'y a-t-il donc ? lui dis-je ; que voyez-vous qui vous effraye ?

— Ah ! massa, vous voir le navire ? Moi connaître lui ! Vous voir mâts bien hauts, pont bien long, voiles bien larges...

— Eh bien ?

— Lui négrier, massa ! Oh! moi bien connaître lui !

Une pensée me frappa. Je n'avais pas l'horreur instinctive de César pour un négrier; je pensai en outre qu'il venait de partir du port, et que sûrement aucun esclave à bord il nous recevrait volontiers : je me fiai à mon adresse pour tirer mon compagnon d'embarras. L'ennemi que je craignais le plus était le bateau américain qui gagnait rapidement du terrain; mais le négrier venait plus vite.

Je crus donc que le plus prudent était de nous diriger vers ce dernier en nous tenant un peu hors de sa route de manière à pouvoir parlementer avec lui et le décider à nous recevoir à son bord. Je dis donc à César de reprendre son aviron, et de ramer de toutes ses forces pour nous éloigner de la route que suivaient le bateau et le navire.

Je n'eus pas besoin de le prier, car il avait hâte de fuir le terrible négrier : ce que je voulais arriva ; nous étions par le travers du navire que le bateau était encore loin.

— Maintenant, dis-je à César d'une voix de commandement, car je vis qu'il lui répugnait infiniment de s'approcher du négrier, maintenant , allons vers le navire, fais comme moi, et sois sûr que je te protégerai.

L'expression de ses traits me révéla toute l'horreur qu'il ressentait; cependant il fit ce que je lui disais : nous mîmes le cap sur le navire, et nous attendîmes qu'il s'approchât.

CHAPITRE XXIV.

Le négrier venait à nous; mais, à ma grande surprise, il ne faisait aucun préparatif pour nous laisser accoster. Du haut des bastingages, un homme nous regardait; mais sans paraître touché le moins du monde de notre triste position. Nous ne pouvions voir ce qui se passait sur le pont; mais comme le navire passait le long de notre bateau j'aperçus une amarre qui se trouvait traînée à la remorque, je la pris sans hésiter et grimpai à bord du navire. César me suivit en laissant aller le canot à la dérive.

La première personne que je rencontrai sur le pont fut un homme de haute taille, très-maigre et basané par le soleil; il portait un immense chapeau de paille; il me regarda d'un œil sévère et scrutateur.

— Qui diable êtes-vous ?

On peut facilement supposer que mon extérieur n'offrait pas des signes caractérisés de respectabilité. Il y avait deux jours que je n'avais fait ma barbe, mes habits étaient couverts de boue, et mon tout ensemble offrait l'opposé de ce que des professeurs d'élégance recommanderaient à leurs élèves comme le *nec plus ultrà* de la recherche et du soigné. Je ne fus donc pas surpris de l'exclamation extraparlementaire avec laquelle l'inconnu nous recevait. Mon premier mouvement fut de me réjouir de l'entendre me parler en anglais, quoique la phrase dont il s'était servi eût pu être plus flatteuse.

— Qui diable êtes-vous?

— En vérité, monsieur, répliquai-je en éclatant de rire à l'idée que l'incertitude qui planait sur mon origine m'empêchait de répondre catégoriquement à cette question; en vérité, monsieur, je n'en sais rien.

— D'où venez-vous?

— De la mer.

— Alors retournez-y.

Je jetai un coup d'œil par-dessus le bord , et regardai de nouveau cet étrange personnage, ne sachant si ce qu'il disait était sérieux, ou s'il voulait plaisanter, je restai sans mot dire.

— Monsieur Jones, reprit-il en s'adressant à un autre individu coiffé aussi d'un immense chapeau de paille, montrez le chemin à monsieur.

M. Jones s'approcha comme pour obéir à cette invitation, mais l'autre l'arrêta d'un signe de la main.

— Attendez! dit-il; et se tournant vers moi, il ajouta : Comment êtes-vous venus ?

— Je suis monté à bord en prenant un bout de corde.

L'homme au chapeau de paille jeta un regard vers le bout de la grande vergue, et me la montrant du doigt, il me dit en me regardant fixement :

— Les cordes servent à plus d'un usage.

— Merci! lui dis-je, car je comprenais l'allusion, qui ne me semblait pas faite de la manière la plus polie; merci! j'ai déjà eu une corde autour du cou, et je n'ai pas envie de recommencer.

— Ah ! vous êtes de ce calibre-là ? Jones, ajouta-t-il en se tournant vers l'autre acteur de cette étrange scène, peut-être fera-t-il notre affaire ?

Jones me regarda d'un œil inquisiteur, et ne répondit rien. Le capitaine, car c'était évidemment lui qui me parlait, regarda vers l'endroit de l'Océan où mon petit canot était à peine visible.

— Vous êtes venu dans cette coquille de noix?

— Oui, monsieur.

— Ce n'est pas pour votre plaisir?

— Tout au contraire, c'était une affaire de vie ou de mort.

— Ah ! ce gros bateau vous poursuivait peut-être ?

— Oui, monsieur.

— Jones, je crois qu'il fera notre affaire. Vous ne m'avez pas l'air de faire grand cas de votre vie, puisque vous l'exposez en mer sur une pareille coquille?

— Je suis toujours prêt à la risquer, lui dis-je, quand il le faut.

— Ah ! savez-vous tirer?

— Je lâche mon coup de fusil comme un autre.

— Pedro ! s'écria-t-il en se baissant vers une claire-voie auprès de laquelle il se trouvait, apporte-moi mes pistolets !

Pedro, qui avait la tournure portugaise, lui apporta une paire de pistolets.

Le capitaine m'en remit un.

— Voyons ce que vous savez faire, me dit-il.

— Sur quoi vais-je tirer?

— Sur ce que vous voudrez. Tirez sur ce noir.

Je crus qu'il voulait plaisanter, je ne pouvais supposer qu'il fût sérieux.

— Voyons, s'écria-t-il, Sambo! ou quel diable de nom as-tu?

— César! massa! répondit le noir en se courbant de frayeur.

— Va te tenir auprès du mât, que ton maître tire sur toi.

— Vous ne voudriez pas que je tirasse sur un homme? lui dis-je.

— Ce n'est qu'un noir! Pouvez-vous le toucher?

Décidément, le capitaine veut rire, pensai-je, je vais continuer la plaisanterie en tirant sur César et visant à côté. Je relevai le canon du pistolet pour viser.

— Jones, reprit le capitaine, il fera notre affaire; il est de la bonne sorte.

— Capitaine, répondit Jones , nous aurions besoin d'un aide à la cambuse.

— Ah ! c'est vrai, noireau! Sambo! viens ici; sais-tu faire la cuisine?...

— Oui, massa.

— Peux-tu te battre?

— Oui, massa.

— Avec une corde autour du cou?

— Comme plaira, massa.

— Nous en essayerons. Jones, il a l'air d'être fort : mets-le à la cambuse.

Jones se dirigea immédiatement vers l'avant en faisant signe à César de le suivre, et le pauvre noir se trouva bientôt établi au milieu des casseroles et des chaudières de la cuisine.

— Maintenant, à votre tour, dit le capitaine se tournant vers moi. Vous avez été forcé de fuir de peur d'être pendu?

— Oui, monsieur.

— Et vous aviez la corde autour du cou?

— Oui, monsieur; mais...

— Mais cela ne vous allait pas, je comprends cela. Vous vous trouvez dans une assez mauvaise position, ce me semble?

— J'y étais avant de monter à votre bord.

— Voulez-vous courir la chance avec moi?

— Volontiers.

— Comment vous appelle-t-on?

— Je ne sais pas trop, répondis-je; des circonstances extraordinaires...

— Je n'en doute pas; je sais ce que cela veut dire. Mais, enfin, quel nom portez-vous?

— George Mayford.

— Un nom de guerre, sans doute?

— Peut-être, monsieur.

— Vous n'êtes pas habitué à la mer?

— Non, monsieur.

— Quelle est votre profession?

J'hésitai un moment à répondre, et je lui dis enfin : — J'ai été homme de loi.

— Un requin de terre ferme! Eh bien! entre ceux de mer et ceux de terre, il n'y a pas beaucoup de différence.

— J'étais membre du barreau.

— Je n'en doute pas. Mais, monsieur George Mayford, voudriez-vous me dire ce que vous pensez de la liberté du commerce?

Cette question me sembla des plus extraordinaires, et je me trouvai assez embarrassé pour y répondre.

— Si c'est la liberté du commerce pour tout le monde... dis-je.

— C'est cela, cela suffit; je vois que vous êtes de bonne race. Je suis pour la liberté du commerce à ma manière. Jones, ajouta-t-il en se tournant vers son lieutenant, il fera notre affaire. Mais, voyons, que savez-vous faire? Pouvez-vous prendre un ris et gouverner?

— Je ferai tout mon possible, répondis-je, pour me rendre aussi utile que peut l'être un gentilhomme.

— Un gentilhomme! s'écria M. Jones.

— C'est parfait, Jones! Nous avons tant de vauriens à bord, que ce ne sera pas trop d'un gentilhomme pour leur apprendre les belles manières.

Le capitaine se prit à rire comme s'il eût été enchanté de son bon mot, et j'eus le bon sens de rire avec lui comme si c'eût été la première fois que je l'entendais.

— Venez en bas, me dit-il, nous boirons quelque chose ensemble.

J'acceptai volontiers l'invitation, car je mourais de faim et de soif, et je descendis rapidement dans sa chambre. Elle était artistement ornée de guirlandes, d'étoiles et de trophées faits de mousquets, coutelas, haches et pistolets, arrangés de manière à satisfaire les plus difficiles à contenter dans ce genre d'ornementation. La vue de ces armes me surprit, mais comme je me croyais à bord d'un négrier, dont l'équipage pouvait avoir besoin de se défendre contre les croiseurs, je n'eus aucun soupçon du vrai caractère de mon facétieux capitaine : cependant j'étais loin de me sentir à l'aise.

— Pedro, dit le capitaine, à boire!

— Et à manger, s'il vous plaît, ajoutai-je.

Le capitaine fit un signe d'affirmation, et bientôt après j'avais devant moi une dinde froide, du biscuit, du vin et des liqueurs, que je regardais avec amour.

— Il a l'air novice, disait le capitaine se parlant à lui-même : voyons, mangez... voilà des provisions.

L'interrogatoire que je venais de subir avait quelque peu calmé mon appétit, mais le long jeûne que j'avais souffert me fit attaquer avec honneur les viandes qui m'étaient servies, quoique de temps en temps je me demandasse si tout cela avait été acheté et payé de bel argent. Mais il était trop tard pour reculer.

Le lieutenant se présenta à la porte de la cabine.

— Les matelots voient un requin à l'arrière et demandent si vous voudriez leur permettre de le pêcher.

— C'est absurde, dit le capitaine, cela ne fait que salir le pont.

— Il faut bien qu'ils fassent quelque chose, répondit le lieutenant.

— C'est vrai : qu'ils s'amusent alors; dites-leur de jeter un hameçon. Peut-être voudriez-vous voir cette pêche? me dit le capitaine; quoiqu'on n'aime pas à voir son semblable dans l'embarras : mais les requins s'entre-dévorent tout comme les hommes de loi. C'est ainsi que va le monde.

Il monta sur le pont, où je le suivis : la plupart des gens de l'équipage étaient rassemblés auprès du grand mât, je comptai quarante à cinquante hommes. Il y avait six caronades sur le pont avec un canon de fort calibre monté sur pivot.

— Votre équipage est nombreux, lui dis-je.

— Vous n'en voyez là que la moitié, répondit-il, ce que nous faisons demande beaucoup de monde.

Le requin eut bientôt mordu à l'hameçon; on lui passa une corde autour du corps et on le hissa à l'aide du vireveau. Il était dans un état de fureur sauvage, et mordait tout ce qui l'approchait : les hommes l'eurent bientôt taillé en pièces à coups de hache. Ils prirent grand plaisir à l'ouvrir, car les matelots regardent le requin comme leur ennemi particulier, et se dépêchent de le tuer aussitôt qu'il est hors de l'eau.

La première chose que l'on trouva dans son estomac fut une jambe et un pied d'homme blanc : la vue de ces restes humains excita un cri unanime d'horreur accompagné d'épithètes fort peu flatteuses pour le monstre marin. Je tressaillis des pieds à la tête en pensant que mes jambes auraient pu aller tenir compagnie à celle que l'on venait de trouver!

Quand l'affaire du requin fut finie, les matelots s'aperçurent de ma présence, et commencèrent à se demander tout bas d'où je pouvais être venu. Ils échangèrent quelques mots sur la nécessité où se trouvait le capitaine d'accomplir une certaine cérémonie, dont je ne comprenais ni l'importance ni la nature.

— Monsieur Jones, cria le capitaine, brassez la grande vergue... Cependant, attendez, nous avons quelques préliminaires qu'il importe de ne pas oublier. Pedro, dites au quartier-maître de se préparer à recevoir un serment.

Ceci commençait à me paraître extrêmement suspect; mais je n'étais pas en position de prétendre réformer les coutumes du bord. L'idée de prêter serment me chagrinait à un très-haut degré. Le capitaine s'aperçut des doutes qui venaient me tourmenter; il me tira à l'écart, et me dit :

— Monsieur... Comment donc vous appelle-t-on?

— Mayford, monsieur, George Mayford.

— Eh bien! monsieur George Mayford, il y a quelque chose dans votre physionomie qui me dit que je peux me fier à vous; j'ai besoin d'avoir auprès de moi une personne de confiance. Nous nous comprenons, n'est-ce pas?

Je ne savais que répondre à cette question, et pour ne pas rester muet, je lui dis que j'étais tout prêt à lui raconter toute mon histoire.

— Je n'ai pas besoin de le savoir : si j'écoutais l'histoire de tous ceux que je prends à mon bord, je ne ferais pas autre chose depuis le dimanche matin jusqu'au samedi soir. Vous êtes un homme sans ressources, c'est tout ce qu'il me faut.

Le quartier-maître s'approcha : il avait deux pistolets à la ceinture et une hache sur l'épaule; c'était là sa tenue ordinaire dans les occasions officielles. Deux hommes le suivaient portant chacun un fusil.

— Chargez et amorcez, dit le capitaine.

Les hommes chargèrent leurs fusils. Tout l'équipage se groupa autour de nous, en silence, sans confusion, mais sans ordre. Il était visible qu'ils prenaient un grand intérêt à ce qui allait se passer. Pendant ce temps-là, Pedro avait mis une plume et un encrier sur le capot de la chambre, et le capitaine tira de la poche de sa veste un petit livre dont la couverture était revêtue de toile à voiles.

— Le rôle d'équipage, me dit-il, et les lois du bord.

Tout semblait concourir à rendre la scène très-imposante. J'étais loin d'admirer ces préliminaires, mais j'attendis patiemment ce qui allait suivre.

Le capitaine fit signe à son quartier-maître, qui à son tour fit signe à ses hommes, et au même instant les deux fusils armés me tinrent en joue.

Je ne donnai aucun signe de peur, je me sentais cependant moins à l'aise que jamais. Le capitaine ouvrit son livre et commença à lire le serment :

— Je jure de la manière la plus solennelle... Répétez après moi, dit-il en s'interrompant.

— Je préférerais entendre d'abord tout le serment, répondis-je.

— Ce monsieur, dit le capitaine à M. Jones, a encore un peu de conscience : tous mes hommes l'ont jusqu'à présent avalée sans hésitation.

Il s'arrêta un instant, puis il lut tout haut :

— Je jure de la manière la plus solennelle d'être fidèle au bon navire le Dauphin volant, de ne jamais révéler ses secrets, d'obéir aux ordres du capitaine et des officiers, et de me battre jusqu'à la mort contre ceux qui essayeraient de l'arrêter ou de l'empêcher de trafiquer... Voilà le serment, ajouta-t-il.

— Il est trop compliqué, lui dis-je.

Cette réponse causa une vive sensation dans toute l'assemblée : le quartier-maître se tourna vers le capitaine, M. Jones se retira de devant les canons de fusil, et les doigts des marins semblèrent presser la détente un peu plus qu'auparavant.

Le capitaine regarda autour de lui, personne ne disait mot : on semblait attendre avec anxiété la fin de cet étrange incident.

— Refusez-vous de prêter serment? me demanda le capitaine en me montrant du doigt les hommes qui me tenaient en joue.

— Je voudrais l'entendre encore une fois, lui dis-je pour gagner du temps.

— Oh! vous êtes hardi, jeune homme : ce serait pitié que de vous perdre, je vais vous le relire.

Il lut le serment de nouveau, et pendant ce temps je décidai rapidement ce que j'avais à faire. Je savais qu'un serment qui vous est imposé par la force est complètement illégal, et je ne croyais pas que je fusse tenu, en conscience, de le garder; mais cela me révoltait d'être obligé de me soumettre. Cependant que pouvais-je faire? J'avais la mort sous les yeux : la nécessité n'a pas de loi; et puis je ne m'engageais pas à grand'chose. Je m'obligeais à défendre le navire s'il était attaqué; mais je cédais à la force, et les menaces que l'on me faisait m'absolvaient à l'avance.

— Eh bien? dit le capitaine.

— Je voudrais, dis-je en hésitant, je voudrais y ajouter ces quelques mots : « Dans tout ce qui ne sera pas contraire à la loi. »

L'équipage partit d'un éclat de rire, le front du capitaine se couvrit de rides profondes.

— Embrassez le coutelas et que cela finisse, crièrent les hommes.

Le quartier-maître approcha la lame du coutelas de mes lèvres, et quand elle me toucha il me sembla qu'elle avait une odeur de sang!

— Maintenant, reprit le capitaine, vous êtes un des nôtres; vous faites partie de l'équipage du *Dauphin volant*. Donnez-lui la plume : il n'y a rien comme un bout de corde au cou pour donner du courage à un homme. N'est-ce pas, monsieur Jones?

M. Jones fit un geste d'assentiment, le quartier-maître sourit d'un air d'approbation, et les hommes firent une étrange grimace. Je n'aimais guère la formule du serment; mais j'aimais encore moins la péroraison du capitaine. Se battre avec une corde autour du cou me semblait un trope très-hasardé, et je commençais à penser que le *Dauphin volant* pouvait être quelque chose de pire qu'un négrier.

Je me trouvai aussitôt saisi par ceux qui m'entouraient.

Cependant le capitaine restait absorbé dans une profonde rêverie; puis il s'écria tout haut comme s'il eût exprimé la pensée qui l'occupait :

— Pointilleux! Mais cela vaut peut-être mieux. Maintenant du rhum, Pedro!

Pedro courut à une cabine et revint avec du rhum : il en versa plein un verre et le présenta au capitaine.

— Allons, me dit ce dernier, il faut signer le rôle.

Je n'avais pas prêté serment, car bien que le quartier-maître eût touché mes lèvres avec la lame de son coutelas, je ne les avais pas remuées. Je ne me sentais pas disposé à signer le rôle; mais je ne voyais pas comment je pourrais m'en dispenser. Il fallait me décider vivement, car le capitaine tenait son verre de rhum sans y goûter, et les hommes attendaient qu'on leur servît leur ration. Il ne fait pas bon empêcher un matelot d'avoir son verre de grog. Je ne savais qu'imaginer pour retarder l'accomplissement de cette fatale formalité, quand une voix cria des barres de perroquet :

— Une voile sous le vent!

— Quelle sorte de navire? cria le capitaine.

— Une grosse carène... navire marchand, sans doute... Non... Oui!... Je ne peux pas encore bien distinguer.

Le lieutenant prit aussitôt sa longue-vue et monta dans les haubans.

— Qu'est-ce que c'est? demanda le capitaine avant que le lieutenant eût eu le temps d'examiner le navire.

L'équipage me sembla excité et plein d'ardeur. Le lieutenant regarda une seconde fois.

— Qu'est-ce que c'est? répéta le capitaine.

— Un gros navire.

— Allège ou chargé?

— Il est bas sur l'eau.

— Tant mieux; c'est qu'il en a lourd dans le ventre.

— Les mâts sont trop forts pour un navire marchand, dit le lieutenant. Les vergues sont fortes aussi, ajouta-t-il.

Les hommes se regardèrent avec anxiété.

— Beaucoup de toile dehors ! Où a-t-il le cap?

— Droit sur nous.

— Que l'on débarrasse le pont de cette charogne, dit le capitaine en montrant les restes du requin et buvant son verre de rhum. Brasse la grande vergue! Allons, vite, Pedro! Si c'est un navire marchand, mes amis, il est à nous; si c'est un navire de guerre, nous allons peut-être avoir à jouer du mousquet. Qu'est-ce que vous en dites?

Des cris d'approbation lui répondirent, et les visages de tous ces hommes prirent un air de férocité qui trahissait la sauvagerie de leur caractère.

— Tout le monde à son poste, dit le capitaine, et pas de bruit.

Les ordres qu'il donnait furent promptement exécutés : le pont était couvert de monde, les canons furent mis en état, les munitions furent apportées auprès de chaque pièce, et des fusils avec des coutelas furent disposés çà et là sur le pont. On se prépara à combattre ou à s'enfuir, suivant que les circonstances en décideraient.

Tous ces préparatifs achevèrent de dissiper les doutes qui me restaient encore sur le genre de trafic que faisait le capitaine du *Dauphin volant*. J'étais évidemment à bord d'un pirate, et si le navire qui nous approchait était un navire de guerre et que nous fussions pris, comme il y avait tout lieu de le penser, je pouvais être condamné comme pirate et voir se vérifier la promesse d'une corde autour du cou qu'on m'avait si libéralement faite.

CHAPITRE XXV.

J'étais donc tombé de Carybde en Scylla en montant à bord de ce pirate. J'ignorais alors que cette aventure, tout extraordinaire et menaçante qu'elle me parût, formait l'un des anneaux de la chaîne qui devait me conduire un jour à la solution de l'énigme dont je cherchais le mot depuis si longtemps.

Debout sur le pont du *Dauphin volant*, je jetai un coup d'œil sur l'équipage qui m'entourait, et il me sembla que je n'avais jamais vu une collection de physionomies plus féroces. Toutes les nations se trouvaient là représentées : il y avait des Anglais, des Français, des Espagnols, des Portugais, des Hollandais et des Américains. Quelques hommes étaient forts et vigoureusement constitués, d'autres étaient osseux, cadavéreux, et avaient l'air affamés; mais tous portaient sur leur figure le cachet, le signe ineffaçable du pirate, et à mesure qu'ils se préparaient au combat, on pouvait voir qu'ils comprenaient que leur seule chance de salut était dans la victoire.

Quant à moi, comme le capitaine m'avait fait l'honneur de m'informer que j'allais être son secrétaire intime et son aide de camp, si pareille fonction peut exister sur mer, je fus obligé de me conduire de manière à ne pas laisser soupçonner que je ne ressentais aucun enthousiasme pour la cause dans laquelle je me trouvais engagé. Voyant que le petit livre du capitaine était resté sur le capot de la chambre, dans le but de montrer mon zèle, je le pris pour le descendre dans la chambre; mais il me rappela. Je lui offris le livre.

— Tout à l'heure, tout à l'heure, me dit-il.

J'eus le malheur de le mettre dans ma poche; on verra bientôt dans quel danger me mit ce petit livre.

Nous attendîmes l'approche du navire que la vigie avait signalé; et comme notre commandant était aussi désireux de raccourcir la distance qui nous séparait que pouvait l'être ce navire lui-même, nous nous trouvâmes bientôt assez près pour pouvoir l'examiner dans le plus grand détail.

— Il a porté un demi-point au vent! cria la vigie.

Cette nouvelle causa une satisfaction générale; il semblait que l'étranger préférait ne pas nous approcher de trop près.

— C'est peut-être une manœuvre pour nous mettre hors de nos gardes, dit le lieutenant au capitaine.

— Suivez toujours la même route, reprit celui-ci en s'adressant à l'homme qui tenait la barre : nous avons le vent, nous sommes maîtres de faire ce que nous voudrons. Qu'on se tienne prêt pour l'abordage, monsieur Jones!

Le lieutenant donna ses ordres en conséquence, et soixante hommes se tinrent prêts à sauter à bord de l'étranger. Le navire vers lequel nous courions nous présentait alors le flanc.

— Pouvez-vous voir ses sabords? demanda le capitaine au lieutenant.

— Je n'en compte que quatre, répondit le lieutenant.

— Moi aussi. Oh! nous sommes de force! Nous allons allonger le *Dauphin* tout auprès de ce gros gaillard-là.

Nous fûmes bientôt assez près pour pouvoir distinguer du haut des mâts ce qui se passait sur le pont de l'étranger. Le lieutenant monta sur les barres de perroquet pour prendre des observations.

— Ils ont mis toutes leurs hardes à sécher! cria-t-il au capitaine d'une voix de triomphe.

— Un navire de guerre ne se mettrait pas dans un pareil état quand nous l'approchons, dit le capitaine. La barre au vent! cria-t-il, il est à nous.

Au même moment le navire étranger reprit la route qu'il avait quittée quelques instants auparavant, et sa proue se tourna vers les sabords du *Dauphin*. Le capitaine, le lieutenant et tout l'équipage remarquèrent en même temps cette évolution, car les navires n'étaient pas à plus de deux milles l'un de l'autre.

— Voyez-vous cela?... demanda le lieutenant en descendant vivement.

— Oui, je l'ai vu : c'est pour ne pas paraître avoir peur. Pouviez-vous distinguer combien il y avait de monde sur le pont?

— Pas plus d'une douzaine, et son pont est terriblement embarrassé.

— Nos hommes d'abordage sont-ils prêts?

Do temps en temps le nègre mettait l'oreille contre terre.

— Oui, monsieur, répondit le lieutenant, ils sont tous en bas.

— Donnez-moi mon porte-voix, dit le capitaine à un matelot qui se trouvait auprès de lui.

Nous fûmes bientôt assez près pour héler. Le capitaine prit son porte-voix et héla l'étranger, qui répondit de la même manière.

— Ho! du navire, comment vous appelez-vous?

— Le *Général Jackson*, répliqua l'étranger; et vous?

— La *Sirène*, répondit le capitaine avec son porte-voix. Où allez-vous?

— A la Nouvelle-Orléans!

— Ce n'est pas là une construction américaine, dit le second, je parie ce que l'on voudra; elle a pourtant pris un nom de Yankee, je n'aime pas cela!

— Demandez-lui ce qu'il a à bord, dit le capitaine au lieutenant. Le lieutenant fit ce qui lui était commandé.

— Du fer et de la quincaillerie, répliqua l'étranger.

— Demandez-lui s'il aurait de la poudre à nous donner?

— Tant que vous voudrez, fut la réponse.

— Du fer, de la quincaillerie et de la poudre! dit le capitaine : qu'est-ce que cela peut signifier? Ils n'ont pas l'air trop polis. Dites-lui que nous allons envoyer une chaloupe en chercher.

— Très-bien! répliqua l'étranger.

Les deux navires n'étaient plus qu'à un quart de mille l'un de l'autre, et se trouvaient placés de manière que ni l'un ni l'autre n'avait l'avantage du vent.

En ce moment l'homme qui était placé en vigie cria au capitaine :

— Je vois du monde monter sur le pont du navire!

— Je n'aime pas sa tournure, dit le lieutenant; nous ferons mieux de le laisser tranquille et de filer doux.

— Barre à tribord! cria le capitaine. Dites-lui que nous le remercions.

M. Jones communiqua cet honnête adieu à l'étranger, qui, loin d'y répondre avec politesse, ouvrit tout à coup un nombre considérable de sabords, et hissa le pavillon anglais. Une foule de matelots parurent sur son pont; en même temps un boulet qui siffla à travers le gréement de la *Sirène* lui intima l'ordre de mettre en panne.

— Que le tonnerre l'écrase! s'écria le capitaine, nous sommes pris! Forçons de voiles, toutes les bonnettes dehors, il faut lui tourner les talons! Un autre homme à la barre! Nous lui montrerons que le *Dauphin volant* ne se laisse pas prendre par une lourde frégate anglaise!

Comme on voyait du bord de la frégate anglaise les manœuvres que nous faisions pour nous éloigner, un autre boulet vint nous signifier de nouveau de mettre en panne : notre capitaine ne faisant prendre aucune mesure à cet effet, la frégate nous envoya alors tout une bordée; mais par un hasard que je ne puis m'expliquer, un boulet seulement nous atteignit dans la muraille.

Le capitaine se frappa les mains l'une contre l'autre.

— Si c'est comme cela qu'ils tirent, dit-il, ils peuvent continuer jusqu'au jugement dernier, ils ne feront pas grand mal au *Dauphin volant!*

Ces mots étaient à peine sortis de ses lèvres, que les sabords de la frégate nous vomirent une seconde bordée; mais cette fois un boulet fit tomber notre petit hunier, et deux autres firent une large trouée dans notre grande hune : le pirate était à la merci de la frégate.

— Allons, il faut vendre notre vie! s'écria le capitaine en saisissant un coutelas et demandant ses pistolets, qu'il passa dans sa ceinture : Amène le pavillon! ajouta-t-il.

Le pavillon fut amené.

— Maintenant, ajouta-t-il en s'adressant à l'équipage d'une voix sourde mais expressive, suivez-moi tous. Pas de cris, pas de bruit;

Nous nous jetâmes à bord tous les deux.

quand nous serons assez près, en avant les grappins d'abordage! et à bord! Nous sommes quatre-vingt-dix : si nous sommes pris, nous sommes certains d'être pendus; il vaut mieux mourir sur l'eau que sous la potence, les chances sont en notre faveur : au lieu d'être pris, c'est nous qui prendrons la frégate.

Les hommes ne répondirent rien, mais leur attitude et leur contenance exprimèrent leur approbation; pendant ce temps la frégate s'approchait rapidement du pirate.

Ils attendaient que le navire anglais fût assez proche d'eux pour pouvoir s'élancer à bord. Couchés le long des sabords, ils tenaient leurs coutelas et leurs pistolets. Mais le capitaine de la frégate n'était pas homme à se laisser ainsi surprendre : il ordonna à l'équipage du *Dauphin* d'envoyer une chaloupe à son bord avec douze hommes pour prendre ses ordres.

— Répondez : Bien, bien, monsieur.

M. Jones fit ce qui lui était dit, et le capitaine, en se frottant les mains, se dit tout haut : — Par Jupiter! il nous donne une nouvelle chance.

Il donna l'ordre aussitôt de mettre le canot à la mer, et recommanda aux matelots qui larguaient ses amarres de saisie de paraître aussi actifs que possible, mais de gagner du temps. Il fit en même temps préparer une nouvelle grande hune, et prit toutes les mesures pour pouvoir s'éloigner rapidement de la frégate. La frégate anglaise était au vent du pirate, et il était devenu impossible de l'approcher pour l'abordage, à moins que la maladresse de son capitaine n'en fournît l'occasion; ce qui n'était pas probable.

Le pirate commanda à quatre hommes de son bord de descendre dans la chaloupe. Personne ne se pressa d'obéir, mais on eut recours au sort : les matelots tirèrent à la courte paille à qui s'embarquerait. Comme quatre hommes n'étaient pas suffisants pour manœuvrer la chaloupe, le capitaine m'ordonna d'y descendre, et fit aussi embarquer le pauvre César.

Les deux équipages avaient été si occupés à regarder ces divers préparatifs, que personne n'avait vu une petite nuée noire qui, s'élevant dans l'est, avait rapidement grossi en nous apportant la tempête.

Les quatre matelots du pirate, le nègre et moi, nous ne fûmes pas plutôt montés sur le pont de la frégate, qu'un grain vint nous assaillir. L'ouragan enleva en un clin d'œil toutes les voiles de l'Anglais, les vergues ne portèrent plus que de longs rubans de toile, et les deux navires, emportés par le vent, volèrent avec une vitesse inconcevable sur les flots écumeux.

Chacun courut à son poste à bord de la frégate, mais l'équipage était assez nombreux pour ne rien négliger. On prit soin de nous en nous mettant immédiatement aux fers, et nous faisant descendre dans un cachot, où nous restâmes confiés à la garde d'une sentinelle qui nous conseilla en ami de nous tenir bien tranquilles jusqu'au moment où le capitaine aurait le temps de nous pendre.

Je ne pus que supposer ce qui se passa ensuite; mais il me sembla que, le vent empêchant les navires de gouverner, la frégate ne put naviguer de conserve avec le pirate, qui réussit à s'échapper. Le navire anglais continua cependant à suivre le chemin que l'on supposa que le pirate avait pris, mais ce fut en vain. Quand nous eûmes passé quelques heures dans l'obscurité, en présence seulement des tristes réflexions que pouvait nous inspirer l'étrange situation dans laquelle nous nous trouvions, on nous fit monter sur le pont pour nous interroger.

On nous fit passer les uns après les autres, et comme j'avais été jeté le dernier dans le cachot, je fus naturellement le premier à en sortir. Deux soldats de marine me conduisirent devant le capitaine et son état-major.

— Vous faisiez partie de l'équipage, dit-il, du pirate le *Dauphin volant?*

Je ne répondis rien.

— Il est inutile de le nier, j'ai toutes les preuves ici. D'où veniez-vous?

— Voulez-vous dire d'où venait le *Dauphin?* demandai-je.

— Pas d'hésitation, monsieur. Sans doute, d'où venait le *Dauphin?*

— Je ne sais pas, lui dis-je.

— Cela ne vous servira à rien, monsieur. Vous allez probablement me dire que vous ne savez pas où il allait?

— Je ne le sais pas en effet, monsieur.

— Allons, pas d'entêtement; vous étiez à bord du pirate, et vous faisiez partie de son équipage?

— Je voudrais m'expliquer, lui dis-je.

— Eh bien, voyons, expliquez-vous!

Je racontai alors toutes les aventures qui m'étaient arrivées depuis mon départ d'Angleterre.

— L'histoire n'est pas mal imaginée, mais vous ne m'avez pas dit votre nom.

J'hésitai à répondre, car je ressentais toujours quelque chose qui me disait que je n'avais pas le droit de porter le nom que l'on m'avait fait prendre.

— Vous avez l'air de ne pas vouloir avouer votre nom.

— Mon nom? dis-je toujours en hésitant, je m'appelle George Mayford.

Un homme dont les traits doux et bienveillants m'avaient frappé, et qui était assis auprès du capitaine, fit un mouvement de surprise en entendant mon nom : il s'avança d'un pas ou deux, et me regarda attentivement, puis il sembla chercher à se rappeler d'anciens souvenirs, et reprenant sa place, il suivit le reste de la procédure avec une visible anxiété.

Un des officiers qui étaient auprès du capitaine lui suggéra l'idée de faire examiner mes mains.

— Montrez vos mains! me dit le capitaine.

Elles étaient sales et noircies par la poudre; mais un officier qui se leva pour les regarder déclara formellement que je n'étais pas marin.

— Quelle est votre profession? me demanda le capitaine.

— Je ne fais rien, répondis-je.

— Oh! vous êtes gentilhomme peut-être? Pirate allié à la noblesse d'Angleterre. Pouvez-vous nous dire ce qu'étaient vos père et mère? De hauts et puissants seigneurs sans doute?

Cette question était la plus embarrassante que l'on pût me faire, je restai forcément sans mot dire.

Le capitaine jeta un coup d'œil de satisfaction autour de lui, il semblait tout fier de m'avoir mis dans l'embarras.

— Vous nous direz peut-être, reprit-il, ce que vous faisiez avant de prendre l'honorable profession de pirate?

— Avant de quitter l'Angleterre j'appartenais au barreau.

— Oh! un jurisconsulte de mer! Je ne m'étonne plus si vous avez su imaginer une aussi belle histoire que la vôtre. Dans tous les cas, on peut vous pendre sans hésitation comme sans remords, ne fût-ce que pour vous faire payer les mille vilenies que vous avez commises sans aucun doute dans votre premier métier. Que l'on me fouille cet homme : les avocats ont toujours les poches pleines de papiers, nous en trouverons peut-être d'importants.

Un homme visible me fouilla, et sa main retira bientôt d'une de mes poches le petit livre couvert de toile à voile qui appartenait au capitaine du pirate.

— Ah! apportez-moi cela!

Le capitaine le prit et l'ouvrit : la première chose qu'il trouva fut la formule du serment, il la lut à ses officiers.

— Son compte est fait, dit à demi-voix un officier à un de ses voisins.

— Voilà maintenant une liste de noms : le rôle d'équipage sans doute. Voyons, parlez, n'est-ce pas là le rôle d'équipage?

— Je le crois, monsieur.

— Et où est votre nom?

— Je ne l'ai pas signé.

— Ah! toujours de l'avocasserie. Vous avez cru que cela vous assurerait l'impunité, hein? Mais ce livre, ajouta-t-il en l'élevant et se tournant vers ses officiers, ce livre est une preuve suffisante. Qu'en pensez-vous?

— Cela suffit, cela suffit! répondirent-ils tous.

— Je crois que nous pouvons le pendre pour commencer. Quartier-maître, préparez votre bout de corde!

J'avais à défendre ma vie; aussi je ne crois pas avoir jamais été si éloquent qu'en ce moment suprême. Je jurai solennellement que je n'avais dit que la vérité; je protestai contre les conséquences qu'ils tiraient de la présence du fatal livre dans ma poche; je demandai que l'on interrogeât le nègre qui m'accompagnait, car ses réponses devaient corroborer la partie de l'histoire à laquelle il s'était trouvé mêlé. Mais le capitaine restait inexorable, et je me sentis saisi d'horreur en voyant préparer la grande vergue pour mon exécution immédiate. Je me demande cependant maintenant si cela n'était pas simplement fait dans le but de m'effrayer et de me forcer à avouer.

Les préparatifs n'étaient pas encore complètement achevés, quand l'homme à la physionomie bienveillante, qui n'était autre que le chapelain du navire, dit quelques mots au capitaine.

— Emmenez cet homme, dit celui-ci, et faites monter le nègre.

César n'éprouva aucune terreur devant les officiers anglais, il était pénétré de l'idée que la nation britannique avait de hauts sentiments de justice et d'humanité. Il répondit donc hardiment et sans hésitation à toutes les questions qu'on lui fit. Les soupçons du capitaine cependant ne disparurent pas complètement, bien que le noir eût confirmé tout ce que j'avais dit. On me fit entendre que je paraîtrais devant un tribunal spécial à la Jamaïque, et que je resterais aux fers jusqu'à ma comparution.

On me replongea donc dans mon cachot ainsi que le nègre : le capitaine déclara qu'il ne se salirait pas les mains à pendre des vauriens comme nous, et qu'il nous livrerait tous au bourreau de la Jamaïque. Nous arrivâmes dans cette île environ un mois après avoir été pris : la frégate avait passé la plus grande partie de ce temps à chercher inutilement le *Dauphin volant.*

Ce fut donc comme prisonnier à bord d'une frégate que j'arrivai dans cette colonie autrefois si florissante : j'avoue que, si l'on m'eût laissé ma liberté, je me serais bien gardé d'y mettre les pieds. Mais j'y fus conduit contre mon gré et avec la chance, me disaient les gens de l'équipage, qni me montraient assez d'intérêt pour échanger avec moi quelques paroles, d'atteindre là une certaine élévation qui aurait pour effet de me permettre de dominer la campagne.

Le chapelain, qui s'appelait le révérend M. Wycherly, m'encourageait à conserver quelque espoir, et avait pour moi plus de bonté que je ne pouvais attendre dans les circonstances où je me trouvais. Il me demanda un jour pourquoi j'avais hésité à répondre quand le capitaine voulut savoir mon nom?

Je lui dis que certaines circonstances, d'une nature toute personnelle, m'empêchaient de m'expliquer sur ce point aussi ouvertement que j'aurais voulu le faire. Cette réponse sembla lui suggérer quelques réflexions, qu'il se garda cependant de me communiquer, et bientôt après il me quitta.

Je fus étonné de le voir revenir le même soir : nous échangeâmes d'abord quelques paroles insignifiantes, puis la conversation suivante qui s'engagea entre nous, et que je me rappelle mot pour mot, me fit

faire les rêves les plus insensés malgré la terrible accusation de pira-
terie qui pesait sur moi.

— Vous nous avez raconté, dit-il, ce que vous avez fait depuis
votre départ d'Angleterre, mais vous ne nous avez rien dit de votre
histoire antérieurement à cette époque. J'espère que vous n'avez pas
été obligé de taire des actions dont vous auriez eu honte.

Je lui affirmai que je n'avais à rougir d'aucune action coupable,
mais j'ajoutai qu'il y avait certaines circonstances de l'histoire de
mes premières années qu'il me répugnait de révéler.

— Vous avez déjà fait allusion à ces circonstances extraordinaires,
dit-il ; je n'ai aucun droit d'exiger que vous me confiiez ces secrets,
mais j'ai quelques raisons de prendre un certain intérêt au nom que
vous vous êtes donné. Pouvez-vous me dire si c'était là le nom de
votre père ?

— La vérité est, monsieur, lui répondis-je, que je ne sais pas
comment s'appellent mon père et ma mère. Il paraît que mes parents
ont eu certaines raisons pour ne pas avouer ma naissance.

— Vraiment ! dit le chapelain paraissant très-ému. Pouvez-vous
vous rappeler quelque chose de votre enfance ? Je vous assure que
je ne vous demande pas cela par pure curiosité : il y a certaines consi-
dérations qui m'obligent impérieusement à vous poser ces questions.

La voix du vieillard avait un accent de vérité qui m'inspira la
plus grande confiance et me décida à lui ouvrir mon cœur. Je lui
racontai tout ce que je pus me rappeler des jours de mon enfance,
et du temps qui s'écoula jusqu'à ma majorité.

Il prit soin de me faire entrer dans les plus grands détails relativement au temps que j'avais passé à la campagne étant encore enfant,
mais je ne pus guère lui raconter autre chose que ce que mes souvenirs me rapportaient d'une odeur de vache et d'une chaumière semblable à une étable. Je voulus m'excuser de l'entretenir de choses
aussi insignifiantes, mais il me dit qu'elles n'étaient peut-être pas aussi
insignifiantes que je le supposais, et il me pressa en même temps de bien
m'efforcer à me rappeler tout ce qui avait rapport à mon enfance : il
me fut impossible de trouver d'autres détails que ceux que j'ai déjà
donnés.

Il me fit mille questions sur le mystérieux individu qui venait me
voir une fois par an chez madame Delancey, et il parut surpris que
je n'eusse jamais pu apprendre son nom. Mais quand je lui racontai
comment cet individu était venu m'apporter cent cinquante mille
francs de la part de personnes qui ne voulaient pas se faire connaître,
il redoubla d'attention et m'écouta avec le plus vif intérêt.

Il parut contrarié quand je lui dis que cette somme m'avait été
comptée en or, de manière qu'il était impossible de remonter à la
source d'où elle provenait.

Cependant il insista pour savoir si je n'avais pas la moindre trace
qui pût me donner l'espoir de connaître un jour ceux qui m'avaient
envoyé cet argent. Je lui dis que j'avais un morceau de velours qui
provenait d'un des sacs. Il fut frappé de cette circonstance, et s'écria
involontairement :

— Oui, cela vient d'elle !

Ces mots qui lui échappèrent me causèrent une émotion indicible,
et, incapable de résister aux sensations étranges et contraires qui m'a-
gitaient, je portai mes deux mains à ma figure et je ne pus retenir un
torrent de larmes.

Le chapelain me laissa pleurer quelques instants sans chercher à
me consoler, puis il me dit d'une voix solennelle :

— Jeune homme ! après tout ce que vous venez de me dire, je ne
veux pas vous cacher que je crois savoir qui vous êtes. Mais d'autres
personnes ont des intérêts trop importants engagés dans cette affaire
pour qu'en l'absence de toutes preuves je puisse en dire davantage :
c'est une affaire qui demande réflexion.

— Dites-moi seulement une chose, lui dis-je, mon nom est-il
Georges Mayford ?

— Je peux vous le dire, répliqua-t-il après un instant de silence,
vous vous appelez Georges Mayford; mais....

— Excusez-moi, lui dis-je, si je vous demande comment vous le
savez ?

— Parce que, dit-il, si vous êtes l'enfant que j'ai tenu dans mes
bras il y a maintenant vingt-deux ans, c'est moi qui vous ai baptisé
sous ces deux noms.

— Alors, repris-je, ce sont deux noms de baptême, Mayford n'est
pas un nom de famille ?

— Vous avez raison, répondit-il.

— Puis-je vous demander, m'écriai-je, quel est mon vrai nom de
famille ?

— Je ne peux pas ! Je n'ose pas ! Les conséquences de cette révélation seraient trop dangereuses, et puis j'ai solennellement promis
de garder le secret. Je n'ai pas d'ailleurs de preuves positives que
vous soyez cet enfant. Si c'est bien vous, vous êtes... mais c'est un
secret terrible! Cela porterait la honte et le désespoir dans... dans...
une famille. Ne m'en demandez pas davantage aujourd'hui : attendez
que nous ayons plus de preuves. Attendez que nous soyons arrivés à
la Jamaïque ou en Angleterre ; je ne vous abandonnerai pas. Ils
m'avaient dit que vous étiez mort, c'est-à-dire que l'enfant était
mort, car je n'ai pas de preuves positives que vous soyez cet enfant.

Avant de parler je veux avoir des preuves positives, incontestables.
Alors je dirai la vérité : je la dirai devant le monde entier, quand
même toute la puissance, toute la noblesse et toute la richesse d'Angleterre voudraient la mettre sous le boisseau !

Il me quitta en achevant ces exclamations, qu'il semblait ne pouvoir
retenir tant son émotion était profonde, et je restai le jouet d'un
tourbillon de conjectures et de suppositions les plus invraisemblables.

Je ne fus pas longtemps cependant sans revenir à des idées plus con-
formes à la triste position dans laquelle je me trouvais. Mais le chapelain dès le même jour obtint que l'on me débarrassât de mes fers,
et que j'eusse permission de prendre l'air sur le pont. On me permit
aussi de prendre mes repas avec les artilleurs de marine : le capitaine
cependant conservait encore ses soupçons, et croyait de son devoir de
me remettre aux mains de la justice coloniale pour être jugé par la
cour de la Jamaïque.

La demi-liberté que l'on me laissait et que je devais aux bons soins
du chapelain ne permettait à personne d'oublier dans quelles circonstances suspectes j'étais venu à bord et combien les apparences m'é-
taient défavorables. J'avais été pris avec des pirates, on avait trouvé
sur moi un document qui suffisait à lui seul à prouver que j'avais
fait partie de l'équipage, que j'occupais en un mot un poste confi-
dentiel à bord du *Dauphin volant*.

En songeant à toutes les preuves qui s'élevaient contre moi, je me
laissais souvent aller à la plus noire mélancolie, et je regrettais de
me trouver si loin de mes amis et de tous ceux qui auraient pu me
soutenir et m'éclairer de leurs conseils. J'étais donc ballotté entre le
découragement et l'espoir quand nous arrivâmes à la Jamaïque : je
crus entendre ma condamnation quand la chaîne grinça sur les écu-
biers au moment où la frégate mouilla devant Port-Royal.

CHAPITRE XXVI.

Cependant l'avenir sembla revêtir pour moi de plus brillantes couleurs. J'eus d'abord la bonne fortune d'apprendre que le juge qui devait
présider la cour qui allait me juger était un jurisconsulte distingué
que j'avais connu à Londres, et qui savait personnellement une grande
partie de mon histoire.

J'eus le bonheur aussi de découvrir que le caissier de la banque
de la Jamaïque connaissait la maison et la signature des négociants
qui m'avaient donné des lettres de crédit à Londres et à Montréal.
Tous ces détails coïncidant les uns avec les autres pour prouver la
vérité de mes assertions, on ne crut pas même utile de me faire subir un procès en forme, et on me mit en liberté. La protection
avouée du président de la cour de la Jamaïque, l'amitié que me montrait le chapelain de la frégate, m'ouvrirent les portes des meilleures
maisons. Je dois ajouter que l'étrangeté de mes aventures m'avait
donné un certain relief, et que l'on était curieux de voir le héros
d'un roman aussi compliqué.

Il résulta de ma mise en liberté que César vit aussi s'ouvrir les
portes de sa prison, et comme il voulut rester à mon service, j'en fis
mon valet de chambre; le pauvre nègre me fut bientôt aussi attaché que si nous eussions toujours vécu ensemble. J'aurai occasion
de donner des preuves de son zèle et de son dévouement.

J'avais le plus grand désir de quitter la Jamaïque, et de retourner
en Angleterre aussitôt que possible. J'avais écrit une longue lettre à
madame Delancey et à Lucie. Je leur racontais mes aventures et je
leur annonçais que j'allais retourner immédiatement en Angleterre,
non-seulement pour procurer au révérend M. Wycherly les preuves
de mon identité, qu'il désirait, mais aussi pour mettre à exécution
certains projets que mon cœur caressait depuis longtemps.

J'eus de longues conversations avec M. Wycherly, qui était devenu
quelque peu plus communicatif : il refusa cependant de me révéler aucun détail sur ma famille avant d'être entièrement certain
de mon identité. Aussitôt qu'il aurait obtenu les preuves qu'il désirait, disait-il, il ferait le reste, et je ne pus le décider à m'expliquer
ce que cela pouvait être. Les anneaux de la chaîne qu'il voulait re-
nouer, c'était l'identité de l'enfant qu'il avait connu à la campagne
avec celui qui avait vécu à Londres, et avait été plus tard confié aux
soins de madame Delancey.

Il m'engagea sérieusement à faire toutes les recherches possibles
pour retrouver les traces de mon existence dans la chaumière, dont
j'avais un faible souvenir : il pensait qu'il serait possible d'obtenir
des preuves suffisantes, et il regrettait excessivement que le malheureux clerc d'avoué eût été pendu, car il savait sans aucun doute les
secrets dont je cherchais le mot.

Nous discutâmes longuement sur les derniers mots qu'il m'avait
dits au moment où les planteurs de la Louisiane lui mettaient la corde
autour du cou, mais il nous fut impossible d'arriver à aucune con-
clusion. Que voulait-il dire par « le rossignol? » Était-ce l'oiseau de
ce nom ou un sobriquet sous lequel un de ses camarades était connu?
Le temps seul pouvait nous l'apprendre.

Le capitaine de la frégate à bord de laquelle était M. Wycherly,
ayant reçu quelques avis relatifs au pirate, se décida à lever l'ancre
pour recommencer sa croisière. Je regrettai beaucoup d'être obligé

de me séparer du chapelain, qui fut forcé de s'embarquer ; il prit soin cependant de me donner les moyens de communiquer avec lui aussitôt qu'il serait de retour en Angleterre. Il espérait que son voyage ne s'étendrait pas au delà de l'année : je lui exprimai toute la reconnaissance que j'éprouvais pour lui, et l'assurai de tout mon respect, après quoi nous nous séparâmes.

Le lendemain du départ de la frégate, je quittai moi-même la Jamaïque à bord de l'*Albatros*, sous le commandement du capitaine John Johnson : le vent était favorable, et nous fîmes route pour l'Angleterre. Mais l'homme propose et Dieu dispose, comme disent les Canadiens français : je ne dois pas toutefois anticiper sur les événements.

Il y avait à bord cinq autres passagers : deux dames et trois messieurs, de sorte que nous nous promettions un voyage des plus agréables. L'*Albatros* était un trois mâts d'environ quatre cent cinquante tonneaux ; il était chargé de sucre et de rhum : le capitaine et le second étaient deux excellents marins, dont les manières et la conversation avaient quelque chose de distingué ! Nous avions vingt-quatre hommes d'équipage, qui me parurent de bons et solides marins, de sorte qu'avec un excellent capitaine, un navire bon marcheur, des compagnons de voyage très-aimables, il ne nous restait pour ainsi dire rien à désirer.

Nous étions arrivés sans accident d'aucune sorte jusqu'à l'entrée de la Manche : la vigie avait signalé la pointe de Cornwall vers les cinq heures de l'après-midi, alors qu'il faisait encore grand jour, car nous étions au 9 juillet. Nous avions eu quelques grains pendant la journée, la mer était devenue houleuse, mais nous y étions accoutumés, et nous avions l'espoir d'être bientôt arrivés.

Quoique venant par rafales, le vent nous était assez favorable, et le capitaine nous avait tous félicités de notre heureuse et rapide traversée : les passagers commençaient à mettre tous leurs effets en ordre et à se préparer à descendre à terre prochainement. Les saute-en-barque, les chapeaux de toutes formes commençaient à n'être plus de mise, et l'on brossait avec soin les habits noirs et les chapeaux prudemment renfermés jusque-là dans leur étui. Les favoris du capitaine, qui menaçaient de lui couvrir toute la figure, venaient d'être taillés, et avaient repris la forme qui convenait aux joues d'un capitaine de trois mâts attaché à l'une des plus riches maisons de Londres.

On eût dit même que les mâts, les vergues et les sabords voulaient perdre leur allure nautique et reprendre l'apparence de bonhomie que leur donne toujours le séjour dans le port. Neptune, le chien du bord, se poussait le museau contre les mains des passagers en les regardant d'un air de joie sympathique, et allait poser ses deux pattes de devant sur le bord de la guibre en reniflant l'air de terre et remuant la queue de plaisir.

Quant à moi, je n'oublierai jamais les émotions que je ressentis à mesure que la côte devenait de plus en plus distincte, et que je voyais approcher le moment où je mettrais le pied sur ma terre natale.

J'éprouvais cependant en même temps certains pressentiments fâcheux. Plus je pensais à celle dont le souvenir était si doux à mon cœur, et plus je doutais que ses sentiments répondissent aux miens. Cet état de doute et d'incertitude, qui venait jeter un certain nuage sur le bonheur que je m'étais promis, me révéla toute la sincérité de mon affection pour la compagne de mes premiers jeux.

Puis d'autres pensées venaient accroître mon trouble et mon anxiété : je rentrais dans mon pays sachant que j'avais des parents, mais ne connaissant ni leur nom ni leur rang ; je me sentais mécontent de la position que j'occupais, et ne possédant pas de détails suffisants pour être certain d'arriver à la découverte de la vérité.

Quelquefois je me laissais aller à l'idée que ma naissance me donnait des droits à une grande fortune et à un rang des plus élevés, et je m'enflais d'orgueil en songeant avec quel bonheur je mettrais ce rang et cette fortune aux pieds de ma chère Lucie : j'aimais à me représenter sa joyeuse surprise, sa réserve timide, son aveu tremblant !

D'autres fois j'étais en proie à des craintes vagues, à des peurs indicibles ; j'appréhendais des désastres, des malheurs sans fin. Peut-être Lucie avait-elle donné son cœur ailleurs. Qu'avais-je fait pour le mériter ? Ne l'avais-je pas quittée sans lui dire un mot de mon amour, sans lui demander si elle m'aimerait jamais ? Il est vrai que je m'étais trompé sur la nature de mes sentiments pour elle, mais étais-je excusable de me tromper ainsi ? Ne devais-je pas craindre que sa fierté de femme eût été blessée de mon apparente indifférence ?

Plus je réfléchissais, et plus je me blâmais de mon aveuglement ; je me reprochais comme un crime d'avoir fermé les yeux pendant si longtemps, et je me doutais de la réception qui m'attendait à mon retour à Londres.

Pendant que toutes ces pensées m'agitaient, le vent avait acquis une extrême violence, les rafales se succédaient sans interruption, les vagues s'élevaient toujours plus menaçantes, les mâts craquaient, les voiles se gonflaient, la mer semblait bouillonner de furie. Le pauvre navire roulait comme effrayé des efforts de la tempête, qui le secouait de flot en flot : on eût dit qu'il sentait qu'il lui était impossible de lutter. La voix du capitaine résonnait au milieu des vents, les

hommes grimpaient aux haubans, manœuvraient les vergues, ferlaient les voiles, et tenaient tête à la tempête. Des tourbillons de vent emportaient le navire comme une plume sur le haut des vagues : l'éclair venait de temps en temps jeter sa lueur sinistre, et le tonnerre nous menacer de sa voix terrible. Puis il vint une bourrasque plus violente que les autres, le tonnerre redoubla ses éclats, et tout fut fini : le navire était englouti !

Peut-être cela fut-il moins horrible qu'un naufrage qui se fait en plusieurs heures sur une côte rocheuse. Je me sentis emporté pendant quelques secondes dans un tourbillon irrésistible, j'étais entraîné par les eaux au fond de l'abîme. Je saisis instinctivement quelque chose : c'était une esparre ; mes doigts s'y cramponnèrent avec la ténacité de l'homme qui se noie. Il me sembla que j'étouffais ; je crus que la pression de l'eau me déchirait le tympan, mes poumons ne pouvaient plus se dilater, c'était horrible. Je craignis d'éclater. Je tenais cependant toujours mon esparre ; tout à coup je me sentis la tête hors de l'eau : je respirai. L'instinct de la conservation me fit saisir encore plus fortement le morceau de bois que je tenais, et quoique ballotté par les vagues furieuses, étourdi par les roulements incessants du tonnerre, aveuglé par l'incroyable rapidité des éclairs, je ne lâchai pas prise. C'était un effort suprême pour ne pas périr.

Pendant que j'étais ainsi le jouet des flots, je fus tout surpris de voir une tête noire s'élever au-dessus de l'eau comme si elle sortait du fond de la mer : c'était le nègre. Je n'oublierai jamais quelle frayeur j'éprouvai à la vue de cette masse noire qui m'apparut tout à coup dans l'horreur de cette situation : il me sembla que c'était le démon des tempêtes qui s'élançait pour me saisir. Mais la voix du pauvre César vint bientôt dissiper cette affreuse illusion : il semblait, aussi à son aise dans l'eau que s'il eût été sur terre.

— Tenir bon, massa ! me cria-t-il de l'autre bout de l'esparre, et d'une voix dont les accents se perdaient dans les sifflements de la tempête ; tenir bon, vent bientôt fatigué et nous sauvés !

L'esparre était assez forte pour nous supporter tous les deux, mais il n'était pas facile de se maintenir dessus. César vit que mes forces m'abandonnaient ; il s'approcha de moi, et dénouant la cravate que j'avais autour du cou, il me la passa sous les épaules, et m'attacha à la pièce de bois. Cela me fut d'un grand service ; ce fut ce qui me sauva. Quant à lui, il se jouait dans l'eau comme un vrai canard.

Le navire et tous ceux qui le montaient avaient disparu. La nuit était venue, et quoique l'obscurité ne fût pas complète, nous ne pouvions voir autour de nous que lorsque les éclairs jetaient leur lueur blafarde sur les eaux écumeuses. La situation était horrible. Il se passa ainsi environ une heure, puis il me sembla que la tempête diminuait. Le vent soufflait avec moins de violence, les nuages disparurent du ciel, les étoiles commencèrent à briller, et quoique les flots se soulevassent encore à des hauteurs prodigieuses, tout ce mouvement s'apaisait par degrés.

Nous restâmes avec notre esparre pendant toute la nuit ; le retour de la lumière me rendit l'espérance, mais je me sentais épuisé de fatigue. La mer était redevenue calme ; il était plus facile de se tenir sur la pièce de bois, et de garder la tête assez haut hors de l'eau pour pouvoir respirer sans courir le risque de se noyer. Le lever du soleil eût des splendeurs inouïes, mais l'immense solitude des mers qui nous entourait me remplit le cœur d'une tristesse indicible. On ne voyait plus la terre, car, quoique nous ignorassions alors cette circonstance, un fort courant nous entraînait vers la haute mer.

César me montra plusieurs navires qui étaient en vue ; mais qui probablement ne nous apercevaient pas, car pas un ne mit le cap sur nous. Nous n'avions rien qui pût servir de signal ou de drapeau, et nous étions trop loin pour que nos voix pussent être entendues.

Le soleil s'éleva sur l'horizon et atteignit le méridien : ses rayons tombaient d'aplomb sur nos têtes, puis il descendit vers l'horizon et disparut sous les flots. Nous restions flottants avec notre esparre, aucun navire ne nous approchait, un silence effrayant nous entourait : je commençai à perdre espoir. La nuit vint, une légère brise rida les eaux, mais sans bruit, sans murmure, et le calme universel qui régnait était comme le repos de la mort. On n'entendait rien. Ce néant de la nuit me parut horrible. J'étais un atôme, un point imperceptible flottant sur l'immensité des mers, loin de tout secours, de tout appui. La fatigue m'ôta toute puissance d'action. La mer, les cieux, les étoiles, tout ce que je vis se mêla d'une manière confuse dans mon esprit, un brouillard épais s'étendit sur ma vue. L'épuisement de mes forces amena un délire inexplicable, et je perdis tout souvenir.

Quand je revins à moi, mes premières sensations furent terribles ; je crus être fou ; savoir que j'étais fou, et condamné cependant à rester fou ! Il me sembla que je m'éveillais d'un long sommeil, au bruit d'un violon. Qui pouvait jouer du violon au fond des mers ? J'avais lu de belles pages sur la musique et l'harmonie des sphères ; mais je n'avais jamais songé que je l'entendrais un jour que je me trouverais en compagnie de tritons ou de sirènes jouant du violon ! Je voulus saisir mon esparre plus fortement que jamais.

Mais la forme de cette esparre n'était plus la même, elle n'était plus ronde, elle était plate comme une planche. Il me sembla alors que je n'étais plus dans l'eau et que je me trouvais plongé dans une atmosphère chaude et étouffante. Peu à peu je repris mes sens, et je commençai à comprendre que j'étais sur une espèce de lit, et qu'une demi-douzaine d'yeux me regardaient d'un air de compassion et de curiosité : une voix d'homme brisa le charme qui égarait encore mes esprits; je reconnus que j'étais à bord d'un navire.

Je crus d'abord que j'avais été le jouet d'un rêve horrible, et que la perte de l'*Albatros* en vue des côtes d'Angleterre, mon immersion dans l'eau et ma longue agonie n'avaient été qu'une terrible illusion. Mais le médecin du bord dissipa promptement cette erreur en me demandant avec bonté :

— Eh bien, monsieur, comment vous trouvez-vous ?

Je le regardai, puis je tournai les yeux vers les deux autres personnes qui étaient auprès de lui, mais je ne reconnus personne. Je ne pus qu'exprimer la première idée qui s'était logée dans mon cerveau.

— Quelqu'un joue du violon ! lui dis-je.

— C'est vrai, répondit-il, et vous devez vous trouver heureux de l'entendre; un navire n'est jamais complet s'il n'y a à bord un gouvernail et un violon.

— Où suis-je? demandai-je.

— A bord de l'*Hirondelle*, allant au cap de Bonne-Espérance.

— Où allons-nous ?

— Au cap de Bonne-Espérance, où j'espère que nous arriverons sans éprouver un naufrage pareil à celui qui a manqué de vous noyer.

— Mais je voulais aller en Angleterre ?

— Eh bien, vous irez en Angleterre; seulement, vous verrez le Cap auparavant, à moins que nous ne rencontrions un navire qui puisse vous prendre. Qu'en pensez-vous, docteur? reprit mon interlocuteur, qui était un homme à cheveux blancs et aux traits longtemps battus par les vents, croyez-vous qu'il puisse se lever? Quant à moi, mon avis est que la meilleure chose qu'il puisse prendre maintenant, c'est un bon verre de grog.

— Où est César ?

— César? oh! c'est probablement le nègre. Il est à bord dans le logement des matelots, avec deux hommes et un novice qui l'empêchent de se jeter à corps perdu dans une touque de soupe. Il faut que vous ayez été à court de provisions sur votre esparre, car il semble vouloir dévorer tout ce que nous avons.

Le docteur demanda que l'on me laissât reposer : il consentit à me laisser prendre un verre de grog, mais il voulut présider lui-même au mélange des liqueurs. Il me fit donner aussi un petit morceau de pain très-rassis, que je mangeai avec le plus grand plaisir.

Pendant que je buvais mon verre de grog, le capitaine me raconta comment il nous avait sauvés.

— Voy z-vous, ça a été un pur effet du hasard : vous étiez si bas sur l'eau qu'un navire aurait pu passer sur vous sans vous voir : mais à bord de l'*Hirondelle*, on a l'œil bon. Si bien qu'aussitôt qu'on vous aperçut, nous mîmes à la cape; le canot fut mis à la mer, et on vous amena à bord, vous et votre ami à la tête laineuse. Il n'était pas aussi malade que vous, quoiqu'il ne valût pas grand'chose; mais vous aviez embarqué trop d'eau, et cela fait de mauvais grog quand elle est trop salée. Quand on vous déposa sur le pont, nous craignîmes d'abord qu'il n'y eût plus un souffle de vie dans votre cabane, mais notre docteur, qui guérit tous ceux qui ne sont pas morts, vous fit rejeter l'eau, puis il vous frotta, il vous réchauffa, et vous revoilà un homme ! Quant au nègre, il ressemble à un singe dans un cocotier. Maintenant nous n'avons plus qu'à désirer un prompt voyage jusqu'au Cap ! Un bon navire, monsieur, et un excellent docteur ?

— Et le meilleur capitaine qui soit sur mer, dit le docteur.

Je ne sais s'ils se complimentèrent encore longtemps, mais le grog et la fatigue me firent involontairement fermer les yeux, et je succombai à un sommeil irrésistible.

CHAPITRE XXVII.

Les passagers et le capitaine, ainsi que le docteur, furent pleins d'attention et de prévenances pour moi. Je recouvrai promptement mes forces, mais le terrible événement qui avait anéanti le navire dans lequel j'étais venu de la Jamaïque, jusqu'en vue des côtes d'Angleterre, me laissa un fond de tristesse mélancolique que mes compagnons de voyage cherchèrent en vain à dissiper. Il me semblait que j'étais le jouet du sort : en vain je formais des projets, je me traçais une ligne de conduite, des événements que je ne pouvais prévoir venaient toujours m'empêcher de la suivre. J'avais quitté l'Angleterre dans l'intention de chercher une colonie pour m'y établir, et chaque pas que j'avais fait depuis mon arrivée au Canada m'avait jeté dans de nouvelles aventures toujours imprévues et toujours dangereuses.

Un étrange hasard m'avait fait rencontrer le clerc d'avoué dans les forêts du Canada : j'avais couru après lui d'un bout des Etats-Unis à l'autre, et le seul résultat de cette rencontre avait été d'exciter ma curiosité au plus haut point, sans aucun profit apparent. Sa mort était encore un événement très-extraordinaire, non pas qu'il n'eût pas mérité d'être pendu, mais son exécution avait eu lieu au moment où il

allait me révéler les secrets que je cherchais. C'était irritant au dernier degré. Que voulait-il dire par « le rossignol ? » Il m'avait adressé ces deux mots comme s'ils eussent été la clef de l'énigme. Mais quel était ce rossignol? Etait-ce le nom d'un homme ? Et dans ce cas, où le trouver ? En Angleterre ; mais où ? Tels étaient les fils insaisissables que j'avais pour me guider dans le labyrinthe où ma naissance mystérieuse m'avait jeté.

Puis un autre événement étrange m'avait conduit à bord de la frégate anglaise, où j'avais rencontré le chapelain, qui m'avait dit qu'il ne pouvait parler que lorsque j'aurais clairement prouvé mon identité. Y avait-il quelque connexité entre les preuves à donner et le rossignol ? Où les trouver, ces preuves? Je voguais maintenant à bord d'un navire qui s'éloignait de l'Angleterre, du pays où je devais évidemment chercher la solution de tous ces secrets : n'était-ce pas provoquant à l'excès ?

Mais ce n'était pas la seule cause d'inquiétude que je ressentais : mon cœur s'était flatté de l'espoir que je reverrais bientôt celle qui était devenue mon étoile polaire, celle dont les rayons devaient me guider sur l'océan de la vie. J'avais mille raisons, toutes plus pressantes les unes que les autres, pour chercher à connaître l'état de son cœur aussitôt que possible. Et je ne pouvais être de retour en Angleterre avant cinq ou six mois ! Que de choses pouvaient arriver, qui renverseraient toutes mes espérances et me rendraient misérable à toujours !

Il était à craindre en outre que l'on me supposât perdu avec le navire à bord duquel j'avais écrit à madame Delancey que je quittais la Jamaïque. Pourrais-je blâmer cette excellente femme si, désespérant de me revoir, elle songeait à marier sa fille avec un autre ? Pourrais-je blâmer Lucie, si elle obéissait aux conseils prudents de sa mère ? De quelque côté que se tournassent mes conjectures, je ne voyais que doute, perplexité, désappointement.

Je n'étais donc aucunement disposé à me mêler aux jeux et aux amusements des autres passagers : le navire devait continuer son voyage jusqu'à Calcutta, et tous ceux qui se trouvaient à bord et qui s'attendaient à rester plusieurs mois sur mer cherchaient à passer le temps aussi agréablement que possible. César était loin de partager ma mélancolie : l'espoir de fouler bientôt son sol natal lui avait rendu toute sa gaieté naturelle; ses connaissances en géographie n'étaient pas des plus étendues, et, en apprenant que nous allions toucher en Afrique, il s'était persuadé qu'il reverrait ses amis et ses parents; il était à chaque instant à s'informer auprès des matelots à quelle distance nous étions de la terre, et dans combien de temps nous y arriverions.

J'avais raconté tous les services qu'il m'avait rendus, et il jouissait à bord d'une grande considération : il passait tout son temps à chanter et à danser, au grand amusement de l'équipage et des passagers. Il était toujours prêt à rendre service ou à faire ce qu'on lui demandait, de sorte qu'il était généralement bien vu.

L'équipage se donna le plaisir de jouer la farce burlesque du passage de la ligne; et comme le capitaine prit soin de modérer l'excès de la joie, personne n'eut à se plaindre des bons tours qu'on nous fit. Il y avait parmi les passagers un M. Timothée Teikler, ou, comme il aimait à se nommer, M. T. T. Ce fut lui que les matelots choisirent comme leur victime.

Quelques cadets de la Compagnie des Indes, qui avaient pris passage à bord de l'*Hirondelle*, lui avaient déjà joué quelques tours plaisants. Le jour où nous passâmes la ligne, on l'éveilla dès l'aurore pour la lui montrer, car il avait plusieurs fois exprimé le désir de la voir, disant qu'il en avait souvent entendu parler et en avait bien une certaine idée, mais qu'il voulait s'assurer de son existence par une inspection personnelle. Un mousse avait mis un cheveu à travers l'objectif d'une longue-vue, et lui montra la ligne qu'il désirait tant pouvoir étudier. Ce fut la matière d'une note qu'il inséra dans le journal de son voyage, et qui faisait suite à une foule de circonstances tout aussi curieuses, comme le passage de plantes marines, la vue de quelques marsouins et d'autres phénomènes non moins intéressants, dont les cadets lui firent prendre note. Ils eurent l'attention cependant de lui offrir pour son déjeuner un poisson volant qui était venu s'abattre dans les bastingages; il le mangea avec grand plaisir, regrettant toutefois que ses amis de Londres ne pussent partager un déjeuner aussi extraordinaire. Le plaisir du malheureux ne fut pas long, car un novice l'informa mystérieusement que quelques savants naturalistes, dont les noms furent inventés séance tenante, considéraient le poisson volant comme un poison très-actif. Son effroi fut profond, et le pauvre homme eut la simplicité de prendre les drogues nauséabondes que ses bourreaux lui offrirent pour le débarrasser du toxique qu'il avait imprudemment ingurgité.

Je ne raconte, au reste, ces détails de la vie de bord que parce que, le héros de ces aventures ayant pris part à des événements que j'aurai à raconter plus tard, j'ai cru nécessaire de donner une idée préalable de ce qu'était M. Timothée Teikler.

Il se rendait au Cap pour s'y fixer comme colon, et comme j'étais, bon gré, mal gré, toujours en recherche d'une colonie, nous devînmes bientôt assez bons amis. On lui avait persuadé d'aller s'établir au Cap, en lui représentant avec quelle facilité on élevait les troupeaux de moutons sur d'immenses domaines qui ne coûtaient presque rien. Il était devenu propriétaire d'une étendue de terre presque incroyable, pour laquelle il n'avait payé qu'une très-petite somme d'argent. On pouvait, me dit-il, acheter des terres à un shilling par acre, y compris les bêtes sauvages et les Cafres; son vendeur ne lui avait cependant pas garanti le consentement de ces derniers.

Je me demandai bientôt comment ce pauvre homme avait pu se décider à émigrer. Il avait été mercier dans la Cité de Londres, c'était là qu'il était né, qu'il avait fait son apprentissage et qu'il avait végété dans une heureuse innocence pendant quarante ans. Arrivé à cet âge et ayant acquis quelque mille livres sterling, il avait voulu devenir grand propriétaire : comme sa fortune n'était pas assez considérable pour lui permettre de réaliser cette idée en Angleterre, il avait été fasciné par l'offre que lui avait faite un agent d'affaires de lui vendre cinquante mille acres de terre à raison d'un shilling par acre. La moitié de sa fortune avait été employée à cette acquisition, et il était en route pour prendre possession de ses propriétés. Il ne savait pas au juste où elles pouvaient être situées, seulement elles n'étaient pas à plus de cinq cents milles de distance de la ville du Cap, et c'était peu de chose dans un pays aussi étendu.

Il eut la bonté de m'informer que ses domaines offraient une superficie de soixante-dix-huit milles carrés et une fraction; je convins avec lui que c'était tout à fait princier. Ils étaient situés au delà de la rivière Orange : le nom de la rivière prouvait, dit-il, que les oranges y croissaient naturellement. On voyait sur une carte qu'il possédait qu'ils étaient bornés à l'est par le Sahara du sud ou le désert de Kalagaree, si bien que sa frontière de ce côté était à l'abri de toute incursion, et qu'il pouvait même l'étendre aussi loin qu'il le voulait.

L'extrême simplicité de ce digne citadin était des plus amusantes. Ses connaissances en agriculture pouvaient égaler son savoir sur les statistiques de la lune : il m'avoua même en secret qu'il se connaissait si peu en affaires agricoles, que jusqu'à ces derniers temps l'idée qu'il s'était faite d'une charrue était que cela ressemblait étonnamment à une sauterelle gigantesque. Ce qui l'avait le plus étonné, c'est que l'on n'attelait pas les chevaux aux deux brancards, ainsi qu'il appelait les deux manches, et que le laboureur se mettait au lieu et place que son imagination avait réservée aux quadrupèdes; c'était, pensait-il, mettre la charrue devant les bœufs.

Mais depuis qu'il était devenu propriétaire, il avait pris quelques leçons d'agriculture chez un ami qui, s'étant retiré du commerce, cultivait une petite ferme aux environs de Pectney. Son intention, toutefois, était de commencer par l'élève des bestiaux. La culture des céréales, disait-il, est une excellente chose pour ceux qui n'ont pas une grande étendue de terre, mais dans les colonies, le meilleur moyen d'employer son capital c'était d'avoir des pâturages. C'était facile à prouver, ajoutait-il, par les premières règles de l'arithmétique, car deux et deux faisaient certainement quatre, et quatre multiplié par deux donnait huit; c'était aussi clair que le jour.

Comme il était très-fier de ses connaissances en mathématiques, il se donna le plaisir de me montrer une table qu'il avait arrangée pour me prouver par des chiffres alignés que dans un espace de temps très-court ses troupeaux de bœufs et de moutons se multiplieraient d'une manière si prodigieuse, que le montant de ses revenus serait un embarras, car il ne saurait qu'en faire. Ses calculs montraient qu'au bout d'un an un millier de brebis se serait doublé, et cette multiplication ayant lieu tous les ans, il serait bientôt en recherche de nouvelles terres pour y établir ses bergeries. Il y avait là une source immense de profit, sans compter toutes les côtelettes et les gigots qu'il pourrait consommer pendant tout ce temps.

Et puis il y avait leur toison. Il m'expliqua comment la laine était un article de grande valeur, qui conserverait toujours son prix. Il me communiqua par une rare faveur un calcul très-curieux qu'il avait fait pour évaluer la quantité de laines que produiraient ses immenses troupeaux : il devait à lui seul chasser toutes les laines étrangères des marchés anglais, et satisfait aux besoins de toute la population britannique.

Il y avait un si grand fonds de sincérité dans l'honnête enthousiasme du vieux mercier, que je ne pouvais rire de ses extravagantes illusions; mais je ne pus m'empêcher de lui dire qu'il avait omis de compter la valeur des queues de ses moutons, queues qui croissent si prodigieusement au Cap, que certains voyageurs assuraient que l'on était obligé de leur fournir des espèces de petites brouettes pour les porter. Le suif que contiennent ces queues devait s'élever pour lui à une somme considérable.

Il me remercia sincèrement de lui avoir rappelé ce fait, et commença ses calculs d'un air si sérieux, que je sentis quelques remords de ce que je venais de faire. Il s'arrêta tout à coup au milieu de ses multiplications pour me faire part d'un doute qui lui était survenu; c'est que pour avoir la graisse il faudrait de toute nécessité couper la queue, or, il craignait qu'elle ne repoussât pas aussi facilement que la laine. Il avait lu cependant dans les voyages de Bruce que les Abyssins coupaient souvent des tranches de chair à même la cuisse

de leurs bœufs, et il serait possible, disait-il, que l'on fît la même chose pour les queues de mouton. Dans tous les cas, c'était une chose à étudier avec soin.

Son plus grand désir avait toujours été de se retirer à la campagne pour y mener une vie tranquille, et quoiqu'il n'eût jamais tiré un coup de fusil, la chasse devait être un de ses amusements favoris. L'agent qui lui avait vendu ses domaines lui avait certifié qu'il pourrait se livrer avec ardeur à tous les plaisirs de la chasse, car dans l'intérieur de l'Afrique le gibier était si abondant que chacun pouvait en tuer d'un bout à l'autre de l'année, et qu'il n'y avait aucune loi pour limiter le droit de chasse des colons.

Je convins de la vérité de cette dernière assertion, mais j'ajoutai que si les récits de certains voyageurs étaient vrais, les bipèdes n'étaient pas toujours les chasseurs, et qu'il leur arrivait parfois d'être assez rudement chassés par les quadrupèdes originaires des forêts africaines.

Cela le déconcerta tout d'abord, mais recouvrant bientôt tout son sang froid, il me dit de l'air le plus martial qu'il était loin de craindre les bêtes fauves. On avait tort de supposer que le lion fût un animal courageux : il avait lu dans un livre que le lion était naturellement timide, et pour sa part il serait enchanté d'en rencontrer un. Nous verrons plus tard comment l'expérience modifia ses idées sur ce sujet.

Cependant le navire faisait toujours route pour le Cap, et nous atteignîmes bientôt la latitude de cette ville. Je ne me rappelle aucun événement qui mérite d'être rapporté : quand il fait beau la vie de bord est monotone; ce n'est que quand le vent s'élève, quand la tempête est déchaînée, qu'il survient des accidents ou des événements dignes d'être notés. La seule chose que je me rappelle pendant notre voyage, c'est une baleine, dont le corps, qui pouvait avoir cinquante pieds de long, flottait sur l'eau : un nombre immense d'oiseaux de mer s'étaient donné là rendez-vous, et becquetaient son énorme carcasse.

Un des passagers attrapa un albatros, qui me parut de taille extraordinaire : nous mesurâmes son envergure, et d'une extrémité à l'autre nous trouvâmes quatorze pieds. Comme je n'ai pas l'intention d'écrire un traité d'ornithologie, je ne dirai rien autre chose de l'albatros sinon qu'il disparut mystérieusement du pont pendant la nuit. Personne ne savait ce qu'il était devenu. J'appris plus tard que les matelots, qui ont un respect superstitieux pour cet oiseau, et qui n'avaient contribué en rien à sa capture, l'avaient aidé à s'élancer dans la mer de dessus le pont, d'où il ne pouvait s'élever par ses propres forces.

Nous nous promettions d'arriver promptement et heureusement au Cap, où je comptais trouver un navire en partance pour me reporter en Angleterre, car je ne pensais nullement à m'établir dans cette colonie qui m'avait toujours paru la moins avantageuse de toutes celles que possède l'Angleterre.

Le temps changea le 20 septembre. Nous n'étions plus qu'à environ cent milles de terre; notre latitude était celle du quarante-quatrième degré, quand des vents contraires, des tempêtes, des bourrasques vinrent nous assaillir incessamment. Il me sembla que le premier nom donné à la pointe méridionale de l'Afrique était le mieux approprié à la nature du climat. Au lieu de l'appeler le cap de Bonne-Espérance, on aurait dû lui conserver l'appellation sous laquelle l'amiral portugais Barthélemy Diaz le désigna quand il le découvrit, en 1493 : il l'avait nommé « *Cabo dos todos tormentos*, » ou Cap de toutes les tempêtes.

Nous trouvâmes qu'il méritait complètement ce nom : le nombre infini de pigeons du Cap qui vinrent voltiger autour de notre navire nous annoncèrent en même temps le voisinage de la terre et des tempêtes.

Le vent, qui jusqu'alors nous avait été favorable, cessa presque entièrement, et dans l'après-dînée nous eûmes un calme plat. Puis le vent s'éleva de nouveau, et s'accrut si rapidement avant la nuit, que nous fûmes obligés de courir au plus près, quoiqu'il nous fût favorable; mais nous craignions d'être poussés trop près de terre. Le lendemain matin, vers six heures, il y eut un moment d'acalmie, nous fîmes route de nouveau et courûmes vers l'est. Environ deux heures après le vent devint encore furieux, les vagues s'élevèrent comme des montagnes, et nous eûmes des rafales dont rien ne peut dépeindre la violence extrême. Les vagues immenses qui semblaient aller chercher les nues déferlaient en torrents d'eau sur le pont, et tombaient quelquefois avec une secousse telle, que toute la membrure craquait : le navire semblait s'arrêter, trembler et se rouler comme un être animé et effrayé des dangers qui le menaçaient. Vers minuit le temps se calma de nouveau, nous reprîmes notre route sans avoir éprouvé de dommage sérieux.

Peu avant le jour, cependant, le vent sauta tout à coup au nord-ouest et souffla avec plus de violence que jamais. Les veaux marins, les goëmons, les pétrels et les goëlands que nous voyions nous annonçaient le voisinage immédiat de la terre; nos observations lunaires et solaires nous le confirmaient, et nous craignions de nous approcher de la côte, car le temps était brumeux; l'ouragan continuait, accompagné de tonnerre et d'éclairs. Nous ferlâmes presque toutes nos voiles dans la soirée, ne gardant que la grande voile et le petit hunier, et nous restâmes à la cape toute la nuit. Les quelques heures que nous passâmes ainsi nous causèrent une vive anxiété, car les vagues étaient gigantesques et déferlaient sur le pont avec tant de violence, que le pauvre navire inclinait presque à chavirer, et que le bout des vagues allait à chaque instant toucher l'eau.

La tempête continua pendant deux jours, puis le vent cessa un peu, et nous pûmes faire voile vers le nord-est pour atteindre la baie du Cap. Dans l'après-midi nous vîmes deux veaux marins et une baleine : la vue des veaux marins nous fit espérer que la terre était presque en vue ; mais le temps devenant plus brumeux et le jour baissant, nous mîmes de nouveau à la cape pour ne pas atteindre la terre pendant la nuit. Nous avions envoyé une ligne de sonde à cent cinquante brasses sans trouver le fond, mais vers dix heures du soir nous atteignîmes le fond à quatre-vingt-dix brasses. Si le temps eût été clair, nous aurions vu la terre au lever du soleil.

Le lendemain matin, peu après le jour, le vent était devenu tout à fait calme, puis il changea de direction et s'éleva par bouffées. Il souffla ensuite avec violence du nord-est, c'est-à-dire que nous avions vent debout : mais nous pûmes garder quelque peu de toile dehors, et nous tirâmes de longues bordées. Cependant vers midi la bourrasque était devenue si forte, que nous fûmes obligés de serrer toutes nos voiles : à trois heures c'était un véritable ouragan qui dura jusque vers minuit : le tonnerre et les éclairs accompagnaient la tempête, qui sautait à chaque instant du sud-est au nord.

Je n'oublierai jamais l'horreur de cette terrible nuit. Il me fut impossible de rester dans ma cabine : j'étais comme fasciné par la tempête, et je restai sur le pont pour voir les éléments déchaînés dans toute leur fureur. Les sifflements du vent à travers le gréement ressemblaient au cri ironique des démons de la tempête ; nous ne pouvions nous entendre parler qu'en criant de toutes nos forces. La mer et les cieux semblaient s'embraser ; nous ne voyions qu'à une petite distance du navire, car la vue était bornée par des lames hautes comme des montagnes. La nuit était très-noire : on eût dit que l'obscurité était palpable tant elle était profonde : on la voyait s'ouvrir devant les lueurs instantanées des éclairs et comme se refermer sur leur éclat disparu. Les sifflements du vent, le tumulte des flots, les flammes livides des éclairs, les roulements du tonnerre, jetaient sur toute cette scène un caractère de grandeur que l'imagination peut à peine concevoir.

Les forces de l'homme étaient impuissantes ; nous étions contraints de rester spectateurs inactifs de cette épouvantable tempête. Il me sembla en ce moment que tous ceux qui ont été témoins de scènes pareilles ne peuvent être surpris des manières, des habitudes sérieuses des marins et de leur tendance à la superstition.

La tempête cessa presque tout à coup vers le point du jour ; les nuages sombres disparurent, il se fit un calme plat. Nous eûmes le plaisir de voir le soleil se lever brillant et radieux ; un vent léger, qui s'éleva presque aussitôt, et qui devint une brise favorable, nous permit de reprendre notre route. Deux jours après, nous étions arrivés à notre port de destination. Ceux des passagers qui voulurent aller à terre furent débarqués à la ville du Cap.

Mon premier soin en montant sur le quai fut de m'informer s'il y avait quelque navire en partance pour l'Angleterre.

CHAPITRE XXVIII.

Ce fut avec un vif sentiment de désappointement que j'appris qu'il n'y avait au Cap aucun navire en charge pour les îles Britanniques, et qu'il n'y en aurait pas avant cinq ou six semaines. Je fus pourtant obligé de me résigner à attendre patiemment le moment du départ. Pour passer le temps, je résolus de visiter une partie de la colonie.

La chose qui me frappa le plus à la ville du Cap, bâtie au pied de la célèbre montagne de la *Table*, haute de trois mille trois cent seize pieds, ce fut l'immense quantité de poussière qui tourbillonne incessamment dans les rues : le terrain peut être très-fertile, mais ce n'est pas à coup sûr quand il voyage dans les airs.

Les possessions anglaises dans l'Afrique du Sud s'étendent de l'est à l'ouest sur une longueur d'environ six cents milles, et du nord au sud sur une largeur de trois cent trente milles, ce qui fait une superficie de deux cent mille milles carrés ; l'étendue des côtes à l'ouest, au sud et à l'est est d'environ douze cent mille milles. La population de cet immense territoire peut s'élever à cent soixante-quinze mille âmes.

Ce n'était pas dans la ville du Cap que je pouvais me procurer les renseignements que j'étais curieux d'obtenir sur la colonie ; il me fallait pousser une pointe dans l'intérieur, et comme mon ami le mercier était pressé d'aller prendre possession de ses domaines, nous convînmes de voyager ensemble.

Il me fallut cependant trouver quelque argent pour m'équiper et rembourser au capitaine de l'*Hirondelle* mes dépenses à bord et les petites avances de fonds qu'il m'avait faites. Je réussis à obtenir un certain crédit en produisant des papiers que j'avais sur moi au moment où l'*Albatros* s'était perdu. Car même en ce moment suprême

mon plus grand désir avait été de sauver le morceau de brocart qui devait, j'en avais la certitude, me faire retrouver mes parents ; j'avais donc mis l'habit dans la poche duquel je l'avais cousu. Une autre poche secrète contenait mes lettres de crédit, renfermées dans un étui en cuir : elles avaient peu souffert de l'eau de mer ; le velours, qui avait été longtemps imbibé d'eau salée, était complétement perdu ; on pouvait cependant reconnaître la façon, le dessin et la manière dont le morceau avait été coupé sur la pièce.

Je conservais ce morceau de brocart plus religieusement que jamais depuis que j'avais entendu le révérend M. Wycherly s'écrier : Oui, cela vient d'elle !

Cette exclamation m'avait affecté profondément, et je me la rappelais incessamment.

Je me préparais donc à faire une excursion dans l'intérieur de la colonie, mais il survint un incident extraordinaire qui changea complétement le plan que j'avais formé.

J'étais dans les bureaux d'un négociant qui m'avait avancé des fonds, quand, prenant un vieux journal pour m'occuper pendant quelques minutes, mes yeux tombèrent sur un paragraphe qui attira bientôt toute mon attention.

On lisait dans la *Gazette de Cornwall* :

« Nous avons le plaisir d'annoncer à nos lecteurs que notre localité va enfin être débarrassée du voleur si bien connu qui a si longtemps été l'effroi de notre ville. Le Rossignol vient d'être condamné à la déportation perpétuelle. Il va aller siffler avec les kangourous d'Australie, où, nous l'espérons sincèrement, il reviendra à de meilleurs sentiments. »

Le Rossignol ! Je tenais donc un nouveau fil de mon labyrinthe ! Le Rossignol, dont m'avait parlé le clerc d'avoué, était évidemment le nom de guerre d'un voleur dont il avait fait connaissance. Mais comment cet honnête oiseau pouvait-il savoir le secret de ma naissance ? quel rapport pouvait-il exister entre lui et moi ? C'est ce que le paragraphe du journal était loin de m'expliquer.

La première chose que je fis fut de parcourir toute une série de journaux antérieurs pour retrouver quelques détails sur ce Rossignol, et savoir de quel crime il avait été accusé et pourquoi il avait été condamné. Mais soit que le sobriquet sous lequel il était connu n'eût pas été révélé à l'audience, soit que l'on eût oublié d'en parler, je ne pus découvrir rien qui eût trait à mon individu. Je m'armai de la plus grande patience pour lire toutes sortes de procès pour vols avec ou sans effraction, escroqueries, faux, etc., mais je ne trouvai pas un mot du Rossignol.

Je lus et relus le paragraphe qui avait d'abord éveillé mon attention, mais je ne pus en tirer rien de plus que le premier jour. La seule chose qui me parut certaine, c'est que le Rossignol était un homme en chair et en os qui avait été déporté à la Nouvelle-Galles du Sud ; je résolus donc de le suivre à la Nouvelle-Galles du Sud.

L'idée de retourner en Angleterre fut abandonnée, et je commençai à m'informer des navires qui pourraient mettre à la voile pour la Nouvelle-Galles du Sud. Ces navires étaient attendus d'Angleterre, et les calculs les plus favorables ne me permettaient pas d'espérer qu'ils pussent toucher au Cap avant un mois. La vie de la ville m'était insupportable, je me décidai donc à suivre mes premières idées, et à faire une excursion dans l'intérieur. Le temps se passerait plus vite, et je verrais ce que sont les colons du Cap.

J'écrivis d'abord à madame Delancey un long détail de tout ce qui m'était arrivé depuis mon départ de la Jamaïque. Je m'étendis longuement sur la découverte que j'avais faite dans le paragraphe mystérieux de *la Gazette* du Cornwall, et je lui annonçai la résolution que j'avais prise de me rendre à la Nouvelle-Galles du Sud, quoique je n'ignorasse pas combien il serait difficile de découvrir ce personnage, puisque je ne savais pas même le nom sous lequel il avait été condamné, mais je me confiais à ma persévérance et à mon adresse. La même enveloppe renfermait une autre lettre adressée à Lucie et parlant de tout autre chose.

Mon ami le mercier avait déjà quitté la ville du Cap, et comme je me rappelais à peu près la direction dans laquelle se trouvaient ses domaines, je crus ne pouvoir mieux faire que de suivre le chemin qu'il avait pris.

Je m'équipai complétement pour le voyage. J'achetai deux chevaux : un pour César, l'autre pour moi ; je fis aussi l'acquisition de deux carabines, et me procurai une provision suffisante de munitions. Je n'oubliai pas de me munir de deux petites boussoles ; j'appris à César à s'en servir et je le lui en remis une.

Nous partîmes ainsi équipés vers le milieu d'octobre. A environ trente-cinq milles de la ville du Cap, nous arrivâmes à une ferme dont les bâtiments semblaient former un village tout entier. La première chose qui me frappa fut la maison d'habitation, qui était bâtie en briques, et que je trouvai fort grande ; je fus tout surpris d'entrer dans de vastes appartements meublés avec goût et richesse ; on eût dit la maison d'un riche propriétaire anglais.

A une distance de deux cents pieds des quatre coins de la maison s'élevaient quatre granges, longues chacune de cent cinquante pieds ; c'était là que le propriétaire déposait ses grains et ses vins. L'une d'elles contenait plus de cinq mille boisseaux de blé, et l'autre cent cinquante foudres de vin.

Derrière la maison s'élevait la forge, un peu plus loin la charronnerie et les autres établissements nécessaires à l'exploitation d'une ferme immense. Les logements des laboureurs se trouvaient encore plus loin; ils étaient bâtis en briques; chaque maisonnette était petite, mais commode; on pouvait y loger environ deux cent cinquante personnes. La plupart de ces domestiques étaient nègres.

En allant un peu sur la gauche, on trouvait deux *kraals* ou enclos pour bestiaux : le kraal est ceint d'un mur en pierre d'une hauteur de neuf pieds; son étendue peut atteindre deux cent cinquante acres. Dans la Nouvelle-Galles du Sud les murs de ces enclos sont formés de troncs d'arbres superposés les uns aux autres.

Le chapelain, qui s'appelait le révérend M. Wy-herly, m'encourageait à conserver quelque espoir.

Dans l'intérieur de la colonie, les fermiers sont exposés à voir leurs troupeaux attaqués et décimés par les hyènes et les tigres : la ferme où je me trouvais avait éprouvé tout dernièrement de grandes pertes de ce genre. Mais à mesure que le pays devient plus peuplé, les animaux sauvages sont détruits par l'homme ou se réfugient plus loin. Les kraals construits par les premiers colons sont conservés par leurs successeurs, quoiqu'ils ne soient plus d'une nécessité indispensable.

Il y avait dans cette ferme environ vingt mille moutons et huit mille têtes de gros bétail, le nombre des porcs était aussi très-considérable.

Nous avions été accueillis avec une hospitalité toute patriarcale, mais il nous fallut enfin quitter cette riche exploitation. Nous montâmes à cheval César et moi, et nous continuâmes notre chemin.

Le mois d'octobre, dans lequel nous étions, correspond au mois de mai en Angleterre : les routes étaient bonnes et les rivières guéables.

Une belle maison que nous trouvâmes à environ soixante-dix milles du Cap me frappa par sa magnificence et l'admirable situation où elle avait été construite. Elle s'élevait dans une vallée agréablement abritée; un grand jardin formant un octogone irrégulier s'étendait par derrière; il était fermé d'un gros mur de pierres. Une avenue de chênes conduisait de la route à la porte d'entrée, et çà et là croissaient de magnifiques amandiers; les allées les plus rapprochées de la maison étaient plantées d'orangers et de citronniers.

De l'autre côté de la maison on voyait le sommet d'une longue avenue de noyers, et vers le nord la maison était couverte par une haute chênaie.

Au midi, je vis quelques arbres à camphre, leurs larges feuilles vertes faisaient le plus bel effet : en les écrasant entre l'index et le pouce on obtient une odeur très-prononcée de camphre. Cet arbre, toujours vert, est l'un des plus beaux ornements des jardins de la

colonie : son bois est brun, avec des veines noires; il acquiert un très-beau poli, et est précieux pour l'ébénisterie.

Les oliviers croissent aussi dans la colonie; nous avions partout des pêches et des abricots en abondance, ainsi que des poires et des pommes. On y cultive avec succès les meilleures espèces d'ananas.

Ce fut dans cette maison que j'eus les premières nouvelles de mon ami le mercier, qui avait voulu voyager seul dans un but d'économie. Je suivis la route qu'il avait prise, et toujours accompagné de mon fidèle César, je me dirigeai vers le nord-est.

CHAPITRE XXIX.

Nous n'avions pas encore fait beaucoup de chemin, quand nous atteignîmes un colon qui se rendait à sa ferme, éloignée du Cap d'environ trois cents milles. Nous le rencontrâmes à peu près à moitié route. Nous nous trouvions au commencement de la sécheresse périodique du pays, et nous trouvions souvent sur notre chemin des chariots portant du grain et du vin à la ville.

Le fermier suivait le même chemin que nous, et je me félicitai de cette circonstance, qui devait me permettre d'étudier en détail les habitudes intimes des colons.

Le chariot avec lequel il voyageait ressemblait plus à une maison locomobile qu'à un véhicule proprement dit. Il était monté sur quatre roues, et de larges demi-cercles supportaient un toit de peaux de bœufs. Cette immense machine, qui semblait avoir été construite dans le but de résister à une chute du haut de la montagne de la Table, était traînée par seize bœufs; trois nègres et deux blancs soignaient et aiguillonnaient cet attelage. Un des noirs, qui était le maître bouvier, tenait un fouet immense fait de cuir d'hippopotame, et le faisait claquer de manière à effrayer tous les tigres et les lions du voisinage.

Je fus tout surpris de voir une tête noire.

Une voiture plus légère, montée sur des ressorts, marchait un peu en avant du chariot; je vis sous son toit de coutil une jeune et jolie femme de vingt-trois ou vingt-quatre ans : trois beaux enfants l'accompagnaient; l'aîné pouvait avoir trois ans et le dernier était dans les bras d'une nourrice nègre. Un domestique blanc conduisait cette voiture : comme nous approchions d'une montée longue et difficile, il avait mis pied à terre, et il marchait à côté de ses chevaux. Le propriétaire de toute cette caravane était à cheval, un peu en avant, comme pour reconnaître le pays.

Tout à coup les seize bœufs qui traînaient l'immense chariot s'arrêtèrent tous ensemble comme s'ils se fussent donné un mot d'ordre. Ils semblaient se partager très-exactement la besogne à faire, car pas un ne voulait tirer un peu plus fort que son voisin. J'ai souvent pensé que le bœuf africain a plus de sagacité que le bœuf de tout autre pays : je n'en veux pour preuve que la manière dont les Hottentots les dressent à l'art de la guerre, en leur apprenant à charger l'ennemi à coups de cornes et à le fouler aux pieds : une charge de bœufs hottentots a souvent décidé du sort d'une victoire.

On les a instruits aussi à seconder les artifices du chasseur : comme les chevreuils les laissent s'approcher sans défiance, le chasseur se cache derrière eux jusqu'à ce qu'il soit à portée de flèche.

Quand le chariot s'arrêta, la petite voiture qui portait les enfants s'arrêta pareillement, et le fermier, voyant cette halte générale, se retourna et vint nous rejoindre. Deux gros chiens que je n'avais pas encore remarqués, et qui tenaient du bouledogue et du terre-neuve, sortirent de dessous les broussailles pour voir ce qui se passait.

Le fermier ne paraissait pas beaucoup plus âgé que sa femme : il pouvait avoir vingt-cinq ans. Il s'approcha à pas lents, et quand il fut près du chariot, son regard s'arrêta un instant sur la voiture qui portait sa femme et ses enfants, puis il sembla mesurer de l'œil la hauteur de la montagne, comme pour calculer la possibilité qu'il y aurait de la gravir immédiatement.

Un des blancs, qui avait l'apparence d'un chef d'atelier, s'approcha de lui :

— Ils commencent à sentir le joug, dit-il à son maître ; ils ont aussi l'idée que la montagne va être rude, c'est pourquoi ils se sont arrêtés pour réfléchir un peu sur ce qu'il y a à faire.

Je m'approchai du fermier, et lui demandai si je pouvais lui être de quelque utilité. Il m'accueillit avec bienveillance et me présenta à sa femme : j'ôtai mon chapeau et lui fis le salut le plus respectueux qu'il me fut possible. Cette politesse sembla surprendre les deux enfants, qui voulurent regarder dans mon chapeau, croyant peut-être y trouver quelque friandise que j'offrais à leur mère.

Le bouvier fit claquer son fouet d'une manière formidable ; tous les bœufs remuèrent humblement la queue comme pour le prier de ne pas les toucher : ils éprouvaient un sentiment incontestable de frayeur, ne sachant si la prochaine fois les lanières n'iraient s'appliquer sur leurs flancs. Les traits se roidirent peu à peu, chaque bœuf prit sa part du fardeau, mais ils attendirent pour tirer tous en-

C'étaient un lion et un tigre, et entre eux deux, un peu vers le côté où nous nous trouvions, l'enfant était étendu sur la bruyère.

semble ; puis, faisant un effort simultané, ils mirent en mouvement la lourde machine.

Je remarquai que le bouvier n'en frappa aucun, mais il leur parlait incessamment, les appelant par leur nom, grondant l'un, encourageant l'autre, leur promettant à tous force litière et bonne mesure de grain. On eût dit qu'il parlait à ses égaux, et qu'il les croyait aussi raisonnables qu'il l'était lui-même : les seules différences appréciables, c'est qu'ils avaient des cornes, quatre pattes et une queue, car la couleur de la peau offrait une grande ressemblance.

Pendant qu'ils gravissaient ainsi la montagne, nous nous portâmes un peu en avant le fermier et moi. César me suivait et me servait de groom ; il semblait lui répugner de se mêler aux autres nègres, qu'il appelait invariablement des noirauds. Cette réserve me surprit ; mais il m'apprit qu'il existe parmi eux tout autant de classes et de distinctions que chez les blancs, de sorte qu'un Hottentot, couvert d'une peau de mouton bien graissée, jette un œil de pitié sur le malheureux dont la fourrure n'a pas reçu le brillant et l'onctueux que donne la graisse : la dame qui est assez riche pour s'orner le front d'une demi-douzaine de boutons de cuivre, disposés en forme de croissant, dédaigne superbement la pauvresse qui ne peut atteindre à ce haut degré de luxe.

Le long séjour que César avait fait parmi les blancs lui avait fait

adopter quelques-uns de leurs préjugés. Il éprouvait une sorte de mépris pour la race des noirauds ; il est vrai qu'il faisait une exception en sa faveur, mais nous voyons assez communément la paille dans l'œil de notre voisin, et nous ne distinguons pas la poutre qui nous aveugle.

Le fermier ne fut pas longtemps sans m'adresser l'inévitable question : Venez-vous vous établir au Cap ?

Je lui répondis que je n'avais d'autre intention pour le moment que de voir l'intérieur du pays, en attendant un navire que je devais prendre pour la Nouvelle-Galles du Sud. Le but de mon excursion le surprit : le pays ne valait guère la peine d'être vu, à moins que je ne continuasse mon voyage jusque chez les Hottentots, où je trouverais à m'amuser, si j'aimais à chasser les bêtes sauvages, car plus nous avancions dans l'intérieur, et plus nous avions la chance d'en rencontrer. Il me dit qu'il se rendait avec sa femme, ses enfants et tout son avoir à un district plein de pâturages, où il espérait fonder un établissement avantageux. Il avait quitté la ferme de son père, qui n'était pas assez grande pour deux familles, et il allait en occuper une à son compte. Aussitôt qu'il aurait pris possession de ses terres et qu'il aurait élevé tous les édifices nécessaires à leur exploitation, les troupeaux que son père lui destinait devaient lui être envoyés.

Comme le nom de son père avait une tournure évidemment hollandaise, je pris la liberté de lui demander s'il était originaire de Hollande. Il me répondit qu'il descendait d'une famille hollandaise, mais que son père avait épousé une Anglaise, et qu'en conséquence il avait appris l'anglais de très-bonne heure.

Nous eûmes bientôt atteint le haut de la montagne, et nous nous trouvâmes à l'entrée d'un défilé assez étroit, qui s'étendait sur une longueur de deux à trois milles, après quoi le chemin descendait rapidement vers la plaine.

Le bouvier faisait claquer son fouet plus que jamais et s'efforçait de la voix et du geste d'encourager son attelage à redoubler d'énergie et de patience pour traîner le chariot jusqu'au point culminant de la route. Les bœufs cependant, qui semblaient avoir hérité d'une bonne dose de tranquille indifférence hollandaise, faisaient la sourde oreille, décidés à ne pas tirer plus fort les uns que les autres. La montée devint plus rapide, le chariot sembla s'alourdir, un bœuf cessa de tirer, un autre l'imita, puis un autre encore ; et le reste voyant qu'il aurait à supporter le fardeau de ceux de leurs compagnons qui ne faisaient plus aucun effort, tout l'attelage s'arrêta.

Le fermier s'approcha du chariot.

— Alec ! dit-il au nègre qui portait le grand nom d'Alexandre, mais que l'on n'appelait jamais que par ce diminutif, Alec, il faut passer cette gorge avant la nuit ; nous ne pouvons pas rester ce soir dans le défilé du Tigre.

Je fus curieux de savoir pourquoi il était si désireux de sortir de ce passage avant la fin du jour, car nous n'avions vu ni tigre, ni lion, ni bêtes d'aucune espèce.

Il me répondit que les habitants du pays avaient une profonde horreur de ce défilé, et qu'il était de tradition qu'on ne pouvait y rester une nuit sans que la caravane perdît un de ses membres : c'est ce qui avait fait nommer cet endroit le défilé du Tigre ; il était convaincu que tous ses noirs attribuaient la halte des bœufs à la frayeur instinctive que leur causait l'approche de ce lieu redoutable.

Alexandre recommença donc à flatter et à encourager son attelage. Il harangua d'abord tous les bœufs ensemble, leur représentant combien il était important pour eux tous qu'ils s'acquittassent honorablement de leur devoir ; il leur remontra combien ils seraient déshonorés si leur courage faiblissait au moment critique : leur réputation dépendait des efforts qu'ils feraient. Puis il leur adressa la parole à chacun en particulier, il les appela par leur nom, les assura de son amitié et les fit souvenir des bons soins qu'il leur avait toujours donnés, les suppliant de ne pas l'abandonner à l'heure où il avait le plus besoin de leurs services.

Tout cela était dit d'une voix et d'une manière si sérieuses, que je demandai au fermier si le nègre ne voulait pas plaisanter pour passer le temps. Il m'assura que tout cela était sérieux, la plupart des nègres croyant réellement que les bœufs les comprennent, et se laissant aller à des actes de la plus grande cruauté quand les pauvres animaux restent insensibles à leur éloquence.

Voyant que ses bœufs faisaient la sourde oreille, Alexandre fut saisi d'indignation, et se laissa aller à un mouvement de colère. Il fit claquer son fouet, et frappa la terre du pied. Puis tout à coup, comme s'il eût pris une résolution désespérée, il se mit à frapper ses bœufs avec fureur, les invectivant à cause de leur manque de courage, les accusant de lui manquer de respect, et leur reprochant leur paresse. Il sembla vraiment que son attelage était doué de compréhension, car les bœufs ne virent pas plutôt que leur conducteur était d'humeur à ne pas plaisanter, que, se mettant à l'œuvre tous ensemble, ils enlevèrent l'immense chariot et le traînèrent jusqu'au haut de la montée avec la même facilité que si c'eût été un jouet d'enfant.

Le bouvier leur adressa alors une nouvelle harangue, il leur montra combien ils avaient agi follement en le forçant à avoir recours à des moyens de coercition qu'il abhorrait : il leur dit qu'il eût beaucoup mieux valu faire volontairement les efforts qu'ils avaient enfin accomplis, car ils se seraient épargné le châtiment qu'il avait été forcé de leur infliger. Les bœufs écoutèrent patiemment cette homélie, qui contenait trop de vérité pour ne pas les toucher profondément.

La nuit, qui avait commencé à étendre ses ombres, nous enveloppa bientôt de toutes parts quand nous fûmes entrés dans le défilé : les collines qui s'élevaient de chaque côté étaient couvertes d'arbres au pied desquels un épais fourré offrant aux bêtes sauvages un couvert impénétrable. Il faisait tout à fait noir avant que nous fussions arrivés à l'autre extrémité du passage, et je ne pus que deviner les difficultés que pourrait rencontrer notre caravane. Mais les abris du ravin me semblèrent offrir des obstacles presque insurmontables, et la descente me parut si dangereuse que je crus impossible d'arriver au bas sans briser les chariots en mille pièces.

— S'il faisait jour, dit le contre-maître, nous pourrions nous en tirer, mais avec la nuit ce sera difficile. Nous ne mènerons jamais le chariot jusqu'au bas si nous n'attendons pas le jour.

Le fermier réfléchit en silence pendant quelques minutes. Il connaissait le chemin, mais il n'y avait jamais mené un chariot. Sa femme chercha à lui donner l'appui de ses conseils, mais comme elle s'exprima en hollandais, je ne compris pas ce qu'elle lui dit : je crus cependant qu'elle le priait de ne pas aller plus loin pour cette nuit, car il donna immédiatement ses ordres pour camper là jusqu'au jour.

Les trois nègres et le bouvier montrèrent quelque répugnance à passer la nuit dans le fatal défilé du Tigre ; il fallut que leur maître insistât énergiquement pour qu'ils s'occupassent des préparatifs nécessaires. Le fermier chercha à ridiculiser l'idée qu'ils s'étaient formée de la présence perpétuelle des tigres dans cet endroit ; il leur parla avec décision et sévérité ; malgré tout, je ne pus m'empêcher de penser qu'il n'était pas tout à fait aussi libre de tout préjugé à cet égard qu'il le prétendait.

CHAPITRE XXX.

Tout le monde fut bientôt à l'œuvre, et nous nous préparâmes à attendre là le retour du soleil. Les bœufs furent retirés de l'attelage, mais on les laissa attachés deux à deux pour les empêcher de s'écarter du camp. On attacha les chevaux de manière qu'ils ne pussent s'éloigner. De grands feux furent allumés autour de notre campement dans le triple but de nous éclairer, de nous réchauffer et d'éloigner les bêtes sauvages. On prépara des lits pour les enfants dans la petite voiture, que l'on plaça auprès d'un grand feu : le fermier prit dans le chariot une carabine et trois fusils, et les chargea. Il alla surveiller une sorte de parc, où l'on avait renfermé un petit troupeau de quatre cents moutons, qui le suivait tant pour subvenir aux besoins de la route que pour former le noyau de ses troupeaux à venir. Il était à l'abri d'une colline couverte d'une herbe épaisse ; deux bergers nègres en prenaient soin, le fermier leur recommanda de veiller toute la nuit et d'entretenir de grands feux.

Quand tous ces préparatifs furent achevés, on amoncela encore du bois sur les feux, puis nous nous occupâmes de notre souper.

Quelques planches qui se trouvaient dans le chariot formèrent bientôt une longue table sur laquelle on disposa des fourchettes, des couteaux et des assiettes. Une sorte de cabaret, qui contenait du vin et de l'eau-de-vie, fut placée auprès du fermier, qui donna un verre d'alcool à chacun de ses hommes : les nègres me semblèrent recevoir cette gratification avec plus de plaisir que les blancs.

La fermière, qui n'affectait nullement les airs d'une grande dame, mêla rapidement du beurre et de la farine, dont elle fit un gâteau que l'on fit cuire sur le feu : les enfants vinrent en prendre leur part, la nourrice portait le plus jeune dans ses bras. Pendant ces préliminaires du repas du soir, je fis le tour du camp avec César en jetant, çà et là un morceau de bois sur le feu ; puis nous sortîmes un peu au delà dans l'espoir de rencontrer quelque animal que je pusse tirer.

Nous n'avions encore fait que quelques pas, quand, jetant les yeux autour de moi, je vis sur une petite éminence deux objets brillants que je reconnus bientôt pour les yeux de quelque bête de forte taille. Je crus qu'il n'y avait aucun danger à tirer, et dirigeant le canon de ma carabine droit entre les yeux je fis feu. La pauvre bête fit un saut dans la direction de l'endroit où nous nous trouvions, et vint tomber à quelques pas de moi. César accourut à mon aide ; je lui dis d'apporter un brandon enflammé, et quand il revint avec cette torche improvisée, je fus tout fier de reconnaître que j'avais tué un magnifique chevreuil.

La détonation de ma carabine avait alarmé la caravane ; les deux domestiques blancs accoururent vers nous ainsi que deux des nègres, le troisième étant resté pour aider sa maîtresse à préparer le souper. Chacun fut enchanté de la chasse que je venais de faire : le chevreuil fut dépecé en un clin d'œil, et des tranches succulentes grillèrent bientôt sur les charbons ardents.

J'eus le plaisir de voir que le fermier, sa femme et ses domestiques eux-mêmes me traitaient avec beaucoup plus d'égards depuis que j'avais fait preuve de mon adresse et montré que je pouvais être utile. On vanta beaucoup la justesse de mon tir ; j'ignore encore en ce moment comment cela s'était fait, mais j'avais touché le chevreuil juste entre les deux yeux. J'ai tout lieu de croire que l'armurier qui m'avait vendu ma carabine ne m'avait pas trompé en me disant qu'elle était si parfaite, qu'il suffirait de lui montrer le gibier pour qu'elle lui envoyât la balle d'elle-même.

Le fumet des tranches de chevreuil nous mit tous de bonne humeur ; nous allions nous asseoir autour de la table, quand tirant une souche de bois pour m'en faire un siège, je tressaillis à la vue d'un vilain serpent de cinq à six pieds de long, qui releva la tête en sifflant et se disposa à se jeter sur moi. César fort heureusement n'était qu'à deux ou trois pas, et lui donna un violent coup d'épieu sur la tête. Le fermier me félicita d'avoir échappé à la morsure de cette hideuse bête ; car il m'assura que c'était un des serpents les plus venimeux du pays, et que l'on ne survivait que quelques heures à sa morsure.

Le voisinage de ce reptile me causa quelque effroi ; je ne fus guère plus rassuré à la vue d'un *cent-pieds* d'environ huit pouces de long, dont la morsure est presque aussi dangereuse : mais on s'en débarrassa bien vite.

César, qui examinait d'un œil scrupuleux la souche sur laquelle je m'étais assis, m'en retira tout à coup en me montrant un immense scorpion aussi gros qu'une écrevisse, et dont la queue recourbée sur son dos avait un air des plus menaçants. César l'écrasa sans pitié, mais la vue de toutes ces bêtes me fit abandonner définitivement mon siège, et, donnant ordre à mon nègre de le jeter au milieu d'un brasier, pour faire un auto-da-fé des reptiles qui pourraient encore s'y trouver, je nettoyai quelques pieds carrés du sol pour m'y étendre pendant le souper. Les spécimens des productions du règne animal africain que je venais de voir furent loin de me prévenir en faveur des avantages de cette colonie.

Mais le gibier était déjà sur la table, et son fumet appétissant excitant encore la faim que nous avait donnée notre longue course, nous rendîmes ample justice aux connaissances culinaires de la fermière ; nous avions en outre du pain excellent, le gâteau qui venait d'être cuit, du vin et de l'eau-de-vie. Le fermier était de bonne humeur, et sa femme me parlait incessamment, le sourire sur les lèvres, quoique je ne pusse comprendre un mot de ce qu'elle me disait. Les enfants riaient, criaient et folâtraient autour de nous ; celui que la nourrice tenait dans ses bras ne voulait pas dormir, et rongeait un os de chevreuil. Sa nourrice cherchait à l'amuser par son babil, et les nègres tantôt parlaient entre eux, tantôt chantaient des airs de leur pays.

Notre bivouac était donc plein de joie et de gaieté, et je commençais à croire que la vie pouvait être assez agréable au Cap, tant était douce la température et tant étaient suaves les aromes que la brise nous apportait des plantes parfumées : la nuit était délicieuse, et nous la passions le plus agréablement du monde en noyant notre gibier sous des rasades d'un vin généreux.

Le bonheur que nous ressentions nous fit oublier d'entretenir les feux que nous avions allumés dans un but de défense contre les bêtes fauves : cet oubli faillit nous être fatal.

Le fermier avait trois enfants : l'aîné pouvait avoir trois ans, le second en avait deux, et le plus jeune était dans sa première année. Les flammes, les tisons brûlants, les étincelles les avaient longtemps amusés ; ils semblaient heureux de cette vie en plein air : les deux aînés avaient joué avec leur mère et leur père, et plus d'une fois étaient venus m'exciter à me joindre à leurs jeux. Les échos avaient souvent répété leurs rires et leurs cris de joie.

Les domestiques étaient occupés encore à découper quelques

nouvelles tranches de gibier, personne n'avait songé à renouveler le bois des feux que nous avions allumés tout d'abord en dehors de la voiture dans laquelle on avait préparé le lit des enfants. On les mit bientôt coucher, en leur recommandant de bien dormir : leur mère et la négresse, qui tenait toujours son nourrisson, étaient restées à remettre en place tout l'attirail qui avait servi à notre souper. Je causais à l'écart avec le fermier : nous pouvions être à vingt pas de la voiture dans laquelle reposaient les deux enfants.

Une toile couvrait cette voiture ; mais elle était ouverte par derrière et par devant. Je contemplais l'extrême splendeur des étoiles et la brillante clarté d'une pleine lune qui nous inondait de sa douce lumière, et, plein d'admiration pour la beauté de la nuit et la tiédeur de l'air, je disais au fermier que le climat seul était suffisant pour attirer au Cap de nombreux colons, quand un rugissement terrible, semblable à un coup de tonnerre, retentit tout à coup auprès de nous du côté de la voiture où dormaient les enfants.

Je me tournai vivement, et je vis un tigre énorme s'élancer d'un seul bond dans la voiture. Nous entendîmes un petit cri d'effroi et au même instant le tigre sauta hors des brancards, emportant un des enfants dans sa gueule.

Le père le vit en même temps que moi : la mère ne le vit pas, heureusement, car elle se tenait en ce moment le dos tourné vers la voiture, mais elle entendit le cri et se levant en toute hâte, elle courut vers ses enfants. Le fermier la retint, appela ses gens, saisit un fusil qui se trouvait auprès de lui. Il me pria de veiller sur sa femme et son plus jeune enfant, et courant vers la voiture, il prit celui qui y dormait encore et vint le placer dans mes bras. Pendant ce temps, les deux domestiques blancs étaient accourus. Il leur dit en quelques mots ce qui venait d'arriver, et chacun d'eux saisissant un brandon enflammé, ils s'élancèrent dans le fourré, dans le fol espoir de sauver l'enfant.

Les nègres, qui au rugissement du tigre s'étaient hâtés de grimper dans l'arbre le plus voisin, revinrent auprès du foyer où je me tenais avec l'enfant dans mes bras. César, qui était allé prendre soin des chevaux, s'approcha aussi au même instant. Je leur ordonnai de jeter du bois sur tous les feux ; c'était le moyen le plus sûr de protéger la mère et les deux autres enfants : je voulais l'empêcher d'aller vers la voiture, de peur qu'elle ne reconnût qu'il lui manquait un fils.

Son premier mouvement, je l'ai déjà dit, avait été de courir vers ses enfants, mais son mari l'avait retenue, et quand elle en eut deux auprès d'elle, elle sembla craindre de les quitter, et s'assit sur la terre, en couvrant sa figure de ses deux mains, comme si elle eût été frappée de stupeur et d'immobilité.

Je fis signe à la nourrice de mettre le plus jeune dans ses bras : elle le prit, le pressa contre son sein, mais pas un mot ne sortit de ses lèvres. Ce n'était pas celui qu'elle avait perdu ! Je remis à la nourrice celui que je tenais dans mes bras, en lui disant de s'asseoir auprès de sa maîtresse. Je pensais que la présence de deux de ses fils adoucirait l'amer chagrin de la pauvre mère, et je voulais être débarrassé de cet enfant, dans le cas où il surviendrait quelque nouveau danger.

Je veillai particulièrement à ce que les feux fussent bien entretenus pour nous protéger contre toute attaque des bêtes de proie, et j'attendis impatiemment le retour du père.

J'étais dans la plus grande anxiété. La mère ne disait pas un mot, elle restait la tête ensevelie dans ses mains, comme si elle eût voulu ne rien voir et ne rien savoir de ce qui se passait. Il m'était impossible d'essayer à la consoler ; je n'étais pas certain que son enfant était perdu pour toujours, et je n'osais pas lui dire d'espérer. Je n'avais moi-même aucun espoir.

Après une absence d'environ une demi-heure, le père revint sans avoir trouvé aucune trace du tigre, sans avoir vu son enfant. Sans doute le terrible animal l'avait emporté dans les profondeurs de la forêt voisine. La mère tressaillit quand elle reconnut son pas, qui s'approchait, et relevant la tête, elle sembla chercher à deviner par le bruit des pas s'il rapportait son cher enfant !

Le fermier s'arrêta à quelques pas de l'endroit où nous étions. Il ne se sentait pas assez fort pour avouer à sa femme que leur fils était irrévocablement perdu ! Et sans doute la douleur du père était aussi poignante que celle de la mère. Quand elle l'entendit s'arrêter, quand elle vit qu'il ne lui disait rien, elle comprit que tout espoir était évanoui.

Elle ne tourna pas la tête : peut-être craignit-elle de voir dans ses bras le cadavre défiguré de son enfant ! Elle resta pâle, immobile, muette : la personnification d'une douleur indicible.

Son regard m'effraya : son silence, la rigidité de ses traits pâlis, la fixité de son œil avaient une expression étrange et hors nature. J'aurais préféré la voir se fondre en pleurs ; mais la source en était tarie. Je craignis que son esprit s'égarât et qu'elle fût en proie à un commencement de folie. Espérant que la présence de son mari et quelques paroles de compassion pourraient changer le cours de ses idées, je fis signe à l'homme de s'approcher.

Au même instant le rugissement du tigre retentit à quelques pas seulement de nous : la pauvre mère pressa ses deux enfants contre son sein. Mais quelle ne fut pas notre terreur quand un second ru-

gissement plus effrayant encore que le premier vint répondre à l'espèce de défi qu'avait jeté le tigre ! Il n'y avait pas à s'y tromper : c'était le rugissement d'un lion. Le tigre rugit de nouveau, et le lion lui répondit encore ; puis nous n'entendîmes plus rien que le murmure grondeur particulier à toute la race féline.

Il me vint à l'idée tout à coup que le tigre en se retirant avait rencontré un lion, et qu'ils se disputaient la proie. L'idée ne fut pas plutôt conçue, que je me décidai à agir en conséquence. Je fis signe au fermier de m'accompagner, et dis au contre-maître de rester auprès de la mère et des enfants ; puis je me dirigeai du côté d'où venaient les rugissements. César me suivit de sa propre volonté. Tout cela fut fait en un instant, car il était nécessaire d'agir avec promptitude.

Je remarquai, chemin faisant, que les deux chiens suivaient leur maître pas à pas, mais sans montrer aucune ardeur pour l'attaque. La lune était haut sur l'horizon, et répandait assez de lumière pour éclairer le bois autour de nous ; les arbres formaient çà et là des groupes détachés, et des buissons s'élevaient de place en place dans la clairière.

Nous marchions sans mot dire, et cependant les deux bêtes féroces nous auraient entendus si elles n'eussent pas été aussi occupées de leur querelle. La seule crainte que j'avais, c'était que les chiens se missent à aboyer et à révéler ainsi notre approche ; mais heureusement ils restèrent muets, comme si la présence du terrible roi des forêts les eût condamnés à un silence éternel.

L'acharnement que mettaient le lion et le tigre à se battre nous permit d'approcher sans être vus ou entendus jusqu'à une vingtaine de pas. Nous nous étions cachés derrière tous les buissons, et la lune, qui brillait derrière nous, allongeait l'ombre des arbres comme pour nous couvrir.

Il faisait assez clair pour nous permettre de voir les deux bêtes féroces, qui, au moment où nous sortîmes du fourré, se tenaient menaçantes l'une devant l'autre. C'étaient un lion et un tigre, et entre eux deux, un peu vers le côté où nous nous trouvions, l'enfant était étendu sur la bruyère. Il ne faisait aucun mouvement ; et nous ne pouvions reconnaître s'il était immobile de terreur ou mort.

Le tigre était de la plus forte espèce ; mais le lion n'avait pas encore atteint toute sa force.

J'ai souvent pensé depuis que s'ils n'avaient pas été effrayés de notre approche, c'était parce que l'enfant se trouvait entre eux et nous : telle est la finesse de leur odorat, qu'ils nous auraient probablement flairés longtemps auparavant s'ils n'eussent pensé que les émanations qui leur arrivaient provenaient de la proie humaine qui gisait à terre. Ils ne nous avaient pas vus, car l'ombre du fourré nous couvrait encore, et ils étaient trop occupés à se surveiller l'un l'autre pour profiter chacun du moindre mouvement de son adversaire. Le résultat du combat pouvait sembler douteux, car si le tigre était plus fort, le lion était plus hardi et plus courageux ; ni l'un ni l'autre au reste ne voulait hâter l'heure de l'attaque.

Je vis tout cela en un instant. Je craignais toujours que les chiens trahissent notre présence et nous empêchassent de tuer ces deux bêtes ; je voulais avoir la consolation de remettre au fermier le corps de son enfant, en supposant même qu'il fût déjà tué.

Nous n'osions pas parler, de peur que nos voix allassent effrayer le tigre et le lion, quoique leurs grognements continuels semblassent suffisants pour couvrir tout autre bruit. Je tremblais de peur que l'écho de nos pas sur les feuilles mortes ou le bris d'une branche desséchée n'éveillât leur attention ; mais heureusement ils étaient tout entiers à leur combat à venir.

Je fis signe au fermier de faire feu sur le tigre pendant que je tirerais sur le lion, et je fis entendre à César de réserver son feu pour nous défendre d'une attaque si nous ne les achevions pas du premier coup, chose que nous ne pouvions pas espérer. Le malheureux père, qui s'était rangé sans mot dire sous mes ordres, releva le canon de son fusil ; mais, comme l'enfant se trouvait entre lui et le tigre, dont la tête était couchée près du sol, il n'eut pas le courage de faire feu. Trois fois il mit la bête en joue, et trois fois il remit son fusil au repos, sans trouver la force de lâcher la détente.

Il posa la main droite sur mon bras en hochant la tête.

Je compris les sentiments qui l'agitaient, et je regrettai de l'avoir soumis à cette épreuve ; mais je l'avais fait sans y penser, et si je lui avais montré le tigre comme sa proie, c'est que je supposais qu'il devait tirer mieux que moi, et que l'animal le plus dangereux lui revenait de droit.

Une fois encore il essaya de surmonter sa faiblesse : il releva le canon de son fusil, mais au même instant l'enfant leva son petit bras. Le père jeta un léger cri de joie et d'anxiété, et ses yeux s'emplirent de larmes en voyant que son enfant vivait encore : sa vue se troubla, et il me fit signe de prendre sa place.

Nous changeâmes donc de position, et je lui montrai le lion qu'il devait tirer : il n'y avait pas de temps à perdre, car le mouvement qu'avait fait l'enfant, faisant craindre aux deux bêtes féroces qu'il cherchât à s'échapper, elles s'étaient tournées l'une et l'autre instinctivement de son côté. Leurs têtes alors nous faisaient face, et je pensai que c'était fort heureux, car nous allions pouvoir les atteindre entre les yeux, à l'endroit même où la blessure devait être le plus fatale.

Je tirai, et le tigre, blessé à la tête, resta immobile ; puis il tomba sur le côté : ses pattes se roidirent et s'agitèrent d'un tremblement convulsif, qui me fit penser qu'il était mortellement frappé.

Mon compagnon ne fut pas aussi heureux. Il avait touché le lion dans la mâchoire supérieure, mais la blessure était loin d'être mortelle, et ne faisait que l'irriter contre nous. Un rugissement terrible retentit dans les bois, et il regarda fièrement du côté d'où était venu le bruit que nous avions fait. Il était encore auprès de l'enfant, et nous craignions à chaque instant qu'il ne se jetât dessus et l'emportât dans la forêt. Le tigre était abattu, mais ses pattes s'agitaient encore avec fureur ; il pouvait encore se relever et venir nous attaquer. Le lion ne s'avança pas immédiatement vers nous, il resta à la même place, rugissant avec rage et battant ses flancs avec sa queue.

Je me hâtai de recharger ma carabine, le fermier m'imita rapidement ; mais avant que nous eussions bourré nos armes, les chiens se mirent de la partie. J'ai toujours cru qu'avec leur instinct admirable ils avaient vu et reconnu l'enfant qui gisait auprès du lion, et avec lequel ils avaient coutume de jouer tous les jours.

Ils s'élancèrent ensemble de derrière les buissons et coururent attaquer le lion. D'un seul coup de patte l'énorme bête en étendit un sur le sol ; mais l'autre, encouragé par la voix de son maître, attira l'attention du lion d'un côté, pendant que nous nous montrions de l'autre. Le lion sembla hésiter entre ses deux ennemis : le chien le harcelait incessamment par derrière, et nous avancions peu à peu par devant, car à tout prix nous voulions maintenant sauver l'enfant.

Nous n'étions plus qu'à une dizaine de pas du lion, qui nous regardait d'un œil plein de fureur ; sa blessure l'avait exaspéré : il semblait toujours sur le point de se jeter sur nous, mais le chien le retenait par ses attaques.

Nous ne lui laissâmes pas le temps de se décider, nous étions assez près pour être certains de notre feu, et croyant qu'il valait mieux en finir tout d'un coup, je dis à mes compagnons de tirer. Nous tirâmes tous ensemble, le fermier et moi à la tête et César au corps.

Nous le blessâmes tous les trois, mais nous ne l'avions pas tué. La balle de César cependant l'avait atteint à la hanche et l'empêchait de se mouvoir facilement. Il pouvait néanmoins se traîner encore, et il s'approcha de nous, avant que nous eussions eu le temps de recharger nos armes.

Nous nous retirâmes dans le fourré, et pendant que le lion s'arrêtait vaincu par la douleur, et peut-être affaibli par la perte de son sang, nous rechargeâmes nos carabines.

A notre grande surprise, le chien, dont le secours nous avait été si utile, nous avait abandonnés ; mais nous vîmes bientôt qu'il était auprès de l'enfant dont il léchait la figure. Quelle ne fut pas notre joie et notre admiration, quand nous vîmes le pauvre enfant passer les bras autour du cou du chien comme pour l'engager à le protéger ! Je n'eus pas le temps d'en voir davantage, car le lion était à deux pas de nous et nous avions à nous défendre : il était blessé, il est vrai, mais il lui restait assez de forces pour nous achever tous si nous ne nous hâtions pas d'en finir.

Trois balles de plus le mirent sur le côté. Il tomba en faisant des bonds terribles, de sorte que nous n'osâmes nous en approcher immédiatement. Enfin César, qui avait rechargé son fusil plus vite que nous, fit deux ou trois pas en avant, et saisissant le moment le plus favorable lui mit dans la tête une balle qui l'acheva.

Je m'approchai alors du tigre, qui remuait encore en étendant ses griffes effrayantes ; et pour l'empêcher de jamais se relever, je lui brisai le crâne de nouveau : nous avions vaincu sur toute la ligne, et nous restions maîtres du champ de bataille.

Cependant le père avait couru vers son enfant : il s'était jeté sur le sol auprès de lui, et l'examinait des pieds à la tête ; nous fûmes aussi surpris que joyeux de voir qu'il n'avait pas reçu une égratignure.

Il paraît que le tigre l'avait saisi par les plis de sa robe, et par un hasard des plus extraordinaires nous le retrouvions sain et sauf.

Il me serait impossible de raconter la joie, le délire de la pauvre mère quand elle revit son enfant : les pleurs, qui n'avaient pas voulu couler dans l'excès de sa douleur, s'échappèrent en abondance de ses yeux. Elle examina d'un œil de bonheur tous ses membres, tout son corps, elle le couvrit de baisers. A peine pouvait-elle croire qu'il lui fût revenu sans une blessure, sans la trace d'une dent sanglante.

Quand nous demandâmes à l'enfant ce qu'il avait ressenti au moment où le tigre l'emportait, la seule réponse qu'il put nous faire fut : — J'ai eu peur, mais il ne m'a pas mordu !

Ainsi qu'on peut facilement le supposer, personne ne ferma l'œil de toute la nuit. Nous décidâmes cependant la fermière à se retirer dans la voiture avec les enfants tandis que nous faisions sentinelle autour. Nous eûmes grand soin de tenir nos feux bien allumés, et de temps en temps nous tirions des coups de fusil en faisant autant de bruit que possible pour effrayer les bêtes qui auraient pu rôder autour de notre camp.

Il ne nous arriva aucun autre accident pendant la nuit, et aussitôt qu'il fit jour le fermier donna des ordres pour que l'on se préparât à quitter ce terrible défilé, et à descendre la montagne qui nous avait arrêtés la veille au soir.

Cependant, avant de nous mettre en route, César, aidé d'un des nègres, avait dépouillé les cadavres du lion et du tigre, et m'avait présenté leurs peaux. Je les fis mettre dans le chariot, mais le fermier voulut que je les gardasse comme un trophée de notre victoire.

Nous eûmes à retenir le chariot, en tournant des cordes autour des arbres qui bordaient le chemin, et à imaginer vingt autres mesures de prudence pour pouvoir le conduire heureusement au bas de la montagne : nous eûmes moins de difficultés avec la petite voiture. Puis la route devint unie et facile ; nous atteignîmes donc aisément une station qui se trouvait à cinq milles de distance, et où le fermier se proposait de laisser reposer son attelage et ses troupeaux.

Nous étions devenus très-intimes depuis le service que je lui avais rendu, et ce fut à regret qu'il m'entendit exprimer l'intention de nous séparer. Le mari et la femme insistèrent tant pour que je les accompagnasse jusqu'à l'endroit où ils allaient s'établir, situé, comme je l'ai dit, à environ trois cents milles du Cap, que je ne pus leur résister.

Nous gravîmes plusieurs montagnes, nous traversâmes la rivière Noire et quelques autres cours d'eau, rencontrant parfois d'étranges animaux : nous vîmes une autruche ; je galopai après elle, mais elle disparut sans que je pusse l'atteindre. Nous arrivâmes enfin au but de notre voyage ; le fermier, plein d'espoir et heureux d'avoir amené sa famille au lieu même qu'il avait fixé, se mit avec ardeur à faire les premiers préparatifs d'un établissement agricole.

CHAPITRE XXXI.

L'endroit que le colon avait choisi pour y élever sa future demeure était certainement un des plus beaux sites qu'il pût être donné à un admirateur de la nature de contempler.

Notre camp fut établi sur une petite hauteur d'où l'œil pouvait embrasser tout le pays d'alentour. La campagne était magnifique ; ce n'était sur un rayon de plusieurs milles qu'une succession non interrompue de bois et de prairies au milieu desquels serpentait une rivière aux eaux fraîches et limpides.

L'arrivée du colon et de sa caravane apporta la vie à ces solitudes éternelles. Les bœufs furent mis en liberté dans les pâturages ; ils n'étaient guère tentés de s'éloigner, car ils étaient fatigués de ce long voyage, et se trouvaient heureux de pouvoir se reposer. Les chevaux furent mis au piquet, et commencèrent immédiatement à paître l'herbe verdoyante ; puis on se mit à décharger l'immense chariot, et à descendre à terre sa riche cargaison.

La première chose que fit le colon fut d'élever une large tente au haut de la colline, et d'en couvrir le sol avec les planches qu'il avait apportées dans le chariot. Un nègre alla couper et ramasser du bois, et alluma un grand feu qui donna un air de bien-être à tout l'établissement. D'autres préparèrent les divers ustensiles nécessaires à une maison : une large marmite que l'on remplit d'eau à la rivière fut suspendue sur le feu. On éleva une table rustique en dehors de la tente, et le cuisinier se mit à préparer quelques mets pour le souper.

On mit un baril de farine en réquisition ; la fermière fit quelques gâteaux que l'on mit cuire sous la cendre ; pendant ce temps son mari alla dans la forêt avec son contre-maître, et marqua les arbres qui devaient être abattus pour construire sa maison. Chacun s'employait de son mieux ; César lui-même cherchait tous les moyens de se rendre utile.

Pendant ce temps, les enfants se roulaient en jouant sur l'herbe fleurie, et criaient de bonheur, car eux aussi comprenaient qu'ils étaient arrivés au terme de ce long voyage : la nourrice faisait sauter son nourrisson, dont les rires enfantins se mêlaient à ceux de ses frères.

Ne voulant pas rester à rien faire quand tout le monde était occupé, je pris un fusil, une poire à poudre et un sac à plomb, et je me dirigeai vers la rivière dans l'espoir de tirer un canard sauvage ; le fermier m'ayant assuré qu'il y en avait beaucoup dans le voisinage.

Après avoir fait environ un demi-mille, j'en vis une demi-douzaine qui flottaient sur l'eau à un endroit où le cours de la rivière était extrêmement ralenti. Le seul chien qui nous restât m'avait vu prendre un fusil et m'avait suivi : à la vue des canards, il s'arrêta et attendit que j'eusse tiré.

J'avais grande envie de faire feu, et je croyais pouvoir en tuer quelques-uns, car ils étaient rassemblés vers un seul point que mon plomb pouvait atteindre ; mais les canards sont aussi sauvages au Cap que partout ailleurs ; je voulus m'approcher quelques pas de plus ; ils me virent, et en un instant ils s'enfuirent à tire-d'aile. Je remarquai cependant de quel côté ils se dirigeaient, et je m'avançai avec plus de prudence en me cachant derrière les buissons du bord de l'eau. Je fis feu, et j'en tuai trois sur six. Je les vis flotter au cours de l'eau, mais mon chien ne semblait nullement pressé d'aller les chercher, et je ne savais comment en prendre possession, quand heureusement le courant les approcha du bord à un détour que faisait la rivière. Le cuisinier, avec l'aide de César, les eut bientôt plumés, et quand on les apporta sur la table, ce fut un concert de louanges sur mon adresse. Ils étaient un peu durs, je dois l'avouer, mais nous n'avions pas beaucoup à choisir.

Quand la nuit s'approcha on alluma des feux pour effrayer les bêtes sauvages, qui pouvaient avoir l'intention de venir faire connaissance avec les étrangers qui osaient s'établir sans cérémonie dans leurs domaines : un de nos hommes fut placé en sentinelle, un autre devait le relever au milieu de la nuit, puis nous nous retirâmes sous la tente. La nuit se passa sans encombre; dès le point du jour le fermier était debout et à l'ouvrage.

La première chose à faire était d'élever une maison plus commode et plus facile à défendre qu'une tente de toile : le colon avait déjà marqué les bois qui devaient être abattus, et comme il n'avait pas besoin de très-grosses pièces, on eut bientôt préparé des poutrelles d'environ douze pieds de long. On les planta en terre, de manière à former un parallélogramme de soixante pieds sur vingt, et en ménageant une entaille à leur sommet pour recevoir une barre horizontale sur laquelle devait reposer le toit.

Quand ces préparatifs furent achevés, on mélangea une sorte de mortier formé d'argile et de vase de la rivière : et après avoir entrelacé des lianes et des branches entre les poutrelles, on les recouvrit de ce crépissage économique.

Le toit fut fait très-aisément : de longues gaules furent posées en arc-boutant et clouées aux barres transversales et horizontales, de légères lattes furent attachées en travers, et une herbe filamenteuse servit de chaume ; le toit était achevé. Le fermier avait combiné tout cela dans sa tête dès sa première visite à ces pâturages.

La maison fut finie en huit jours, sauf les enduits à l'intérieur, que l'on ne pouvait mettre que quand le pisé serait complétement sec. J'avais mis la main à l'œuvre, et j'avais manié la hache avec tant de dextérité, que le fermier ne tarissait pas d'éloges : plus il admirait mon adresse, et plus je m'efforçais de mériter ses louanges; ce ne fut que quand mes mains commencèrent à s'enfler et la peau à s'enflammer sous la friction du manche de la hache, que je m'aperçus que mon ardeur m'emportait trop loin.

La bonne madame Vandergelt était si enthousiasmée de mes efforts et des qualités que je montrais comme colon, qu'elle promit de me donner sa fille, c'est-à-dire son nourrisson en mariage, si je voulais attendre qu'elle fût nubile ! Le fermier approuva fort l'offre que me faisait sa femme, et regretta que sa fille ne fût pas d'âge à donner aussi son consentement.

Je me trouvais si heureux avec ces braves colons, que j'oubliais presque que j'avais à retourner au Cap pour m'embarquer pour l'Australie. Mais tout heureux que je fusse, je sentais que c'était là le bonheur dont Adam avait joui avant la naissance d'Éve, et que la présence seule de celle-ci pouvait compléter les joies de mon Eden.

Le temps avait passé si rapidement, que je fus tout étonné de voir qu'il y avait un mois que j'étais parti du Cap. Je devins de nouveau désireux de découvrir l'individu que l'on appelait le Rossignol, et que je ne pouvais connaître qu'en Australie. Il me fallait de toute nécessité achever cette entreprise et retourner en Angleterre, car c'était là seulement que je pouvais trouver mon Eve.

J'informai mes nouveaux amis de l'intention où j'étais de les quitter : le petit garçon que j'avais aidé à tirer de la gueule du tigre pleura beaucoup quand il m'entendit dire que j'allais partir, car nous étions devenus très-intimes, et il aimait à jouer avec moi.

L'honnête fermier m'engagea vivement à rester au Cap et à m'établir auprès de lui, m'assurant que je trouverais facilement une jeune fille de la colonie, blanche comme lui et moi, qui consentirait volontiers à partager mon sort. Quand il vit que rien ne pouvait me décider à rester, il me dit qu'il espérait que j'aurais le bon esprit de revenir fonder un établissement au Cap.

— Mais, ajouta-t-il, n'oubliez pas d'apporter beaucoup d'argent, car il n'y a que deux sortes de gens qui réussissent au Cap : ceux qui viennent avec des fonds et ceux qui ont des bras qui ne craignent pas la fatigue. La colonie ne vaut rien pour celui qui n'a ni bras ni argent.

— Combien d'argent croyez-vous qu'il me faille? lui dis-je.

— Ah ! cela dépend du colon lui-même : s'il est prudent, s'il a de l'énergie, s'il est industrieux et décidé à supporter tout d'abord quelques jours d'épreuve, il peut faire comme moi. Mais le meilleur plan peut-être serait d'acheter une terre qui a déjà été mise en culture. Et je ne crois pas que l'on puisse réussir dans la colonie, à moins d'avoir devant soi environ cinquante mille francs. Le succès est alors certain.

— Il est difficile de se décider, lui dis-je; cependant la vue du bonheur dont vous jouissez avec votre excellente femme m'engage beaucoup à venir m'établir ici.

Nous nous séparâmes après mille protestations mutuelles d'amitié: il me montra comment je pourrais raccourcir mon chemin pour retourner au Cap, car il existait une route plus courte que celle qu'il avait été forcé de prendre avec son lourd chariot. Le petit garçon m'embrassa mille et mille fois, et voulait à peine me laisser partir.

Enfin je tournai la tête de mon cheval vers les montagnes de l'ouest, et disant au fermier un dernier adieu, je partis le cœur triste et pensif, suivi du fidèle César.

CHAPITRE XXXII.

Aussitôt que je fus en route et que je commençai à me rapprocher de la côte, j'eus hâte d'atteindre le Cap, et je me demandai comment j'avais pu rester si longtemps loin du seul endroit où je dusse espérer trouver un navire pour l'Australie.

Nous traversâmes rapidement un pays plat et fertile, puis nous arrivâmes à une plaine sablonneuse qui s'étendait aussi loin que l'horizon : on ne voyait çà et là que de tristes buissons et des arbres rabougris qui montraient la pauvreté du sol. Nous n'avions pas fait plus de deux milles sur ces sables arides, quand César me fit observer quelques marques imprimées à distances régulières.

— Massa ! vous voir ! ça un lion... ça marque de grosse patte !

Je regardai, et je vis en effet l'empreinte très-apparente de pattes de lion : quelques-unes étaient si parfaites, qu'on aurait pu les mouler. Je les examinai avec attention, mais j'aurais préféré ne pas en voir. Je n'avais aucune envie de chasser le lion, et ne me sentant pas l'enthousiasme d'un Nemrod, un lion me semblait beaucoup plus à sa place dans la cage grillée d'une ménagerie, que libre de ses mouvements dans une plaine ouverte. Et puis, j'avais hâte d'arriver à la ville, et j'aurais regretté d'être arrêté en route par un lion, un tigre ou autres êtres vagabonds de la même espèce.

Ces empreintes modifièrent en même temps les idées que je commençais à me former des plaisirs de la vie de colon, et je me dis que le voisinage de ces rois de la forêt était plutôt regrettable que plaisant. Mais, comme il devenait nécessaire d'être sur ses gardes, je regardai si ma carabine était en état et si la capsule était bien sur la cheminée, puis je dis à César d'examiner aussi ses armes. Nous n'avions pas fait quelques centaines de pas, que nos chevaux commencèrent à montrer qu'ils flairaient l'approche d'un lion. Nous avions abattu celui que nous avions vu, il est vrai, mais je n'avais aucun désir de recommencer pareil combat.

Il n'y avait aucun fourré dans le voisinage sous lequel une bête fauve pût se cacher; nous ne voyions autour de nous qu'un arbre vers lequel nous nous dirigions. Mais les yeux de César étaient plus perçants que les miens, il arrêta tout à coup son cheval, et me montra l'arbre en étendant les bras.

Je regardai, mais je ne vis rien autre chose que l'arbre.

— Vous regarder haut, massa, vous voir tête d'homme en haut !

J'ouvris les yeux aussi grands que je le pus, mais il me fut impossible d'apercevoir ce que César me montrait : mais comme il affirmait toujours qu'il voyait la tête d'un homme, je fus curieux de savoir ce qui avait pu porter cet homme à se percher là-haut. Je mis donc mon cheval au trot, et m'avançai plus vivement; mais il s'arrêta tout à coup, et se tournant sous moi, il parut vouloir rebrousser chemin. Je commençai à craindre la présence d'une bête sauvage, peut-être celle du lion dont nous avions vu les pas sur le sable; cependant ni César ni moi n'apercevions rien. La frayeur que montraient nos chevaux prouvait cependant qu'il y avait un certain danger.

Pendant que je regardais autour de moi et que nous délibérions sur ce que nous avions à faire, un rugissement menaçant, qui fit tressaillir nos chevaux, retentit du côté de l'arbre : il n'y avait plus aucun doute, un lion se trouvait là. Nos bêtes tremblaient de frayeur et semblaient nous prier de nous éloigner aussi vite que possible de ce dangereux voisinage : j'étais moi-même d'avis que c'était ce que nous avions de mieux à faire. Je cédai à leurs instances; mais, ne voulant pas paraître prendre la fuite, je tins à ne pas les mettre au galop, c'eût été engager le lion à nous poursuivre. Je fis comme le capitaine O'Sullivan, qui, ne voulant pas avouer qu'il avait été un jour forcé de battre en retraite, dit tout simplement qu'il s'était avancé dans la direction opposée à celle où se trouvait l'ennemi.

Nous n'avions pas fait beaucoup de chemin, avant que je me rappelasse que César m'avait affirmé qu'il voyait la tête d'un homme dans les branches de l'arbre : s'il y avait une tête, il était à présumer que le corps l'accompagnait. J'interrogeai César à ce sujet : il était positivement sûr de son fait.

J'eus honte d'abandonner un pauvre voyageur qui avait besoin de secours dans ce désert; j'arrêtai mon cheval, et je lui fis prendre de nouveau le chemin de l'arbre et du lion.

Je me demandai alors ce qu'il y avait de mieux à faire. Si César ne s'était pas trompé, et il semblait certain de son dire, c'était un homme qui avait grimpé sur l'arbre pour échapper au lion, et cette bête féroce faisait sentinelle au pied du tronc : si nous ne l'avions pas vu, c'est qu'il était de l'autre côté. Il était probable que le lion ne nous avait pas vus non plus, ou peut-être avait-il un peu de l'entêtement colonial, et préférait-il garder son siège. Dans tous les cas, c'était un devoir pour moi de porter secours à mon semblable, et je me décidai à tout risquer.

Ce n'était pas chose facile, et nous avions besoin d'agir avec prudence, car si le lion se mettait dans la tête de venir nous attaquer au lieu de se tenir sur la défensive, nous courions risque de succomber. Nous fîmes donc un détour pour gagner des buissons qui se trouvaient sur notre droite. Nous y arrivâmes sans que le lion semblât vouloir s'y opposer : il était si loin, que nous ne pouvions le voir ; je pensai qu'il était couché dans un creux. Les buissons dans lesquels nous entrâmes pouvaient être à un quart de mille de l'arbre, dont nous étions séparés par une plaine de sable. Un autre buisson croissait à peu près à moitié chemin, et dans le centre s'élevait un arbre d'environ quinze pieds de haut. Je voyais de la position que j'avais prise la tête et les épaules d'un homme dans le haut de l'arbre au pied duquel le lion s'était établi ; cette vue m'encouragea à persister dans ma résolution.

Je quittai donc l'endroit d'où j'avais pu observer l'état des lieux, et je me dirigeai vers le lion en paraissant toutefois le laisser sur ma gauche ; mais je m'approchais toujours du buisson dans l'espoir qu'il ne ferait aucune attention à nos manœuvres. Il nous guettait de l'œil sans bouger. Nous atteignîmes bientôt le buisson, et, attachant nos chevaux à une branche, César et moi nous montâmes dans l'arbre.

Nous n'eûmes pas plutôt grimpé aux branches, que le lion, qui n'était pas à plus de deux cents pas, se leva tranquillement et s'approcha de l'arbre où nous étions : il remuait la queue d'un air de satisfaction, comme pour nous féliciter de notre arrivée dans ses domaines, et se demandait probablement quels imbéciles étaient venus se mettre si follement à sa disposition. Quand il fut à mi-chemin entre les deux arbres, il se tourna vers celui qu'il venait de quitter, et fit entendre un rugissement terrible, comme s'il eût voulu avertir l'individu qui était perché dans les branches qu'il serait bientôt de retour ; puis se tournant derechef de notre côté il rugit une seconde fois.

Je n'avais pas pensé aux effets qui pouvaient résulter de ce bonjour du lion : nos chevaux effrayés par ses rugissements réitérés brisèrent leurs longes, et s'enfuirent en galopant à travers la plaine. J'espérais que le lion allait les suivre, mais non : il avait son idée et il resta. Peut-être était-il fatigué des mets que lui offraient constamment les quadrupèdes qu'il pouvait toujours se procurer dans ses domaines, et voulait-il changer son menu, ou peut-être, à force de voir et de flairer l'homme perché au haut de l'arbre, avait-il conçu une violente affection pour lui, et ne put-il se résoudre à le quitter ? Quoi qu'il en fût, il ne s'occupa pas de nos chevaux ; mais il s'arrêta devant nous en remuant la queue, allongeant ses pattes de devant, et grognant à la manière des vieux gourmets affamés auxquels on fait attendre leur dîner.

J'étais d'autant plus contrarié de la fuite des chevaux que cela provenait entièrement de mon fait, car j'aurais dû savoir que rien au monde ne les aurait fait rester auprès d'un animal dont ils ont une frayeur instinctive ; mais je n'avais pensé qu'à sauver le malheureux qui s'était réfugié dans l'arbre. César me jeta un regard désespéré quand il vit les chevaux s'éloigner au galop : il ne souffla mot, mais sa figure de nègre disait aussi clairement que possible : Nous ne sommes pas dans de plus beaux draps que l'autre !

Le lion s'était bientôt couché sur le sable, il s'était roulé et avait gambadé comme un jeune chat ; puis, jetant un cri de joie, il s'était levé tout à coup, et s'avançait jusqu'au pied de notre arbre comme pour nous voir de plus près. C'était ce que j'attendais.

J'avais pensé que ce lion, qui était resté longtemps peut-être au pied de l'arbre au haut duquel il voyait une proie qui n'avait montré aucune intention de le combattre, s'enhardirait de ce facile triomphe, et s'approcherait de notre arbre sans redouter aucun danger. Il vint jusqu'au pied, et, levant la tête comme pour nous présenter le but le plus facile à tirer, il ouvrit la gueule pour rugir ; mais avant que le son sortît de son gosier César et moi nous avions fait feu, et il était tombé roide mort.

Je pouvais à peine croire que nous l'eussions tué du premier coup ; mais comme il resta sans faire aucun mouvement, César, qui était plus agile que moi, descendit quelques branches, et lui donnant deux ou trois coups du canon de sa carabine, reconnut qu'il était bien mort. Je descendis à mon tour, heureux d'en être quitte à si bon marché.

Nous laissâmes le lion où il était, et ayant rechargé nos armes, nous allâmes vers l'homme que nous apercevions perché dans l'arbre. Aussitôt que je fus assez près pour comprendre ce qu'il disait, je l'entendis qui me criait :

— Oh ! monsieur Mayford, si vous saviez ce que j'ai souffert !

Je crus reconnaître la voix ; mais j'avais perdu tout souvenir des traits de cet homme : sa maigreur et sa pâleur étaient extrêmes ; les yeux menaçants du lion, qu'il avait vus si longtemps fixés sur lui, lui avaient causé une frayeur indicible.

— Qui êtes-vous ? lui dis-je. Je crois reconnaître votre voix, mais je ne me rappelle pas où je vous ai vu.

— Qui suis-je ? Ah ! c'est à peine si je le sais moi-même ! Mais j'étais M. T. T., c'est-à-dire M. Timothée Tickler, qui était avec vous à bord...

— Oh ! je me le rappelle... à bord de l'*Hirondelle*. Je ne vous aurais pas reconnu.

— Cela ne m'étonne pas. Voilà deux jours que je suis dans cet arbre. Je n'aurais pas pu y tenir beaucoup plus longtemps : je m'attendais à chaque instant à tomber dans la gueule du lion.

— Eh bien, descendez, lui dis-je, et dégourdissez vos jambes : il sera bon que nous décampions d'ici aussi vite que possible, parce que feu Sa Majesté pourrait avoir dans le voisinage des amis qui seraient tentés de lui rendre visite.

— Oh ! monsieur Mayford, ne parlez pas comme cela, je vous en prie ; vous me donnez mal aux nerfs... Mais êtes-vous sûr... bien sûr que la bête est morte ? On dit qu'un chat a neuf vies, et si, comme les livres l'affirment, le lion est une espèce de chat, il peut en avoir davantage, il est si gros !

— Ne craignez rien de ce côté, répondis-je tout fier de mon dernier exploit ; ne craignez rien, car cette arme, ajoutai-je en frappant ma carabine de la paume de ma main, ne manque jamais son coup.

— J'aurais bien voulu pouvoir en dire autant de la mienne, dit-il en descendant lentement de son perchoir et jetant plus d'un regard craintif vers la dépouille de son ennemi ; mais j'étais tellement pressé de la charger, que je mis la balle avant la poudre, de sorte que le coup n'a pas voulu partir.

César me fit observer que nous n'avions pas de temps à perdre, si nous voulions retrouver nos chevaux ; mais les jambes de M. T. T. étaient si engourdies qu'il pouvait à peine marcher. Je dis donc à César d'aller seul à leur recherche, et je lui montrai au loin un grand arbre auprès duquel nous devions nous rejoindre. Il s'éloigna, et comme les pas des chevaux étaient visibles sur le sable, j'espérai qu'il les atteindrait bientôt et les ramènerait, car dans le voisinage des bêtes féroces, le cheval cherche par instinct la présence et la protection de l'homme. Cependant mon espoir était des plus fragiles, et je commençais à m'inquiéter sérieusement de l'étendue du désert dans lequel nous nous trouvions à pied. Il n'y avait pas de remède, et j'avais toujours la consolation de penser que j'avais sauvé la vie d'un homme.

Je priai le mercier de me raconter ses aventures.

Aussi longtemps qu'il avait trouvé des fermes et des habitations sur la route, son voyage n'avait présenté rien d'extraordinaire ; mais des embarras lui étaient survenus aussitôt qu'il s'était trouvé livré à ses propres ressources. Il n'avait pas été longtemps sans se perdre, et il lui avait été impossible, disait-il, de se retrouver. Après avoir erré pendant deux jours, subsistant sur les provisions qu'il avait emportées avec lui, il avait été terrifié en arrivant sur le bord de la plaine de sable par un rugissement terrible qu'un lion avait poussé derrière lui. Il m'assura qu'en se retournant il avait vu la bête la plus grosse et la plus effrayante que l'on puisse imaginer ouvrant déjà la gueule pour le dévorer. Mettre son cheval au galop, lui ouvrir les flancs à coups d'éperon avait été l'affaire d'un instant, et à peine avait-il eu le temps de sauter à bas de son cheval et de grimper dans l'arbre avant que le lion l'atteignît. Le cheval s'était enfui aussi vite que possible ; mais, au lieu de le poursuivre, le lion s'était tranquillement couché au pied de l'arbre.

— Et là, dit M. Tickler, la vilaine bête ne bougea plus. J'espérais qu'il s'ennuierait ; mais non, il resta à me guetter jour et nuit, se léchant les lèvres avec sa grosse langue rouge, me montrant les dents, et levant la patte comme s'il eût voulu que je lui donnasse la main. Ses griffes s'allongeaient et se recourbaient. Chaque nuit il s'éloigna pendant environ une heure, mais à quoi cela pouvait-il me servir ? Comment pouvais-je me sauver dans l'obscurité ? Si j'en eusse rencontré un autre ! Et puis il rugissait de manière à faire trembler l'arbre et à me faire perdre l'équilibre. Oh ! non, je n'aurais jamais cru qu'il me serait possible de passer deux jours et deux nuits dans un arbre avec un lion qui me guettait pour me dévorer quand je tomberais !

Nous arrivâmes ainsi au pied de l'arbre auprès duquel gisait le lion mort : j'eus beaucoup de peine à décider M. Tickler à s'en approcher. Mais quand il vit que, le prenant par la crinière, je pouvais lui lever la tête, et qu'elle retombait inerte sur le sable, il reprit un peu courage, et accabla son ennemi d'une volée d'exécrations ; il osa même s'en approcher assez près pour lui lancer un vigoureux coup de pied.

— Et vos domaines, lui demandai-je, qu'est-ce que vous en faites ?

— Ce que l'on voudra, je les donne à qui veut les prendre. Je n'en veux pour rien. J'en ai assez du Cap ! L'agent qui me les avait vendus avait eu grand soin de ne pas me parler des lions. Il causait autant que j'en voulais des pêches, des abricots, des raisins, des ananas, des chevreuils, des faisans, des perdrix et des canards sauvages, ainsi que des autruches et de toutes sortes de gibiers dont j'ai oublié les noms, mais pas un mot des bêtes féroces. Il me les donnait par-dessus le marché probablement. Oh ! ce lion que je vois encore au pied de l'arbre m'a guéri de tout désir de m'établir ici. J'en ai assez des domaines du Cap : vive la cité ! Au moins là le boucher vient vous demander chaque matin quelles viandes vous désirez, le boulanger vous apporte du pain frais, vous avez de l'eau à volonté, en tournant un robinet vous avez du gaz, vous pouvez vous rafraîchir avec un verre de bière, et vous avez un journal dans lequel vous pouvez faire insérer vos doléances. L'Afrique ! je n'en veux plus ! On m'avait dit que je trouverais d'autres colons dans la campagne, mais je ne comptais pas en rencontrer de l'espèce de cette carcasse. Et maintenant que j'ai fait la folie de venir jusqu'au Cap, je vais être assez sage pour retourner d'où je viens. Dans tous les cas, j'aurai un long chapelet d'aventures à raconter à mes vieux amis : mais j'en ai déjà assez à raconter, il faut éviter les nouvelles autant que possible.

Malheureusement le pauvre mercier n'était pas encore au bout. J'allais lui adresser quelques paroles de consolation, quand, jetant les yeux sur la plaine pour voir si je n'apercevais pas César, je vis à une assez grande distance quelques points noirs qui semblaient se mouvoir. Je les montrai à mon compagnon, qui ne les eut pas plutôt distingués, qu'il grimpa aussi vite que possible dans l'arbre qui se trouvait auprès de nous. Il était convaincu que c'était un escadron de bêtes féroces qui venaient lui faire visite. Tout fier des succès que j'avais obtenus comme chasseur, je me mis d'abord à rire de sa frayeur ; mais, après mûre réflexion, je pensai qu'il était plus prudent de le suivre.

Les points noirs n'avançaient pas vite, ils grandissaient cependant à chaque instant, et je reconnus bientôt que c'étaient des hommes : c'était une troupe de cinq ou six noirs.

Je me félicitai de leur approche, car je pensai qu'ils nous seraient très-utiles pour nous aider à retrouver nos chevaux ; mais mon compagnon les regardait d'un œil soupçonneux : il n'avait pas encore pu s'accoutumer à l'idée de se familiariser avec les noirs, qu'il supposait être plus ou moins cannibales. Il craignait autant d'être mangé par un Hottentot que d'être dévoré par un lion.

Les noirs nous eurent bientôt aperçus dans nos arbres, et ils s'approchèrent en criant et gesticulant de manière à nous faire supposer que leurs intentions n'étaient pas des plus pacifiques. Ils étaient presque nus, et portaient des arcs et des flèches. Je leur parlai en anglais, ils ne comprirent pas ; alors je brisai une branche d'arbre que je leur montrai en signe de paix, mais ils ne répondirent que par un cri hideux et féroce.

Leurs gestes et leurs cris m'alarmèrent. J'avais ma carabine, et j'aurais pu en tuer un ou deux ; mais ils étaient six, et mon compagnon était sans armes : il était d'ailleurs si effrayé, qu'il aurait à peine eu la force de presser la détente d'un fusil. Les Hottentots ne nous donnèrent pas le temps de réfléchir sur ce que nous avions à faire : mettant leurs flèches sur la corde de leurs arcs, ils les pointèrent contre nous tous ensemble en nous faisant signe de descendre.

Je crus qu'il était prudent de leur obéir, mais le mercier ne se décida pas aussi facilement à quitter son perchoir, et ce ne fut que quand un des noirs eut lancé une flèche qui alla se ficher sur une branche derrière lui qu'il put se résoudre à descendre à terre.

La première chose qu'ils firent fut de me demander ma carabine, puis ma poire à poudre avec mon sac à plomb : ils connaissaient évidemment l'usage des armes à feu, mais la batterie les embarrassa. Ils me firent signe ensuite de vider mes poches, et je fus forcé de leur donner tout ce que j'avais. Je réussis cependant à garder mes capsules, qui se trouvaient dans une poche de côté qui leur échappa.

Quand ils eurent ramassé tout ce butin, c'est-à-dire ma montre, mon argent et le reste, ils se consultèrent quelques minutes tous ensemble, puis, nous faisant signe de marcher, ils nous emmenèrent vers l'ouest. Ils appartenaient sans aucun doute à ces tribus nomades qui vivent de rapines sur les frontières, et enlèvent souvent des blancs pour en tirer rançon ; ils les tuent même quelquefois, si le caprice ou la cruauté les pousse à tirer vengeance de l'invasion de leur pays.

Il nous était impossible de deviner quel sort ils nous réservaient ; mais je commençai à croire que l'homme, après tout, est l'animal le plus terrible que le voyageur puisse rencontrer dans les déserts de l'Afrique. Une circonstance presque insignifiante me laissa un rayon d'espoir : ils ne nous attachèrent pas, et je pensai que si mes jambes et mes bras restaient libres, je trouverais un moment pour m'en servir et m'échapper. Ils ne nous maltraitèrent pas davantage ; seulement ils nous forcèrent de les accompagner. Comme ils étaient six contre deux, ils pensèrent probablement qu'il était inutile de nous lier les mains ; nous n'avions aucune chance de leur résister.

Nous marchâmes pendant tout le reste du jour, tristes, désolés, et ne sachant comment finirait cette nouvelle aventure.

CHAPITRE XXXIII.

Quand nous fûmes arrivés au bord de la plaine de sable, nous entrâmes dans une forêt d'arbustes, qui devint de plus en plus épaisse à mesure que nous avancions ; puis nous atteignîmes le pied d'une colline que contournait un petit ruisseau. Nous n'étions encore qu'en vue de cette colline, quand les Hottentots préparèrent leurs flèches et se mirent en ligne comme pour combattre. Mon compagnon et moi nous fûmes saisis de terreur, car nous pensâmes qu'ils allaient attaquer quelque bête féroce. Quelques instants après, nous aperçûmes un zèbre qui buvait au cours de l'eau ; nous jugeâmes alors que c'était là le gibier qu'ils voulaient tuer.

Le zèbre était entre la rivière et nous, et de l'autre côté de l'eau s'élevait une colline assez escarpée, mais de moyenne hauteur. Les Hottentots s'étendirent en demi-cercle, et s'approchèrent du zèbre sans bruit et sans se montrer ; mais, quoiqu'ils s'avançassent avec la légèreté du chat, l'animal entendit le bruit qu'ils faisaient. Il releva la tête vivement, pencha les oreilles de tous côtés comme pour saisir la moindre vibration d'air, et flaira le vent tout à l'entour. Avant qu'il eût pu reconnaître de quel côté le danger s'approchait, un des Hottentots lui lança une flèche qui alla se planter dans son épaule. Le zèbre sauta de l'autre côté du ruisseau ; mais une seconde flèche vint lui faire une nouvelle blessure, et les autres chasseurs lançant leurs traits en même temps, la pauvre bête, percée de ces six flèches, se jeta dans l'eau, qui ne lui venait qu'aux genoux, puis, sautant de nouveau sur la rive, essaya de gravir la colline.

Mais l'escarpement était assez difficile, et dans sa frayeur, le zèbre, incapable de mettre tous ses moyens de fuite en action, trébucha, et put à peine s'élever de roche en roche.

Deux Hottentots traversèrent le ruisseau, et s'élancèrent à sa poursuite ; ils furent bientôt à ses côtés, et, le visant droit au cœur, ils le percèrent de leurs flèches. Le pauvre zèbre fit un saut terrible en recevant le coup de la mort, retomba sur le côté, et roula jusqu'au bas de la colline.

Les Hottentots l'eurent bientôt dépouillé ; puis allumant du feu en frottant rapidement l'un contre l'autre deux morceaux de bois sec, ils coupèrent quelques tranches de chair, qu'ils jetèrent sur les charbons. Mais je remarquai qu'ils se réservaient les quartiers les plus délicats et nous donnaient les pièces inférieures. Cela me prouva combien avait raison ce philosophe français qui a défini l'homme un être sachant cuire ses aliments. Il existe une certaine gastronomie même chez les Hottentots.

M. Tickler fit une vilaine grimace en regardant l'os que lui avait jeté un des nègres ; ce n'était, disait-il, qu'un morceau d'âne écorché ! Mais deux jours d'abstinence forcée lui avaient donné de l'appétit. Il commença par flairer son os, puis par y goûter du bout de la langue, et enfin, remuant la tête d'un air indécis, il osa y mordre une fois, et l'appétit venant en mangeant, il se mit bravement à l'œuvre, et finit par polir complétement son gros os de zèbre.

Je n'étais pas aussi affamé que mon compagnon ; mais pensant que le plus sage était de se soumettre à la nécessité, et qu'il fallait conserver mes forces pour pouvoir saisir toute occasion favorable qui se présenterait, je mangeai sans hésiter la portion qui m'avait été donnée. C'était assez dur et coriace, mais ce n'était pas mauvais. Je fus réellement étonné de la quantité absorbée par les Hottentots.

Comme la nuit s'approchait et qu'ils ne voulaient pas aller plus loin, ils cherchèrent quelques arbres où ils pourraient passer la nuit, et nous firent signe d'en faire autant. Mon compagnon de captivité fut enchanté de cet ordre, car il croyait toujours qu'un arbre offrait le meilleur refuge. Nous montâmes dans un gros chêne ; deux Hottentots grimpèrent après nous et s'établirent dans les rameaux inférieurs ; les quatre autres montèrent dans un autre, après avoir eu soin d'allumer un grand feu entre nos deux perchoirs pour éloigner les bêtes sauvages.

Il était impossible de songer à s'échapper pendant la nuit dans un pays où nous n'avions encore vu aucune trace d'habitation humaine. Il est vrai qu'il était à présumer que notre escorte les avait évitées avec intention ; mais je crus qu'il ne serait pas prudent de faire un essai infructueux : cela n'aurait d'autre effet que d'exciter la vigilance des sauvages, et les porter à nous charger de liens, à nous mutiler ou peut-être à nous tuer. Je résolus donc d'attendre une meilleure occasion, et en attendant, de me concilier la bienveillance de mes gardiens, pour leur ôter tout soupçon. J'engageai le mercier à suivre l'exemple de soumission que je lui donnerais.

Il est facile de supposer quelles pénibles réflexions vinrent m'assiéger pendant que j'étais perché dans cet arbre. J'étais au pouvoir d'une peuplade sauvage, et je n'avais aucune idée de ce qu'ils voulaient faire de moi : je pensais cependant que leur but était d'obtenir une rançon, et pourtant l'argent ne leur était d'aucune utilité. Ce dont ils avaient besoin, c'étaient des couteaux, des fusils, de la poudre, des haches et autres articles de ce genre. Puis je pensais à l'Angleterre et à tous ceux que j'y avais laissés : je commençais à craindre que je ne les reverrais jamais ! En supposant même que je pusse m'échapper, je me trouverais dans un pays inconnu, exposé aux attaques des bêtes féroces, et sans armes pour me défendre !

Le désir qui m'avait tant tourmenté de faire voile pour l'Australie dans le but de rechercher le mystérieux Rossignol s'effaçait peu à peu de mon cœur, et le seul sentiment qui survécût vivace à la ruine de toutes mes espérances, c'était l'intention de me sauver avec mon pauvre camarade, car je ne voulais à aucun prix l'abandonner. Je lui avais sauvé la vie une fois, je me croyais obligé à le protéger toujours.

Puis je pensai à César, qui était allé à la recherche de nos chevaux ; je me souvins de l'affection qu'il m'avait toujours montrée, et j'imaginai mille entreprises qu'il essayerait pour nous sauver. J'espérai qu'il nous avait aperçus au pouvoir des sauvages, et que voyant l'impossibilité où il était de nous arracher à leurs mains, il était allé vers l'habitation la plus voisine demander des secours. Je ne pouvais me décider à croire qu'il nous abandonnerait ; cependant cet espoir était bien fugitif, car peut-être lui avait-il été impossible de retrouver les chevaux, de les attraper, et mille événements pouvaient survenir qui rendraient ses efforts tout à fait impuissants.

Je passai une nuit terrible, car, ballotté entre la crainte et l'espoir, je ne pus fermer l'œil : mon compagnon s'assoupit de fatigue, malgré le voisinage des sauvages et des bêtes féroces. Mais il était mieux placé que moi, car des branches qui s'entrelaçaient lui formaient une espèce de lit sur lequel il pouvait reposer sans craindre de tomber. Il était d'ailleurs si fatigué, que rien au monde n'aurait pu l'empêcher de dormir cette nuit-là. Il se réveilla en sursaut deux ou trois fois au rugissement de quelques bêtes sauvages, mais il se rendormit aussitôt. Aucune bête ne vint, au reste, nous effrayer, du moins je n'en vis pas : il est probable que le feu que les sauvages grimpés dans l'autre arbre avaient soin d'entretenir les tint éloignées de nous toute la nuit.

Les Hottentots s'éveillèrent aux premiers rayons du matin. La première chose qu'ils firent fut de déjeuner avec appétit en faisant griller des tranches du zèbre qu'ils avaient accroché la veille au soir à des branches très-élevées. Mon compagnon et moi nous n'en reçûmes qu'une très-petite portion, quoiqu'il y en eût suffisamment et qu'ils en mangeassent eux des quantités prodigieuses. Quand leur

Je tressaillis à la vue d'un vilain serpent.

repas fut achevé, ils demeurèrent parfaitement immobiles pendant environ deux heures ; ils ne remuaient que pour jeter du bois sur le feu. J'espérais qu'ils céderaient au sommeil, car ils étaient pleins jusqu'à la gorge ; et comme il faisait jour, j'aurais pu prendre ma carabine et courir toutes les chances d'une évasion.

Mais ils ne voulaient pas dormir ; ils ne faisaient que sommeiller, et rouvraient les yeux au moindre bruit. Des chacals passèrent à quelques pas de nous, et je crus voir un tigre qui nous guettait de loin.

Quand les Hottentots se furent reposés suffisamment, ils songèrent à se remettre en chemin ; mais s'asseyant en rond tout d'abord, ils se mirent à discuter en gesticulant, et je crus qu'ils débattaient notre sort, car ils se tournaient souvent vers nous en étendant le bras de notre côté.

Nous ne pûmes deviner ce qu'ils voulaient faire de nous, mais il fut décidé que nous les accompagnerions où ils allaient. Ils dépecèrent la carcasse du zèbre en petits quartiers, et, après avoir coupé une partie de la peau en lanières, ils enveloppèrent leurs viandes dans le restant. Quand ils en eurent fait un paquet qu'ils assujettirent avec leurs lanières, ils se mirent à rire joyeusement en parlant tous ensemble, puis ils le chargèrent sur les épaules de mon compagnon. Il était petit, trapu et assez fortement constitué ; ils jugèrent probablement qu'il était plus capable que moi de porter ce fardeau.

Je ne saurais dire quelle grimace fit M. T. T. quand il se trouva chargé comme une bête de somme.

— Devenir le domestique de cette canaille de nègres ! s'écria-t-il, et porter un âne mort ! oh ! c'est une ignominie qui ne me serait jamais venue à l'idée, même en rêve !

Mais ce n'était pas tout : il eut encore la douleur de les voir adopter un moyen des plus désagréables pour le forcer à marcher aussi vite qu'eux, malgré le fardeau qu'il avait à porter. Un des sauvages, petit et gros, dont la bouche était démesurément grande, dont le nez excessivement aplati s'étendait sur presque toute la largeur de ses joues, et qui semblait le loustic de la troupe, se mit derrière le pauvre mercier pour le piquer avec la pointe d'une flèche. M. T. T. faisait alors des sauts extraordinaires, au grand amusement des Hottentots, et je l'entendais s'écrier d'une voix piteuse : — Cela pique si fort, que je suis sûr que la flèche est empoisonnée !

En toute autre circonstance cette scène, du plus haut comique, m'aurait fort amusé ; mais j'étais trop inquiet pour pouvoir partager l'hilarité des nègres. Quand je crus que mon compagnon avait porté le paquet assez loin, je lui offris de le prendre à mon tour ; nos vainqueurs ne firent aucune objection. Nous le portâmes donc tour à tour jusqu'à la nuit, et les sauvages s'étant arrêtés pour faire un nouveau repas, nous eûmes la satisfaction de penser qu'il serait très-allégé pour le lendemain.

Un des Hottentots portait un autre paquet, plus gros mais plus léger que celui dont ils nous avaient chargés ; je fus surpris tout d'abord qu'ils ne nous l'eussent pas mis aussi sur les épaules, mais je pensai qu'il contenait quelque chose qu'ils regardaient comme trop précieux pour nous en confier la garde. Quand j'eus pris le paquet que portait le mercier cependant, ils lui firent prendre l'autre ; il ne se plaignit pas trop de l'échange, car ce dernier était infiniment plus léger.

Celui des sauvages qui semblait être le chef portait ma carabine.

Nous nous dirigions vers le nord-ouest, et je compris que nous allions dans le pays des Hottentots : cela m'effraya, car s'ils nous emmenaient loin dans l'intérieur, toute chance d'évasion nous serait fermée. J'essayai donc de leur faire comprendre que je désirais être conduit vers les habitations des Européens, où ils seraient richement récompensés ; ils auraient des munitions, des vivres, des fusils, et je comptai sur mes doigts le grand nombre d'objets que je leur ferais donner. On peut facilement supposer que je ne fus pas chiche de promesses.

Mais ils ne voulurent ou ne purent pas me comprendre : ils me donnèrent à entendre, de leur côté, que nous devions aller au nord-ouest, vers un pays que je supposai être celui des Hottentots ; il me fut impossible toutefois de savoir ce qu'ils voulaient faire de nous, et peut-être ne cherchèrent-ils pas à me le dire.

Toute résistance était impossible, il fallait se soumettre ; nous voyageâmes pendant plusieurs jours sous un soleil ardent, et à mesure que nous avancions vers le nord, la chaleur devenait intolérable. Nous étions obligés de faire ce qu'ils nous commandaient : nous étions leurs domestiques ou plutôt leurs esclaves ; nous portions la chair des animaux qu'ils tuaient, le bois dont ils faisaient leur feu, nous étions les esclaves de leurs besoins et les jouets de leurs caprices.

La campagne que nous traversions était de toute beauté ; mais nous n'étions pas d'humeur à admirer les superbes paysages qui se déroulaient devant nous. Nous avions une rude besogne à accomplir, car ce n'est pas chose facile pour un habitant des zones tempérées que de marcher sous le soleil brûlant de ces climats. La sécheresse de l'atmosphère et la pureté de l'air nous empêchèrent de tomber malades, mais mon compagnon devint d'une extrême maigreur. Je n'avais jamais été très-replet, cependant je devins encore plus mince ; le mercier prétendait que je lui rappelais ses écheveaux de fils.

Un jour les Hottentots trouvèrent deux œufs d'autruche dans le sable, et aussitôt que nous rencontrâmes une place où l'on pouvait allumer du feu, ils les firent cuire dans la cendre chaude. M. T. T., qui s'était souvent plaint de n'avoir que de la viande à manger, jetait un œil d'envie sur ces œufs, disant qu'il avait l'habitude chez lui, dans la cité, d'en manger un tous les jours à déjeuner, et qu'il serait enchanté de pouvoir goûter à ceux-là, ne fût-ce que pour la rareté du fait. Mais les Hottentots les dévorèrent sans faire la moindre attention à sa mine piteuse. Il fit alors la remarque que probablement les œufs n'étaient pas frais, qu'ils étaient trop gros pour être bons, et que la race noire était une race gourmande ! Un ou deux jours après ils trouvèrent encore trois œufs : ils les firent cuire de la même manière, mais nous n'y goûtâmes pas plus qu'aux premiers. On nous fit entendre que c'était trop délicat pour nous. Cette observation impertinente vexa fortement le pauvre mercier.

Nous arrivâmes enfin au bord d'une grande rivière : les sauvages tinrent conseil de nouveau, il s'agissait de savoir comment passer l'eau. La rivière offrait une largeur égale à celle de la Tamise à Chelsea. Hélas ! combien je désirai être sur les quais de cette heureuse localité ! Mais nous étions enterrés dans l'intérieur de l'Afrique méridionale, et nous n'avions guère l'espoir de revoir jamais ni la Tamise ni Chelsea.

Les Hottentots décidèrent la formation d'un radeau ; nous avions à couper et à rassembler le bois. Comme il n'y avait qu'une hache, et qu'elle coupait fort mal, la tâche était pénible et longue : mais j'aiguisai la hache sur une pierre, car, obligé de faire ce travail, je crus qu'il valait mieux y mettre de la bonne volonté et me concilier ceux que je devais regarder comme mes maîtres. Il était encore heureux qu'ils ne se missent pas dans la tête de nous faire marcher et travailler à coups de lanières.

Quand nous eûmes rassemblé assez de bois, les Hottentots cherchèrent un arbre dont les branches fussent flexibles comme des lianes; avec ces branches ils attachèrent ensemble toutes les parties du radeau, et nous le lançâmes à l'eau. Ils nous firent monter dessus; puis se mettant à l'eau eux-mêmes, ils nous poussèrent devant eux en nageant.

J'étais désolé de voir que nous nous éloignions tous les jours davantage des districts habités par les colons, et que nous allions nous en trouver séparés par une rivière large et profonde; mais les soins que prirent les Hottentots pour nous faire traverser cette rivière sans danger nous prouvèrent qu'ils tenaient à nous conserver la vie. Devions-nous alors passer le reste de nos jours dans l'esclavage? L'avenir se présentait sous de tristes auspices, mais je ne perdis pas courage; j'étais plein de confiance dans mon habileté et le bonheur avec lequel je m'étais toujours tiré d'embarras. Mais le pauvre mercier, qui n'avait ni l'ardeur ni l'enthousiasme de la jeunesse, s'abandonnait à un désespoir qui m'attristait jusqu'au fond du cœur.

Quelle fut donc notre surprise quand nous vîmes le pauvre enfant passer ses bras autour du cou du chien comme pour l'engager à le protéger !

Notre voyage dura dix-huit jours, pendant lesquels nous n'eûmes pas une goutte de pluie; mais à mesure que nous avancions plus au nord, la chaleur du soleil augmentait et me grillait la peau de la tête. Les Hottentots avec leur toison laineuse semblaient ne rien souffrir sous ces rayons brûlants; ils prenaient même plaisir à s'ébaudir au soleil; quant à nous, nous étions littéralement rôtis. Le chapeau noir que je portais absorbait et concentrait les rayons du soleil; l'idée me vint enfin de me faire une sorte de toit avec de longues herbes filamenteuses, qui croissaient sur le bord d'un ruisseau auprès duquel nous campâmes une nuit.

J'eus un mal infini à tresser cette herbe de manière à faire tenir le tout ensemble, et je ne réussis qu'à faire un chapeau des plus informes : les Hottentots rirent de toute leur force quand je le mis sur ma tête, mais j'aimais mieux les voir rire que prendre un air menaçant.

Il me fut impossible de calculer la distance que nous avions parcourue; mais elle devait être considérable, et nous devions approcher du but de notre voyage, car en marchant sans cesse on finit par arriver. Mais la même question revenait toujours : qu'allait-on faire de nous? étions-nous destinés à servir de victimes à quelques-unes de leurs idoles, ou bien devions-nous languir à tout jamais dans l'esclavage !

CHAPITRE XXXIV.

Nous vîmes bientôt que nous approchions d'un village hottentot, car nous rencontrâmes quelques bœufs et quelques moutons gardés par des indigènes : il y avait aussi des terres cultivées, entre autres des champs semés d'orge, qui commençaient à jaunir. Bientôt nous aperçûmes le village, il était construit sur le sommet d'une colline qu'il couvrait. A une certaine distance, on eût cru voir un assemblage d'immenses ruches, car les chaumières avaient toutes cette forme pyramidale tronquée : les murs enfermaient un espace circulaire et supportaient des toits de chaume qui leur donnaient une singulière apparence. Il n'y avait pas de porte; on entrait par un trou en se traînant à quatre pattes.

Nos gardiens se préparèrent à faire une entrée solennelle. Ils s'arrêtèrent tout d'abord auprès d'une hutte qui se trouvait à une petite distance du village et qu'habitait une dame de leurs connaissances. Il y eut un échange de babil incroyable : la dame sembla faire mille politesses au chef de la troupe qui nous avait faits prisonniers. Elle nous examina, mon compagnon d'infortune et moi, avec grande curiosité; mais nous n'obtînmes à la fin qu'un regard de dédain, car nous étions dans un état de maigreur déplorable.

Je remarquai qu'elle avait perdu le petit doigt de la main gauche et la première phalange de l'annulaire du même côté : elle n'avait donc que deux doigts de cette main et le pouce en parfait état; ils étaient armés toutefois d'ongles dignes de la griffe d'un tigre.

J'appris plus tard que ces mutilations provenaient de l'observance d'une ancienne coutume qui avait trait aux opinions populaires de la nation sur la monogamie. Chez les Hottentots, avant qu'une veuve puisse se remarier, elle doit souffrir l'amputation d'une phalange. Le législateur, qui a inventé cet empêchement dirimant, a voulu sans aucun doute faire contre-poids à ces pudiques hésitations qui, dit-on, font toujours partie du douaire des pauvres veuves.

Je ne saurais dire le nombre de doigts mutilés que je vis dans ce village.

Le petit garçon m'embrassa mille et mille fois.

La dame à laquelle nous fûmes présentés avait perdu quatre phalanges : ses dispositions antimalthusiennes étaient évidentes ; la couleur de la peau n'y est pour rien. Ses affections semblaient pour le moment concentrées sur le chef de notre troupe, et je ne pus qu'admirer la pureté de son goût, car il avait incontestablement le nez le plus épaté et la bouche la plus grande qu'il fût possible de trouver dans tout le territoire des Hottentots.

Cependant le chef et ses hommes mirent leur costume de cérémonie.

Il était des plus simples, chacun des subordonnés se drapa dans une peau de mouton et mit un léger tablier : le chef jeta sur ses épaules une peau de tigre, qui lui donna un aspect imposant et dont il était très-glorieux. Ceux seulement qui ont tué un de ces animaux ont le droit d'en porter la dépouille, et on leur donne le titre de tueur de tigres. Il attacha ensuite autour de sa tête un bandeau en filet d'environ un pouce de large et semé de graines d'un rouge vif.

Je remarquai que la veuve, qui était une belle Hottentote aux yeux noirs, aux dents blanches comme l'ivoire, dont les oreilles tombaient jusqu'aux épaules, et dont le nez épaté offrait d'immenses narines ouvertes, admirait d'un œil ravi la splendeur du tueur de tigres : elle toucha une de ses phalanges et la pressa entre les doigts de sa main droite d'un air décidé.

Quand ils se furent oint le corps avec de la graisse mélangée d'une substance noirâtre qu'ils ramassèrent dans un champ, où paissaient des vaches, ils se préparèrent à partir.

Ils prirent soin alors de nous attacher, mon compagnon et moi : ils nous lièrent les poignets, nous passèrent une lanière autour du corps, et l'un d'entre eux en tint le bout. C'était évidemment dans le but d'accroître la gloire de leur triomphe, car toute idée d'évasion était impossible. Deux Hottentots nous précédaient, deux autres nous suivaient portant en évidence tout ce dont ils nous avaient dépouillés. Toute la population sortit pour nous voir ; les femmes babillaient, les hommes et les enfants criaient, ils semblaient tous au comble du bonheur de voir deux blancs captifs et enchaînés, qu'ils pouvaient couvrir d'insultes et de malédictions.

Le pauvre mercier fut effrayé de se voir enchaîné : il s'était mis dans la tête que les Hottentots allaient le faire rôtir et le manger pour leur souper. Je supposais, quant à moi, qu'ils voulaient nous offrir en sacrifice à leurs dieux. Je ne craignais pas autant d'être mangé que d'être rôti : mangé par les sauvages ou mangé par les vers me semblait chose parfaitement indifférente, si cette cérémonie était précédée d'une cuisson complète.

On nous conduisait nous ne savions où, et je commençais à voir certaines démonstrations hostiles dans la foule, quand M. Teckler s'écria tout à coup avec l'accent de la plus grande terreur : Retirez-'le, retirez-le !

Il sautait en même temps d'un air désespéré et agitait violemment ses mains enchaînées.

Les Hottentots s'arrêtèrent, et voyant la cause de sa terreur, ils perdirent aussitôt leur attitude hautaine et changèrent de manières à notre égard ; de superbes et impérieux qu'ils étaient, ils devinrent humbles et respectueux. Ils montrèrent du bout du doigt à la foule qui les entourait un insecte qui se traînait sur le bras de l'ex-mercier, et aussitôt les vociférations de haine cessèrent pour faire place à un mouvement de bon accueil. Les enfants eux-mêmes se turent quand on leur eut dit qu'une de leurs divinités avait daigné s'abattre sur un des blancs.

Cet insecte que les Hottentots ont élevé au rang de dieu est une sorte de scarabée qui ne se trouve, dit-on, dans aucun autre pays. Il a environ un pouce et demi de long ; sa tête est armée de deux longues cornes : son dos est d'un vert très-brillant et son ventre est couvert de taches blanches et rouges. Sous les rayons du soleil il brillait comme la plus pure émeraude, et offrait les nuances les plus admirables ; mais j'ignore pourquoi les Hottentots le vénèrent à l'égal d'un dieu.

Le village vers lequel on nous avait conduits était renommé pour le respect religieux que les habitants témoignent à cet insecte : toute la foule se mit à crier : notre dieu ! notre dieu ! La présence de ce scarabée leur était une promesse de bonheur et de prospérité.

Dans ces occasions de ce genre, on sacrifie à la divinité des moutons ornés de fleurs, et les prêtres s'engraissent de leur chair pour le plus grand avantage des croyants.

Si ce précieux scarabée se pose sur un indigène, on le regarde comme spécialement favorisé du ciel, et l'endroit où cette manifestation a lieu devient saint à tout jamais.

La haine qu'un Hottentot de l'intérieur de l'Afrique porte à un blanc vient non-seulement de ce que celui-ci a envahi et volé ses terres, mais aussi de ce que les démons de l'une et l'autre race sont de couleur différente. Pour les Hottentots, le diable est blanc, avec de longs cheveux droits ; c'est un monstre effrayant. C'est lui qui est la cause et l'auteur de tout le mal qui arrive.

Je n'ai pas l'intention cependant de faire un exposé complet de la théologie hottentote ; je me bornerai à faire remarquer cette curieuse coïncidence entre la croyance au malin esprit chez la nation la moins civilisée de l'Afrique et la même foi superstitieuse dans quelques pays de l'Europe.

La superstition hottentote nous fut très-utile, car ils s'empressèrent de détacher les liens de mon compagnon, et comme il était à supposer qu'une partie des mérites du mercier rejaillissait sur moi, on me retira aussi mes lanières. La procession se mit de nouveau en marche, avec cette différence qu'au lieu d'être accueillie par des cris d'imprécation, nous n'entendions autour de nous qu'un hymne de louanges en l'honneur du scarabée qui se tenait toujours sur le bras de M. T. T.

Comme nous approchions de la demeure du chef du pays, qui avait été prevenu de notre arrivée et qui nous attendait, la foule s'ouvrit pour nous donner passage. M. Tickler le porte-dieu entra le premier et je le suivis : nous fûmes reçus au son du tambour, si l'on peut donner ce nom à une planche sonore, que deux Hottentots tenaient suspendue en l'air, pendant qu'un troisième frappait dessus avec un bâton.

La salle d'audience était un édifice assez grand, construit de la manière la plus primitive en forme de hangar et ouvert des deux bouts. A côté se trouvait la case du chef, faite en forme de hutte et où il demeurait avec ses femmes. Ces dames nous firent l'honneur de venir assister à notre réception. Je ne vis rien de très-remarquable à signaler quant à leurs vêtements, sinon que les jeunes filles portaient autour de la jambe une sorte de guêtres en jonc, qui s'élevaient jusqu'au genou, et que celles des femmes étaient faites de lanières de cuir. Elles portaient une foule d'ornements en or ou en cuivre : leur toilette était des plus simples et ne différait guère de celle des hommes ; toutes portaient un petit tablier.

Le chef de la tribu était drapé dans une magnifique peau de lion, dont les pattes montraient leurs griffes, et dont la queue traînait à terre : ce costume lui donnait un air imposant. Il était assis sur un trône couvert de peaux de tigres, mêlées de peaux de moutons et de cuirs de vaches ; sa propre peau resplendissait sous une épaisse couche de graisse, et il répandait autour de lui un parfum qui me sembla contraire aux idées que l'on s'est formé en Europe sur les qualités aromatiques des essences.

Tous ceux qui voulurent entrer dans l'édifice furent admis sans distinction de rang, d'âge ni de sexe ; je n'avais jamais vu autant de noirs rassemblés ; les gros yeux blancs qui parsemaient cette foule de têtes noires me firent un étrange effet. Mais tout effroi avait été banni par la présence du scarabée, et je recouvrai bientôt ma tranquillité habituelle, je n'ose dire mon sang-froid, car nous étions dans une atmosphère comparable seulement à celle d'un four de pâtissier.

On nous présenta au chef en grande cérémonie : il nous regarda d'un air qui me sembla avoir quelque chose du cannibale. Mais comme les Hottentots ne sont pas anthropophages, j'eus confiance dans la protection du divin scarabée, et je supportai son regard sans montrer d'effroi. Je suppliais mon compagnon de voyage de ne pas jeter l'insecte à terre, comme il en avait exprimé le désir deux ou trois fois, car la bête était montée jusqu'à son épaule, ouvrant et fermant ses cornes d'un air menaçant et l'effrayant outre mesure. Heureusement pour lui, un prêtre s'approcha d'un air solennel et dans l'attitude de la plus profonde humilité.

Ce vénérable personnage jouissait de la plus haute influence dans la nation : il était le chef et l'âme de l'ordre mystérieux des enchanteurs. Cet ordre puissant avait fait croire au peuple qu'il avait assez de pouvoir pour donner de la pluie à volonté. Dans ces pays arides et brûlés par le soleil, la pluie est un bienfait que savent apprécier les habitants, et l'homme qui a le privilége de la faire descendre des nues est révéré à l'égal du Tout-Puissant. On appelle les prêtres de ce pays des donneurs de pluie.

J'eus occasion de constater que ces prétendus enchanteurs ont la prudence de ne jamais demander à leurs dieux qu'ils fassent pleuvoir que quand la température annonce une pluie prochaine.

Le donneur de pluie présenta au scarabée la feuille d'un arbre sacré sur laquelle il se traîna au milieu de l'anxiété de toute la population : l'insecte fut emporté précieusement par le prêtre, qui alla le déposer dans le temple où les habitants devaient sacrifier des moutons pour le plus grand avantage du collège des prêtres, qui seuls pouvaient manger la chair offerte en sacrifice.

Le Hottentot drapé dans une peau de tigre qui avait été le chef de la troupe dont nous étions esclaves fit un discours dont je ne compris pas un mot ; le grand chef lui répondit. Les divers objets qui nous avaient été pris furent exhibés.

Ils connaissaient évidemment les armes à feu, mais leurs fusils avaient des batteries à pierre, le chien à capsule de ma carabine sembla les étonner. Le chef lâcha la détente plusieurs fois sans pouvoir se rendre compte du mécanisme, et s'étant pincé le doigt dans un de ses essais, il cria de douleur comme un enfant, et mit l'arme de côté d'un air de mauvaise humeur.

Ils avaient aussi quelque idée d'une montre ; les plus savants d'entre leurs donneurs de pluie savaient qu'au moyen de cet instrument les blancs pouvaient dire combien le soleil avait fait de chemin au-dessus de l'horizon, quand il se lèverait ou quand il se coucherait. Ils soupçonnaient aussi que cette petite machine annonçait les phases de la lune, et comme cet astre était un des objets de leur culte, ils reportaient sur les montres une partie du respect qu'ils lui témoignaient.

Le donneur de pluie s'empara de ma montre comme ayant quelque rapport avec la religion que je devais professer, et par conséquent rentrant tout à fait dans ses attributions. Il n'émit aucune prétention sur ma carabine, car là comme partout les prêtres sont des hommes de paix, qui n'ont d'autres devoirs que d'engager le reste de la nation à combattre pour leurs foyers et leurs autels, tandis qu'ils restent loin du danger pour recevoir les offrandes que le peuple présente aux dieux dans le but d'obtenir la victoire.

Mon compas de poche fut passé de main en main et excita l'étonnement général. Ils remarquèrent bientôt que la pointe se trouvait toujours du même côté ; l'étonnement devint de l'admiration. Le donneur de pluie voulait qu'il lui fût remis ; mais comme j'avais toujours l'intention de m'échapper quelque jour, et qu'il m'était indispensable de posséder cet instrument pour voyager dans des pays inconnus, je fis un effort désespéré pour l'obtenir.

Je commençai par débiter une longue harangue au grand chef, qui n'en comprenait pas un mot, mais écoutait cependant très-attentivement. Je lui montrai le scarabée sacré que le prêtre tenait sur une feuille et le compas qu'il avait à la main, en lui faisant comprendre qu'il existait un rapport surnaturel entre la bête et l'instrument; j'étendis ensuite mon bras vers le nord du côté que montrait l'aiguille, et je lui fis signe qu'il viendrait de là une grande calamité si le compas m'était enlevé. Je fis tant de gestes et je criai si fort que le vieux chef pensa qu'il pouvait y avoir quelque chose de vrai, et pour se tranquilliser, peut-être aussi parce qu'il ne voyait pas quel pouvait être l'usage de ce compas, il ordonna qu'on me le rendît.

Je lui montrai alors comment on pouvait se servir d'une boîte d'allumettes chimiques : il fut enchanté de voir qu'il pouvait faire du feu à volonté, mais le donneur de pluie ayant examiné la boîte, déclara qu'elle contenait du feu concentré extrait de la lune; il en prit possession comme d'une chose consacrée à la religion.

Ils connaissaient l'usage des pièces d'or et d'argent, mais le donneur de pluie ayant déclaré qu'il aurait à exorciser les pièces qui portaient l'empreinte de saint Georges et du dragon, toute la monnaie d'or lui fut remise pour la plus grande gloire du saint scarabée.

Ma poudre, mon plomb, mes balles, furent confisqués au profit de l'État et remis au vieux chef, comme général de l'armée. Il s'agit ensuite de savoir ce que l'on ferait de nous! Une grande discussion s'éleva à ce sujet entre le vieux chef, le tueur de tigres et le donneur de pluie : chacun prétendait disposer de nous à sa guise.

Le donneur de pluie voulait que nous fussions offerts en sacrifice au malin esprit; c'était là ce que signifiait, disait-il, l'apparition du divin scarabée sur l'un de nous, et surtout la couleur diabolique de notre peau. Après l'accomplissement de cet holocauste, tout ce que nous possédions devait revenir, d'après un usage immémorial, aux prêtres de la divinité.

Le grand chef, au contraire, prétendait que la présence de l'insecte sacré était un signe de la volonté du ciel : notre vie devait être respectée; nous devions rester en esclavage, et d'après toutes les lois fondamentales du royaume, c'était au chef que notre garde serait confiée.

La dispute menaçait de se prolonger outre mesure, car les droits de l'Etat et ceux de l'Eglise se trouvaient en présence. Le donneur de pluie menaça le grand chef de toute la colère des cieux s'il s'opposait plus longtemps aux justes prétentions de l'Eglise, et le grand chef jura qu'il ferait un schisme si l'Eglise méconnaissait ses droits. Ils finirent enfin par décider que la présence de l'insecte-dieu nous avait rendus inviolables, et que nous serions les esclaves de l'Eglise; mais comme le donneur de pluie était la tête de l'Eglise, nous devions être confiés à sa garde.

Cette décision sauvegarda tous les droits, sauf ceux du tueur de tigres, qui se trouva complétement dépouillé de sa propriété par cet arrangement entre l'Eglise et l'Etat. Cependant, pour le récompenser de ses services, le grand chef lui donna une peau de mouton qui ruisselait d'une huile si épaisse, que tous les connaisseurs en étaient dans l'admiration; il lui présenta en outre une canne à pomme de cuivre, c'était lui conférer une grande dignité, et l'élever au plus haut rang de l'Etat, immédiatement au-dessous des princes du sang!

Le héros de notre aventure s'en alla comblé de joie, et l'assemblée se séparant, nous suivîmes le donneur de pluie à sa case.

CHAPITRE XXXV.

Environ neuf mois après les événements que je viens de rapporter, nous étions occupés M. T.-T. et moi à quelques travaux d'agriculture qui nous avaient été assignés. Mon malheureux compagnon ne cessait de déplorer son sort, car il semblait que nous étions condamnés à un esclavage éternel.

Nous avions essayé une fois de nous échapper, mais nous n'avions réussi qu'à rendre notre esclavage encore plus pénible. Mon compagnon avait perdu tout espoir, et s'était résigné à passer le reste de ses jours dans cet état de servitude; mais quant à moi, j'espérais encore.

Le mois d'octobre était arrivé; c'était à cette époque que j'étais débarqué au Cap l'année précédente. Il y avait neuf mois que nous avions été condamnés dans ce district retiré où les Européens ne pénètrent jamais.

— Ce n'est pas gai cela! me disait M. Tickler en essayant de sourire et en frappant la terre de sa houe, ce n'est pas gai cela! être l'esclave de ces noirauds!

Et M. Tickler essayait de faire un trou en frappant le sol durci du bout de sa houe. Le malheureux avait pour l'instrument qu'il tenait à la main le même mépris que pour ses maîtres : c'est que cette houe était tout simplement un morceau de silex emmanché au bout d'un bâton !

— L'ouvrage est dur, lui répondis-je, mais il y a peut-être encore une chance de s'évader.

— S'évader! oh, n'y pensez plus. Ce vieux donneur de pluie est toujours à nous guetter. Tape, tape, tape! creuse, creuse! voilà notre destinée jusqu'à la fin de nos jours. C'est aussi clair qu'il fait soleil en ce moment, et on s'en aperçoit quand on n'est pas à l'ombre.

— Ah! notre sort n'est pas beau, lui dis-je, mais il ne faut pas désespérer.

— Désespérer? C'est qu'il va s'empirer tous les jours. Ce vieux vagabond accroît notre tâche de plus en plus.

— Je me rappelle, reprit-il après un instant de silence, avoir lu autrefois un livre qui dépeignait les horreurs de l'esclavage. Ceux qui écrivent ces sortes de livres n'en connaissent pas le premier mot, c'est mille fois pire qu'ils ne le disent!

— C'est le traitement que les blancs ont infligé aux noirs pendant bien des années, lui dis-je. Ceux chez lesquels nous nous trouvons croient probablement qu'ils ont autant de droit à nous tenir en esclavage que nous en avions à l'égard de leurs frères.

— Personne n'a le droit de réduire son semblable à l'état d'esclave, comme disait un des orateurs que j'ai entendu parler sur cette question. J'ai toujours pensé comme lui, mais je ne l'avais jamais compris aussi bien.

— Il n'y a rien de pareil à l'expérience, lui répondis-je, pour nous enseigner la compassion. C'est une sorte de représailles que se permettent les noirs sur nos personnes.

— Vous auriez dû vous faire missionnaire, reprit M. Tickler. C'est fort bien de parler de représailles, mais je ne sais pas pourquoi vous et moi avons été choisis pour en être les victimes. Si notre sort eût atteint un propriétaire d'esclaves, j'aurais trouvé cela très-juste, et n'aurais pas soufflé un mot à l'encontre; mais vous et moi !

— C'est extraordinaire comme nous nous consolons facilement des malheurs qui peuvent survenir aux autres.

— Bon! voilà que vous allez me faire de la philosophie, s'écria le mercier. La philosophie est une excellente chose, mais vous aidera-t-elle à creuser ce trou avec ce morceau de caillou, que je voudrais enfoncer dans la tête de notre tyran? A quoi sert-elle votre philosophie? nous empêche-t-elle d'être esclaves?

— Elle nous aide à supporter l'esclavage.

— Ah! vous y revoilà! Vous auriez dû être missionnaire! Mais je m'en vais vous dire une chose : ne perdez pas votre temps à prêcher ces noirauds-là, vous pourriez tout aussi bien convertir des noix de coco.

— Creusez, creusez! lui dis-je, le plus tôt que nous aurons fini, tant mieux!

— Fini! Mais nous n'avons jamais fini : il faut toujours creuser et creuser encore, je n'en puis plus! Je ne peux pas continuer; c'est comme si on voulait creuser un roc. Quand le vieux vagabond va venir par ici, je m'en vais lui dire de creuser lui-même!

Et le malheureux mercier jeta sa houe au loin.

— Souvenez-vous du fouet de nerf de bœuf, lui dis-je.

Il reprit tristement son instrument de travail.

— Ah! voilà encore quelque chose de plaisant! Vous vous éreintez à travailler toute une journée, et le soir on vous administre du nerf de bœuf pour souper! Tenez, voilà là-bas un nègre qui nous guette, je parierais que c'est le vieux donneur de pluie qui l'a envoyé nous espionner. Les Hottentots me font l'effet d'être les gens les plus paresseux du monde : ils ne travaillent pas, mettent les autres à travailler pour eux, et ne trouvent jamais que l'on en ait assez fait!

— Il n'y a pas que les Hottentots qui aient ce défaut, lui dis-je.

— Mais voyez donc ce noiraud comme il nous examine! Cela ne nous promet rien de bon : nous goûterons ce soir du nerf de bœuf!

Le nègre dont il me parlait nous examinait en effet très-attentivement; mais, comme nous étions souvent espionnés, je n'y fis pas tout d'abord grande attention. Cependant il continuait à nous regarder d'un air tout extraordinaire, et semblait craindre d'être vu. Ma curiosité commença à s'éveiller.

Il s'approcha bientôt peu à peu et de manière à ne pas inspirer de soupçons à ceux qui pourraient le voir. Ce n'était pas ainsi que s'approchaient les Hottentots qui venaient nous visiter; ils nous abordaient d'un air de fierté et de supériorité.

Tout à coup le noir sembla se décider, et nous approchant rapidement, il passa auprès de nous; il se garda de tout contact avec des misérables de notre espèce, mais me dit vivement en s'éloignant :

— Massa, quand vous voir moi, vous pas connaître.

Et il se dirigea vers le village.

C'était César! Je fus si frappé d'étonnement, que je laissai tomber ma houe. Mon camarade de servitude, que son travail avait un peu éloigné de moi, accourut me demander si je me trouvais indisposé.

Je ne pus lui répondre immédiatement, tant je me sentais troublé. L'espoir de recouvrer ma liberté venait de remplir mon cœur, une foule de sensations délicieuses m'agitaient toutes ensemble, et, cédant à une émotion inattendue, je me couvris la figure de mes mains pour cacher mes pleurs.

Le mercier, qui ne m'avait jamais vu dans un pareil état, crut que nous étions menacés d'un nouveau malheur plus terrible encore que l'esclavage. Il me pressa avec anxiété de lui dire ce qui avait pu m'agiter à ce point.

Quand je me fus un peu calmé, je lui expliquai la cause de mon émotion, je lui dis que le fidèle César, qui avait découvert le lieu où nous étions gardés en esclavage, avait imaginé un plan qui devait nous rendre à la liberté, et que, comme j'avais souvent eu la preuve de son adresse et de son dévouement, j'étais plein de confiance dans le succès.

Aux premiers mots que je lui dis, M. Tickler jeta sa houe en l'air et fit les sauts les plus extraordinaires; enfin, n'y pouvant plus tenir, il se jeta tout de son long sur le sol, qu'il avait comparé à un roc, et commença à entonner un mélange d'hymnes religieux et de chants patriotiques. Son allégresse cependant fut quelque peu calmée par l'approche du vieux donneur de pluie, qui, voyant les étranges allures de son esclave, voulait en savoir la raison, car on n'avait jamais vu M. Tickler se livrer à des sauts aussi désordonnés.

La présence du maître rappela l'esclave à son état de quiétude ordinaire, car le vieux donneur de pluie tenait en sa main un nerf de bœuf dont il fouettait l'air d'une façon menaçante.

J'avais appris assez de hottentot pour me faire comprendre, et je me hâtai d'expliquer à notre maître que mon camarade s'était tout à coup souvenu que c'était ce jour-là l'anniversaire de sa naissance, époque à laquelle les blancs s'abandonnent à tous les excès d'une joie folâtre.

Le donneur de pluie se prit à réfléchir; puis, mû par un sentiment de générosité que j'étais loin d'espérer, il me dit qu'en honneur de cet anniversaire il nous dispensait ce jour-là de notre travail ordinaire, et que nous n'avions plus en conséquence à bêcher, mais seulement à couper du bois.

Je lui exprimai toute notre reconnaissance, et nous le suivîmes à la maison pour prendre les haches dont nous avions besoin. Je fus tout surpris de trouver là César; mais je me rappelai ce qu'il m'avait dit, et j'eus l'air de ne pas le connaître. J'eus toutes les peines du monde cependant à empêcher mon compagnon de lui adresser une foule de protestations de respect et de gratitude.

César avait déjà raconté au donneur de pluie une histoire imaginée dans le but de faciliter ses plans; car, quand nous entrâmes dans la maison, qui était la plus belle de tout le village, le prêtre, qui était en même temps le médecin de la tribu, nous dit en nous le montrant :

— Tenez, voilà un homme de notre race que les gens de votre couleur avaient jeté en esclavage à cause de sa peau! Maintenant il va se venger, il va être le maître des blancs; et souvenez-vous, ajouta-t-il en se tournant vers César et lui remettant son nerf de bœuf comme emblème de son autorité, souvenez-vous de ne pas les épargner; pour chaque coup de fouet que vous avez reçu, donnez-leur-en cinquante!

César prit le nerf de bœuf, et nous regarda d'un air terrible en le faisant tournoyer au-dessus de sa tête. M. Tickler devint pâle de frayeur; il allait parler, quand je me hâtai de l'en empêcher. Fort heureusement le donneur de pluie nous quitta un instant après, nous laissant seuls avec notre nouveau gardien.

Aussitôt qu'il fut sorti, César tomba à genoux, et me prenant la main, il la baisa avec amour en s'écriant :

— Massa, missionnaire, missionnaire bon pour nègre et apprendre à lui bonnes choses; massa vouloir sauver frère à César, César sauver massa ou mourir!

Je fus touché jusqu'au fond du cœur du dévouement de cet excellent homme; je lui pressai cordialement la main, pendant que mon camarade nous regardait plein d'anxiété.

Je demandai à César comment il nous avait découverts, et il me raconta ce qui suit :

Il nous avait quittés, suivant les ordres que je lui avais donnés, pour chercher à rattraper nos chevaux; mais il n'avait pu les rencontrer, quoiqu'il eût couru de côté et d'autre pendant tout le jour. Quand la nuit était venue, il s'était rapproché de l'endroit que je lui avais indiqué pour notre rendez-vous. Ne nous ayant pas trouvés, il avait été saisi d'effroi, et supposant que fatigués de l'attendre, nous nous étions dirigés à sa rencontre, il était retourné sur ses pas. Quand le jour reparut et qu'il ne trouva aucune trace de notre passage, il supposa que nous nous étions égarés en quittant le bon chemin. Mais enfin, ayant perdu tout espoir de nous retrouver dans ce désert, il était retourné à l'habitation du fermier, dans l'espoir que je m'y étais rendu comme au point le plus proche où je pourrais trouver des secours.

On ne savait là ce que j'étais devenu; mais mon ami, craignant qu'il ne me fût arrivé quelque malheur, avait donné un cheval à César, et connaissant mon intention de retourner au Cap pour m'embarquer pour l'Australie, il était allé à ma recherche dans la direction du sud, pendant que j'étais emmené vers le nord. Il se disait, en effet, qu'en supposant que je me fusse perdu dans le désert, je saurais toujours distinguer le nord du midi, et que je continuerais mon chemin dans la direction de la ville du Cap. À leur grand regret, toutes leurs recherches furent inutiles; ils trouvèrent les restes d'un des chevaux : César reconnut la pauvre bête à la selle et à la valise qu'elle portait. Ils supposèrent que l'autre avait éprouvé le même sort; mais nous apprîmes plus tard qu'il avait pu gagner l'habitation où il avait été élevé, à cinquante milles du Cap; seulement les griffes d'une bête féroce avaient laissé de profondes empreintes sur ses flancs.

Le fermier et César continuèrent leurs recherches jusqu'au Cap, laissant partout sur leur passage mon signalement, avec prière de me porter aide et secours si l'on me rencontrait. Plusieurs fermiers envoyèrent de leurs gens sonder les bois et les déserts de leurs environs, mais, comme on le pense bien, tous ces efforts furent peine perdue.

Voyant que je n'étais pas revenu au Cap, ils commencèrent à craindre que je ne fusse devenu la proie des bêtes sauvages; ils perdirent complètement courage. Cependant le fermier fut obligé de retourner chez lui; mais César ayant excité l'intérêt de quelques colons en ma faveur, on lui adjoignit un autre noir, et ils explorèrent tout le désert pendant plusieurs mois sans rien découvrir.

César était alors retourné au Cap dans l'espoir que j'aurais pu y arriver pendant son absence; mais n'y trouvant aucune trace, aucun indice de mon sort, il avait enfin cessé d'espérer, et avait erré çà et là sans savoir que faire; puis l'idée lui était venue de recommencer ses recherches et de retourner à pied à l'endroit même où nous nous étions séparés; là il avait résolu de fouiller tout le pays à l'entour du désert, pour me retrouver mort ou vivant. Arrivé cependant au pied de l'arbre sur lequel le mercier et moi nous avions grimpé à la vue des sauvages, César avait tout à coup aperçu la flèche qu'un des Hottentots avait décochée contre M. Tickler, et qui était restée attachée à la branche. Ce fut un rayon de lumière. Il comprit immédiatement que nous avions été attaqués par les indigènes, et peut-être tués; mais n'ayant trouvé précédemment aucune trace de nos cadavres, il avait pensé que nous avions été emmenés dans l'intérieur, et que c'était là qu'il nous trouverait.

Plein de cette idée, il s'était mis en marche vers le nord, mais il avait pris trop à l'ouest et avait longtemps parcouru les diverses peuplades de ce pays sans rien apprendre qui pût le renseigner sur notre sort. Enfin un noir, qu'il rencontra par hasard, lui ayant parlé de deux blancs qu'une tribu du nord-ouest retenait en esclavage, il s'était aussitôt mis en route pour le territoire qui lui était indiqué.

Aussitôt qu'il était arrivé dans le village où nous nous trouvions, il s'était présenté au chef de la tribu, et lui avait déclaré qu'il s'était enfui du pays des blancs chez lesquels il avait été esclave, il lui avait demandé sa protection en lui offrant ses services. Le chef l'avait gracieusement accueilli, et dans l'idée qu'il connaissait l'usage des armes à feu, il lui avait remis ma carabine pour la mettre en état de servir. Une heure après, il avait gagné les bonnes grâces du prêtre, et s'était ensuite efforcé de s'approcher de nous pour me parler.

Je le remerciai affectueusement des diverses preuves de dévouement, de courage et de prudence qu'il m'avait données, et nous commençâmes aussitôt à discuter les moyens d'évasion que nous pouvions employer.

M. Tickler voulait partir immédiatement; César eut beaucoup de peine à lui faire comprendre quelle imprudence nous commettrions, et avec quelle facilité les indigènes nous reprendraient en chemin. César voulait, et j'étais de son avis, que nous prissions une avance d'au moins douze heures sur ceux qui se mettraient à notre poursuite. Il était en outre important que je pusse reprendre ma carabine pour nous défendre contre les bêtes sauvages et contre les Hottentots. César avait apporté la sienne; mais craignant qu'elle n'excitât l'envie des chefs, il l'avait cachée avec quelques munitions dans une grotte auprès de laquelle nous devions passer.

Il fut donc convenu qu'il proposerait à notre maître de nous conduire le lendemain matin de très-bonne heure à une forêt qui se trouvait dans le voisinage, et où nous devions couper du bois. César eut l'adresse de persuader au chef de lui confier ma carabine pour l'essayer de diverses manières, pendant qu'il nous surveillerait dans le bois.

Je fis en sorte, de mon côté, de reprendre possession de ma montre, que le prêtre avait mise à l'écart depuis qu'elle s'était arrêtée, disant qu'elle avait perdu toute sa vertu. Je ne pus fermer l'œil de la nuit : j'étais dans un état d'agitation extraordinaire, tantôt emporté par l'espoir le mieux fondé, et tantôt abattu par les prévisions les plus sinistres.

CHAPITRE XXXVI.

César vint nous retrouver dès le point du jour : j'étais éveillé et tout prêt; mais mon camarade dormait encore. Il avait été convenu avec le prêtre que nous nous rendrions de bonne heure à la forêt pour couper du bois, nous n'avions donc aucune raison de nous cacher. Nous prîmes soin de faire montre de nos haches et de marcher tout droit vers l'endroit qui nous avait été désigné.

César avait trouvé le moyen de se procurer autant de provisions qu'il en pouvait porter, car nous avions à traverser des plaines dans lesquelles nous ne trouverions rien à manger. Nous ne rencontrâmes personne sur notre chemin, car les Hottentots sont de leur nature assez paresseux, et restent couchés fort longtemps. Avant d'arriver à la forêt, nous trouvâmes un enclos dans lequel paissaient quelques chevaux. La tribu cependant n'en possédait aucun; nous supposâmes qu'ils appartenaient à quelque peuplade qui était venue en visite ou en députation pour former une alliance. Nous n'hésitâmes pas à en prendre chacun un,

César en choisit donc trois ; il leur mit une peau de mouton sur le dos, prit des lanières de cuir pour en faire des sangles, et nous dit de continuer notre chemin vers la forêt, qu'il allait lui-même nous amener nos montures. L'enclos contenait six chevaux : nous n'étions pas au bord de la forêt que nous vîmes César qui les chassait tous devant lui, attachés les uns aux autres.

Aussitôt que nous fûmes cachés par les arbres, nous montâmes sur les chevaux qui portaient des peaux de mouton en guise de selle, et César prenant les autres par la bride, nous nous éloignâmes aussi vite que possible. L'ex-mercier de la cité voulait que nous laissions les trois autres chevaux en liberté, car ils ne faisaient que nous retarder ; mais César avait ses raisons, que j'avais devinées facilement.

Le plan de fuite que nous avions conçu se trouvait admirablement secondé par cette heureuse rencontre de chevaux ; mais si nous eussions laissé les autres derrière nous, les Hottentots les auraient pris pour nous poursuivre, et nous auraient infailliblement atteints, car nous n'avions pas l'habitude d'une course sans selle et sans étriers. Il avait donc été sage d'emmener tous les chevaux avec nous.

Nous nous arrêtâmes une minute ou deux à la grotte où César avait caché sa carabine ; et quand nous arrivâmes sur le bord d'une plaine qui s'étendait jusqu'à l'horizon, nous mîmes les trois chevaux en liberté, puis les pourchassant devant nous pendant quelques milles, nous les laissâmes enfin courir à travers la campagne. Nous galopions avec ardeur, tenant toujours le soleil sur notre gauche : M. Tickler serrait ses jambes contre les flancs de son cheval, et se cramponnait avec force à sa crinière ; je craignais cependant à chaque instant de le voir jeter à terre.

Il réussit à se maintenir en selle, car fort heureusement le sol était assez uni pour que nous n'eussions aucun ravin ni aucune rivière à franchir. Nous étions dans une plaine de sable qui n'offrait aucun obstacle au galop du cheval ; il m'avoua cependant qu'il n'avait jamais compris comment il avait fait pour fournir une course aussi longue sans accident.

Il était écrit néanmoins que nous ne sortirions pas de la plaine sans éprouver quelque mésaventure. Le cheval de M. Tickler s'arrêta brusquement devant une sorte d'excavation naturelle qui s'ouvrait devant ses pas, et le pauvre mercier fut jeté par dessus la tête de sa monture sur l'autre côté du fossé. La chute fut si violente qu'il roula plusieurs fois sur lui-même et resta immobile au fond du ravin.

Il fut plus d'une demi-heure à revenir à lui, et il se trouva alors si faible et si souffrant, qu'il nous fut impossible de songer à le remettre sur son cheval. Je ne savais à quoi me résoudre : il eût été extrêmement difficile de le porter devant l'un de nous, en supposant qu'il eût été capable de supporter cette fatigue, et je ne pouvais me décider à l'abandonner dans cette plaine.

Nous étions alors à environ vingt milles du village hottentot, mais nous ne nous croyions pas encore à l'abri de toute poursuite, et César qui connaissait nos ennemis mieux que nous, se montrait très-inquiet de ce retard. Il n'y avait pas pourtant moyen d'avancer ; nous profitâmes de ce temps d'arrêt forcé pour faire paître les chevaux, qui n'avaient rien mangé depuis notre départ.

Nous passâmes ainsi deux heures entières avant que mon pauvre compagnon d'esclavage donnât aucun signe de vie. César devenait de plus en plus inquiet : il me pria de veiller aux chevaux, pendant qu'il grimperait à un arbre, pour voir s'il ne découvrirait rien dans la campagne. Il n'aperçut au loin qu'une troupe d'antilopes et je montai à mon tour pour jeter un coup d'œil sur le pays d'alentour.

On ne voyait tout autour de nous qu'une immense plaine de sable dans laquelle croissaient çà et là quelques bouquets d'arbres rabougris et des herbes à demi desséchées.

Mais la plaine était bornée du côté où nous nous dirigions par une ligne demi-circulaire de montagnes rocheuses. Il me sembla que nous trouverions probablement dans ces montagnes quelque caverne qui pourrait nous offrir un refuge contre les Hottentots si nous étions poursuivis, et où la défense serait facile au moyen de nos carabines.

Je descendis de l'arbre, et aidé de César, je remis le mercier sur son cheval, le nègre et moi le soutenions de chaque côté. Quand nous approchâmes des montagnes, j'aperçus une ouverture qui semblait nous offrir toutes les facilités possibles de défense ; elle était à environ trente pieds du sol, et l'on ne pouvait y monter qu'en grimpant le long du rocher. Nous eûmes la plus grande difficulté à y arriver, mais nous nous en consolâmes en pensant que ceux qui voudraient nous attaquer ne trouveraient pas un meilleur chemin que celui que nous avions suivi.

Nous nous demandâmes ce que nous devions faire de nos chevaux ? César voulait les conduire à quelque distance dans les montagnes et les cacher dans quelque ravin. Mais je lui fis observer que les indigènes les suivraient à la trace, et que nous serions certains de les perdre. Nous ne savions comment surmonter cette difficulté, et nous nous décidâmes à abandonner les chevaux, heureux de pouvoir nous sauver nous-mêmes si nous en venions à un combat. J'espérais cependant que les Hottentots ne nous atteindraient pas, et que nous pourrions reprendre notre course le lendemain ; mais César prétendit qu'ils ne pouvaient manquer de nous poursuivre, qu'ils retrouveraient

nos traces, et que selon toute probabilité ils étaient en ce moment tout près de nous. Nous devions nous attendre à les voir paraître à chaque instant.

Il fut décidé alors que, si nous ne pouvions sauver les chevaux, nous sauverions les peaux de mouton : nous en avions besoin pour faire un lit sur lequel reposerait notre malade, car il se plaignait terriblement de la dureté du roc qui lui servait de matelas. Nous descendîmes donc pour aller les chercher, et quand nous arrivâmes sur le sol, j'aperçus une crevasse assez large que je n'avais pas encore vue, et qui s'ouvrait dans une grotte qui semblait taillée en forme d'étable ou d'écurie.

Nous y fîmes entrer les chevaux, et comme il y avait beaucoup de grosses pierres roulées çà et là, nous en eûmes bientôt amoncelé un grand nombre devant l'ouverture de la grotte de manière à la masquer entièrement. Nous retournâmes alors à notre nid d'aigle, d'où nous pouvions parfaitement découvrir l'entrée de notre écurie.

Il n'y avait aucune attaque à craindre du haut de la montagne, car les bords étaient trop escarpés pour qu'il fût possible à qui que ce fût d'y descendre.

Quand tous nos préparatifs de défense furent achevés, je recommençai à donner tous mes soins à notre infortuné compagnon ; il était dans un tel état de faiblesse et de léthargie, que je craignais qu'il lui fût impossible de continuer jamais son voyage. Cela me causait la plus vive inquiétude, car je ne voulais à aucun prix le laisser derrière nous, César ne voulait pas se séparer de moi, et nous courions risque tous les trois de retomber aux mains des Hottentots. Nous ne devions pas en effet espérer de nous défendre très-longtemps contre leurs attaques, et ils pouvaient au besoin nous affamer en établissant un blocus au pied du rocher.

Il me sembla que notre malade avait le plus grand besoin d'être saigné ; malheureusement je n'avais pas de lancette. Mais César m'offrit un canif, dont il aiguisait constamment les lames sans jamais avoir occasion de les employer : je reconnus qu'elles coupaient assez bien pour remplacer avec avantage l'instrument qui me faisait défaut. Je pris donc une lanière de peau de bœuf, et, ligaturant le bras de M. Tickler, j'allais lui faire l'incision nécessaire, quand il me pria d'une voix tremblante de ne pas le saigner, qu'il se trouvait beaucoup mieux.

Je ne me le fis pas dire deux fois, car cette opération eût pu nous causer des embarras extrêmes dans notre fuite ; je fus heureux de voir que la vue de l'acier avait suffi pour rappeler notre malade à lui. Quelques minutes après il put nous seconder dans nos préparatifs de défense ; il se plaignait seulement d'un léger étourdissement, qui disparut bientôt complètement.

Vers deux heures de l'après-midi, nous disposâmes sur le sol de notre grotte quelques-unes des provisions que César avait eu soin d'emporter, et nous fîmes un dîner qu'assaisonnait un excellent appétit. Nous n'apercevions aucun ennemi, et nous commencions à espérer que les Hottentots avaient perdu nos traces. Je proposai donc de monter à cheval de nouveau et de nous éloigner au plus vite ; César appuya ma proposition, et M. Tickler, qui se mourait de peur de retomber dans les mains de son ancien maître, se montra tout prêt à se risquer de nouveau sur son cheval plutôt que de retourner en esclavage.

Il s'était avancé jusque vers l'ouverture de la grotte pour jeter un coup d'œil sur le chemin qu'il fallait suivre dans notre descente jusqu'à terre, quand il se jeta tout à coup en arrière en criant de toutes ses forces et en portant la main à sa jambe. Une flèche lancée d'en bas était venue lui traverser le gras de la jambe ; César coupa aussitôt la partie empennée, et retira le reste en saisissant la pointe qui se montrait à l'extérieur. Le pauvre mercier était dans les transes mortelles, car il s'était imaginé que ce trait était empoisonné ; mais César lui affirma que les Hottentots n'avaient pas cette habitude, et nous nous efforçâmes de le féliciter d'en être quitte pour une blessure aussi légère.

Il était évident que nos ennemis étaient au pied de notre rocher, et que nous devions nous préparer au combat.

CHAPITRE XXXVII.

Si nous eussions conservé quelques doutes sur leur voisinage, ils auraient été tout aussitôt dissipés ; car nous n'eûmes pas plutôt extrait la flèche plantée dans le mollet de M. Tickler, qu'un autre trait passa entre nous et alla frapper les parois du rocher. Ce fut un grand hasard que César ou moi nous ne fussions pas atteints ; nous nous rejetâmes aussitôt de chaque côté de la grotte, et au même instant toute une volée de flèches tomba à l'endroit que nous venions de quitter. On eût dit que le premier trait avait été lancé pour nous avertir de nous retirer.

Une seconde décharge suivit bientôt la première ; mais nous nous étions mis à l'abri derrière des anfractuosités du roc, et nous échappâmes à cette volée de missives. M. Tickler crut être touché à la tête, et se jetant à terre, il s'avança sur les pieds et sur les mains jusqu'auprès de moi, où il espérait être mieux abrité.

Il était évident que le nombre des Hottentots qui nous assiégeaient était très-considérable, car chaque volée de flèches se composait de vingt ou trente; et si nous étions assez forts pour les empêcher de venir nous joindre, il était certain qu'ils sauraient nous empêcher de sortir. Notre position semblait donc presque désespérée.

Nous restâmes ainsi pendant environ dix minutes, et, ne voyant aucune nouvelle attaque succéder aux premières, je dis à César de se coucher sur le sol et de se traîner jusqu'au bord pour voir ce que faisaient nos ennemis.

— Moi, pas voir noirauds, massa!

— Regarde dans les arbres.

— Non, massa, moi pas voir; mais moi bientôt savoir si eux être là, moi savoir comment attraper pauvres imbéciles.

César avait contracté par suite de son séjour parmi les blancs le plus profond mépris pour les facultés intellectuelles des noirs : il semblait oublier sa propre couleur, et, habitué à vivre avec des blancs, on eût dit qu'il se croyait l'un d'eux.

La manière dont il voulait attraper les pauvres imbéciles, ainsi qu'il les appelait, était des plus simples : il jeta une peau de mouton sur sa carabine, surmonta le tout de son immense chapeau de paille, et approcha ce mannequin de l'ouverture de la grotte. Le chapeau de paille et la peau de mouton ne furent pas plutôt en vue, qu'une nouvelle décharge de flèches vint nous prouver que les pauvres imbéciles faisaient bonne garde au pied de notre rocher. Le succès de ce stratagème me fit redouter sérieusement les suites de ce siége, qui ne pouvait que nous être fatal s'il se prolongeait, car comme nos ennemis se tenaient cachés et à l'abri, nous ne pouvions employer nos carabines, et les effrayer à leur tour. Il me semblait aussi que nous n'avions aucun droit de nous plaindre, car nous avions emmené leurs chevaux. Il est vrai que c'est un axiome reçu par tous les prisonniers que de pareils actes résultent du droit de défense personnelle; mais je me disais que les propriétaires des chevaux n'avaient aucune raison d'être du même avis.

Je me demandais, puisque M. Tickler se sentait assez bien pour monter de nouveau à cheval, s'il ne serait pas prudent de faire une sortie vigoureuse, d'aller chercher nos montures et de nous enfuir au galop. Mais je reconnus bientôt toute l'impossibilité de ce plan. On ne pouvait descendre de notre grotte qu'en s'accrochant aux aspérités du rocher, et dans cette position nous aurions été exposés aux traits de l'ennemi sans pouvoir faire usage de nos armes. C'eût donc été nous livrer à la mort ou à la captivité.

Il était heureux que les Hottentots n'eussent aucune connaissance stratégique et ne sussent comment conduire leur attaque, car s'ils eussent continué à lancer leurs flèches vers l'ouverture de la grotte, ils auraient couvert par là ceux d'entre eux qui eussent voulu grimper aux parois extérieures; et comme ils étaient beaucoup plus nombreux que nous, et pouvaient perdre du monde, ils se seraient facilement rendus maîtres de notre position. Mais pendant que je me félicitais de leur ignorance présumée, un mouvement qu'ils firent nous força de reconnaître qu'ils n'étaient pas aussi dépourvus de stratégie que je le supposais, ni aussi stupides que l'affirmait César.

Une flèche qui vint siffler à nos oreilles nous avertit qu'ils allaient recommencer leurs opérations : ils s'y prirent cette fois de manière à nous prouver qu'ils étaient aussi rusés que prudents, car, au lieu de tirer tous ensemble, ils lancèrent leurs traits les uns après les autres, de sorte que nous ne fûmes occupés qu'à nous tenir à l'abri. Pendant tout ce temps ils semblaient se cacher derrière des arbres qui se trouvaient à environ cent pas de notre rocher, mais nous reconnûmes bientôt qu'ils étaient plus près que nous ne le supposions.

Ils avaient envoyé un détachement qui faisant un détour sur la droite avait pu gagner le pied du rocher, et se glisser jusque sous notre caverne sans être aperçu, puis, le gros de l'armée redoublant son attaque, une pluie de flèches nous empêcha de reconnaître la troupe qui grimpait le long du rocher et allait fondre sur nous.

Tout à coup ils cessèrent de lancer des flèches, et aussitôt une demi-douzaine de têtes noires parurent à l'entrée de notre grotte en jetant des cris effrayants. César et moi nous tenions de chaque côté à l'abri d'une sorte d'épaulement naturel, de sorte que notre feu se croisait. Je tirai le premier; nos ennemis étaient si près de nous, qu'il était impossible de les manquer : il en tomba un. César tira à son tour, et un autre roula jusqu'à terre; mais il en restait encore quatre, et nous n'avions pas le temps de recharger nos armes.

M. Tickler fort heureusement fit une diversion des plus utiles, il s'élança de toutes ses forces contre un des noirs, et lui portant dans l'estomac un coup de poing terrible il le culbuta du haut en bas. César et moi nous essayâmes de cette nouvelle manière de combattre; nous en eûmes bientôt jeté chacun un hors de la grotte, et le dernier se voyant exposé seul à nos coups, fut saisi d'une terreur panique qui le fit se rouler lui-même du haut du précipice. Nous avions repoussé l'assaut.

M. Tickler, tout glorieux de la part qu'il avait prise à cette héroïque défense, poussa un hourra de triomphe que répétèrent tous les échos de la caverne, et se tournant le dos vers l'ennemi, il lui fit un geste des plus méprisants. Cette bravade ne tarda pas à être punie, car une flèche vint se ficher dans la partie qu'un héros ne montre jamais à l'ennemi : c'était ce que l'on pouvait appeler une flèche morte, elle ne fit qu'effleurer la peau, mais elle fit sauter M. Tickler à une hauteur prodigieuse et l'avertit de ne jamais oublier les règles de la politesse et surtout de la prudence.

Ce renouvellement d'hostilités nous prouva que nous n'en serions pas quittes à bon marché, car il était évident qu'ils allaient continuer les travaux du siége, et il était douteux que nous pussions repousser une seconde attaque aussi facilement que la première.

Les Hottentots avaient à venger la mort de leurs compagnons, et leur exaspération devint plus violente que jamais. Ils pouvaient à peine contenir leur fureur, et s'avançant hors de l'abri derrière lequel ils s'étaient tenus jusqu'alors, ils se montrèrent hardiment en poussant de grands cris, comme pour nous effrayer. Ils étaient assez nombreux en effet pour nous faire craindre les suites inévitables d'un combat si inégal, car un rapide coup d'œil me fit juger qu'ils étaient au moins une soixantaine. Une nouvelle volée de flèches vint joncher le sol de notre grotte, mais comme nous étions à l'abri, elles ne nous firent aucun mal.

Je crus cependant ne pas devoir leur laisser tout l'honneur du combat, et m'étendant tout de mon long comme les tirailleurs, je visai un de ceux qui se mettaient le plus en évidence : ma carabine étant supportée par le bord du rocher, je l'atteignis droit au cœur. Ils se retirèrent en toute hâte derrière les arbres en continuant à nous lancer des flèches. Peu d'instants après cependant ils cessèrent tout à coup, comme s'ils eussent reconnu que c'était perdre des munitions sans aucun profit.

Ce moment de repos nous fut des plus agréables, mais je ne savais quel avantage en retirer, car je ne voyais rien autre chose à faire qu'à nous défendre de notre mieux. Cependant M. Tickler en se frottant contre les parois du rocher, fit tomber une pierre qui lui écrasa presque le pied. Cela me donna une idée qu'il était bon de mettre à exécution immédiate. Je dis à César de chercher dans toute la grotte s'il y avait beaucoup de pierres que nous pussions porter ou rouler, et il en eut bientôt trouvé un grand nombre dans une cavité qui s'étendait sur la droite.

Je me mis en sentinelle auprès du bord de notre forteresse, et pendant ce temps César et M. Tickler amoncelèrent à l'entrée une sorte de rempart de pierres qui devait arrêter les sauvages qui essayeraient d'escalader notre rocher et nous permettrait de tirer à l'abri sur ceux qui se montreraient dans la campagne.

Les Hottentots comprirent bientôt ce que nous voulions faire et recommencèrent à nous envoyer des nuées de flèches, mais notre mur était déjà assez haut pour nous couvrir, et nous y avions ménagé des ouvertures qui nous servaient de meurtrières. Leur nombre leur inspirait une trop juste confiance pour qu'ils abandonnassent leur siége après une seule attaque malheureuse. Ils résolurent de tenter de nouveau l'escalade, mais cette fois ils se munirent de lourds bâtons pour démolir notre muraille et nous attaquer corps à corps.

Ils savaient fort bien que lorsque nous avions fait feu, nous ne pouvions tirer de nouveau avant d'avoir rechargé nos armes, quoique la plupart d'entre eux ne comprissent probablement pas très-clairement comment cela se faisait. Ils avaient résolu de s'élancer en grand nombre, de manière à ne pas nous laisser le temps de renouveler nos moyens de défense.

Je compris que c'était leur plan d'attaque, et quoique l'érection de notre rempart m'eût inspiré une grande confiance, je redoutais l'issue de la nouvelle attaque, car les gros bataillons l'emportent presque toujours sur les petits, et je ne pouvais perdre un seul de mes hommes.

L'affaire se passa comme je l'avais prévu, quoique je n'eusse pas deviné qu'ils viendraient avec des espèces de béliers et de poutrelles pour renverser notre muraille, il était évident qu'ils comprenaient l'art de la guerre beaucoup mieux que je ne l'avais supposé.

La hauteur du sol de notre grotte jusqu'à la voûte pouvait être de douze pieds; la largeur de l'ouverture était d'environ huit pieds; le mur que nous avions élevé avait à peu près cinq pieds de haut, de sorte que nous pouvions tirer par-dessus ou par les meurtrières que nous avions ménagées. Mais nous prenions soin de ne pas nous montrer au-dessus, car il y avait d'excellents tireurs parmi nos ennemis, et nous n'aurions pas tardé à être blessés. Cependant leurs flèches n'étaient pas lancées avec une grande force, j'en conclus que leurs arcs étaient en mauvais état. M. Tickler était de l'être de mon avis, et affirmait que rien ne pouvait surpasser la violence de leur tir, si ce n'était leur extrême adresse. Comme il n'avait ni carabine, ni arme d'aucune espèce, il rassembla une grande quantité de pierres qu'il se proposait de jeter à la tête des négrillons, aussitôt qu'ils se montreraient au bord de notre caverne.

Il se passa quelque temps avant que nos ennemis fussent parvenus à rassembler et préparer leurs béliers; mais le temps qu'ils y mirent nous prouva qu'ils étaient décidés à triompher. Ils eurent soin de ne rien faire qui pût nous avertir de leur approche, car un de leurs stratagèmes favoris consiste à surprendre leurs ennemis. Ils suivirent le même plan qu'auparavant, se glissèrent sous les arbres pour ne pas être vus jusqu'au pied du rocher, et parurent tout à coup derrière notre rempart en jetant des cris terribles.

S'ils avaient eu l'idée de commencer à démolir notre rempart en commençant par le haut, nous aurions été très-embarrassés. Mais les trois premiers qui se montrèrent se mirent à vouloir soulever avec leurs bâtons les grosses pierres du bas, et comme le poids de celles qui leur étaient superposées les assujettissait à leur place, ils ne purent les ébranler, et nous eûmes le temps de faire feu. Nous en fîmes tomber deux, mais il en venait toujours de nouveaux ; un d'eux essaya d'escalader notre mur, pendant que les autres cherchaient à le faire écrouler. M. Tickler prit le long bâton que portait le Hottentot, et lui lança à la tête une énorme pierre, de sorte, disait-il, que s'il n'eût pas eu une tête dure comme un rocher, il lui eût défoncé le crâne. Il le poussa en dehors de la grotte ; César et moi nous en tuâmes deux autres.

Cependant ils grimpaient toujours ; on eût dit que la mort de leurs camarades les exaspérait de plus en plus. Le vent qui soufflait de notre côté remplissait la grotte de fumée, car nous tirions aussi vite que nous pouvions recharger nos armes, et grâce à notre rempart et aux efforts héroïques de M. Tickler, nous les repoussâmes de nouveau. Mais nous n'en étions pas encore quittes.

La fumée nous incommodait excessivement, et comme nous ne pouvions sortir ni mettre la tête en dehors, nous étions obligés d'aspirer l'air frais à travers les crevasses de notre muraille. Nous nous hâtâmes de réparer le dommage que nos ennemis avaient causé à nos fortifications, mais nous fûmes bientôt en présence d'une nouvelle difficulté.

Pendant que j'étais à respirer l'air frais à une de nos meurtrières, je vis les Hottentots mener nos trois chevaux vers les arbres qui nous faisaient face, puis trois nègres disparurent avec eux. Il ne nous restait aucune chance de nous échapper si nous sortions de la grotte, car nous ne pouvions espérer ne pas être pris si nous nous sauvions à pied ; mais nous eûmes bientôt un autre sujet d'anxiété.

Soit que la vue de la fumée qui sortait de nos armes leur en eût donné l'idée, soit qu'elle leur fût venue naturellement, ils se mirent en mesure de nous enfermer dans notre grotte. Je ne compris pas d'abord ce qu'ils voulaient faire, mais en regardant à travers une crevasse de notre mur, je les vis qui amoncelaient au pied du rocher des branches sèches et du bois mort. Je crus d'abord qu'ils voulaient changer le siége en blocus, et préparaient du bois pour faire des tentes ou tout simplement pour faire cuire leurs aliments. Je vis bientôt ce dont il s'agissait.

Ils s'étaient répandus par tout le bois, tout en prenant garde de ne pas s'exposer à nos balles, et tous apportaient leur charge de rameaux secs et de feuillages verts. Il me sembla qu'ils avaient reçu des renforts, car je pus en compter encore une soixantaine. Ne sachant encore ce qu'ils voulaient faire, et les voyant marcher en ordre l'un après l'autre, je pensai qu'ils accomplissaient peut-être une cérémonie religieuse. Ils ne pouvaient vouloir célébrer une victoire, car nous leur avions tué plusieurs hommes et nous n'avions perdu personne ; je crus qu'ils allaient peut-être brûler les corps de leurs amis morts.

Je demandai à César s'il savait ce qu'ils allaient faire.

— Moi croire, massa, noirauds avoir assez, noirauds s'en aller.

— Qu'ils en aient assez ou non, s'écria M. Tickler cherchant un peu d'air frais à travers les pierres du rempart, pourvu qu'ils s'en aillent, n'importe où. Par saint Georges ! je commençais à être fumé comme un blaireau dans son trou ! Il est malheureux que cette grotte n'ait pas de cheminée, la place n'est pas tenable.

— Qu'est-ce que cela ? s'écria-t-il en voyant une brassée de bois sec jetée à l'entrée de notre grotte. Par saint Georges ! ce sont encore les négrillons !

— Que diable veulent-ils faire ? pensai-je ; veulent-ils nous enfermer ? Ah ! ils sont persévérants !

Cependant ils jetaient toujours du bois tout en se tenant hors de vue : ils en jetèrent tant, que la sorte de bûcher qu'ils élevèrent dépassa bientôt la hauteur de notre muraille. Il me semblait cependant qu'il nous serait facile de jeter toutes ces broussailles en bas, mais je ne devinais pas encore le plan qu'ils avaient conçu.

J'entendis bientôt de légers pétillements comme ceux qui proviennent de branches enflammées, et je m'aperçus aussi que le vent nous apportait une colonne de fumée qui s'élevait d'un brasier situé au-dessous de notre caverne. Les Hottentots voulaient nous étouffer ou nous rôtir !

La flamme jaillit bientôt rouge et menaçante, et la fumée se roula en épais tourbillons. Nous ne pouvions rester dans notre fort beaucoup plus longtemps, nous étions certains d'y périr. Nous n'avions plus qu'une chance de salut, c'était de nous précipiter au dehors, et de combattre les sauvages dans la plaine. Il y avait tout à parier que nous succomberions, mais nous n'avions pas autre chose à faire, car la fumée s'engouffrait dans notre grotte de manière à nous rendre la respiration de plus en plus pénible.

— César ! m'écriai-je, suis-moi et fais comme moi : quand nous serons auprès des Hottentots, servons-nous de nos carabines comme de massues ! il faut prendre le bout du canon, et jouer du moulinet.

— Oui, massa, moi faire moulinet, moi faire danser noiraud, moi lui casser tête.

— Et vous, Tickler, en avant, avec votre bâton, ne ménagez pas les têtes.

— Ne craignez rien, répondit Tickler, je me charge de ceux qui m'approcheront... Mais qu'est-ce que c'est que cela ? Par saint Georges, monsieur Mayford, ils ont des armes à feu ! nous sommes perdus !

Je venais d'entendre un coup de fusil, et j'étais atterré. Leur nombre, leurs arcs et leurs flèches nous laissaient peu de chances ; mais s'ils avaient réellement des fusils, nous n'avions qu'à mettre bas les armes, car nous ne pouvions rester où nous étions.

— Allons ! m'écriai-je, il vaut encore mieux mourir les armes à la main que d'être fumé comme un rat dans son trou. Tickler, poussez toutes ces broussailles au dehors, et descendons dans la plaine.

Nous entendions de nouveaux coups de fusil, et je ne savais d'où le bruit provenait, car aucune balle ne venait frapper les parois de notre grotte. Mais il nous fallait affronter les balles et les flèches, car la chaleur et la fumée étaient devenues insupportables. Nous eûmes bientôt démoli notre muraille, et M. Tickler poussa du bout de son bâton toutes les branches enflammées qui tombèrent dans la plaine au-dessous. Les coups de fusil se succédaient, puis nous entendîmes un grand cri auquel répondirent les féroces hurlements des Hottentots : une véritable fusillade retentit le long des rochers, les sauvages jetèrent un autre cri. Pendant ce temps, brûlés par le feu, aveuglés par la fumée, étourdis par les cris et les détonations, nous trébuchâmes les uns sur les autres en descendant, et nous roulâmes tous ensemble jusqu'au pied du rocher.

La dernière chose que j'entendis fut un bruit de galop, puis je me sentis blessé par une balle ou par une flèche, et je perdis connaissance. J'avais une vague idée que quelqu'un m'entraînait ; je crus que c'était un sauvage qui voulait se donner le plaisir de me briser la tête seul et à l'écart, puis je n'eus plus aucune notion de ce qui se passait.

Il paraît cependant que mon évanouissement ne fut pas de longue durée, et ma première impression fut que je me trouvais avec mon vieil ami le fermier à la plantation où je l'avais laissé. Il me sembla que j'avais fait un mauvais rêve ; j'entendis une voix qui n'était pas la sienne, mais il me dit bientôt lui-même :

— Du courage, mon ami : vous avez fait un saut périlleux, c'est vrai ; mais les broussailles vous ont sauvé. Le proverbe dit vrai : un malheur a toujours du bon ! Si les nègres n'avaient pas voulu vous enfumer, vous ne seriez pas tombé sur un lit aussi moelleux. Buvez un peu d'eau-de-vie, voici ma gourde, cela vous fera du bien. Ah ! nous ferons un bon colon de vous, car vous viendrez vous établir auprès de nous.

— Quant à moi, s'écria M. Tickler, que je vis à mes côtés, j'en ai assez d'établissements coloniaux ! Par saint Georges ! j'ai bien cru que j'allais prendre possession du sol à tout jamais, six pieds de long sur deux de large ! Ne me parlez plus de colonies ! Les nègres m'en ont dégoûté à toujours. D'abord j'ai commencé par me perdre dans le désert : j'ai été deux jours sans manger, puis un énorme lion s'est acharné après moi et m'a tenu deux jours et deux nuits perché dans un arbre. Quand j'en ai été débarrassé, il est venu une foule de sauvages qui n'ont trouvé rien de mieux à faire que de me prendre pour une cible, me faire porter leurs paquets sous un soleil de feu pendant je ne sais combien de milles, puis me condamner à un esclavage où j'avais à couper leur bois et à puiser leur eau. Quelque chose d'agréable cela, n'est-ce pas ? pour un citoyen qui avait eu boutique ouverte dans la cité de Londres, et qui avait toujours régulièrement payé ses contributions ! Mais ce n'est pas tout : ne m'ont-ils pas encore envoyé une flèche à travers le mollet, et puis une autre... Mais je ne parlerai pas de celle-là, sans compter qu'ils voulaient m'enfumer comme un hareng-saur dans la grotte de là-bas ! Vous appelez cela des établissements coloniaux ? merci, j'en ai assez. Je vais retourner en Angleterre, je m'établirai à Putney ou à Hammersmith, où il n'y a ni lions ni sauvages pour vous dévorer, où l'on ne court pas le désert avec des chevaux sans selle, et où l'on trouve un paisible omnibus qui vous porte et vous rapporte sans accident. Non, non ; je dis adieu à l'Afrique, je vais coloniser l'Angleterre.

Quand M. Tickler eut ainsi exprimé les sentiments qu'il éprouvait à l'endroit des établissements coloniaux du Cap, il prit des mains du fermier la gourde d'eau-de-vie que celui-ci lui offrait, et en but une longue gorgée. Puis ce fut au tour de César, mais le colon ne put s'affranchir assez de ses préjugés pour lui offrir la gourde, il lui versa de la liqueur dans le creux de la main, car un nègre n'était pas digne de porter la bouteille à ses lèvres.

Nous entendions cependant encore quelques coups de fusil, et le fermier en prit occasion de nous expliquer comment il se faisait qu'il fût accouru à notre secours.

Il avait appris par un Hottentot nomade qu'une peuplade de l'intérieur, sur la gauche du grand désert, avait deux blancs en esclavage. D'après la description qui lui fut faite, il avait pensé que j'étais l'un de ces blancs, mais il ne pouvait deviner quel était l'autre. Cependant, comme il supposait que ce devait être un de mes amis, il avait résolu de nous délivrer à tout prix.

J'avais, disait-il, sauvé un de ses enfants, et sa femme et lui se seraient reproché éternellement leur ingratitude, s'ils n'avaient essayé de tous les moyens en leur pouvoir pour m'arracher au triste sort qui m'accablait. Il n'était pas certain que c'était moi, mais il était décidé à mettre en liberté les deux blancs que les Hottentots retenaient en esclavage.

Il avait facilement réuni un nombre d'amis et de voisins suffisant pour accomplir cette généreuse résolution : en quelques semaines quarante hommes à cheval l'avaient rejoint, et ils étaient partis décidés à affronter toutes sortes de dangers, et à n'épargner aucune fatigue. En temps de difficultés, ajouta-t-il, nous nous soutenons tous, nous nous défendons mutuellement, et nous ne laissons jamais un blanc au pouvoir des nègres, car il y a autant d'animosité de race d'un côté que de l'autre.

Le chef jeta sur ses épaules une peau de tigre qui lui donna un air imposant.

Nous ne trouvâmes en chemin, dit-il, rien de bien remarquable, nous tuâmes un lion et deux tigres, mais nous n'en vîmes pas beaucoup. Le bruit de vos carabines fut entendu par un de nos amis qui s'était éloigné de nous pour aller tirer un tigre : il revint nous dire que l'on tirait des coups de fusil, et comme cet endroit est assez écarté, je crus qu'il était bon de venir voir ce qui se passait. Nous eûmes assez de mal à vous trouver, et nous n'y serions peut-être pas parvenus si nous n'eussions vu la fumée, puis nous aperçûmes les sauvages et nous devinâmes le reste. Mais je ne me doutais guère que c'était vous qu'ils tenaient assiégé là.

Et il était fort heureux, ajouta-t-il, que vous n'ayez pas eu affaire aux Caffres au lieu des Hottentots.

— Quelle différence y a-t-il de l'un à l'autre ?

— Les Caffres habitent les pays à l'est et au nord-est du Cap; ils ont des armes à feu et savent s'en servir : mais vous êtes en sûreté maintenant, il faut oublier le passé.

Je lui renouvelai toutes mes assurances de gratitude, et la troupe s'étant rassemblée, on tint conseil pour décider sur ce que l'on avait à faire.

Les uns voulaient poursuivre les sauvages et les exterminer, mais les plus âgés de l'expédition s'y opposèrent de toutes leurs forces en disant qu'il ne fallait jamais attaquer les indigènes chez eux : Tenons-nous tranquilles, dirent-ils, si nous voulons qu'ils nous laissent en repos. Les plus jeunes se rappelant qu'ils venaient de donner une sévère leçon à la peuplade qui nous avait pourchassés, se rangèrent bientôt à l'avis des vieillards.

La nuit s'approchait, nous allumâmes de grands feux tout autour de notre camp, et comme le fermier avait apporté une bonne provision d'eau-de-vie, nous attendîmes le jour gaiement, sans que personne fût tenté de s'endormir. Nous craignions que les sauvages ne vinssent nous attaquer dans l'obscurité, mais ils ne se montrèrent pas.

Après un excellent déjeuner fait de grand matin, nous nous mîmes en route pour le sud : M. Tickler et moi nous montions en croupe derrière les cavaliers, qui nous prenaient chacun à leur tour, jusqu'au moment où nous arrivâmes à un endroit où nous pûmes nous procurer des chevaux. Ce fut là que la troupe se sépara : je leur adressai à tous mes remerciements les plus sincères, et les vœux les plus ardents pour leur prospérité.

J'arrivai enfin à la ville du Cap : M. Tickler trouva un navire en charge pour l'Angleterre et s'embarqua immédiatement. Je fus tenté de l'accompagner, mais il me fallait aller en Australie chercher le mystérieux personnage que l'on appelait le Rossignol, et je le laissai partir. La captivité que nous avions partagée, les dangers que nous avions courus ensemble nous avaient rendus grands amis, et notre séparation nous coûta des regrets mutuels et sincères.

Son départ me fit reporter mes pensées vers l'Angleterre, je songeai à celle dont l'image me suivait partout, mais je résolus de ne plus écouter mes irrésolutions, et d'obtenir à tout prix la clef du mystère qu'il m'importait tant de connaître.

J'écrivis à madame Delancey une longue lettre dans laquelle je lui racontai tout ce qui m'était arrivé depuis mon départ de la ville du Cap : j'écrivis aussi à Lucie et lui exprimai tout le désir que j'avais de retourner en Angleterre pour lui faire une communication des plus importantes qui ne pouvait devenir le sujet d'une lettre; je regrettais qu'un devoir impérieux, irrésistible, me forçât à aller en Australie, et j'espérais qu'elle reconnaîtrait la nécessité absolue de ce voyage.

J'envoyai ces lettres par le navire à bord duquel M. Tickler avait pris passage.

Deux jours après son départ, il nous arriva un navire qui devait relever pour la Nouvelle-Zélande. Comme on n'en attendait pas pour l'Australie directement, et que le capitaine me promettait de continuer son voyage vers Sidney aussitôt qu'il aurait mis son chargement à terre à la Nouvelle-Zélande, que j'étais fatigué du Cap et désireux d'être au bout de mon voyage, je pris passage a bord de ce navire.

Aussitôt qu'il fut sorti, César tomba à genoux.

Après une traversée de dix jours pendant laquelle le vent s'était toujours montré favorable, nous arrivâmes sur la côte occidentale de la Nouvelle-Zélande et nous entrâmes dans le détroit de Cook. Pendant le jour nous pûmes tirer quelques bordées, mais à la tombée de la nuit nous étions sur le point de mettre à la cape quand une bourrasque vint nous assaillir avec violence. Nous fûmes jetés sur un écueil de corail qui nous causa quelques avaries; notre quille toucha plusieurs fois le haut des coraux, mais nous pûmes enfin nous en tirer. Je n'oublierai jamais l'expression de la figure du vieux capitaine quand il sentit le navire s'échouer, ni l'air de satisfaction avec lequel il se frotta les mains quelques minutes après, en disant : Nous revoilà à flot!

Le vent s'apaisa aussi rapidement qu'il s'était élevé, et le lendemain, tenant le Pas du Chafler sur tribord et le cap de Pencarou sur bâbord, nous entrâmes dans le port de Nicholson : il n'était pas encore nuit que j'étais à terre dans la ville de Wellington, un des établissements de la compagnie de la Nouvelle-Zélande, qui se trouve à la pointe méridionale de l'île la plus au nord.

CHAPITRE XXXVIII.

La beauté du paysage qui se déroulait sous mes yeux quand je regardai des croisées de l'hôtel le lendemain matin me frappa par sa grandeur et sa richesse sauvage. Nous étions à la fin de février, c'est-à-dire au commencement de l'automne, car les saisons changent de position dans cette partie du monde, et les arbres n'avaient pas encore perdu toute la fraîche verdure de leur feuillage.

On dirait au reste que la végétation se fait d'une manière continue dans la Nouvelle-Zélande, car presque tous les arbres, arbustes et buissons sont toujours verts : seulement leurs feuilles acquièrent une teinte plus verdoyante pendant l'été ; dans l'hiver elles se brunissent et se bronzent.

La baie qui s'ouvrait devant l'hôtel renfermait une douzaine de navires, et la végétation s'étendait jusqu'au bord de l'eau.

A droite et à gauche de l'hôtel s'élevaient d'assez belles maisons, la plupart construites en briques et de bonne apparence. Elles sont en général assez petites, et sont bâties à une certaine distance les unes des autres, de sorte que la ville ressemble à une campagne parsemée d'habitations.

La ville, qui peut contenir environ deux mille habitants, est située sur une hauteur d'où la vue s'étend sur un panorama admirablement beau.

Je ne dirai que quelques mots sur les îles qui forment le groupe connu sous le nom de Nouvelle-Zélande : on sait qu'elles furent découvertes, en 1642, par le navigateur hollandais Tasman, et qu'elles présentent une étendue à peu près égale à celle de l'Angleterre et de l'Irlande. Leur climat est des plus tempérés ; c'est dans la partie du nord que les Européens se sont principalement établis ; la capitale est la ville d'Aukland, située à environ quatre cents milles de Wellington.

En 1848, toute la population blanche de la Nouvelle-Zélande pouvait s'élever à quinze mille âmes : les indigènes sont au nombre de cent trente mille environ.

La faiblesse de cette population a lieu d'étonner quand on se rappelle l'extrême salubrité du climat : on l'attribue à l'absence presque complète de racines comestibles indigènes. Avant l'arrivée des premiers colons, les New-Zélandais n'avaient presque aucune autre nourriture végétale que celle que leur fournissait la racine de bruyère. Il n'y avait non plus aucun animal, dont la chair pût être mangée, et les oiseaux y sont assez rares. On y trouve cependant une variété de pigeons qui ressemble assez à nos perdrix, mais qui perche son nid dans les arbres.

Les bêtes à laine et à cornes que l'on y a introduites se sont parfaitement acclimatées, ainsi que les cochons : tous les fruits, tous les légumes, toutes les racines de l'Europe y viennent avec facilité ; mais le climat s'oppose à la culture des plantes tropicales.

Une des productions les plus précieuses est le *phormium tenax*, espèce de chanvre géant, dont l'usage tend à s'accroître dans nos diverses industries. Les forêts sont pleines d'arbres de toutes grosseurs, et des essences les plus précieuses.

Le ciel était si bleu, l'air si pur et la température si douce, la campagne si belle, qu'il me fut impossible de rester enfermé dans une chambre d'hôtel : je me hâtai de déjeuner, et, laissant César mettre ma garde-robe en ordre, je sortis pour voir le pays.

499.

Quand j'eus fait une couple de milles, je m'arrêtai pour jeter un coup d'œil sur la campagne. Le pays avait l'air montueux ; mais je fis la réflexion qu'il n'y avait jamais de montagnes sans vallée. Les arbres s'élevaient à une hauteur prodigieuse ; hauts, droits et flexibles, on eût dit qu'ils appelaient la hache du bûcheron pour aller se transformer en mâts de vaisseau.

J'avais le plus grand désir de rencontrer des indigènes, mais je n'en vis aucun. Je passai ainsi plusieurs heures à courir à droite et à gauche, et me sentant pressé par la fatigue et la faim, je cherchai le sentier le plus battu pour aller invoquer l'hospitalité de la première maison de colon que je rencontrerais. Je ne fus pas long à en apercevoir une : elle était à environ un quart de mille dans une clairière ouverte dans la forêt un peu en dehors du grand chemin. Il était environ une heure, j'espérai arriver juste à l'heure du dîner.

Un léger nuage de fumée sortait du haut du toit ; c'est toujours une preuve qu'une chaumière est habitée. Il y avait sur la droite un champ fermé de haies et dans lequel paissaient deux vaches : un peu plus loin vers le pied de la montagne j'aperçus un ou deux troupeaux de moutons. Un laboureur conduisait une paire de bœufs, et sur le bord du bois un homme en chemise rouge frappait à grands coups de cognée sur un arbre plusieurs fois centenaire.

Je fus certain d'être bien accueilli, et je frappai du dos de la main contre la porte de la chaumière. Une voix fraîche et claire chantait gaiement à l'intérieur.

— Entrez ! me répondit une autre voix qu'il me sembla avoir déjà entendue ailleurs, tirez la chevillette, car je ne peux pas quitter mon ouvrage !

Je tirai la chevillette, et j'entrai.

La première pièce était vide, mais on me cria d'une chambre plus loin :

— Asseyez-vous, monsieur ; mon mari sera de retour dans une minute, il est à couper du bois dans la forêt.

Je ne savais que penser, car j'avais bien certainement entendu déjà cette voix-là ; mais je ne pouvais pas me rappeler où cela pouvait être.

— Je suis étranger dans la colonie, répondis-je, et en parcourant le bois j'ai pris la liberté...

— Oh ! ne dites pas que vous avez pris une liberté,

Quand je pus penser à quelque chose, ma première idée fut pour mes amis.

monsieur, tous les étrangers sont les bienvenus. Dieu merci ! nous n'avons pas peur d'entendre frapper à la porte ! Arabella, mon amour ! ajouta-t-elle en élevant la voix et se tournant vers une chambre encore plus au fond, va donc appeler ton papa, dis-lui, si tu peux, qu'un monsieur voudrait le voir.

Une très-jolie fille à l'air modeste, simplement vêtue, sortit d'une pièce dont je reconnus aussitôt la destination par le parfum de viandes cuites et de bouillon qui se répandit tout à l'entour quand elle ouvrit la porte. Elle passa sans me regarder, et se mettant sur le seuil de la chaumière, elle cria d'une voix au timbre argenté :

— Coo... ee... ee... ee !

— Coo... ee ! répéta l'homme qui abattait du bois.

— Il va venir, monsieur, me dit-elle en se tournant de mon côté et me regardant avec attention.

Je la regardai aussi attentivement : je l'avais vue quelque part, mais je ne pouvais me rappeler où.

— Vraiment, lui dis-je tout à coup, je puis me tromper, mais je ne peux m'empêcher de croire que, sans le savoir, je suis venu ici chez de vieilles connaissances ?

— Vous vous appelez, monsieur... ?

— Mayford ! répondis-je.

— Mayford ! Oh ! je croyais, en effet, que je vous avais déjà vu, me répliqua la jeune fille en rougissant. Maman, maman, voici M. Mayford que nous avons connu en Angleterre !

— M. Mayford ! s'écria la maman en accourant les bras couverts de farine et de pâte jusqu'au coude. Monsieur Mayford, oh ! mon mari va être enchanté de vous voir !

C'était la ci-devant grande dame, l'honorable madame O'Sullivan, née Fitzgauntlet. Elle venait d'appeler le capitaine son mari ! Et quoique je l'eusse surprise occupée à un travail domestique, les mains et les bras blancs de pâte et de farine, elle n'avait l'air ni confuse ni honteuse !

— Mon cher ami, dit-elle à son mari qui s'approchait, voilà du nouveau, voilà M. Mayford qui vient nous faire visite !

— Monsieur qui ? demanda le capitaine en entrant et embrassant sa femme : Ah ! M. Mayford ! Eh bien, ma chère amie, je suis enchanté de voir que tu appelles enfin notre ami par son vrai nom ! Mon cher Mayford, soyez le bienvenu ! D'où diable sortez-vous ? Nous êtes-vous tombé de la lune ?

— Je suis arrivé du Cap hier au soir, répondis-je.

— Du Cap ? Et comment avez-vous pris ce chemin pour venir à la Nouvelle-Zélande ?

— Oh ! je ne viens pas d'Angleterre. Mais de toutes les aventures qui me sont arrivées, celle-ci est certainement la plus agréable. Comment vous êtes-vous décidé à venir ici avec votre femme... je vous demande pardon, avec madame Sullivan ?

— Ne croyez pas, monsieur, que j'aie honte d'être appelée sa femme, se hâta de dire madame Sullivan.

— Et une excellente femme, je vous assure, ajouta le mari. Je n'ai connu toutes ses qualités qu'en venant m'établir dans cette colonie.

— Je n'ai jamais connu le bonheur avant de vivre dans une colonie, reprit la femme, dont les yeux s'emplirent de douces larmes. Mais, qu'est-ce que je fais ? J'ai mon pain à mettre au four et je reste à babiller ! Excusez-moi, monsieur Mayford, je vous prie : le dîner sera bientôt prêt, et nous pourrons alors causer du temps passé.

Elle retourna en même temps aux travaux qu'elle avait quittés, et sa voix retentit joyeuse sous le toit de l'heureux colon.

J'étais au comble de l'étonnement. Était-ce là cette dame aux grands airs que j'avais vue à la chaumière de Fulham avec les deux sphinx indéchiffrables, le page à la figure mal blanchie et aux boutons coniques ? C'était un rêve, c'était une vision impossible.

Le capitaine sembla deviner les pensées qui m'occupaient.

— Voilà du changement, monsieur Mayford, n'est-ce pas ? Vous n'auriez jamais cru que ma femme aurait pu devenir la fermière que vous voyez ? Voyons, dites ce que vous pensez ; n'êtes-vous pas étonné ?

Avant que je pusse ouvrir la bouche pour répondre, nous entendîmes les cris d'un enfant au berceau.

— Qu'est-ce que c'est que cela ? demandai-je.

— Oh ! c'est le nouveau-né.

— Le nouveau-né ? Mais ce n'est pas le vôtre ?

— Et pourquoi pas ? Croyez-vous que nous prenons des enfants en sevrage ? Bella, mon enfant, vas auprès de ta mère. C'est l'effet de l'air, me dit-il tout bas ; mais, par saint Patrice, on est heureux de penser qu'ici on n'a jamais trop d'enfants. Il y a de la place pour tout le monde ! Vous venez vous établir ici, n'est-ce pas ? Mais voici Alice avec le jeune New-Zélandais. Voyons, mon enfant, que l'on mette la nappe pour dîner, voici notre vieil ami monsieur Mayford qui est venu nous faire visite, c'est aujourd'hui jour de fête !

Mademoiselle Sullivan m'apprit que leur seule servante, qui appartenait à l'une des races indigènes, était allée voir une amie. Le capitaine ajouta que les deux jeunes filles que madame Sullivan avait amenées d'Angleterre, et qui lui avaient solennellement promis de rester avec elle une année entière, avaient trouvé des maris dès le premier mois de leur arrivée.

— Mais, ajouta-t-il, mes filles n'ont besoin de personne, elles sont aussi adroites et s'entendent à tenir la maison aussi bien que les meilleures ménagères de la colonie.

Mademoiselle Arabella Sullivan courut embrasser son papa.

La nappe fut bientôt mise, le dîner fut servi : lady Arabella avait elle-même présidé à tous les mystères de la cuisine, et jamais dîner ne fit meilleure figure, jamais dîner ne fut mangé de meilleur appétit. Nous goûtâmes d'abord d'un immense poisson acheté le matin même à un indigène : nous ne pûmes savoir à quelle famille il appartenait, mais nous le trouvâmes délicieux. Madame Sullivan servit ensuite une épaule de mouton et un immense pâté de pigeons, avec toutes sortes de légumes. Nous avions pour boisson de l'eau limpide comme le plus pur cristal et fraîche comme la glace. Le capitaine fit tomber quelques gouttes de wiskey dans son verre.

Tout témoignait l'abondance, tout respirait la joie et le bonheur : il n'y avait pas lieu de songer au lendemain, l'office, la basse-cour et les champs regorgeaient de provisions.

— Allons, mes enfants, enlevons la nappe, s'écria le capitaine, et causons un peu, monsieur Mayford ; nous devons avoir bien des choses à nous dire. Alice, donne-nous de l'eau chaude et du sucre, et pendant que tu es debout, apporte-nous une autre bouteille de wiskey. Où sont les cigares ? monsieur Mayford, vous fumez, je crois ? Par saint Patrice, nous allons nous amuser ce soir !

CHAPITRE XXXIX.

— Voyons, dit le capitaine, racontez-nous tout ce qui vous est arrivé depuis votre départ d'Angleterre pour le Canada : combien y a-t-il de temps de cela ? Voyons un peu.

— Il y a plus de deux ans, dit madame Sullivan en comptant sur ses doigts. Deux ans ! comme le temps passe ! Je vais bientôt être tout à fait vieille !

— Tu ne seras jamais vieille, ma chère, répondit son mari, tu rajeunis tous les jours. Je ne t'ai jamais vue plus jolie qu'aujourd'hui.

— Alice, mon enfant, fais un verre de grog pour ton papa, et donne-lui une allumette pour son cigare. Croiriez-vous, monsieur Mayford, qu'en Angleterre je ne pouvais pas souffrir l'odeur du tabac, et que maintenant j'y suis tout accoutumée ?

— C'est à la colonie que nous devons cela, ma chère. Voyons, mon ami, racontez-nous vos aventures.

Je leur racontai, en effet, assez brièvement, tout ce qui m'était arrivé. Les dames furent tour à tour saisies d'effroi et d'étonnement.

— Eh bien, dit à son tour le capitaine, mon histoire à moi est bientôt dite ; elle n'est pas aussi accidentée que la vôtre ; c'est une histoire toute simple et toute commune. Il n'y avait pas longtemps que vous aviez quitté l'Angleterre quand un vieil oncle que j'avais jugea à propos de mourir et de me laisser trois mille louis. On causait alors beaucoup des avantages que ce pays offrait aux colons, et comme j'avais une famille nombreuse et toujours croissante, je crus que ce que j'avais de mieux à faire était de venir ici avec tout mon monde. Ma femme était encore jeune...

— Alice, mon enfant, fais un second verre de grog pour ton papa.

— Ma femme était encore jeune ; je crus que j'aurais le temps de faire ma fortune dans la Nouvelle-Zélande, et de retourner ensuite en Angleterre.

— Je n'ai aucun désir de retourner, s'écria madame Sullivan. Je me trouve si heureuse ici, que je ne désire pas quitter ce beau pays, quoique mademoiselle Mac-Growler soit toujours à critiquer ce qui se fait ici, et prétende vouloir retourner en Europe.

— Vous vous rappelez mademoiselle Mac-Growler ? me dit le capitaine.

— Je crois avoir eu le plaisir de la rencontrer chez vous à Fulham, mais je ne me rappelle guère comment elle est.

— Vous ne perdez peut-être pas grand'chose ; mais vous ne pouvez avoir oublié ses lunettes.

— Mademoiselle Mac-Growler, dit madame Sullivan, a voulu à toute force nous accompagner, quoique mon mari ait tout fait pour l'en empêcher.

— Oh ! c'est un véritable dissolvant qui ruinerait vingt colonies ! ajouta le capitaine.

— Oui, mais elle a toujours été si bonne pour nos enfants ! reprit la femme ; et après tout, si elle s'exprime un peu trop librement sur les inconvénients de la vie de colon, elle a un cœur excellent.

— Elle a toujours quelque chose à blâmer, dit mademoiselle Sullivan. Si ce n'est pas le pays, ce sont ceux qui l'habitent : elle prétend qu'il n'y a pas un seul homme dans toute la colonie qui ait de bonnes manières, et que les indigènes sont tous cannibales ; c'est fatigant de l'entendre.

— Je voudrais que les indigènes en fissent un bon repas, ajouta le capitaine, nous en serions débarrassés. Mais c'est une maîtresse femme : comme elle ne peut vivre avec personne, elle a pris une ferme qu'elle fait valoir elle-même. Elle ne peut pas garder de domestiques-anglais, mais elle a un indigène et sa femme qui travaillent pour elle : comme ils ne peuvent pas comprendre ce qu'elle leur dit, ils ne s'en inquiètent pas, et elle parle du matin jusqu'au soir ; on n'a jamais vu pareille femme.

Mademoiselle Mac-Growler, dans le but probablement de ne pas faire mentir le proverbe, parut bientôt à la porte : elle tourna la clef et entra sans frapper.

On la reçut avec beaucoup de politesse : il me sembla qu'elle avait le même parasol et les mêmes lunettes que le jour où je la vis à la chaumière de Fulham. Elle prit un siége de bois, et jetant un coup d'œil scrutateur autour de l'appartement, elle m'honora d'une inspection toute particulière.

— Monsieur est une vieille connaissance qui est venue nous voir par hasard, dit madame Sullivan d'un ton qui me parut témoigner une certaine appréhension. Vous avez déjà rencontré monsieur chez nous : c'est M. Mayford.

— M. Mayford, répéta le capitaine, qui a eu le plaisir de vous voir à Fulham, et qui, je l'espère, vient s'établir dans la colonie.

— Il vient commettre une grande folie alors ! Et comment vous êtes-vous décidé, monsieur, et mademoiselle Mac-Growler en se tournant de mon côté, à suivre les imbéciles qui sont ici, et à venir dans un pays comme celui-ci ?

Avant que j'eusse pu répondre à cette question faite à brûle-pourpoint, on frappa à la porte, et une étrangère entra sans cérémonie. Je fus surpris de l'apparition qui se présenta sur le seuil de la maison, car je n'avais pas encore vu de New-Zélandaise.

Elle entra d'un pas lent et grave, et s'arrêta un instant auprès de la porte. Je n'avais jamais vu, je crois, de femme mieux faite : elle était grande, élancée et de formes parfaites. Ses cheveux tombaient en longues boucles noires ; ses yeux noirs et perçants jetaient un éclat extraordinaire. Elle avait la bouche un peu grande, mais ses dents étaient admirablement blanches et régulières. Sa peau n'était pas noire, mais d'un brun foncé : si elle eût été un peu moins brune, on eût pu la prendre pour une jolie Espagnole. Malgré sa couleur, sa peau avait une transparence qui vous faisait oublier sa nuance trop foncée. Elle avait des mouvements naturellement gracieux, et une certaine élégance que plus d'une grande dame aurait été trop heureuse de pouvoir imiter.

Il était évident qu'elle n'avait aucune idée de la prétendue supériorité des blancs sur les hommes de couleur, car elle nous regardait sans témoigner ni crainte ni bassesse ; mais un certain sentiment de modestie semblait la retenir près de la porte.

— Ma sœur ? dit-elle en très-bon anglais.

— Votre sœur est sortie, dit mademoiselle Sullivan ; sortie, répéta-t-elle en se levant et indiquant du doigt du côté où sa sœur était allée.

— C'est la sœur de la jeune indigène qui nous aide, me dit madame Sullivan, qui voyait que je regardais d'un œil surpris et curieux ce spécimen des races du pays. Elle ne parle que quelques mots d'anglais, mais Alice peut lui faire comprendre tout ce qu'elle veut.

La belle sauvage resta immobile quelques instants, comme si elle eût hésité sur ce qu'elle devait faire, attendre sa sœur ou aller la chercher.

— Dis-lui d'entrer et de s'asseoir, dit le capitaine, il faut toujours être bon et poli avec les indigènes pour nous les concilier.

— Autrement ils nous mangeront un jour ou l'autre ! répliqua mademoiselle Mac-Growler. Oh ! vous verrez ce qui arrivera quelque jour...

Mademoiselle Sullivan fit signe à la jeune femme de prendre un siége : elle hésita encore un instant, puis finit par accepter.

— Les indigènes veulent bien nous servir comme domestiques, dit madame Sullivan ; mais ils veulent être traités honorablement. Ils nous confèrent une faveur en travaillant pour nous.

— Ils s'imaginent qu'ils sont nos maîtres, et ils nous le prouveront quelque jour, dit mademoiselle Mac-Growler.

Mademoiselle Manewanga, car tel était le nom de la jeune indigène, s'assit sur un banc de bois qui régnait le long du mur, et nous regarda les uns après les autres. La fille aînée du capitaine était remarquablement blanche, et la jeune New-Zélandaise, qui pouvait avoir dix-sept ans, était d'un brun luisant. Assises l'une auprès de l'autre, elles formaient le contraste le plus étrange. Le costume de mademoiselle Manewanga était des plus négligés, je dois l'avouer : elle portait une sorte de natte, qui la couvrait par devant et par derrière. C'était son costume de cérémonie quand elle allait en visite ; en dessous de la natte elle avait une robe de coton rouge, qu'elle arrangea autour d'elle pour imiter autant que possible les vêtements des femmes blanches qu'elle voyait ; mais il est probable qu'elle n'avait aucune idée des raisons qui les portaient à s'enfermer dans autant de mètres d'étoffe. Ses jambes et ses bras étaient entièrement nus : elle n'avait pu encore s'accoutumer à ces articles de vêtement si incommodes que nous appelons des bas et des souliers. Quant aux gants, elle ne les connaissait ni de nom ni d'aspect.

Le capitaine, qui avait toute la galanterie de sa nation, lui offrit aussitôt un verre de punch ; mais quand elle eut senti le fumet qui s'en exhalait, elle le refusa d'un mouvement de bras des plus gracieux.

Mademoiselle Sullivan se hâta de faire un peu de thé dans lequel elle mit beaucoup de sucre, et mademoiselle Manewanga l'accepta avec plaisir ; son doigt fut introduit dans la tasse ; elle remua l'infusion, et suça amoureusement le sucre qui s'était attaché à son épiderme. Elle regarda la cuiller comme quelque chose de curieux ; mais, ne pouvant deviner à quel usage elle était destinée, elle la posa auprès d'elle et ramassa avec son doigt le sucre qui était resté au fond de la tasse sans se dissoudre.

Le capitaine, voulant prendre sa revanche, lui offrit un cigare. Elle l'accepta d'un air gracieux ; on lui donna un morceau de papier enflammé, elle alluma son cigare, et commença à fumer avec un plaisir évident ; puis, voyant que les femmes blanches ne fumaient pas et surprenant peut-être un sourire sur nos lèvres, elle le mit sur la table, rassembla sa couverture autour d'elle, et prit un air de dignité offensée en rougissant légèrement.

Je ne pus m'empêcher d'admirer l'instinct qui lui fit deviner que les femmes blanches désapprouvent l'usage du cigare, et se gardent bien de humer la fumée du tabac.

Mademoiselle Mac-Growler, qui avait regardé toute cette scène d'un air scandalisé, allait commencer quelques observations sur l'insuffisance des vêtements de la New-Zélandaise, quand une exclamation de la plus jeune des demoiselles Sullivan l'arrêta tout court.

— Voilà le jeune philosophe qui vient, papa ; il vient si vite et il a l'air si pressé, qu'il faut qu'il y ait du nouveau.

— C'est un jeune ami du capitaine, me dit madame Sullivan. Le capitaine aime beaucoup à causer avec lui, il l'appelle son jeune philosophe.

Je crus voir mademoiselle Sullivan l'aînée sourire à ce nom de jeune philosophe.

— Il est tout frais arrivé d'Oxford, dit le capitaine, et il est plein comme un œuf de science et de savoir. Il vous haranguera sur la colonisation aussi longtemps que vous voudrez l'écouter : il cause avec ma petite fille pendant des heures entières. Il est plein d'enthousiasme, mais on est toujours comme cela à vingt-trois ans. C'est son père qu'il faut entendre causer d'économie politique ! Lui, nous l'appelons le vieux philosophe.

La petite fille du capitaine, qui était une très-jolie personne de dix-sept ou dix-huit ans, s'était approchée de la porte pendant que j'écoutais cette description du jeune philosophe d'Oxford. Par pure politesse, je le suppose, elle alla attendre son arrivée en dehors du seuil.

Comme la porte était ouverte, je pouvais entendre des pas qui s'approchaient rapidement, et il me sembla que l'on franchissait tous les obstacles qui pouvaient s'opposer à une course en ligne droite jusqu'à l'endroit où se tenait la jeune fille. Puis j'entendis quelqu'un sauter et bondir, et immédiatement après le bruit plusieurs fois répété que ferait une personne qui aurait goûté quelque chose d'excellent, et ferait claquer la langue contre son palais. Notre jeune philosophe ne manque pas d'enthousiasme, pensai-je.

La maman jeta un regard inquiet vers le papa ; le papa sourit d'un air un peu grave, la jeune demoiselle Sullivan rougit, la New-Zélandaise sembla écouter les sons d'une langue universelle, mais mademoiselle Mac-Growler prit un air de sévérité malthusienne.

Quant à moi, je tâchai de paraître aussi impartial et aussi neutre que le demandait l'occasion.

Immédiatement après le jeune philosophe entra pour présenter ses respects au papa et à la maman, la jeune fille le suivait de l'air le plus innocent du monde, mais les joues couvertes d'un riche incarnat. Mais comme personne ne parut y faire attention, elle reprit bientôt son air habituel.

Une minute ou deux après, le père du jeune philosophe parut à son tour presque hors d'haleine et assez disposé à gronder monsieur son fils, qui l'avait devancé ; mais sa colère disparut devant l'empressement que chacun mit à lui être agréable : mademoiselle Sullivan prit son chapeau et le posa soigneusement sur une table à côté, et lui rendit une foule de petits services qui plaisent tant aux hommes de tout âge. Elle n'était mue que par le profond respect que lui inspirait le vieillard, tout autre sentiment lui était absolument étranger.

Le jeune philosophe était un très-beau jeune homme ; je crus que la jeune indigène le regardait avec plus d'intérêt qu'elle n'avait jugé à propos d'accorder au reste de la société. Peut-être se demandait-elle s'il ne serait pas plus beau vêtu d'une simple natte et tatoué des pieds à la tête. Il semblait aussi de son côté admirer la belle New-Zélandaise ; mais un regard de mademoiselle Sullivan, dont les yeux ne le quittaient pas, lui rappela que sa vue s'égarait sur un terrain dangereux.

La conversation interrompue par l'arrivée de nos philosophes reprit bientôt son cours.

— On sera obligé d'abandonner la colonie, dit mademoiselle Mac-Growler ; les indigènes ne consentiront pas à se retirer pour toujours des terres que les blancs prétendent leur avoir achetées.

— Comment pouvez-vous dire que les blancs privent les indigènes de terres qu'ils n'ont jamais cultivées ? dit le vieux philosophe. Est-ce que vous voulez empêcher les habitants des pays civilisés d'occuper des contrées fertiles et salubres par la raison que quelques sauvages les habitent ? De quel droit les indigènes de la Nouvelle-Zélande pourraient-ils fermer ces îles au reste de la race humaine ? Ce n'est pas comme si nous venions leur prendre leurs possessions, leurs troupeaux, leurs marchandises. Nous ne les privons de rien, nous leur donnons, nous sommes leurs bienfaiteurs, nous leur enseignons les arts de la civilisation, nous leur communiquons un trésor inappréciable de savoir, de sauvages qu'ils étaient nous en faisons des êtres civilisés, de païens nous en faisons des chrétiens.

— Mais vous n'avez pas le droit de leur prendre leurs terres, répéta mademoiselle Mac-Growler d'un ton décidé.

— Nous avons le droit d'occuper la terre déserte et inculte, répliqua son adversaire. Les indigènes de la Nouvelle-Zélande ne formaient pas une nation, ils formaient à peine une tribu ; ils étaient nomades sur une très-petite partie de ces îles. Faut-il nous abstenir de coloniser parce qu'il y a dans un immense pays quelques sauvages qui vont çà et là, qui ne cultivent rien et ne tirent aucun profit de la terre ?

— Pourquoi ne restez-vous pas chez vous, demanda mademoiselle Mac-Growler, et ne vous y occupez-vous pas à cultiver la terre ? Il y en a encore assez d'inculte, et assez de bras qui cherchent de l'ouvrage.

— C'est justement parce qu'il y a tant de bras qui cherchent de l'ouvrage, répliqua le vieux philosophe, qu'une émigration du surplus de la population est devenue nécessaire. Je ne dis pas qu'avec un système social différent l'émigration serait utile; je prends le pays comme il est, et je dis que la population de l'Angleterre est aujourd'hui trop considérable pour que tous les bras trouvent à s'employer.

Le vieux philosophe aurait évidemment péroré longtemps sur le même sujet, si la porte ne se fût ouverte tout à coup pour donner passage à un New-Zélandais qui entra d'un pas solennel suivi d'une de ses femmes, de son fils et de sa fille. Cette dernière se retira immédiatement dans une autre chambre dont elle connaissait évidemment l'accès; et après quelques saluts demi-européens, demi-sauvages, les trois New-Zélandais s'assirent sur le plancher, le père et le fils se mettant sur la même ligne, et la mère s'asseyant humblement derrière eux.

La jeune indigène, qui était assise sur le banc, s'était levée à l'arrivée de ses compatriotes, et elle était allée se placer sans mot dire auprès de la femme. Madame Sullivan me dit tout bas que les nouveaux venus étaient son père et sa mère, son frère et sa sœur : ils n'échangèrent aucun signe de reconnaissance.

Ils attendirent sans proférer une parole dans cette humble attitude que le blanc voulût bien leur témoigner le plaisir qu'il avait à les recevoir.

CHAPITRE XL.

Mademoiselle Mac-Growler, irritée de voir la discussion interrompue par cette soudaine irruption d'indigènes, et incapable de maîtriser plus longtemps son indignation, se leva pour se retirer. Le vieux philosophe exprima aussi bientôt son intention de retourner à la ville avant la nuit, et chercha de l'œil son fils Frédéric. Mais le jeune philosophe avait mystérieusement disparu, et par une étrange coïncidence mademoiselle Sullivan était pareillement absente de l'appartement.

Quant à moi, en ma qualité de voyageur et d'observateur, je n'avais pu m'empêcher d'admirer l'extrême bon sens avec lequel le jeune philosophe avait profité des longues harangues de son père pour aller discourir à part avec la jeune personne sur des questions de colonisation qui les intéressaient personnellement. Mais comme Frédéric ne revenait pas, le vieux philosophe fut forcé de s'asseoir de nouveau, et mademoiselle Mac-Growler, décidée peut-être à dire tout ce qu'elle avait sur le cœur avant de prendre congé, reprit aussi son siége et resta.

Cependant on avait apporté des rafraîchissements sur une table qui se trouvait auprès des indigènes; on les pria de prendre des chaises, mais ils préférèrent rester assis sur le sol. Le père fit un signe à sa femme, qui répéta ce signe à sa fille, et la servante apporta et plaça devant le chef de la famille le reste du pâté de pigeons que nous avions entamé à dîner. Le New-Zélandais brisa un morceau de la croûte, le passa à son fils avec un quartier de pigeon, puis ils se mirent à manger de l'air le plus sérieux du monde.

Quand ils se furent complétement rassasiés, le mari passa le pâté à sa femme, qui en donna un morceau à sa fille, et toutes les deux dînèrent à leur tour. La jeune New-Zélandaise, qui faisait à madame Sullivan l'honneur de l'aider dans ses travaux domestiques, apporta de l'eau qu'elle présenta à son père : ce fut une répétition de la même cérémonie; le père but d'abord, puis le fils, la mère ensuite, et enfin la jeune fille. Tant ces pauvres sauvages ignoraient le respect et les hommages dus au beau sexe!

Le New-Zélandais avait une assez belle figure, mais il y avait quelque chose dans son œil qui dénotait le sauvage : on pouvait voir que l'insulaire de bonne humeur et l'insulaire irrité étaient deux êtres bien différents. Sa peau était encore plus foncée que celle des jeunes filles ou de leur mère; elle n'était pas noire, mais elle avait une teinte de suie très-brune. Il était grand et vigoureusement taillé, ses cheveux étaient noirs, droits et luisants; une expression étrange se jouait autour de sa bouche, qui était grande et montrait une double rangée de magnifiques dents. Je savais que c'était l'effet d'un préjugé, car les New-Zélandais sont aujourd'hui bien différents de ce qu'étaient leurs pères; mais je ne pouvais regarder ces canines et ces molaires sans éprouver certaines sensations désagréables. Quant à son costume, c'était celui de sa nation, une natte devant, une natte derrière; comme il faisait une visite de politesse, il ne portait pas son tomahawk.

Les vêtements que portait sa femme étaient presque entièrement semblables aux siens : ils étaient tous les deux couverts de curieux tatouages.

Comme la conversation entre les deux races était à peu près impossible, quand les indigènes eurent achevé le repas que leur offrait l'hospitalité du blanc, ils se levèrent pour se retirer, et sortirent aussi majestueusement qu'ils étaient entrés. Mademoiselle Manewanga se retira avec ses parents, tandis que la plus jeune sœur restait sans mot dire et sans témoigner aucun regret de leur départ. Il me fut impossible de savoir si cette froideur apparente provenait d'une réserve qu'ils s'imposaient devant les étrangers, ou si leurs cœurs

n'étaient pas ouverts aux mêmes sentiments d'affection que les nôtres.

Leur départ nous retira d'un assez grand embarras, car nul de nous ne savait comment les recevoir, ni ce que nous pouvions faire pour les amuser. Les traits de mademoiselle Mac-Growler semblèrent moins rébarbatifs; le capitaine respira plus en liberté; madame Sullivan sembla affranchie d'une pénible anxiété, et tout le monde se sentit plus libre et plus à l'aise.

On prépara bientôt le souper : le vieux philosophe se décida sans peine à rester, car le souper formait une des bases de son système économique. Le jeune philosophe aurait volontiers resté là jusqu'à la fin de ses jours, et le digne capitaine ne voulait à aucune condition me laisser retourner à la ville ce soir-là. Nous nous assîmes joyeusement à table, et la conversation s'ouvrit naturellement sur les mœurs et les habitudes des indigènes, dont nous venions de voir un quadruple échantillon. Le vieux philosophe discourut longuement sur ce sujet, qu'il avait beaucoup étudié, tandis que son fils et l'aîné des fils du capitaine nous racontèrent des anecdotes qui leur étaient arrivées dans leurs communications accidentelles avec les sauvages.

— C'est une belle race que la race new-zélandaise, dit le vieux philosophe.

— Ce sont des sauvages, s'écria mademoiselle Mac Growler, pas autre chose !

— Ils sont honnêtes et tiennent leurs promesses, reprit le premier.

— Oui, mais vous verrez comme ils se lèveront quelque jour pour nous exterminer tous, hommes, femmes et enfants.

— Bonté du ciel! mademoiselle Mac-Growler, s'écria madame Sullivan, ne nous dites donc pas de ces choses-là : vous nous rendez toutes tremblantes.

— Est-il vrai, demandai-je, qu'ils sont encore cannibales ?

— Il est rare d'en entendre parler, répondit le capitaine; sans aucun doute ils étaient cannibales, mais c'est une habitude qu'ils ont presque abandonnée.

— Pas tout à fait, papa, dit le jeune Sullivan, si l'histoire que l'on m'a contée d'un de leurs chefs est vraie.

— Voyons l'histoire.

— Je l'ai apprise en ville, c'était le major Mac Phun qui la racontait. Un chef new-zélandais, dit-il, vint à la chapelle anglicane pour être marié par le prêtre. On les encourage à se marier à l'église, parce que cela leur donne quelques idées de moralité, et pour les faire venir on leur distribue du rhum après la cérémonie. Quand donc le chef vint à l'église, le curé lui dit : — Pummereboo, je ne peux pas vous marier ni vous donner du rhum, parce que l'on m'a dit que vous aviez déjà six femmes, et d'après nos lois vous ne pouvez en avoir qu'une. Avant que je vous marie et que je vous donne du rhum, il faut que vous vous sépariez de cinq de vos femmes.

Le chef s'éloigna tout pensif : deux mois après il était de retour.

— Eh bien ! Pummereboo, lui dit le curé, vous êtes-vous débarrassé de cinq femmes ? — Oui, oui, moi être débarrassé tout à fait. — Et qu'en avez-vous fait ? — Moi les avoir mangées.

Cette petite anecdote nous amusa beaucoup, et voyant que son père était de bonne humeur, le jeune Sullivan crut pouvoir nous amuser d'une autre manière. Il sortit sans mot dire, et nous entendîmes bientôt après un grand coup frappé à la porte. Sa sœur alla ouvrir, et on lui remit un morceau de papier pour le maître de la maison.

— Qu'est-ce que c'est que cela ? dit le capitaine tout surpris. Contributions ! oh ! enfoncé les contributions, nous ne connaissons pas cela ici.

On frappa de nouveau à la porte.

— La taxe des pauvres !

— Dis-lui de repasser plus tard, nous n'avons pas de pauvres en ce pays, répondit le capitaine, qui se prêta volontiers à cette petite comédie.

Un nouvel appel retentit du dehors.

— Taxe pour le pavage et l'éclairage !

— Dis-lui d'aller au diable, et de voir s'il pourra percevoir cette taxe-là dans ses domaines.

On frappa encore une fois.

— Le receveur de taxe des eaux, voilà la troisième fois qu'il se présente.

— Dis-lui d'aller à la rivière et de tourner le robinet s'il le veut, je ne payerai pas un centime. Ah ! monsieur Mayford, vous rappelez-vous ce fameux dîner à Fulham ? Je crois qu'ils s'étaient tous donné le mot pour venir me tourmenter. Ç'a été une des principales raisons qui ont décidé ma femme à venir aux colonies.

— Non, mon ami, répondit sa femme, j'avais une meilleure raison que cela. Que pouvions-nous faire en Angleterre avec un petit revenu et une nombreuse famille ? Ce n'était qu'un combat perpétuel, nous ne pouvions sauver même les apparences !

— Vous auriez pu aller vivre sur le continent, dit mademoiselle Mac-Growler, en Normandie, en Belgique, en Allemagne peut-être, on y vit à bon marché.

— Mais tout cela, c'est un exil, répliqua madame Sullivan, et s'il me faut quitter mon pays natal, j'aime encore mieux aller vivre avec des compatriotes dans une de nos colonies que d'aller m'établir au milieu d'étrangers. Et puis, quel avantage un établissement à l'étranger vous offre-t-il pour l'avenir ? Ici nous voyons déjà que nos enfants auront une fortune indépendante, que pouvons-nous désirer de plus ?

— Vous avez raison, ma chère madame, dit le vieux philosophe, et je suis enchanté d'entendre une dame exprimer d'aussi bonnes opinions, apprécier aussi sagement les avantages qu'une colonie offre à une nombreuse famille. Étes-vous venu vous établir dans la Nouvelle-Zélande, monsieur ? me dit-il en se tournant vers moi.

Je lui répondis que j'avais quitté l'Angleterre dans le but d'aller m'établir au Canada, mais que divers événements m'avaient forcé de parcourir les Etats-Unis, la Jamaïque, le cap de Bonne-Espérance, et m'avaient enfin amené dans la Nouvelle-Zélande. J'ajouterai que j'avais l'intention de me rendre à Sydney, après quoi je voulais retourner en Angleterre, mais que je n'osais former aucun plan, car j'avais été ballotté par le sort d'une manière si extraordinaire, que rien de ce que je m'étais proposé n'était encore advenu. Mon intention cependant était de me fixer dans une colonie, seulement je ne savais laquelle choisir, j'hésitais entre le Canada, le cap de Bonne-Espérance la Nouvelle-Zélande et l'Australie.

— La Nouvelle-Zélande, me répondit le vieux philosophe, offre de grands avantages à l'émigrant : le climat est sain, le sol est fertile, les colons appartiennent à une classe supérieure ; ce n'a jamais été un lieu de déportation, comme l'Australie et la terre de Van-Diemen.

Il discourut encore longtemps sur les mille raisons qui, d'après lui, devaient faire choisir la Nouvelle-Zélande par tous ceux qui cherchaient une nouvelle patrie. Ce ne fut pas cependant sans être itérativement contredit par mademoiselle Mac-Growler, qui ne trouvait que des inconvénients à la colonie.

A la fin d'une de ses philippiques, la vieille fille se leva d'un air triomphant, et pria le capitaine de l'excuser si elle se retirait. Le fils aîné de M. Sullivan offrit de l'accompagner ; mais mademoiselle Mac-Growler avait le courage d'un homme, et déclarant qu'elle n'avait pas peur, voulut se retirer seule.

Mon chemin cependant pour retourner à la ville où se rendaient aussi nos deux philosophes passait près de son habitation ; je remerciai le capitaine, qui voulait me retenir toute la nuit, et je montrai tout mon dévouement au beau sexe en escortant mademoiselle Mac-Growler jusqu'à sa porte. Elle regretta beaucoup, au moment de nous séparer, de ne pouvoir nous prier d'entrer ; mais les préjugés qui existaient dans la mère patrie se retrouvaient dans la colonie, et une jeune personne ne pouvait, sans causer du scandale, recevoir des hommes chez elle à une heure aussi avancée de la nuit.

Ce joli discours était adressé avec force sourires au vieux philosophe, qui, ne sachant comment y répondre, eut recours à un principe des plus sages dont, dit-il, il se souvenait toujours à propos : Quand vous ne savez que dire, restez muet. Il se contenta donc de saluer humblement, et nous prîmes le chemin de la ville, songeant à part nous sur ce que nous avions vu et entendu. Le vieux philosophe analysait en silence le caractère des femmes jeunes ou vieilles ; le jeune penseur se retraçait tout ce qu'il avait lu dans les yeux de mademoiselle Sullivan, et je mesurais le changement qui s'était opéré dans la femme du capitaine. J'éprouvai une sorte d'envie au souvenir du bonheur domestique dont jouissait mon vieil ami et que se promettait le jeune philosophe.

CHAPITRE XLI.

Le lendemain matin je me mis en quête d'un navire en charge pour Sydney, je n'en trouvai pas. Mais il y en avait un en partance pour l'Angleterre, et je remis au capitaine des lettres pour madame Delancey et sa fille. Je leur peignis tout le bonheur dont jouissaient les Sullivan, je leur racontai la métamorphose de la grande dame, et leur dis quelle excellente fermière elle était devenue. Je fus assez embarrassé pour écrire à Lucie : il y avait si longtemps que je l'avais quittée que je me demandais s'il ne pouvait pas être survenu quelque changement pendant mon absence. Mais mon amour s'accroissait en raison des obstacles qui nous séparaient ; je ne m'exprimai cependant sur ce sujet qu'avec réserve, car je n'étais pas certain que ma lettre ne serait pas ouverte par la femme d'un autre.

J'avais à peine achevé cette lettre, et j'y mettais l'adresse, quand je sentis remuer la table sur laquelle j'écrivais. Je n'apercevais aucune raison de ce mouvement inusité, mais il était si violent que je pus à peine achever ce que j'avais à écrire. La chaise aussi sur laquelle j'étais assis avait acquis une motion extraordinaire, et la maison elle-même me sembla remuer. J'avoue que je fus surpris et quelque peu effrayé : je mis ma lettre dans ma poche, et descendant vivement l'escalier j'entrai dans la salle, non sans craindre de voir la maison m'engloutir sous ses ruines.

Tout le monde était dans la plus grande consternation. Les hommes s'étonnaient, les femmes tremblaient et les murs dansaient comme un navire ballotté par les vagues. Au même instant quelqu'un s'écria : C'est un tremblement de terre ! Et tout le monde se précipita hors de la maison en proie à une frayeur indicible.

Nous étions à peine dans la rue que le mouvement prit plus d'in-

tensité : nous voyions les maisons trembler jusqu'à leur faîte, les cheminées tombaient, les murs se crevassaient et plusieurs maisons s'écroulèrent en entier. L'hôtel d'où je venais de sortir semblait aussi sur le point de s'abîmer : les murs craquaient et penchaient à droite et à gauche, et une secousse plus violente survenant tout, l'édifice s'abattit sur le sol avec un bruit terrible.

Je n'avais jamais de ma vie éprouvé de pareilles sensations. C'était à peine si je pouvais me tenir sur mes jambes : on ne voyait pas remuer la terre, mais on la sentait se mouvoir d'une manière si étrange que l'on ne savait comment garder l'équilibre. Quelques femmes eurent le mal de mer, d'autres s'évanouirent de peur, car rien n'est plus effrayant que ce mouvement désordonné du sol.

On criait autour de nous que la terre allait s'ouvrir et nous engloutir ; d'autres disaient que la fin du monde était venue ; les uns frappés de consternation ne pouvaient ni parler ni marcher, les autres priaient à haute voix ou se lamentaient en jetant de grands cris. C'était une scène de confusion et de désespoir que je n'oublierai jamais.

Quand je pus penser à quelque chose, ma première idée fut pour mes amis de l'Ermitage, c'est le nom que les Sullivan donnaient à leur habitation, et quoique les secousses ne fussent pas terminées, je me mis en chemin pour aller leur porter des secours ou les consolations dont ils pouvaient avoir besoin. Mon fidèle César, que ce tremblement de terre avait rendu muet, et qui n'était pas encore sorti de sa première consternation, m'accompagna sans mot dire, et nous courûmes en hâte vers la chaumière.

Ils étaient tous alarmés à l'excès. Ils avaient senti les diverses secousses, et savaient que c'était un tremblement de terre ; mais ils n'avaient jusqu'alors éprouvé aucun accident. Le jeune philosophe était arrivé avant moi, je le trouvai tenant la fille du capitaine dans ses bras, sans qu'elle y fît la moindre objection ; il me sembla même qu'ils n'étaient fâchés ni l'un ni l'autre d'avoir cette occasion de se rapprocher, et comme ce n'était pas le moment de faire des cérémonies, il avait naturellement pensé à protéger ce qu'il avait de plus cher.

Mademoiselle Mac-Growler était aussi venue ; mais elle avait l'âme trop haut placée pour témoigner aucune frayeur, et prenait plaisir à expliquer comment d'après les meilleurs géologues, les tremblements de terre provenaient de causes parfaitement inconnues. Elle ajouta qu'elle ne concevait pas comment on pouvait persister à vouloir demeurer dans un pays où l'on courait toujours risque d'être englouti par un tremblement de terre.

Le capitaine essaya en vain d'arrêter ce déluge de paroles : elle voulait parler, et rien ne put l'en empêcher. Il y avait longtemps que toutes secousses avaient cessé qu'elle pérorait encore à leur occasion, ce qui fit dire au capitaine que le tremblement de terre était moins fatigant que la langue de la vieille fille.

Le jeune philosophe cependant continuait toujours à tenir mademoiselle Sullivan dans ses bras, il est probable qu'il craignait le retour des secousses, et qu'elle était trop effrayée pour penser à se tenir sans le secours de ce jeune homme.

Il n'était arrivé aucun accident dans la vallée ; mais pendant deux jours encore la terre trembla de temps en temps.

Tous les habitants de l'île furent excessivement effrayés, deux personnes cependant, devinrent les seules victimes de ce phénomène.

L'agent de la compagnie de la Nouvelle-Zélande écrivit un pamphlet pour prouver que ce tremblement de terre n'aurait pas dû avoir lieu, que ces secousses étaient irrégulières et tout à fait en dehors des règlements adoptés par la direction pour l'administration du sol, qu'elles avaient eu le double effet de prouver la solidité de certains édifices, et de causer une grande demande de bras, en jetant à terre toutes les maisons légèrement bâties. Il affirmait en finissant que la Compagnie solliciterait un acte du parlement pour prohiber le retour de ces secousses accidentelles.

Quant à moi, je ne pus m'empêcher de penser que c'était un grave inconvénient pour la prospérité de la colonie. Mais les avantages qu'elle offre aux émigrants sont si considérables, que je ne me fais aucun scrupule de signaler ce côté fâcheux de son avenir. Je dois ajouter que ce tremblement de terre était le premier qui fût survenu depuis l'établissement des Européens dans l'île, et qu'il n'en est pas venu d'autre depuis.

Ce tremblement prouva d'une manière si évidente les dispositions volcaniques du jeune philosophe, qu'il fallut en venir à une explication en forme. J'eus le plaisir, avant de quitter la colonie, de voir les deux amants sur le point de nouer les nœuds qui devaient assurer à tout jamais leur félicité domestique. Les parents de part et d'autre donnèrent un joyeux consentement, et j'ai tout lieu de croire que la statistique peut aujourd'hui compter quelques jeunes indigènes de plus.

Un navire allège qui devait faire voile pour Sydney m'offrit les moyens de me rendre en Australie. Je pris congé de mes amis en leur souhaitant toutes sortes de prospérités. Le père du jeune philosophe insista pour me donner une lettre de recommandation pour un respectable négociant de Sydney, afin de me permettre de me mouvoir dans les rangs de la bonne société.

Je m'embarquai le même soir avec César, et le navire mit à la voile dès qu'il fit jour. La mer était calme, les vents nous étaient favorables, et huit jours après nous entrions dans le magnifique port de Jackson.

La première chose qui me frappa avant même d'aller à terre me fit espérer que j'étais sur le point de découvrir le mystère qui m'avait tant fait courir le monde. Un gros monsieur qui monta à bord de notre navire portait un gilet fait de la même étoffe que le morceau de velours génois que je gardais comme une relique !

CHAPITRE XLII.

La vue de cette étoffe, qui m'avait toujours semblé être le seul fil que j'eusse pour me conduire à la découverte du secret de ma naissance, me remplit d'étonnement et d'espoir. C'était un heureux présage, qui m'annonçait que j'étais arrivé à la fin de mes courses aventureuses.

L'individu qui portait ce mystérieux gilet était un gros homme à l'œil noir, au nez recourbé et dont toute la physionomie révélait l'origine juive. Je m'informai de ce qu'il était : on m'apprit que c'était un riche marchand de Sydney qui avait amassé une grande fortune en achetant le fonds de maisons de commerce qui se trouvaient embarrassées, en faisant quelque peu d'usure et toutes sortes de marchés dans lesquels il côtoyait les limites de la légalité, car s'il refusait parfois d'acheter le produit de certains vols, il ne pouvait pas toujours s'empêcher d'acheter des marchandises volées.

La seule chose qui jetât une certaine défaveur sur sa maison, c'est qu'il avait été accusé d'avoir recélé des objets volés dans les Minories de Londres : la chose avait été prouvée de manière à le faire condamner par un jury empressé d'aller dîner, et le résumé des débats par le président de la cour avait laissé une impression qui était loin d'être à son honneur.

C'était à la suite de cette affaire qu'il avait été forcé de venir passer vingt et un ans dans la colonie ; mais son temps était expiré, il avait recouvré les droits et les priviléges d'un homme libre, et une prospérité inouïe était venue éclairer les nuages qui avaient obscurci sa première apparition dans le pays. Il avait alors près de soixante ans, il se vantait d'être rajeuni et se comparait à un lingot d'or que la fournaise a purifié.

Je fis aisément sa connaissance, car il cherchait à se lier avec tout le monde, s'informant adroitement des causes de leur visite à la colonie, de leurs moyens d'existence et des ressources qu'ils pouvaient avoir. Il tenait un magasin d'approvisionnements, c'est-à-dire un dépôt où l'on pouvait se procurer toutes sortes de choses, depuis une allumette chimique jusqu'à un service d'argenterie.

J'avais grand besoin de renouveler ma garde-robe, je lui communiquai mes intentions à ce sujet, et quand j'allai à terre il me fit l'honneur de me conduire lui-même à la rue dans laquelle se trouvait son établissement.

Pendant que nous nous y rendions, je combinai vivement le plan que j'avais à suivre. Il me fallait agir promptement et avec décision avant qu'il pût savoir ce que je venais faire. D'après ce que j'avais appris du clerc d'avoué dans le Canada, il me semblait qu'il devait connaître le Rossignol : je supposai que le morceau de velours provenait d'un vol dans lequel ils étaient tous deux intéressés, et qu'il pourrait me donner quelques informations à ce sujet.

Je vis qu'il était assez embarrassé de savoir ce que je venais faire à Sydney ; il savait que mon intention n'était pas de m'établir dans l'Australie. Il avait appris aussi que je n'avais aucune marchandise à bord du navire, et que je ne venais pas pour affaires de commerce.

Comme il avait pour système de s'informer du but que l'on avait en vue, il commença une longue série de questions ainsi :

— Un beau pays, celui-ci, monsieur?

— C'est ce que l'on m'a dit.

— Vous venez sans doute vous établir ici?

— Non, je ne pense pas.

— Vous réaliseriez bientôt une grande fortune en élevant du bétail.

— Des bêtes à laine?

— Oui : les moutons réussissent bien.

— La laine se vend bien ici?

— Ah ! vous venez acheter des laines?

— Non, ce n'est pas là le but de mon voyage.

— Oh!... Ah! on peut gagner de l'argent d'une autre manière. On peut retirer vingt, quarante, soixante pour cent de son capital quand on sait comment s'y prendre.

— Je n'ai pas l'intention de prêter de l'argent, je vous assure.

— Peut-être venez-vous en emprunter?

— Ni l'un ni l'autre.

— Ah! Oh! je vois ce que c'est, vous venez remplir une place dans une administration?

— Non, monsieur.

— C'est un long voyage, d'Angleterre ici : seize mille milles, on ne fait pas cela pour son plaisir, dit-il au moment où nous entrions dans son magasin.

— Je ne suis pas du tout venu pour mon plaisir, lui répondis-je.

— Que diable venez-vous donc faire? Quelque mauvaise aventure là-bas? Quelques chagrins... hein ? Vous m'entendez?

— Je suis venu, lui dis-je d'un ton sévère et portant la main sur son gilet, chercher quelques détails relatifs à ce velours.

A ces mots le juif, malgré ses soixante ans et sa lourde corpulence, fit un saut qu'un kanguroo seul aurait pu imiter. Je m'y attendais et j'avais eu soin avant de quitter le navire de prendre avec moi le morceau de velours que je possédais. Je suivis mon homme de l'autre côté de son magasin, où il se tenait le dos contre la muraille, muet de terreur et de surprise, et comparant les deux étoffes, je reconnus qu'elles étaient exactement semblables.

Le juif devint blême et jaune, mais resta sans mot dire.

— C'est la même étoffe, lui dis-je, et vous êtes mon homme.

— Je suis votre homme? Je ne connais rien de cette affaire : je l'ai acheté avec d'autres choses.

— Je suis surpris que vous soyez assez hardi pour le porter aussi publiquement.

— Je n'ai jamais été cité au procès, ce n'est pas pour cela qu'on l'a déporté.

— Qu'est-ce que vous avez fait du reste? lui dis-je.

— Fait du reste? Que vouliez-vous que j'en fisse? Et pourquoi vous le dirais-je ?

Il commençait à me prendre pour un membre de la bande ou peut-être pour un agent de la police de Londres envoyé à la découverte. Je devinai ce qu'il pensait, et jugeant qu'il fallait brusquer le dénoûment, je lui dis tout à coup :

— Où est-il ?

— Qui ?

— Lui ! répondis-je en lui montrant du doigt le morceau de velours que je tenais à la main.

Il me regarda d'un œil inquiet et ne répondit rien.

— L'oiseau chante-t-il ? lui dis-je.

— Ah ! vous le connaissez ! Mais qui êtes-vous alors?

Bon ! pensai-je, il connaît l'oiseau qui chante, c'est celui dont le clerc d'avoué m'a parlé, il faut lâcher le nom tout à fait.

— Etes-vous l'un de nous? lui demandai-je.

— Qui ça, nous? dit-il.

— Parce que si vous êtes un des nôtres, vous connaissez le Rossignol !

— Saint Abraham ! s'écria-t-il, ne prononcez pas ce nom si haut.

Il ouvrit en même temps la porte et regarda de tous côtés s'il n'y avait personne qui pût nous entendre, puis avant de revenir auprès de moi, il mit le verrou et s'assit en face de moi.

— Vous connaissez l'ami du Rossignol? me dit-il.

Je fis un signe de tête affirmatif en me demandant tout bas qui cela pouvait être :

— Celui qui fila au Canada, ajouta-t-il, le clerc de ce vieux roué du palais de justice?

Je fis un nouveau signe.

Serait-ce le clerc d'avoué? me demandai-je.

— Vous savez ce qu'il a fait au Canada?

C'est lui, pensai-je, je peux me risquer.

— Il s'est pendu, répondis-je.

— Oni, et les planteurs de la Caroline l'ont pendu à leur tour.

Comment diable peut-il savoir cela? me demandai-je.

— C'est vrai, lui dis-je, mais où est le Rossignol maintenant?

— Il a eu des malheurs. Il lui est arrivé une mauvaise affaire pour être entré dans une maison de la rue Saint-Georges : il a été pris et envoyé ici, mais il leur a filé dans la main, et il est à courir la campagne. Mais je peux vous aider à le trouver si c'est lui que vous cherchez. Cependant voyons, vous n'êtes pas venu ici pour rien? Ne pouvons-nous pas faire quelques petites affaires ensemble, hein? vous me donnerez la préférence, n'est-ce pas?

— Nous causerons de cela plus tard, lui dis-je. Mais puisque nous parlons d'affaires, je n'ai jamais su au juste la vraie histoire de cela, ajoutai-je en lui montrant le velours, il y a quelque chose là-dessous que je n'ai jamais bien compris.

— Oh! on a dit bien des choses qui n'étaient pas vraies, répliqua-t-il, on en a beaucoup voulu à ce pauvre Will rapport à cela, et on n'avait pas raison, mais il y a toujours des gens qui sont tout prêts à accuser les autres. Will était un parfait garçon qui ne commettrait pas une indélicatesse. Non : je vous assure qu'il n'a rien reçu pour les papiers que l'on avait pris. On avait offert cinq cents louis à celui qui les rapporterait, mais Will ne voulait rien que sa grâce, et puis une somme raisonnable, cela va sans dire. Ils n'ont pas pu obtenir sa grâce, et Will a gardé les papiers pour voir si ce ne serait pas le moyen de les forcer à l'amnistier. Il y a un enfant, vous voyez, qui aurait droit à certaines propriétés et à un titre aussi, s'il avait ces papiers-là : c'est à cause d'un mariage secret qui a été célébré il y a bien des années. Je ne connais pas toute l'affaire, mais Will s'est mis dans la tête que la famille que cela intéresse donnerait beaucoup pour rentrer en possession de tous ces documents : il les a gardés dans l'idée que cela pourrait l'empêcher quelque jour de danser dans le vide. Car il n'y a pas à s'y tromper, son évasion et le métier qu'il fait peuvent lui valoir la corde.

Ces longs détails me causèrent une émotion que je m'efforçai de réprimer, je répondis au juif en le regardant fixement :

— Tout cela c'est fort bien, mais on m'a affirmé le contraire, et vous connaissez celui qui me l'a dit; il m'a juré qu'on avait reçu de l'argent pour ces papiers et que vous... oui, vous... vous l'avez empoché et que vous avez laissé le pauvre Will se tirer d'affaire comme il pourrait.

— Saint Abraham! peut-on dire que j'aie commis une action aussi indélicate! C'est le clerc du vieux Towler qui vous a dit cela?

— Lui-même, lui dis-je.

— Et c'est donc cette affaire des papiers qui vous a monté contre moi ?

— Je ne vous le cache pas, c'est cela, répliquai-je : que diable, on doit agir honnêtement entre amis.

— Mais vous ne croyez pas que je vous en impose en vous disant que l'on n'a rien reçu?

— Non sans doute, non; mais vous connaissez le proverbe : on croit ce que l'on voit. Je ne doute pas de ce que vous me dites, mais si vous avez les papiers, vous pouvez me les montrer, voilà tout.

— Mais je vous assure que je ne les ai jamais vus! Will aime à garder lui-même ses secrets; il ne se confie à personne : il les a cachés quelque part et je ne sais pas où. Si vous voulez en savoir davantage, il faut aller le trouver.

— Et où le verrai-je ?

— Ah! ce n'est pas facile. Mais je peux vous dire où vous aurez de ses nouvelles... vous ne lui voulez pas de mal, n'est-ce pas ?

— Moi, allons donc ! Mais il faut que je le voie pour expliquer cette affaire-là aux autres... Vous savez bien qui : il y a plus d'un de nos amis qui n'ont pas pu avaler cela.

— Je ne sais pas si je fais bien, dit-il en hésitant, de vous dire où vous trouverez Will, il n'est pas homme à me pardonner s'il croit que j'ai eu tort.

— Vous savez bien, lui dis-je hardiment, que votre vie est à ma merci !

— Et la vôtre à la mienne, répondit-il; vous avez eu votre part de la chose, ajouta-t-il en montrant du doigt le morceau de velours. Mais vous n'êtes certainement pas venu pour vendre la calebasse, vous n'y gagneriez rien.

— Ne craignez rien de mon côté.

— Ah ! à propos; vous ne m'avez pas encore dit quel nom vous avez pris ?

— Mayford, lui dis-je, Georges Mayford.

— Nom d'emprunt, c'est bien : mais ce n'est pas mon affaire de m'occuper de ce qui regarde les autres. Et vous ne m'avez pas dit ce que vous étiez venu faire ici ?

— Je vous le dirai, répondis-je, mais d'abord il faut que je voie le Rossignol; quand j'aurai tiré à clair cette affaire des papiers, nous pourrons manigancer quelque chose ensemble.

— Ah! très-bien. Comme vous êtes un des nôtres, je vous ferai voir le pauvre Will. Mais gardez-vous de le demander par son nom. Il n'y a que ses amis très-intimes qui le connaissent ici sous le sobriquet de Rossignol.

— Comment le trouverai-je ?

— Je ne sais pas, répondit le juif, dont les hésitations recommencèrent,

Je me rappelai alors les signes et les mots de passe que le clerc d'avoué m'avait appris, en buvant à l'auberge du Canada, en me disant de m'en servir au besoin.

— Voyons, dis-je au juif, si vous êtes un frère vous-même ?

En même temps, en dépit de la répugnance que j'éprouvais à le toucher, je le pris par la main, et mettant mon pouce dans sa paume, je le pressai de l'index en disant :

« Quand les maisons danseront à Tyburn... »

— Ah ! ah ! s'écria-t-il en portant son doigt à son nez.

« Nous mènerons joyeuse vie ! »

C'est assez. Maintenant je vois que vous êtes réellement des nôtres, et je vais vous dire où et comment vous trouverez le capitaine.

Je ne me trouvais pas excessivement flatté d'être ainsi enrôlé dans l'honorable fraternité des voleurs, mais j'étais décidé à aller jusqu'au bout pour obtenir ce que je cherchais. Je me contentai de faire un signe de tête.

— Vous aurez à aller aux montagnes Bleues, dit-il, qui se trouvent à environ soixante milles de Sydney. Quand vous serez à la Selle du Diable, c'est une énorme roche qui présente l'apparence d'une selle, tirez sur la gauche, et vous verrez les clochers devant vous. Vous irez de leur côté, dans une ligne aussi directe que vous le permettront les ravins et les rochers, vous continuerez ainsi jusqu'à ce que vous voyiez un arbre très-remarquable, sur une hauteur sur votre droite, à environ huit milles sur la grande route. Vous ne pouvez pas manquer de le voir, car l'arbre est très-curieux; il est excessivement élevé, et comme il est carbonisé par la foudre, on l'appelle l'*arbre du tonnerre*. Vous irez jusqu'à cet arbre, vous écrirez les deux lettres T et N sur un morceau de papier que vous mettrez sous une grosse pierre qui se trouve auprès, et que vous aurez du mal à soulever. Il faut que vous soyez là un samedi ; vous y retournerez trois jours après,

et si Will veut vous voir, le papier sera disparu : vous mettrez alors un rameau vert à votre chapeau, et il viendra vous trouver. Mais si vous retrouvez le papier, c'est qu'il ne sera pas venu ou qu'il ne se fie pas à celui qui l'aura mis là : dans ce cas-là, vous pouvez-vous attendre à recevoir une balle dans la tête, pour vous empêcher d'aller l'ennuyer une seconde fois.

— Je ne crains rien, répondis-je.

— Eh bien ! par saint Abraham, vous êtes plus hardi que moi, dit le juif, car j'aimerais autant aller dans la fosse aux ours qu'au pied de cet arbre-là, sachant que le Rossignol est sur la branche. Il y a tout auprès un précipice horrible à voir : on n'en connaît pas le fond, et on l'appelle *le trou du cadavre*.

— Je ne crains rien, répondis-je de nouveau d'un air insouciant, quoique je fusse loin d'être rassuré sur les suites de mon entrevue avec le Rossignol.

Nous échangeâmes encore quelques mots, et je me retirai résolu à ne pas perdre de temps avant de me rendre auprès du Rossignol, de peur que ma nouvelle connaissance ne découvrît mon véritable caractère et en donnât avis à son confédéré de la montagne.

Je ne m'arrêtai en ville que pour acheter des armes pour César et pour moi, ainsi que deux chevaux qui devaient nous porter; quelques heures après j'étais en route pour les montagnes Bleues,

CHAPITRE XLIII.

Malgré les sérieuses préoccupations dans lesquelles j'étais absorbé, je ne pus qu'être frappé des preuves d'abondance et de prospérité que nous rencontrions à chaque pas. Ce n'était de tous côtés que belles maisons de campagne, jardins et équipages : on eût dit une création féerique.

Mais pressé d'arriver au dénoûment de l'aventure dans laquelle je m'étais embarqué, je ne m'arrêtai pas à admirer les travaux d'art et les beautés de la nature qui se déroulaient de chaque côté de la route, je ne m'arrêtai que pour faire reposer nos chevaux, et vers le milieu du second jour, nous approchions du pied des montagnes Bleues. Ces montagnes, qui s'élèvent à environ quatre mille pieds de hauteur, forment un rideau qui sépare la région maritime des plaines de l'intérieur : elles offrent des escarpements difficiles, mais on y a ouvert une route assez commode, quoique un peu rapide, et nous suivîmes sa large voie.

J'eus soin de m'orienter en cherchant la Selle du Diable, dont l'honnête juif m'avait parlé. Pendant que je la cherchais de tous côtés, mon odorat fut frappé d'un étrange parfum dont l'air était imprégné : c'était comme ce fumet de viandes qui sort des cuisines, et il était si riche et si fort, que l'on eût dit qu'on faisait quelque part de la soupe pour le monde entier. Je ne savais d'où cela pouvait provenir, car on ne voyait aucune maison de plusieurs milles à la ronde. Quand nous eûmes passé un bouquet d'arbres qui croissait sur notre gauche, je vis quelques légers nuages de fumée, et le vent m'apporta de nouvelles vapeurs chargées d'émanations culinaires. La curiosité me prit, et je voulus savoir d'où cela provenait : je tournai la tête de mon cheval, et après lui avoir fait parcourir un mille et demi, j'aperçus au pied d'une petite colline une vingtaine d'individus qui me semblèrent occupés à faire de la soupe. Les uns avaient allumé de grands feux sous d'immenses chaudières, les autres dépeçaient des bœufs entiers et en mettaient les morceaux dans l'eau bouillante, tandis que d'autres encore écumaient ces gigantesques chaudrons.

Plus surpris que jamais et ne sachant quelle pouvait être la raison de ces vastes préparatifs, je demandai à un homme, qui était occupé à remuer le contenu d'une marmite, à quelle occasion ils faisaient de si grandes quantités de soupe.

— De la soupe ! Nous ne faisons pas de soupe. Quoiqu'il ne manque pas de pauvres diables en Angleterre qui seraient fort heureux de trouver ce que nous allons jeter.

— Ce que vous allez jeter? Qu'est-ce donc que vous jetez? Vous ne prétendez pas que vous faites cette soupe-là pour la jeter ?

— Nous ne faisons pas autre chose cependant : mais je vois bien qu'il n'y a pas longtemps que vous êtes dans la colonie, puisque vous n'avez pas encore vu cela.

— Mais, voyons, qu'est-ce que vous faites ? répétai-je.

— Nous faisons bouillir le bœuf pour en extraire le suif.

— Et qu'est-ce que vous faites du maigre ?

— Nous faisons un trou dans lequel nous l'enterrons, ou nous le laissons pourrir sur le sol.

— Vous laissez la viande pourrir sur le sol ? On n'a jamais rien fait de pareil !

— C'est vrai, et je suis tout triste de voir perdre ainsi des milliers de têtes de bétail, quand il y a dans le monde tant de pauvres gens qui ne voient jamais un morceau de viande, et seraient si heureux d'avoir ce que nous jetons! Mais il y a ici tant de gros et de petit bétail, que l'on ne sait vraiment qu'en faire.

— Mais est-ce bien vrai? répétai-je à mon interlocuteur, qui semblait ne pas manquer d'intelligence; dites-vous vraiment que vous laissez pourrir des milliers de bœufs et de moutons ?

— C'est la pure vérité : nous tuons le bétail par mille et mille, et c'est seulement pour en extraire le suif. Ah ! si on savait combien de pauvres gens cela pourrait nourrir ! Tenez, il y a deux ans, on a abattu dans la colonie quatre vingt-dix mille moutons pour en avoir le suif.

— Quatre vingt-dix mille moutons pour en extraire rien que la graisse !

— Oui, et pendant les deux dernières années on a tué plus de trois cent soixante-quatorze mille bœufs et vaches rien que pour le suif ! C'est tous les ans comme cela : je ne pourrais pas vous dire combien on en a abattu dès le commencement, c'est prodigieux.

Je ressentis une sorte d'horreur en entendant cette étrange révélation. Comment ! me disais-je, il existe des pauvres par millions, et des centaines de mille bœufs et moutons sont tués chaque année pour quelques kilogrammes de suif ! N'est-ce pas une rébellion contre la

Et le pauvre mercier fut jeté par-dessus la tête de sa monture.

Providence, qui nous donne des aliments ? n'est-ce pas un crime que d'élever des barrières artificielles pour empêcher ceux qui souffrent de profiter de ce que la nature peut leur fournir en abondance ?

Que l'on ne nous parle donc plus d'insuffisance des subsistances aussi longtemps qu'il y aura des pays où des centaines de mille de bœufs sont jetés au fumier !

Je m'éloignai maudissant en moi-même les institutions douanières qui, sous prétexte de favoriser quelques intérêts, affament la partie la plus pauvre de la population.

J'entrai bientôt dans le défilé des montagnes Bleues : la route était large et belle, mais je devais tourner sur la gauche, quand je verrais la Selle du Diable. J'avais beau regarder de tous côtés, je ne pouvais rien voir qui ressemblât à une selle, et je ne voyais personne qui pût m'indiquer de quel côté je devais aller.

Je continuai donc mon chemin pendant trois à quatre milles encore, et j'arrivai en vue d'une petite hutte auprès de laquelle pendait un mouton fraîchement écorché. Il y avait à côté un homme qui me répondit que la Selle du Diable était à huit milles plus loin : je ne pouvais pas la passer sans la voir, ajouta-t-il, car elle était parfaitement dessinée. Mais il n'y a rien à voir là de curieux.

Et son œil nous scrutinisait des pieds à la tête.

— Je veux seulement voir le pays, lui dis-je.

Il nous regarda d'un air soupçonneux, mais je ne m'arrêtai pas à lui faire d'autres questions, car son aspect avait quelque chose de féroce et de repoussant.

La route n'était pas des plus faciles, et nous n'avancions guère vite ; cependant un peu avant midi nous vîmes devant nous la montagne extraordinaire que l'on a si bien nommée la Selle du Diable. Il était impossible de s'y tromper, c'était une selle immense plantée à l'horizon.

J'avais maintenant à prendre sur la gauche, et quand nous fûmes arrivés de l'autre côté de la Selle, nous aperçûmes devant nous des rochers en forme d'aiguille que je pris pour les clochers dont le juif m'avait parlé.

Nous nous y rendîmes aussi vite que nos chevaux purent nous y porter ; mais quand nous approchâmes, la route devint si difficile, que nous fûmes obligés de mettre pied à terre et de conduire nos bêtes par la bride. Nous fûmes près de trois heures à atteindre la hauteur sur laquelle s'élevait l'arbre du tonnerre : il était aussi très-facile à reconnaître, c'était un amer visible de fort loin. A environ trente ou quarante mètres de cet arbre, je trouvai un morceau de rocher que je pouvais à peine soulever. J'écrivis les deux lettres T et N sur un morceau de papier, et je l'introduisis sous la pierre.

La tâche que j'avais entreprise était accomplie, nous étions au jour fatal, c'était un samedi.

J'avais maintenant à attendre trois jours afin de savoir si le Rossignol me donnerait audience.

Que devais-je faire pendant ces trois jours ? Il était impossible de rester dans ce désert, et le terrible Will pourrait d'ailleurs ne pas approuver ce séjour prolongé dans ses domaines. Je résolus de retourner vers le grand chemin.

L'endroit que le Rossignol avait choisi pour y établir ses moyens de correspondance était des plus sauvages : ce n'était que rochers et précipices, on eût dit un reste du chaos. D'un côté se trouvait la Selle du Diable et de l'autre le Trou du Cadavre, dont on ne pouvait voir le fond. Quand nous eûmes parcouru environ un demi-mille, nous nous trouvâmes sur le bord d'une montagne escarpée d'où il me sembla voir au loin dans une immense vallée quelques petits objets qui couraient çà et là. Je supposai que c'étaient des

Je pris une lanière de peau de bœuf...

moutons, et portant la vue un peu plus loin, je crus distinguer un léger nuage de fumée ; mais on ne voyait ni cabane ni chaumière : elle semblait sortir d'un groupe de rochers.

Je connaissais le proverbe : Il n'y a pas de fumée sans feu, et comme les indigènes n'ont pas de troupeaux, je pensai qu'il y avait là un berger. Ayant trois jours à dépenser, je résolus d'aller voir quel pouvait être le malheureux mortel qui avait pu se décider à venir habiter une solitude aussi profonde.

Nous fûmes obligés de faire un long circuit pour descendre dans la vallée, et après une marche des plus difficiles nous arrivâmes à l'endroit où j'avais vu les moutons, et je reconnus bientôt que la fumée sortait d'une habitation pratiquée dans le roc. Il y avait une porte faite de planches mal jointes, j'allais la pousser pour entrer quand elle s'ouvrit de l'intérieur, et un homme parut sur le seuil : la vue de cet homme dans un endroit si solitaire et si sauvage me fit reculer d'étonnement.

CHAPITRE XLIV.

C'était un vénérable vieillard dont la barbe blanche tombait jusqu'à la ceinture. Son aspect était calme et sérieux; sa tête était complétement chauve, et son front était ridé comme si de longues réflexions l'avaient longtemps fatigué. Il était chargé d'ans, mais il se tenait droit comme un jeune homme, et sa taille peu commune lui donnait un air extraordinaire de majesté. Je crus voir un de ces anciens anachorètes dont parle l'histoire, car son costume se rapprochait de celui sous lequel on nous le peint.

Sa surprise sembla égale à la mienne; il me regarda attentivement, puis ses yeux se portèrent sur César et sur nos chevaux; il sembla se demander par quel hasard extraordinaire nous nous trouvions si éloignés des districts habités et dans un endroit presque inaccessible aux chevaux.

Il lui versa de la liqueur dans le creux de la main.

Je me hâtai de lui dire que j'avais perdu mon chemin, et que, voyant un peu de fumée s'élever parmi les rochers, j'étais venu lui demander dans quelle direction je devais aller pour rejoindre la grande route, et le prier de nous héberger pour la nuit.

Il me sembla pendant que je parlais qu'il y avait quelque chose d'égaré dans son regard, qui se portait alternativement sur César et sur moi. Ses traits cependant dénotaient un grand calme, et ses manières étaient empreintes de douceur. Comme il restait sans me répondre, je répétai ce que je lui avais dit.

— Vous avez perdu votre chemin? fit-il enfin.

— Oui, répliquai-je, et la nature sauvage de ce pays...

— C'est le destin!... D'où venez-vous?

— De Sydney.

— Où allez-vous?

J'hésitai un instant, et je lui dis que je voulais traverser les montagnes Bleues.

— Pourquoi avez-vous quitté la grande route?

— Je m'en suis écarté, répondis-je, et je me suis égaré.

— Il n'y a pas longtemps que vous êtes dans la colonie?

— Je ne suis arrivé que d'hier.

— Arrivé que d'hier! vous ne restez pas longtemps en place; vous allez rejoindre quelques parents peut-être? ajouta-t-il d'un ton de mélancolie.

— Je regrette d'avoir à vous dire, répliquai-je, que je n'ai aucun parent dans cette colonie... aucun peut-être dans le monde entier.

Il me regarda fixement pendant quelques secondes, puis reculant de deux ou trois pas il me fit signe d'entrer en disant :

— C'est le destin!... Entrez, vous êtes le seul être humain, excepté moi, qui ait passé ce seuil.

Je dis à César de retirer les selles des chevaux, de les attacher avec des longes que nous avions apportées, et j'entrai dans l'habitation du vieillard.

C'était une grotte naturelle qu'il avait trouvée dans une pierre assez friable. Un trou pratiqué dans le haut permettait à la fumée de s'échapper. Des pierres sèches amoncelées dans un coin formaient une sorte de foyer. Cette grotte pouvait avoir douze pieds carrés; deux petites ouvertures servaient de croisées de chaque côté de la porte. Je fus surpris de voir dans un coin un fusil armé de sa baïonnette, et une cartouchière suspendue à la muraille. Mais je me gardai de faire aucune question, car l'air vénérable du vieillard m'imposait un respect involontaire.

Une table et un siége rustique, un lit fait de branches entrelacées et couvert de feuilles sèches formaient tout l'ameublement. Pendant que j'examinais curieusement cette étrange habitation, l'anachorète restait absorbé dans ses pensées, puis tout à coup il releva la tête.

— Quand l'étranger, dit-il, visite l'Arabe dans le désert, on lui donne d'abord de quoi satisfaire sa faim et apaiser sa soif, puis on lui demande pourquoi il est venu.

Il se leva en même temps de son siége, et passant le bras dans une ouverture qui se trouvait dans le mur, il en retira une épaule de mouton qu'il plaça sur la table avec un peu de sel; il y ajouta un vase de fer-blanc, une tasse de corne, et me dit simplement : De l'eau, en me faisant signe de m'approcher et de manger, puis il se remit sur sa chaise rustique.

— Je ne suis pas seul, lui dis-je, me sera-t-il permis d'inviter mon compagnon à partager votre hospitalité?

— Est-ce votre domestique?

— Oui, mais quoique sa peau soit noire, c'est aussi mon ami : nous avons partagé bien des fatigues et bien des dangers!

Mancwanga.

— Ah! vous avez éprouvé des fatigues et des dangers? vous êtes jeune encore cependant. Mais mangez d'abord, les questions viendront après, mangez. C'est contraire à mon vœu. Je ne peux pas le laisser entrer ici, mais j'aurai soin de lui d'une manière qui lui sera plus agréable.

Il se leva, ouvrit la porte, et prenant un sifflet suspendu à sa ceinture, il en tira une note aiguë et prolongée : une voix qui venait de loin lui répondit. Quelques minutes après un jeune garçon des races indigènes se présenta à la porte et sembla ne pas oser entrer.

— Prends ton frère, dit-il à l'enfant en lui montrant César, qui se tenait auprès des chevaux, et conduis-le à ta grotte. Tu lui donneras de la viande et du pain : quand son maître aura mangé je t'appellerai, et je te donnerai ce qu'il lui faut.

— Donnez-moi du pain, dit l'enfant en très-bon anglais, et je trouverai de la viande pour nous. Nous avons tué un kanguroo à moins d'un mille d'ici, cela nous suffira.

— C'est bien, dit l'ermite, ton frère va t'aider à l'apporter. Mangez, me répéta-t-il en se tournant vers moi ; avez-vous quelque raison qui vous empêche de goûter mon sel ? Venez-vous en ami ou en ennemi ?

Ma seule réponse fut de tirer mon couteau et d'attaquer vigoureusement l'épaule de mouton. Le vieillard me regarda sans mot dire, et quand j'eus fini, je remis le sel, le pain et la viande dans l'ouverture d'où il les avait retirés, et m'asseyant à terre sur une peau de mouton, le dos appuyé contre le mur et les pieds vers le feu, j'attendis qu'il m'adressât la parole.

Il allait dire quelque chose, quand le petit Australien reparut à l'entrée de la grotte : le vieillard lui donna du pain et du sel, et fermant la porte, il amoncela du bois sur le feu, car la soirée était froide, et reprenant sa place, il me dit :

— Jeune homme, vos traits dénotent une grande anxiété, comme si vous étiez engagé dans une entreprise dangereuse, dont le résultat peut être défavorable. Ce que vous m'avez dit a éveillé ma sympathie. Dites-moi ce qui vous a amené ici, car, j'en suis certain, ce n'est pas par curiosité que vous êtes venu dans ce désert écarté. Dites-moi ce que vous venez faire, et peut-être que l'expérience d'un vieillard ne vous sera pas inutile.

— Je vous ai déjà dit, répondis-je, que je n'ai pas de parents en ce pays ; mais mon histoire est des plus étranges, et serait sans intérêt pour un étranger, je ne vous cacherai pas cependant que je suis engagé dans une entreprise pleine de périls.

— Il n'y a pas de périls, dit le vieillard vivement, tout est dans le destin. Mais, dites-moi, quelle est cette entreprise ? je vois dans vos yeux, dans vos manières qu'elle n'a rien de contraire aux lois.

— Sans aucun doute, répliquai-je ; je suis à la recherche d'un secret dont dépend mon bonheur, c'est pour en obtenir l'explication que je suis venu en Australie, ou plutôt j'ai été conduit dans cette colonie par une étrange série d'accidents.

— Ne les appelez pas accidents, dit l'ermite ; il n'y a pas d'accidents : tout est dans le destin. Je n'ai pas besoin d'autres preuves de cette vérité, mais je serais heureux d'apprendre ce que vous voudrez bien me confier de votre histoire, car j'ai un pressentiment que cette narration sera une autre preuve qu'il n'y a pas d'accidents dans ce monde, que tout est prédestiné.

Je ne pus me refuser plus longtemps à satisfaire la curiosité de ce vieillard, et je lui racontai comment j'avais quitté l'Angleterre pour le Canada, et comment j'avais été amené à rechercher une entrevue avec le Rossignol. L'ermite m'écouta avec la plus grande attention, la tête reposant sur la poitrine et absorbé dans ses réflexions.

— C'en est assez pour cette nuit, dit-il après un long silence, demain peut-être nous causerons de tout cela plus longuement. Je veux seulement maintenant vous prier de réfléchir sur cet enchaînement d'événements qui vous ont conduit jusqu'ici. Voyez comment chaque aventure a été préparée par des causes en apparence insignifiantes, mais qui toutes tendaient vers un but commun. Et comme je vous le disais, il n'y a ni bonheur, ni malheur, tout est dans le destin !

CHAPITRE XLV.

Le soleil brillait d'une vive splendeur quand je m'éveillai le lendemain matin ; le vieillard était déjà debout. Je regardai dans la vallée, et je le vis qui comptait avec son jeune Australien ses têtes de brebis.

Quand il revint vers moi, je lui demandai comment il s'était attaché ce jeune enfant, qui semblait si heureux d'habiter avec lui cette solitude.

Il me répondit qu'il y avait environ douze ans, à une époque où il demeurait dans un autre district, il avait un jour trouvé une femme australienne qui se mourait dans un buisson. Elle avait reçu un coup de feu dans quelque querelle entre des bergers et des indigènes, car il y en avait deux qui gisaient morts auprès d'elle : elle tenait dans ses bras un enfant qui pouvait avoir un an. Le vieillard le prit, devint son protecteur, et lui avait inculqué quelques idées de civilisation. Le naturel de l'enfant cependant revenait quelquefois, et il semblait disposé à s'enfuir pour vivre avec son peuple.

L'ermite me dit que c'était une erreur de croire que les Australiens sont d'une race inférieure aux Européens. Sans aucun doute ils sont encore à l'état sauvage, mais n'ayant d'autres moyens d'assurer leur existence que la chasse, ils sont naturellement nomades, et n'ont pu acquérir ces habitudes domestiques que l'on contracte au foyer de la famille. Le vieillard lui-même préférait une vie solitaire au milieu d'une nature sauvage à la vie efféminée des villes.

— Celui, disait-il, qui veut passer une vie heureuse, une vie aussi heureuse qu'il est donné à l'homme de la remplir, doit venir en Australie. Il trouvera là un climat sain, une température modérée, un pays coupé de bois et de prairies, et les moyens de se procurer tout ce dont il peut avoir besoin.

Il y a à peine soixante ans que cette colonie est fondée, et elle compte déjà plus de trois cent mille habitants. Il y a soixante ans, il n'y avait ici ni un mouton ni une vache, et maintenant on les compte par millions. On expédie chaque année plus d'un million et demi de livres pesant de laine.

Le vieillard discourut longtemps sur les avantages de la colonie et l'avenir qui lui semble réservé ; mais je ne veux pas faire un traité d'économie politique.

Les heures se passaient ainsi assez rapidement, et je vis enfin s'approcher le moment où je devais retourner à la pierre mystérieuse du Trou du Cadavre.

— L'entreprise dans laquelle vous êtes engagé, me dit l'ermite, me semble pleine de dangers ; mais vous avez une mission à remplir, il faut y aller : tout est dans le destin.

Malgré ce fatalisme exagéré, le vieillard me recommanda fortement d'agir avec prudence, et me fit promettre de ne pas m'exposer inutilement.

Pendant toute la matinée qui précéda mon départ, il était resté presque sans mot dire ; je voyais qu'il cherchait à maîtriser une émotion involontaire qui l'agitait incessamment. Quand je lui offris la main pour le remercier de son hospitalité, il s'écria tout à coup d'une voix qui me fit tressaillir :

— Savez-vous quelle main vous tenez ?

Et ses lèvres tremblaient, et son front était profondément ridé. Je le regardai sans mot dire, en pressant sa main comme j'eusse pressé celle d'un ami.

— Savez-vous quelle main vous tenez ? répéta-t-il. Vous tenez la main d'un forçat !... Oui ! moi... moi qui vous parle, je suis un de ceux que la loi a flétris à tout jamais ! J'ai été forçat ! Quand je suis venu dans ce pays, j'étais chargé de chaînes, j'étais couvert d'ignominie ! J'ai commis des crimes... oui, des crimes !... des crimes dont je me suis repenti, et que le ciel m'aura, je l'espère, pardonnés. Mais c'est en vain que le ciel peut me pardonner ; c'est en vain que j'ai essayé en faisant du bien de faire oublier le mal que j'ai fait : la flétrissure ne s'efface pas ! On me fuit. Je suis libre, c'est vrai, mais mon passé est chargé de chaînes. Dieu pardonne, l'homme ne pardonne pas. Aux yeux du monde je serai toujours un forçat ! Des torrents de pleurs ne peuvent pas laver cette flétrissure ! mais j'ai dit adieu au monde ; je n'ai plus rien de commun avec les hommes. Vous voyez ma grotte, c'est là que se finira mon pèlerinage. L'homme s'est éloigné de moi, et j'ai fui l'homme ! Oh ! s'il n'y a pas de pardon ici-bas, le ciel au moins pardonne : c'est là mon espoir, c'est là ma foi !

Il se retira en finissant dans la grotte, et ferma la porte comme pour me dire que tout était fini entre nous. Je m'éloignai le cœur tout triste de voir cet excès de douleur et de misère morale.

Je laissai César avec les chevaux, car je pensai que le Rossignol ne voudrait pas admettre un tiers à notre entrevue, et je me dirigeai à pied vers le rendez-vous. Je n'étais pas très-rassuré sur le genre de réception qui m'attendait au bord du Trou du Cadavre.

CHAPITRE XLVI.

Le chemin était rude et difficile, mais n'ayant pas mon cheval à traîner après moi, j'arrivai auprès de la pierre plus tôt que je ne l'espérais. Quand je vis devant moi l'arbre si remarquable dont m'avait parlé le juif, je sentis ma confiance s'évanouir peu à peu, et je ralentis involontairement ma marche, car j'étais forcé de reconnaître que l'entrevue que je recherchais était grosse de dangers.

J'avais laissé aux mains de César une carabine à deux coups que j'avais achetée à Sydney, et je commençais à regretter d'être venu jusque-là privé de tous moyens de défense, sauf une paire de pistolets qui ne pouvaient m'être utiles que si nous en venions à un combat corps à corps.

Quand je fus au pied de l'arbre cependant, et que j'eus jeté un regard autour de moi, je me consolai en pensant qu'il valait mieux ne montrer aucune méfiance, et que ma carabine ne m'aurait été d'aucun secours contre un ennemi qui pouvait m'envoyer une balle de derrière un rocher avant que j'eusse avis de sa présence.

On ne voyait personne tout à l'entour, et on n'entendait aucun bruit : c'était la solitude du désert, sans gazouillement d'oiseaux, sans bourdonnement d'insectes, sans le soupir même du zéphyr dans le feuillage. Les montagnes s'élevaient sur les montagnes et les rochers s'entassaient sur les rochers avec toute la magnificence d'un bouleversement de la nature. Je m'approchai de la pierre, et je ne peux dire combien je fus surpris et désolé de retrouver à la place où je l'avais mis le papier sur lequel je demandais au Rossignol de m'accorder une entrevue. Je le pris, je l'ouvris vivement, car il me vint tout à coup à l'idée qu'il y pourrait y avoir quelque chose d'écrit.

Mon espoir ne fut pas trompé ; Will avait écrit quelques mots au crayon au-dessous du billet que j'avais tracé. Mon émotion fut si grande que je fus quelques instants sans pouvoir déchiffrer ce qu'il y avait. Je lus enfin ces mots : « Regardez de l'autre côté du Trou du Cadavre, en élevant les bras au-dessus de votre tête, et vous verrez un signe ! »

J'avançai sans hésiter jusqu'au bord de l'abîme, et élevant mes bras comme il était dit, je cherchai sur l'autre bord le signe dont il était parlé. J'attendis ainsi quelques instants, mais je ne vis rien. Pendant que j'étais occupé à sonder l'horizon et à écouter avec anxiété, une voix rude et sévère, qui s'éleva derrière moi, me dit :

— Ne bougez pas... tenez vos bras en l'air ou je fais feu !

Je tournai la tête un peu pour voir celui qui me parlait d'un ton aussi menaçant, et je vis un homme qui me sembla être celui que je cherchais. Il fit quelques pas vers moi. Je n'avais jamais vu un homme d'un aspect aussi féroce : sa barbe grisonnait, sa tête était couverte d'une peau de bête sauvage, il portait un manteau de peau de bique qui lui descendait jusqu'aux genoux ; mais ce qui me sembla le plus effrayant fut le fusil qu'il tenait en ses mains tout prêt à faire feu : son doigt était sur la détente, le canon était à deux pieds de ma tête ! J'étais à sa merci.

Je fis un léger mouvement, car j'étais fatigué de tenir mes bras dans cette position.

— Tenez vos bras en l'air, ou je tire ! Maintenant à genoux !

— Je le veux bien, lui dis-je en essayant de paraître tout à fait sans gêne, si c'est votre habitude de recevoir ainsi vos visiteurs, mais ce n'est pas commode.

— Commode ou non, vous allez rester comme cela, ou je vous envoie une balle dans la tête.

— Ce n'est pas là l'accueil que j'attendais, lui dis-je.

— Est-ce que le traître et l'espion en méritent un meilleur ?

— Traître et espion ! Je ne suis ni l'un ni l'autre, répondis-je. J'ai désiré vous voir pour obtenir quelques détails sur une affaire qui me concerne intimement.

— Vous avez prétendu à Sydney, répliqua-t-il, que vous étiez un de nous : mais maintenant nous vous connaissons. Nous savons que vous êtes un espion envoyé de Londres pour obtenir des papiers que certaines gens voudraient bien avoir, et peut-être pour me faire arrêter : ils seraient bien heureux, n'est-ce pas, si j'étais pendu et hors d'état de leur nuire ? Mais ils voudraient tenir les papiers auparavant ! Eh bien, monsieur Georges Mayford, vous voyez que je vous connais, je vous le demande, que mérite l'homme qui cherche à vendre son semblable ?

Je fus atterré de l'entendre prononcer mon nom, car j'espérais pouvoir lui parler avant qu'il eût eu aucune communication avec ses complices de Sydney : mais ils m'avaient devancé, et je me trouvais accusé d'espionnage et de trahison par un homme qui ne savait pas pardonner, et ne voudrait pas écouter ma défense. Je voyais devant moi un abîme sans fond, derrière moi j'avais le canon d'un fusil chargé, il m'était impossible d'éviter le sort qu'il me réservait. J'avais sur moi une paire de pistolets, mais avant que j'eusse pu les atteindre le Rossignol m'aurait logé une balle dans la tête ! Comme je songeais à cette terrible situation, il répéta sa question menaçante :

— Que mérite le traître, l'espion qui veut livrer son semblable ? Combien vous a-t-on promis, ajouta-t-il, pour me livrer ? Voyons, soyez franc, et dites-moi qui vous a envoyé ici ?

— Vous vous trompez, répondis-je, en supposant que je suis envoyé par quelqu'un. Les papiers que vous avez renferment un secret qui me concerne personnellement : je ne demande qu'à les voir.

— Et comment ces papiers peuvent-ils vous concerner ? Ah ! je comprends : vous voulez savoir où ils sont, et peut-être que dans ce moment même d'autres espions sont à me guetter. Ah ! j'entends marcher ! trahi ! vendu ! Oh ! ils vont me le payer ! Mais, par l'enfer, tu vas mourir avant moi !

J'étais à l'agonie, je me sentais mourir lentement... Mais il avait à peine fini, qu'un coup de feu vint l'étendre derrière moi. Son fusil partit en même temps ; un mouvement involontaire lui fit relever le canon, et la balle siffla au-dessus de ma tête.

Il se releva en rassemblant toutes ses forces, et s'avança vers moi d'un air de fureur comme pour se venger. J'étais si étonné de tout ce qui venait de se passer, que je restai immobile, à genoux au bord de l'abîme. Il se jeta sur moi, et me saisissant à bras le corps, il chercha à m'entraîner avec lui dans le précipice. Cette attaque désespérée fut si prompte, et j'étais encore si étourdi de cette catastrophe dont je ne comprenais pas la cause, que je ne fis tout d'abord aucune résistance. Il était déjà suspendu sur l'abîme, quand l'instinct de la conservation seul me fit rejeter en arrière. Je saisis avec toute l'énergie du désespoir une pointe de rocher, je m'y cramponnai de toute la force de mes bras : l'effort que je fis fut si violent, qu'il me sembla que les veines de mes tempes éclataient ; mes yeux s'obscurcirent, et le sang me jaillit du nez.

Je sentis une main qui prenait le collet de mon habit comme pour me retenir ; mais il me fut impossible de savoir qui c'était. Mes forces diminuaient, car le poids du Rossignol suspendu à ma ceinture me fatiguait extrêmement. La pointe de rocher semblait aussi vouloir se détacher, mais je tenais toujours bon, car c'était la seule chance qui me restât.

Le rocher s'ébranla de plus en plus, ma tête s'égara, et j'allais perdre connaissance quand je sentis enfin les bras de Will fléchir peu à peu ; je vis ses doigts se détendre les uns après les autres, puis tout à coup je me sentis libre : le corps du Rossignol tombait silencieusement au fond de l'abîme.

Une main amie m'aida à me retirer du bord du précipice, et je n'eus pas plutôt mis le pied sur le sol, que la pierre dont je m'étais saisi roula de roc en roc et rebondit jusqu'au fond.

Je restai quelques minutes comme anéanti, mes forces physiques et intellectuelles étaient comme épuisées par cette lutte terrible.

Quand je revins à moi, je cherchai de l'œil ceux qui m'avaient secouru ; c'étaient César et le jeune Australien.

César avait été frappé de l'idée que mon rendez-vous pouvait m'offrir de sérieux dangers ; et comme je ne lui avais pas défendu de me suivre, il était venu peu après moi à l'endroit où il supposait que je rencontrerais le Rossignol. En chemin, il avait rencontré le jeune indigène, qui lui avait dit qu'il venait de voir un homme se cacher derrière les rochers. Supposant alors qu'il était animé de mauvaises intentions, ils s'étaient empressés de venir à mon secours, et ils étaient arrivés au moment où le Rossignol m'avait fait tomber à genoux.

Mon fidèle César avait eu l'idée de tirer sur mon ennemi, qui me dépassait de la tête et des épaules ; et s'avançant sans bruit aussi près que possible, il avait fait feu au moment où ses menaces semblaient devoir amener une catastrophe.

Je pensai bientôt à me saisir des papiers que j'étais venu chercher : j'essayai de voir s'il ne serait pas possible de descendre au fond du gouffre pour examiner les poches du Rossignol ; mais les bords étaient trop escarpés, et l'on ne pouvait rien voir au bas de l'abîme.

Comme nous cherchions un passage à droite et à gauche, l'Australien me montra un morceau du rocher sur lequel, dit-il, le blanc avait passé. Je regardai attentivement ; mais je ne pus rien voir : me rappelant que le vieillard m'avait dit que les indigènes savaient retrouver des traces presque effacées là où les Européens n'apercevaient rien, je voulus mettre cet instinct ou cette faculté de l'enfant à l'épreuve.

— Tu dis que le Rossignol est passé par ici, lui fis-je ; comment le sais-tu ?

— Voyez ! me répondit-il en me montrant la pierre et paraissant surpris que je ne visse pas les traces aussi bien que lui.

— De quel côté s'est-il dirigé ?

— De ce côté-ci, répliqua-t-il en montrant le vieil arbre.

— Et de quel côté venait-il ?

Il se tourna aussitôt, et marcha rapidement devant moi ; c'était à peine si je pouvais le suivre.

— Où vas-tu ? lui demandai-je.

— Voyez, répéta-t-il en me montrant de nouveau le rocher.

— Je ne vois rien.

Il se prit à rire en disant : — Un borgne le verrait.

— De quel côté cela nous conduit-il ?

Il étudia le sol devant lui, et montra du doigt une ouverture que je voyais parmi les rochers. Je crus apercevoir quelque chose comme l'entrée d'une grotte : entraîné par un espoir irrésistible, je lui dis de me conduire vers les rochers que nous avions devant nous.

Quand nous fûmes au pied des roches, je reconnus en effet, à une certaine hauteur, une crevasse assez large pour qu'un homme pût y entrer. L'enfant grimpa le long du roc et entra dans la caverne ; il en sortit quelques instants après tenant une paire de couvertures et une peau de kanguroo.

— Ah ! pensai-je, c'était là la demeure du Rossignol, il doit y avoir autre chose. Cherche encore, mon enfant, dis-je à l'Australien, et apporte-moi tout ce que tu trouveras.

Il retourna à l'intérieur, et ne revint que quelques minutes après.

— Il n'y a plus que cela, dit-il en me jetant un paquet de papiers.

Il me serait impossible d'exprimer les émotions qui m'agitèrent quand je tins ces mystérieux papiers dans ma main. Tout était couvert d'un papier noir et scellé d'un sceau sans armoiries : je me sentis à peine la force de l'ouvrir.

C'était là que je devais trouver le secret de ma naissance et le nom de mes parents : j'aurais voulu être seul. J'avais besoin de solitude, de silence et de recueillement, je ne voulais montrer à personne les pleurs que j'aurais peut-être à verser sur les parents qui n'étaient plus.

Je mis le paquet sous mon bras, et je me dirigeai rapidement vers la vallée de l'ermite. Il était assis devant la porte de sa grotte, et semblait absorbé dans ses méditations.

Je lui offris la main, il hésita un instant, puis, me donnant la sienne, il s'écria :

— Un homme pur, un honnête homme donne sa main à un forçat ! Qu'est-ce que cela peut présager ?

Je me hâtai de lui raconter mon entrevue avec le Rossignol, la mort de ce bandit et la découverte que nous avions faite de sa grotte. Je lui montrai le paquet de papiers.

— Était-ce donc pour avoir ces papiers, dit le vieillard d'une voix tremblante d'émotion, que vous aviez entrepris cette aventure ?

Je lui racontai toute la partie de mon histoire qui avait trait à l'incertitude où j'étais sur le nom de ma famille et sur ma position sociale : il m'écouta avec attention ; mais sembla parfois sur le point de donner un libre cours à l'émotion qui l'agitait. Je fus tout étonné de l'entendre me demander d'une voix voilée par un tremblement nerveux la permission d'ouvrir ce paquet. Je le lui donnai. Il se hâta de retirer l'enveloppe extérieure, puis regardant l'étiquette écrite au-dessous, il s'écria d'une voix brisée :

— C'est la destinée !

Et trébuchant sur son siége, il tomba la tête la première devant le foyer. Je ramassai vivement les papiers, qui lui étaient échappés de la main, et je lus :

« Notes et documents relatifs au mariage du marquis de .... et d'Isabelle ....., et extrait de baptême du fils de feu .... »

Je ne comprenais pas comment la vue de cette étiquette avait pu l'agiter aussi vivement. Je cherchai à le faire revenir, je le relevai et l'appuyai contre la muraille, puis un instant après j'appelai César, et nous le portâmes sur son lit.

Au bout de quelques minutes il s'écria :

— Est-ce un rêve?

— Quoi? lui répondis-je.

— J'ai rêvé que j'étais encore à Gênes, que ce misérable me tentait encore, et qu'il me donnait les documents qui privaient un enfant de sa fortune!... Oh! c'est là mon crime! C'est pour cela que j'ai été puni! C'est pour cela que j'ai versé tant de larmes! Mais c'é-tait un rêve, n'est-ce pas? Mais qui êtes-vous? ajouta-il en se tour-nant de mon côté. D'où venez-vous?

— Vous avez oublié, lui dis-je; je suis le Georges Mayford...

— Georges! Ah!... s'écria-t-il, Georges, oui, c'est bien votre nom; mais vous ne vous appelez pas Mayford... Mais où suis-je?... Oh! je me rappelle... c'est vous qui avez perdu votre héritage par ma faute... N'est-ce pas une étrange destinée?... l'enfant revient au vieillard qui l'a ruiné pour que le vieillard répare son crime! Ah! tout est dans la destinée. Mais il faut que je me hâte de vous dire ce que je suis, tandis que j'ai encore un peu d'haleine.... [je sens que ma fin s'ap-proche.

J'allais lui adresser quelques paroles de consolation et de sympa-thie, quand il m'arrêta.

— Ne m'interrompez pas, me dit-il d'une voix impressive; mais écoutez-moi.

CHAPITRE XLVII.

Il y a plus de vingt ans de cela, je voyageais en Italie : je me trou-vais à Gênes.

Je ne vais pas me fatiguer à vous raconter toute ma vie anté-rieure; il vous suffira de savoir que j'avais de bonne heure dépensé le peu de fortune que m'avait laissé mon père. Mais vous n'avez rien de commun avec cette partie de mon histoire. J'ai maintenant soixante ans, et je perdis tout ce que j'avais alors que je ne comptais pas plus de trente-neuf ans; mais il n'importe. La vie de l'homme est de septante années, vous voyez que ma lampe n'est pas encore près de s'éteindre. Il y a dans ce pays des hommes de soixante ans qui sont aussi verts et agiles que des enfants; mais j'ai dissipé ma santé dans ma jeunesse, et mon été a été chargé de chagrins cuisants. Le remords est un ver rongeur! Et pourquoi désirer vivre plus long-temps?... Où en étais-je? Ah!... je parlais de Gênes. J'étais donc dans une position très-embarrassée; j'étais sans argent, complétement sans argent; mais j'étais reçu dans la haute société. A cette époque les nobles génois passaient leur temps à jouer, j'allais dans les salons de jeu, là surtout où se réunissait l'élite de l'aristocratie. Je connus là un homme à la physionomie distinguée qui risquait constamment des sommes énormes. C'était le marquis de ..... Je vis bientôt com-ment tout cela finirait. Il venait d'épouser une Anglaise à la figure angélique, une jeune veuve. Vous connaissez maintenant votre mère... ne m'interrompez pas... Oh! oui, pleurez; mais écoutez pendant que j'ai encore la force de vous parler.

La fortune de cette Anglaise devait revenir à son enfant... oui, à vous; vous êtes cet enfant : vous aviez deux ans. Mais ne m'inter-rompez pas... Où en étais-je? Ah! je me rappelle. La fortune de cette Anglaise devait aller à son enfant: mais dans le cas où la mort l'enlèverait, tout revenait à la mère, et le marquis était alors maître de tout. Vous me comprenez? Le marquis jouait gros jeu, il perdit des sommes considérables... ses pertes s'accrurent encore... il lui fut impossible de payer. Mais où trouver un homme plus fier qu'un noble génois?... Il était fier, très-fier. Il voulut à tout prix payer ses dettes d'honneur. On appelle une dette de jeu une dette d'honneur! Que faire?... Le désespoir entraîne les hommes à d'étranges choses... Il pensa à la fortune dont vous deviez hériter... Non, il ne songea pas à vous faire périr... il n'était pas assez misérable pour aller jusque-là... mais voici ce qu'il fit. Il prétendit que l'air de Gênes vous était contraire, et vous fit partir à la campagne. Il n'y avait pas longtemps que vous y étiez qu'il annonça que vous étiez malade. La marquise voulait aller vous voir, il l'en empêcha : vous aviez, disait-il , une maladie contagieuse, et il ne voulait pas qu'elle pût courir le risque de la gagner. La marquise insistait, quand de nouvelles lettres an-noncèrent que vous veniez de mourir.

Le marquis avait besoin d'un homme qui voulût se charger d'em-mener cet enfant au loin, il jeta les yeux sur moi. J'ignorais alors dans quel but il vous éloignait, je ne le sus que plus tard. Il me

donna de l'argent, et je vous emmenai en Angleterre avec une nourrice qui prenait soin de vous.

Je me trouvai d'abord assez embarrassé de vous avoir, car j'avais à m'occuper de mes propres affaires ; je vous confiai donc aux soins de braves et bons fermiers. C'est de là sans doute que datent les sou-venirs que vous croyez avoir.

Pendant ce temps le marquis se mettait en mesure de s'approprier l'héritage du pauvre enfant, car tout ce que vous deviez avoir pas-sait aux mains de votre mère. Il avait encore besoin d'un complice , il m'écrivit, et je revins d'Angleterre, où je me trouvais alors. Il avait besoin de certains documents de la plus haute importance. Il voulait faire disparaître toute trace écrite du premier mariage de votre mère. Elle avait épousé en premières noces, en Espagne, un officier anglais qui était mort victime d'un duel... Vous trouverez son nom dans ces papiers... oui... c'est cela... Et voilà le testament de votre père, voilà le certificat de mariage de votre mère et l'extrait d'acte de votre baptême... Votre père ne vous a jamais vu, il est mort avant votre naissance.

Où en étais-je?... Ah! je me rappelle. Le marquis me pria donc de lui procurer certains papiers. Il pensait qu'ils avaient été con-fiés à la garde d'un vieil avocat de Londres du nom de Towler, mais c'était une erreur; Towler ne les avait pas. Où pouvaient-ils être? Votre mère les avait toujours conservés précieusement; elle refusa de les confier au marquis , car ses soupçons commençaient à être éveillés.

Le marquis tourna cette difficulté en prêtant un faux serment et en produisant quelques Italiens qui prêtèrent aussi faux témoignage. Ils jurèrent tous que l'enfant était mort. Je ne pris aucune part à cette odieuse conjuration. Le marquis se trouvait entraîné par les pre-mières mesures qu'il avait prises pour vous éloigner; il fallut accu-muler toutes sortes de preuves pour constater que vous étiez mort. Votre mère semblait toujours douter de la vérité des affirmations qu'on lui faisait : c'est pour cela qu'elle se décida à ne jamais livrer à qui que ce fût les preuves écrites de son mariage avec votre père.

Le marquis cependant entra en possession de la fortune qu'il avait tant désirée. Elle ne lui apporta pas le bonheur, car il était dans des transes continuelles, il craignait que tout ne finît par être décou-vert, et la pauvreté et l'infamie pouvaient l'atteindre par suite de la moindre indiscrétion. Il craignait que quelques-uns des Italiens qu'il avait employés ne lui devinssent à charge et ne le tourmentassent; il résolut donc de s'éloigner, et il alla demeurer dans le Cornouailles, où il venait d'acheter une propriété. Votre mère demeurait avec lui, et il n'y avait pas un an qu'ils habitaient l'Angleterre quand elle saisit un jour une occasion pour me faire mille questions pressantes relativement à son enfant. Je me troublai, j'hésitai, et je restai sans répondre. Elle vit que je lui cachais quelque chose , elle me pressa, me supplia à mains jointes, elle pleurait et sanglotait devant moi; je ne pus résister aux prières d'une mère, je lui révélai tout ce que je savais, et elle tomba évanouie.

Son mari survint avant qu'elle eût repris ses sens : il devina ce qui venait de se passer.

Quand votre mère revint à elle, elle insista fortement pour qu'on lui rendît son enfant. Le marquis tremblait de frayeur; votre mère voulait être obéie ; son mari s'éloigna sans lui répondre , et revint bientôt tenant à la main une paire de pistolets. J'ignorais quel usage il voulait en faire : il avait l'air pâle mais très-résolu. Je le vis por-ter un pistolet à sa tempe : votre mère le regarda sans mot dire, elle était atterrée. Il lui déclara qu'il ne survivrait jamais à son déshon-neur, et jura de la manière la plus solennelle qu'il se brûlerait la cervelle si elle faisait la moindre démarche pour retrouver son enfant.

Votre pauvre mère était dans un état horrible : elle se trouvait partagée entre le désir de recouvrer son premier né, et la peur de perdre son mari, le père de son second fils. Le marquis vit combien elle hésitait, il saisit habilement l'occasion qui se présentait , et sous l'empire de la frayeur qu'elle ressentait, il lui fit jurer qu'elle ne re-chercherait pas son fils. Il menaçait de se brûler la cervelle en cas de refus, elle eut peur et céda. Il prit sur les rayons de sa biblio-thèque une Bible sur laquelle il lui fit prêter le serment le plus ter-rible qu'elle ne chercherait jamais à connaître son fils, et il lui jura que cet enfant ne manquerait jamais de rien, que son avenir serait assuré.

Votre mère jura, et ce serment lui fut un remords perpétuel. Vous versez des pleurs? Oh! laissez-les couler, ils vous soulageront... Mais laissez-moi continuer..., je me sens plus faible..., donnez-moi un peu d'eau..., j'aurai bientôt fini : ce que j'ai à ajouter ne sera guère long. Il faut que je vous parle de moi maintenant, de la honte qui vint m'atteindre. Je serai bref. Je fus accusé d'avoir mis un faux billet de banque en circulation... Je l'avais reçu au jeu, j'étais inno-cent, mais les apparences étaient contre moi, j'avais fréquenté des fripons, je fus déclaré coupable et condamné à mort. On me fit grâce de l'échafaud, mais je fus déporté comme un forçat. J'étais innocent, mais j'ai reconnu depuis que j'étais puni pour la part que j'avais prise à l'enlèvement de ce malheureux enfant que j'avais emmené de Gênes. C'était justice.

Il ne me reste que peu de choses à vous dire. Mon avocat s'appelait Towler ; c'était un homme dur et sévère. Je lui racontai une partie de votre histoire, je lui en dis assez pour lui faire comprendre qu'il aurait intérêt à vous protéger.

Ce que vous m'avez dit vous-même m'a donné à penser qu'il était devenu l'agent du marquis, quand j'avais été emmené loin de vous.

Mais je remercie Dieu de vous avoir conduit ici : vous êtes venu pour recouvrer vos droits et me pardonner la part que j'ai prise autrefois aux mesures qui tendaient à vous faire perdre votre héritage ; c'est là le crime dont le souvenir me poursuivait incessamment.

J'avais écouté avec la plus grande attention, et je m'étais efforcé de ne montrer aucune émotion.

Je m'étais gardé d'interrompre le vieillard, et de lui faire aucune question, car je craignais qu'il ne pût achever cette intéressante histoire. Je voyais que sa voix faiblissait de plus en plus, à peine pouvais-je l'entendre, à peine avait-il la force de continuer !

Il s'était laissé retomber sur son grabat, et restait sans mot dire, son haleine était bruyante et se prolongeait en faibles soupirs. Ses traits se décomposaient rapidement, et je crus que l'émotion qu'il venait d'éprouver lui avait causé une paralysie qui devait hâter sa mort.

Je ne savais que faire : je l'appelai, je lui parlai, mais il ne me répondit pas. Je devais cependant m'efforcer de le rappeler à la vie, et j'envoyai César du côté du grand chemin voir s'il ne verrait pas quelqu'un qui pût lui indiquer ou lui envoyer un médecin. Mais César était à peine parti que le pauvre ermite rendit le dernier soupir.

Il s'était efforcé de prononcer quelques paroles pendant que j'indiquais à César ce qu'il avait à faire, et j'étais accouru à ses côtés pour entendre ses dernières révélations. Il murmurait certains mots que je ne pouvais comprendre, et cherchant à se soulever de nouveau, il ouvrit ses yeux et regarda d'un air effaré tout autour de la grotte, puis, tournant sur moi un regard fixe et terne, il se laissa tomber en murmurant sa phrase favorite : c'était dans les volontés du destin !

César avait ordre d'amener quelqu'un pour m'aider à rendre les derniers devoirs au vieillard, car je n'espérais pas qu'il pût survivre à cette attaque. Le jeune Australien était parti avec lui, et ils étaient à délibérer ensemble sur ce qu'ils devaient faire, quand ils virent venir à eux deux constables de Sydney, que les magistrats envoyaient à la recherche du Rossignol que l'on savait être caché dans les montagnes Bleues.

Les constables accoururent avec César et l'Australien, ils constatèrent la mort du vieillard qu'ils connaissaient parfaitement. Je leur racontai dans le plus grand détail ma rencontre avec le Rossignol, et je les conduisis jusqu'au bord du précipice où il avait voulu me jeter. Mes explications et les détails qu'y ajoutèrent César et le jeune Australien, qui tous deux avaient été témoins de l'événement, leur donnèrent l'assurance qu'ils n'avaient plus à chercher le déporté ; ils se bornèrent à dresser le procès-verbal de sa mort.

Ils restèrent avec nous jusqu'au lendemain, et comme nous ne pouvions plus douter que l'ermite était mort, nous l'enterrâmes dans le creux de la vallée, et nous roulâmes une lourde pierre sur la fosse. Je laissai les constables prendre possession du petit troupeau que le vieillard avait rassemblé, je leur recommandai de prendre soin du jeune Australien, en leur disant que je remettrais aux magistrats de Sydney une somme d'argent destinée à payer les frais de son éducation et de l'établissement que l'on pourrait juger à propos de lui créer. Mais quand je l'appelai, pour lui dire quelles étaient mes intentions à son égard, et prendre congé de lui, personne ne me répondit, et nul ne savait ce qu'il était devenu.

Nous nous rappelâmes que quand nous avions descendu le corps de l'ermite dans la fosse, l'enfant nous avait quittés tout à coup et s'était éloigné rapidement en prenant le chemin qui menait hors de la vallée. Les constables me dirent que, d'après ce qu'ils connaissaient des habitudes des indigènes, il y avait lieu de croire qu'il était allé joindre les peuplades nomades qui vivent au bord des bois. La civilisation n'a pu encore décider un indigène à préférer la vie sous un toit, au coin d'un foyer, au milieu de rues et de cabanes, à celle qu'ils mènent au grand air, sous le feuillage des bois et sur le sable des plaines.

Ils n'avaient aucun espoir de le voir revenir vers la ville, mais ils me promirent que si jamais ils le rencontraient, ils en prendraient le plus grand soin.

Je n'avais plus rien à faire dans les environs des montagnes Rocheuses, et je me mis en route pour Sydney. Mon voyage de retour n'offrit aucune aventure qui mérite être racontée.

Le premier navire en charge dont le départ était annoncé pour l'Angleterre ne devait pas mettre à la voile avant un mois, mais quoique je fusse impatient de hâter mon retour à Londres, je ne peux pas dire que je me sois ennuyé pendant le mois que je passai dans l'attente du départ. Je fis plusieurs petits voyages dans l'intérieur du pays, et faisant connaissance avec un certain nombre de colons, je pus étudier les diverses ressources de la colonie. Ce que je vis alors me donna la conviction que l'Australie offrait au colon les avantages les plus certains, et que l'on pouvait y mener la vie la plus prospère, la plus facile et la plus heureuse.

Plusieurs districts que je visitai me semblèrent un vrai paradis terrestre, mais je me trouvais toujours comme Adam, j'avais besoin d'une Eve pour assurer mon bonheur. Plus je pensais à cette félicité future et plus j'étais anxieux de hâter mon départ pour l'Angleterre.

Dans mes discussions avec les colons, j'avais reconnu que les avantages offerts à l'émigrant étaient en proportion exacte avec le chiffre du capital dont il pouvait disposer : car là comme ailleurs il n'y a d'autre moyen de faire fortune que d'employer ses bras ou son capital. Il n'existe aucune chance de succès pour l'artiste et l'homme de loisir ; il faut travailler si l'on veut réussir. Les capacités intellectuelles, les bonnes manières et le savoir vivre ne mènent à rien dans une colonie, et rien ne pouvait être plus triste que de voir les restes d'élégance que traînaient misérablement quelques malheureux qui avaient cru pouvoir s'enrichir rapidement sur la foi de leurs grâces personnelles.

Car je ne dois pas oublier de le dire, on se trompe grossièrement quand on suppose que les colonies donnent à tout le monde les moyens de vivre à l'aise et sans souci : elles n'assurent au contraire que l'existence de ceux qui se vouent corps et âme au travail. Il importe peu ensuite que l'on soit agriculteur, ou que l'on exerce un métier, il y a place pour tout le monde, excepté pour les oisifs.

Et portant la main sur son gilet...

Je sais que l'on croit assez généralement que les colonies possèdent la faculté merveilleuse d'enrichir tous ceux qui vont les habiter : c'est une erreur des plus grandes. Les principes qui régissent l'économie politique ont leur action là comme partout ailleurs ; le travail des bras est demandé, et par conséquent il est bien rémunéré : le travail intellectuel ne trouve aucune rémunération, parce qu'une colonie dans son enfance vit de la vie intellectuelle de la mère patrie. Le savant et l'artiste feront donc bien de ne pas songer à émigrer ; la misère et le désespoir les attendent au débarquement. Et si ce que je viens de dire peut empêcher un seul individu de commettre l'insigne folie d'émigrer sans avoir un certain capital dans sa poche, ou sans la résolution bien arrêtée d'employer son temps et ses bras, je croirai n'avoir pas écrit en vain, je ne regretterai pas les longues et périlleuses aventures qui m'ont fait visiter presque toutes les colonies de l'empire britannique.

J'avais d'abord eu l'intention de donner quelques détails sur la colonie de la terre de Van Diemen, qui se trouve à proximité de l'Australie, mais d'excellents ouvrages traitent déjà de tous les avantages que cette terre peut offrir et indiquent la voie que doit suivre l'émigrant pour être certain de réussir. Je n'ai pas cru pouvoir fournir un meilleur guide à ceux qui voudraient aller y chercher fortune.

Dans les derniers jours du mois, César et moi nous nous rendîmes à bord du navire qui devait nous porter en Angleterre ; le lendemain matin nous mettions à la voile. Il est peu de voyages sur mer qui offrent assez d'intérêt pour former le sujet d'une longue narration : je pris note de tout ce qui nous arriva de remarquable pendant la traversée, et en consultant mes souvenirs je ne trouve rien qui vaille la peine d'être rapporté.

Nous jetâmes l'ancre au cap de Bonne-Espérance, où je descendis à terre pendant quelques instants pour revoir mes anciennes connaissances.

Le 26 septembre suivant, nous entrâmes dans la Manche, et arrivâmes en vue du cap Lizzard.

Aussitôt que le pilote monta sur le pont, je me hâtai de descendre à bord de son bateau, et je me fis porter à terre : je brûlais du désir de mettre de nouveau le pied sur le sol qui m'avait vu naître : il était presque nuit quand je sautai sur le rivage dans une petite baie de la côte du Cornouailles.

CHAPITRE XLVIII.

J'avais appris par les révélations que m'avait faites l'ermite dans les déserts de l'Australie que c'était dans le Cornouailles que je trouverais celle qui m'avait donné le jour, et que je brûlais du désir de connaître. Il me semblait que ma présence aurait pour effet de lui faire oublier les brûlantes larmes que ses souffrances et les événements qui nous avaient séparés l'un de l'autre lui avaient fait verser.

Je n'étais pas encore certain cependant qu'elle eût survécu à ses chagrins ; peut-être avait-elle succombé sous le poids de ses douleurs ; peut-être était-il écrit que je ne connaîtrais jamais ma mère ! Je voulais au moins aller répandre quelques pleurs sur sa tombe.

Ces pensées m'attristaient et se pressaient en foule dans mon esprit, car le moment s'approchait où toute l'incertitude qui avait pesé sur mon passé allait s'évanouir. J'avais pris un chemin solitaire et je le suivais par une soirée sombre et humide comme celles qui, vers cette saison, viennent de temps en temps nous annoncer l'hiver, quand le souvenir de tout ce qui m'était arrivé, l'émotion que me causait l'entrevue que j'aurais bientôt avec ma mère, me firent éprouver des sensations si contraires et si violentes, que je me laissai tomber sur une touffe de gazon, et laissai couler des pleurs aussi douces qu'abondantes.

Je ne sais combien de temps je restai dans cet état. Toute ma vie passée débordait dans mes souvenirs, comme un fleuve grossi par de soudaines avalanches : ce fut comme une explosion de pensées qui m'inondaient de toutes parts.

Quand je repris mes sens, le jour s'était enfui, l'obscurité était complète ; mais comme les étoiles répandaient une certaine clarté, et que la route était belle, je ne m'inquiétai pas de la nuit et continuai mon chemin.

J'étais environ à un mille du village où je me rendais, quand j'entendis marcher derrière moi, et bientôt deux hommes vêtus comme des matelots passèrent auprès de moi. Je crus remarquer qu'ils me regardaient attentivement, en se hâtant de prendre les devants. Je leur souhaitai le bonsoir, mais je ne pus entendre quelle réponse ils me firent.

Autant que je pouvais en juger dans l'obscurité, ils avaient un air assez menaçant, et je regrettais de n'avoir pas pris mes pistolets. Cependant, comme ils s'éloignaient à grands pas, j'eus honte de la peur que j'avais ressentie ; j'étais chez un peuple civilisé, ce n'était plus une colonie de déportés, mais le pays habité par la nation la plus morale et la plus religieuse du monde.

J'étais absorbé dans ces réflexions, quand j'arrivai à un endroit de la route où le chemin s'encaissait entre des haies très-fourrées, et se trouvait ombragé par de hauts arbres dont le feuillage interceptait toute lumière. Je ne pus repousser une idée qui me vint et me causa un trouble involontaire. Il me sembla que je me trouvais dans un véritable coupe-gorge, car non-seulement les voleurs ou assassins pouvaient attendre leur victime sans être vus, mais un étang qui se trouvait à côté semblait leur offrir les moyens les plus faciles de faire disparaître toutes traces de leur crime.

Cette pensée ne m'était pas plus tôt apparue, que les deux hommes qui m'avaient dépassé sur le chemin sortirent tout à coup des broussailles et se jetèrent sur moi en me frappant de lourds bâtons dont ils étaient armés.

J'avais une canne à la main, et j'aurais facilement repoussé un de mes deux assassins, mais la partie n'était pas égale, car ils étaient grands et vigoureux et maniaient leurs bâtons avec une agilité qui me rendait toute défense impossible. J'avais déjà reçu quelques coups qui m'avaient presque mis hors de combat, mais dont mon chapeau

avait heureusement amorti l'effet ; il était évident cependant que je ne pourrais résister longtemps. J'étais tombé à terre, et ils allaient me tenir sous leurs genoux quand nous entendîmes le galop d'un cheval qui s'approchait de notre côté : ils s'arrêtèrent un instant pour écouter, et je pus respirer un peu plus à l'aise. Quand le cavalier ne fut plus qu'à une petite distance, j'élevai la voix pour appeler au secours.

Le cavalier vint aussitôt vers l'un des hommes qui me tenaient à terre, et lui porta à la tête un violent coup du manche de son fouet. Les voleurs, voyant que mon allié n'avait pas d'armes à feu, se tournèrent ensemble vers celui qui les attaquait ; l'un saisit la bride du cheval, et l'autre porta de grands coups de bâton au cavalier pour le faire tomber à terre.

Mais un second cavalier vint bientôt au secours du premier ; je m'étais relevé vivement, et j'allais attaquer les voleurs de mon côté, quand ils jugèrent prudent de faire une rapide retraite à travers les haies qui bordaient le chemin.

Le cavalier dont le secours m'avait été si utile s'approcha pour me demander si je n'étais pas blessé : il me témoigna la plus grande attention, et regretta beaucoup de ne pas s'être trouvé plus près de moi au moment où les assassins s'étaient jetés sur moi. Voyant que je ne marchais qu'avec difficulté par suite des coups que j'avais reçus, il donna ordre à son domestique de mettre pied à terre, et insista pour que je me servisse de son cheval.

Je voulus refuser, mais toutes mes protestations furent inutiles, je fus forcé de céder.

C'était à peine cependant si je pouvais me tenir à cheval, car je perdais beaucoup de sang et je me sentais devenir plus faible à chaque instant. Mon libérateur s'empressait autour de moi et me priait de mettre son cheval au pas si une plus vive allure me gênait : j'avais, disait-il, à ne consulter que mes forces et mon bien-être.

Il me demanda bientôt d'où je venais et où j'allais, et je lui répondis qu'après de très-longs voyages j'étais arrivé le jour même en Angleterre ; j'ajoutai que j'étais venu dans le Cornouailles pour prendre quelques informations relatives à une famille dont je lui dis le nom.

Il me répondit que je ne pouvais m'adresser mieux, car il était le chef de cette famille, et me donnerait volontiers toutes les explications dont je pourrais avoir besoin.

Cette réponse me surprit si étrangement, que je faillis tomber de cheval : je fus obligé de m'arrêter un instant. Aussitôt qu'il s'aperçut de l'état dans lequel j'étais, il s'approcha de moi et passa son bras sous les miens pour me tenir en selle : sa tête vint toucher la mienne, et nos cheveux se mêlèrent sous le souffle de la brise. Il pouvait avoir vingt ans, il était en grand deuil ; je devinai que son père était mort.

C'était mon frère !

Il vit que j'étais en proie à une violente agitation, mais l'attaque dont je venais d'être l'objet sembla lui expliquer ma faiblesse et l'émotion que je montrais.

Je fus sur le point de m'ouvrir à lui et de lui dire qui j'étais ; un sentiment de réserve me retint, je crus qu'il valait mieux attendre un moment plus propice. Il me sembla que ma mère avait droit à mes premières confidences : je n'osais cependant lui demander des nouvelles de celle que j'aurais tant désiré embrasser. Je craignais d'apprendre qu'elle avait aussi succombé sous le poids de ses chagrins. Il me rassura bientôt sur ce point.

— Vous voulez prendre des informations, me dit-il après quelques minutes de silence, sur la famille de.....? Je ne sais dans quel but vous cherchez quelques explications à ce sujet, mais je ne vois aucune raison de vous cacher que le marquis de...... est mort depuis quelque temps. Sa veuve habite encore son château, seulement je suis fâché de vous informer qu'elle est dans un état de santé qui nous fait craindre pour ses jours. Ma mère, j'en suis certain, vous donnera tous les détails qui peuvent vous intéresser, car je ne doute pas que vous n'ayez de bonnes et légitimes raisons pour vous occuper de recherches sur notre famille. Mais comme j'ai eu l'honneur de vous le dire, ma mère est très-souffrante, et je dois vous avouer qu'elle n'est pas toujours assez bien portante pour recevoir des étrangers et s'occuper d'affaires à moins que l'urgence n'en soit bien démontrée.

Je lui répondis d'une voix pleine d'émotion que ce dont j'avais à l'entretenir était de la plus haute importance, et qu'il le reconnaîtrait lui-même quand je lui aurais expliqué l'affaire qui m'amenait dans le Cornouailles.

Je piquai des deux en même temps et fis prendre le trot à mon cheval. La conversation se trouva naturellement interrompue, car j'étouffais ; il me semblait impossible d'exprimer un seul des sentiments qui m'agitaient. Il vit quelle était mon émotion, et il respecta scrupuleusement le silence que je m'imposais.

— Vous ne trouverez pas d'hôtellerie dans le voisinage, me dit-il au moment où nous approchions d'une large grille qui s'ouvrait dans une longue allée de marronniers ; vous me ferez le plaisir, je l'espère, d'accepter l'hospitalité que je suis heureux de pouvoir vous offrir. Ma mère, j'en suis certain, sera charmée de l'honneur que vous allez nous faire, et tâchera de vous donner toutes les explications que vous pouvez désirer. Me permettrez-vous de vous demander sous quel nom je dois lui annoncer votre arrivée?

— Je vous serai obligé, lui répondis-je, de ne pas exiger une réponse immédiate, et si vous vouliez me permettre de vous entretenir de nouveau avant que vous me présentiez à la marquise, je vous en serais très-reconnaissant.

— J'ai toute confiance, monsieur, dans la pureté de vos intentions. La marquise ma mère est trop souffrante en ce moment pour descendre au salon, il me sera donc facile de me rendre à vos désirs. Les circonstances qui nous ont rapprochés l'un de l'autre sont trop extraordinaires pour que je ne voie pas là une suite d'événements qui semblent préparés à l'avance : je respecterai donc vos secrets jusqu'au moment que vous croirez le plus favorable pour me les confier.

— Je vous assure, monsieur, lui dis-je d'une voix solennelle, que vous approuverez complétement ma réserve, quand je vous aurai expliqué les raisons de ma conduite.

Ces mots piquèrent vivement sa curiosité, il me regarda très-attentivement, mais sans mot dire.

Arrivés au perron du château, il m'aida à mettre pied à terre, et m'offrant son bras, il me conduisit dans la salle à manger : c'était un appartement spacieux que les domestiques s'étaient hâtés d'éclairer. Il y avait le long du mur une immense glace devant laquelle nous fûmes obligés de passer : nos yeux se dirigèrent en même temps du même côté, et nos regards se rencontrèrent dans la glace. Nous tressaillîmes de surprise l'un et l'autre, car le miroir réfléchissait une double image : nos traits, notre taille, notre air, tout se ressemblait d'une manière extraordinaire; seulement son front témoignait de la légère insouciance de la jeunesse, et le mien portait les traces irrésistibles du temps, des malheurs et des soucis.

— Qui donc êtes-vous? me demanda-t-il vivement d'une voix troublée.

Un homme à l'air vénérable, qui venait d'entrer au même moment, ne me donna pas le temps de répondre. Il jeta un cri qui me força à me retourner, et je fus aussi content que surpris de voir devant moi le révérend M. Wycherly, que j'avais rencontré à bord de la frégate anglaise, quand j'avais été pris comme pirate dans le golfe du Mexique.

Il s'approcha de moi, et posant sa main sur mon épaule, il me regarda attentivement des pieds à la tête.

— Par quel miracle, s'écria-t-il après un instant de silence, par quel miracle vous trouvez-vous ici? Le navire dans lequel vous vous embarquâtes à la Jamaïque a sombré en mer, et s'est perdu corps et biens! Comment vous êtes-vous sauvé?

Je lui racontai en quelques mots cette partie de mon histoire. Mon frère, auquel je n'avais pas encore expliqué la parenté qui nous liait, crut que je pouvais avoir quelque chose à communiquer en particulier au révérend M. Wycherly, et se retira discrètement.

Je commençai alors à raconter au chapelain les révélations que l'ermite m'avait faites dans les déserts de l'Australie, et je lui montrai les documents que j'avais trouvés dans le repaire du forçat évadé.

— Ce sont les papiers, dit-il, qui furent volés il y a quelques années et dont la marquise a tant regretté la perte. Mais la manière dont vous les avez recouvrés est des plus extraordinaires!

Je lui fis remarquer que le seul point à l'occasion duquel on pouvait contester mon identité, c'était l'absence de toute attestation de la part de l'avocat Towler, qui me semblait être l'homme aux manières sèches et sévères qui avait toujours payé ma pension comme agent du marquis.

— Il se trouve fort heureusement, reprit aussitôt le révérend M. Wycherly, que M. Towler est ici même en ce moment; il est venu constater les dernières volontés de la marquise, dont la santé nous donne de vives inquiétudes. C'est là la raison de ma présence au château, et il est heureux que vous soyez arrivé au moment où se trouvent réunis tous les éléments qui peuvent concourir à l'attestation de votre identité.

Il pria aussitôt un des domestiques de la maison d'inviter l'homme de loi à passer dans la salle à manger. Je le reconnus aussitôt qu'il parut : c'était bien l'homme aux manières brusques et sèches, aux dehors sévères et froids, qui semblait dénué de tout sentiment sympathique. Il prétendit d'abord ne pas me reconnaître; mais quand je lui eus dit ce que le solitaire m'avait raconté dans la grotte du désert australien, quand le chapelain lui eut expliqué l'inutilité d'un plus long secret, il déclara enfin franchement que j'étais bien celui qu'il avait amené encore enfant à Londres, et qu'il avait confié aux soins de la bonne madame Delancey.

Les preuves dont j'avais besoin étaient complètes; le chapelain lui-même fit observer que l'extrême ressemblance qui existait entre mon frère et moi suffisait à prouver notre parenté, quand même tout autre témoignage nous eût fait défaut.

Il fallait maintenant communiquer à ma mère la nouvelle de mon arrivée, mais je veux et je dois tirer un voile sur les scènes qui se passèrent quand je lui fus présenté.

Elle me dit que c'était elle qui avait enfermé dans des sacs l'argent qui m'avait été remis, et qu'un pressentiment irrésistible l'avait portée à se servir du morceau de brocart de Gênes. Le reste de cette étoffe était devenu la proie d'une bande de voleurs quand les papiers concernant ma naissance avaient disparu de la maison.

Elle ne me dit que quelques mots de mon père, qu'un noble espagnol avait tué en duel quelques mois avant ma naissance; mais elle s'étendit longuement sur les chagrins qu'elle avait éprouvés, les pleurs qu'elle avait versés après ce terrible serment que le marquis l'avait forcée de prêter.

Tout en me racontant sa triste histoire, elle pleurait amèrement, et semblait en proie aux plus vifs regrets.

Quand elle songea aux droits que j'avais à faire valoir sur la partie de sa fortune qui me revenait, je vis qu'il y avait à faire : elle m'aimait comme on aime un fils que l'on n'espérait plus revoir, mais elle aimait aussi mon frère de toute la force de son cœur. Je mis fin à son embarras.

Je me hâtai de lui déclarer de la manière la plus solennelle que je ne voulais nullement réclamer cette partie de notre fortune qu'il avait pu jusqu'à présent regarder comme la sienne, je rappelai à notre mère que, suivant toute probabilité, il m'avait sauvé la vie, et que ce me serait un véritable plaisir que de faire quelque chose qui pût lui être agréable. Le baiser que ma mère me donna quand je lui expliquai cette intention me sembla plus doux que tous les trésors de Golconde et du Pérou.

Mais mon frère voulut faire assaut de générosité quand il sut jusqu'où s'étendaient mes droits; il prétendit résolûment me rendre toutes les propriétés que j'aurais pu revendiquer, et voulait que j'en prisse possession immédiate. Je fus obligé de venir à un arrangement : il fut convenu qu'il me remettrait en échange une somme de trois cent mille francs.

Il insistait pour élever cette somme à un chiffre beaucoup plus considérable, mais je lui affirmai que c'était bien au delà de ce dont je pourrais avoir besoin, et je finis par obtenir son acquiescement.

Nous passâmes ainsi trois jours dans une douce et sainte intimité; au bout de ce temps, le docteur et le chapelain me firent comprendre le danger des émotions qu'éprouvait ma mère. Les terribles épreuves auxquelles elle avait été soumise avaient épuisé les sources presque taries de la vie : les angoisses du corps ne faisaient que succéder aux terribles anxiétés de son cœur de mère.

Mais je ne peux raconter ses souffrances...

Elle rendit le dernier soupir, heureuse, dit-elle, de mourir dans les bras du fils qui lui avait été ravi.

Je reçus sa bénédiction, et lui fermai les yeux.

Mon frère m'avait communiqué l'intention où il était d'aller habiter l'Italie : il voulait aller joindre ses efforts à ceux de ses compatriotes, délivrer l'Italie, et lui faire goûter les douceurs de la liberté. Je ne pus m'opposer à ses désirs, et quand nous eûmes rendu les derniers devoirs à notre mère, je pris congé de lui, et je me hâtai de courir à Londres.

On peut aisément deviner ce qui m'y appelait.

CHAPITRE XLIX.

Aussitôt après mon arrivée dans le Cornouailles, j'avais écrit à madame Delancey et à ma chère Lucie; elles m'attendaient donc avec impatience. Les lettres nombreuses que je leur avais adressées depuis m'épargnèrent la nécessité d'expliquer pourquoi je n'étais pas accouru tout d'abord là où mon cœur m'attirait comme un aimant. Je reconnus la rue où j'avais demeuré : la maison était toujours là; les rideaux des croisées tombaient en plis exactement pareils à ceux que j'avais laissés. Et cependant quel changement! je n'étais plus le même homme, seulement mon amour était toujours le même.

Comment peindrais-je les transports de joie avec lesquels je fus reçu par l'excellente madame Delancey. Mais j'entends des soupirs, des pleurs, des sanglots dans la salle à côté... Qui donc est là à m'attendre? Mon cœur me le révéla... J'écartai vivement les deux battants de la porte, et là, à genoux, la tête dans les mains, pleurant de joie et d'amour, était celle dont j'avais tant regretté l'absence...

Mais il faut éprouver tout cela, car la plume ne peut le raconter.

Nous nous assîmes sur le sofa, tout à côté l'un de l'autre. Sa mère se retira discrètement.

Que de choses j'avais à lui dire! que de vœux nous avions à échanger! que de secrets à nous confier! que pourrais-je vous dire de plus?

Quand je lui dis ce que j'avais l'intention de faire, que je voulais aller m'établir dans l'Australie, car je n'avais ni parents, ni amis, qui pussent me faire désirer de vivre auprès d'eux en Angleterre, la tendre enfant mit sa main dans la mienne, et me dit du ton le plus sincère comme le plus ardent, ce passage de l'Ecriture :

« Où tu iras, j'irai ; où tu demeureras, je demeurerai ; ton peuple sera mon peuple, et ton Dieu sera mon Dieu ! »

Mon histoire est finie : j'ai raconté toutes mes aventures. Mon frère travaille avec ardeur au triomphe de la cause qu'il a embrassée, il a voué sa vie à l'indépendance de l'Italie. Peut-être quelque jour viendra-t-il se reposer auprès de moi des rudes travaux politiques qui l'occupent aujourd'hui.

Pendant notre voyage de Londres à Sydney, j'ai mis en ordre les notes que j'avais prises sur tous les événements dont j'ai été le jouet ou auxquels j'ai pris part ; peut-être cette histoire amusera-t-elle mes lecteurs, peut-être leur sera-t-elle de quelque utilité. C'est dans cet espoir que je l'envoie à la presse, certain, d'ailleurs, de n'avoir obéi qu'aux convictions les plus sincères, qu'aux sentiments les plus généreux.

Mon fidèle César demeure avec moi. J'avais voulu le mettre à la tête d'une exploitation agricole, mais il a préféré rester auprès de moi à ne rien faire sous prétexte de me servir de valet intime et d'homme de confiance. Il est occupé tout le long du jour à amuser sa paresse ; le jeune Australien, qui est venu nous rejoindre, l'aide de son mieux, et c'est à qui des deux se montrera le plus fainéant.

Ma femme et sa mère invitent souvent M. César à venir prendre un verre de rhum ; c'est une chose que de mémoire d'homme on ne l'a jamais vu refuser. Aussi est-il tout fier quand il se trouve à table dans la salle à manger un verre en main, et qu'on l'invite à raconter une partie des aventures dont il a été témoin. M. César est fortement de mon avis et affirme à tout venant que rien n'est préférable à la vie d'un émigrant dans les plaines de l'Australie.

FIN DE L'ÉMIGRANT.

Paris Typographie Henri Plon, rue Garancière, 8.